科学版精品课程立体化教材·管理学系列
四川省"十二五"普通高等教育本科规划教材

信息管理概论
（第四版）

主　编　刘红军　骆毓燕

副主编　何计蓉　朱　涛

参　编　李志刚　刘　科

科学出版社

北　京

内 容 简 介

"信息管理概论"是经济管理类专业的一门必修课程。本书按照循序渐进的知识结构，首先介绍包括信息管理基本概念、信息管理基本原理、信息管理过程等信息管理的基础内容；其次对信息管理技术基础、数据管理、信息系统管理等信息管理的技术进行讲解；再次引入信息管理的延伸和发展——知识管理和信息管理应用过程中的重要问题——信息安全；最后介绍覆盖农业、工业、服务业等行业的信息管理的现代化应用。

本书可为多专业、多学科奠定共同基础，可以作为信息管理与信息系统、大数据管理与应用、电子商务、物流管理、工商管理、市场营销、信息与计算科学、计算机科学与应用、图书档案管理、公共信息管理、大众传播与编辑出版等专业的学科基础课或专业课教材。在满足本科生或初学者系统性基础教育的同时，本书在理论新颖性、知识科学性、方法技术先进性等方面，也能满足相关专业研究生了解和把握学科进展与发展趋势的需求，还可为工作在一线的信息管理人员提供参考。

图书在版编目（CIP）数据

信息管理概论 / 刘红军，骆毓燕主编. —4 版. —北京：科学出版社，2023.1

科学版精品课程立体化教材·管理学系列　四川省"十二五"普通高等教育本科规划教材

ISBN 978-7-03-074071-7

Ⅰ. ①信… Ⅱ. ①刘… ②骆… Ⅲ. ①信息管理-高等学校-教材 Ⅳ. ①G203

中国版本图书馆 CIP 数据核字（2022）第 227447 号

责任编辑：方小丽 / 责任校对：贾娜娜
责任印制：霍　兵 / 封面设计：蓝正设计

科 学 出 版 社 出版
北京东黄城根北街 16 号
邮政编码：100717
http://www.sciencep.com
三河市宏图印刷有限公司 印刷

科学出版社发行　各地新华书店经销
*
2008 年 7 月第 一 版　开本：787×1092　1/16
2012 年 2 月第 二 版　印张：19 1/4
2016 年 3 月第 三 版　字数：456 000
2023 年 1 月第 四 版　2023 年 1 月第二十九次印刷
定价：58.00 元
（如有印装质量问题，我社负责调换）

第四版修改说明

《信息管理概论》第三版自 2016 年发行以来已有六年多了。该书自出版以来经过近 30 次印刷，受到广大读者的喜爱，被许多高校作为经济管理类、计算机应用类、图书管理及传媒类专业的学科基础教材或专业课教材。六年的时间不算很长，但是发生在信息管理领域的许多重大变化确实令人感叹。其中，最值得称道的便是大数据管理的不断发展。大数据时代的到来，不仅体现在数据量的大幅提升，还体现在其对管理范围和环境的深刻影响。在大数据管理不断发展的过程中，传统管理范式的局限性进一步凸显，这为大数据管理的发展带来了新的机遇和挑战；同时，云存储、物联网、区块链、人工智能等领域凭借大数据的发展赋能腾飞，让数据资源和跨领域知识融合成为新常态，并使之和社会智慧一道成为建设新 IT 时代的动力，人类由此进入了一个崭新的"智业"社会。

作为一本与信息技术密切相关的书作，必须跟踪信息管理的最新进展并吸收行业发展的最新成果，才能在内容上保证理论的新颖性、知识的科学性以及方法技术的先进性。为此，在《信息管理概论》第四版修订中的指导思想是：秉承第一版、第二版、第三版的风格，立足理工科背景，在保证学科理论系统性的基础上与时俱进，为读者呈现信息管理学发展中的最新学科理念、最新研究成果和最新应用技术。

《信息管理概论》第四版在第三版的基础上几乎对每一章的内容都有所修改。以第三版为基础，下面按章节对修改的主要内容进行分述。

（1）第四版对第三版第 1 章的内容进行了增补。在信息分类中增加了两种分类；在信息科学的方法论体系中增加了行为功能模拟法；增加了信息科学的特征、信息技术的特征、信息管理的原理；在信息管理的沿革与发展中增加了大数据管理阶段；在信息管理学的研究范围的部分增加了信息管理学的核心研究内容；对信息量计算公式进行了订正；重新梳理了信息管理的方法论体系。

（2）第四版中将第三版第 2 章信息源、信息流与信息宿的相关内容整合为一节，将第三版"2.5 信息产品与信息流通"并入"2.3 信息资源开发与利用"中，将第三版第 3 章中的"3.1 信息需要与信息服务"和"3.5 信息管理组织"调整到第 2 章。

（3）第四版第 3 章章名改为"信息管理过程"，具体内容分为三节："3.1 信息的收集与处理""3.2 信息的存储与检索""3.3 信息的传递与反馈"。

（4）第四版第 4 章把第三版中的"4.3 商贸及物流实用信息技术""4.4 移动通信技术""4.5 物联网技术"分别整合为"4.2 网络通信技术"和"4.3 感测控制技术"，"4.6 云计算技术"调整到第 5 章，"4.7 信息安全技术"调整并扩充内容后设为第 8 章。

（5）第四版第 5 章章名改为"数据管理"，从第三版"5.2 数据库技术及其管理"中去掉"5.2.6 结构化查询语言"，增加了非关系型数据库介绍并新增了云数据管理内容。

（6）第四版第 6 章将第三版中"6.3 信息系统的典型应用与发展"由详细介绍企业资源管理调整为常见信息系统应用的简述。

（7）第四版第 7 章章名改为"知识管理"，删除第三版中信息治理部分，增加个人知识管理内容。对第三版中 7.1 节和 7.2 节的内容进行了梳理，整合为"7.1 知识管理概述"。

（8）第四版第 8 章为新增章节，名为"信息安全"。通过对"8.1 信息安全概述"的引入，随后对"8.2 信息安全体系"与"8.3 信息安全的实现"进行了详细的介绍。

（9）第四版第 9 章为第三版的第 8 章，并将章名更改为"信息管理的现代化应用"，在结构和内容上都做了大幅的调整。对第三版的"8.1 信息化与信息产业"中的信息化产生背景进行了精简，删去了信息化的发展阶段、中国推进信息化的必要性、信息产业的结构与信息产业的管理，新增了信息消费部分。新增了"9.2 信息管理前沿技术概述"，对物联网、区块链与人工智能技术进行了介绍，并将第三版中的企业信息管理、商业信息管理、政府信息管理、公共事业信息管理的内容调整为"9.3 '信息管理+'农业：食材溯源、多维品控筑牢健康屏障""9.4 '信息管理+'工业：快速增材、智慧船舶制造助力行业发展""9.5 '信息管理+'服务业：餐饮服务、车辆管理优享惬意生活"，并在各节末尾新增案例点评部分。

《信息管理概论（第四版）》全书的修订是编写团队共同努力的结果，同时也有相应的侧重分工：第 1 章至第 4 章主要由刘红军、何计蓉、刘科执笔，主要介绍经典信息管理理论方法及发展历程；第 5 章至第 9 章主要由骆毓燕、朱涛、李志刚执笔，主要介绍信息管理的研究前沿及相关案例，对本书内容进行了丰富；另外，全书的统筹工作由两位主编承担。

本书参考了大量国内外相关文献和资料，在此谨向其作者表示感谢！

由于作者水平有限，加上这一领域发展迅速，本书仍然存在许多不足之处，欢迎读者提出批评和建议，以便在下次修订时加以补充和完善。

编　者

2022 年 10 月于成都

目　　录

第1章 信息管理的基本概念

■ 1.1 信息的基本概念

信息是现代社会中使用频率极高的一个概念。经济信息、科技信息、政治信息、文化信息等，无一不是社会乃至每个人关注的焦点。在日常生活中，我们经常需要各个方面的信息，如生意人需要知道市场信息，大学毕业生需要了解就业信息，出行的人需要了解气象信息，凡此种种，不胜枚举。近年来，随着科学技术的发展，尤其是信息技术的发展，加上经济全球化，信息在一个国家的发展过程中起着越来越重要的作用。

1.1.1 信息的定义及要素

1. 信息的定义

"信息"（information）一词来源于拉丁文"informatio"，是指一种陈述或一种解释、理解等。《辞海》中将信息定义为音信、消息。《现代汉语词典》（第七版）中对信息的解释为：①音信；消息。②信息论中指用符号传送的报道，报道的内容是接收符号者预先不知道的。随着人们对信息的深入认识，信息的含义在不断地演变。现在"信息"一词已经成为一个含义非常深刻、包含内容相当丰富的概念。

在中国的古代历史上，对于信息的使用早已有之。在古代的战争中，参战各方都注意收集有关敌军行动的情报，如孙子的"知己知彼，百战不殆"非常明确地提出了掌握敌我双方的信息对于赢得战争的重要性。在国家的治理方面，也都注重来自各个方面的信息，诸葛亮要求后主刘禅"开张圣听"，是要其充分了解各方面的信息；唐太宗"开门纳谏"是为了能够知悉正反两方面的信息；清朝康熙皇帝与乾隆皇帝的微服私访是为了了解来自民间的真实情况，掌握第一手的信息。

信息的概念最早是由 R. V. L. 哈特莱（R. V. L. Hartley）在 1928 年提出来的，他的一篇题为《信息传输》的论文发表在《贝尔系统技术杂志》上。哈特莱在文中把"信息"理解为选择通信符号的方式，发信者所发出的信息就是从通信符号表中选择符号的具体方式。哈特莱还指出，不管符号所代表的意义是什么，只要从符号表中选择的符号数目一定，发信者发出的信息的数量也就确定了。

信息论成为一门严密的科学，主要应当归功于贝尔实验室的 C.E. 香农（C.E. Shannon）。1948 年，香农在《贝尔系统技术杂志》上发表《通信的数学理论》一文，这是信息论诞生的标志。香农认为信息是通信的内容，是"用来消除未来的某种不确定性的东西"，信息的多少反映了消除了的不确定性的大小。不确定性是指对客观事物的不了解、不肯定。通信的直接目的就是要消除接收端（信息宿）对于发出端（信息源）可能会发出哪些消息的不确定性。

几乎与香农同时，N. 维纳（N. Wiener）发表了控制论的奠基之作《控制论——或关于在动物和机器中控制和通信的科学》。维纳将人与外部环境交换信息的过程看作一种广义的通信过程，认为信息是人们在适应客观世界的过程中与客观世界进行交换的内容的名称，是人与外部世界的中介。如果没有信息，人就会同外部世界隔绝，就不能认识世界和改造世界。

我国著名的信息学专家钟义信教授认为"信息是事物存在方式或运动状态，以及这种方式或状态直接或间接的表述"。

美国信息管理专家 F. W. 霍顿（F. W. Horton）给信息下的定义是："信息是为了满足用户决策的需要而经过加工处理的数据。"简单地说，信息是经过加工的数据，或者说，信息是数据处理的结果。

在哲学上，信息是物质的一个重要方面。信息反映了物质世界的本质联系，反映了物质运动和变化的状态。从本质上讲，信息是事物自身显示其存在方式和运动状态的属性，是客观存在的事物现象。但是，信息与认知主体又有着密切的联系，信息必须通过主体的认知才能被反映和揭示。因此，从本质上说，信息包括两个层次，一是本体论层次上的信息，是一种客观存在的现象，是事物的运动状态及其变化方式，亦即"事物内部结构和外部联系的状态以及状态变化的方式"；二是认识论层次上的信息，是主体所感知或所表述的事物运动状态及其变化方式，是反映出来的客观事物的属性。

归纳以上分析，在广义上，信息是指信号发出的被接收体所接收、吸取和利用的一切符号；在狭义上，信息是指按照一定的需要收集起来，经过加工整理后的具有某种使用价值的图形、文字、公式和数据的总和。

由此我们给出信息的一般定义：信息是认知主体对物质运动的本质特征、运动方式、运动状态以及运动的有序性的反映和揭示，是事物之间相互联系、相互作用状态的描述。通俗地讲，信息泛指包含于消息、情报、指令、数据、图像、信号等形式之中的新的知识和内容。

2. 信息的构成要素

一般认为，信息由语义、差异、传递和载体四个要素构成。

（1）语义。任何信息自产生的一刹那起，就含有一定的意义。人们对信息的基本要求是能够为人类破译并理解，能用语言表达，信息也就有了语义。信息有了语义才具有信息价值。

（2）差异。信息只有表现出差异，才能称其为信息。信息表现的差异主要有：有或无；多与少；强与弱；时空差异。科学发展表明，越是表现细微差异的信息，越有使用价值。

（3）传递。一个事物的特征只有经过表现与传递，为其他事物所感知才能称为信息。

通信系统就是信息的传递过程，这一过程可以描述为信息由信息源→编码→信道→译码→信息宿的传递，而噪声与干扰的存在，往往会影响通信的最佳状况，甚至造成通信障碍。

（4）载体。信息是事物特征的表现，而这些特征又是靠物质介质和物质载体来表现的。信息由物质客体生成，并被物质介质表现与传送；在表现与传送过程中始终都有物质载体承载着信息。信息一刻也离不开负载它的物质，这种负载信息的物质称为信息载体。

1.1.2　信息的特征及分类

1. 信息的特征

（1）普遍性。信息是事物存在和运动的状态与方式，因此，只要事物及其运动客观存在，就必然存在其运动的状态和方式，信息也就必然存在。由于自然界、人类社会和思维领域，总是存在各种各样的事物，而且这些事物总是处于运动变化之中，所以信息是普遍存在的，具有普遍性。信息也因此与物质、能量一起成为构成客观世界的三大要素。

（2）动态性。宇宙中的一切事物都是在运动的，运动是绝对的，静止是相对的。信息是客观事物运动和变化的反映，事物运动的状态不同，信息就会不同。客观事物总是处于不停息的运动变化之中，所以，信息也在不断地产生和更新。

（3）依附性。信息与认知主体存在着密切的联系，必须通过主体的主观认知才能被反映和揭示。可以说，信息依附于认知主体，而这个认知主体主要是指人。事实上，信息的收集、加工、整理、储存与传递都离不开人这个主体，而且人的观念、意识、思维、能力、素质和心理等因素对信息的质和量都有着重大的影响。此外，信息不能离开载体而独立存在，因此，信息也依附于物质载体。

（4）相对性。信息是无限的，但主体的认知能力是有限的。因此，主体总是不能全面地认知和感受信息，其实际获得的信息总是有限的。同时，由于信息所具有的依附性，对于不同的主体而言其实际获得的信息也各不相同。

（5）可传递性。信息的传递是指信息从时间或空间上的某一点向其他点移动的过程。信息可以通过多种渠道，并采用多种方式进行传递，语言、表情、动作、报刊、书籍、广播、电视、电话、网络等都是人类常用的信息传递方式。信息传递要借助于一定的物质载体，这就是信息媒介。信息传递必须包括四个要素，即信息源（信息发出方）、信息宿（信息接收方）、信道（媒介）和信息。

（6）共享性。信息的共享性是指信息可以被共同占有、共同享用，这是信息区别于物质的一个重要特征。在信息的传递过程中，一方面，信息可以为信息源和信息宿共同拥有；另一方面，传递的信息还可以被众多的信息宿同时接收利用。

（7）时效性。信息的时效是指从信息源发出信息，经过采集、加工、传递和使用的时间间隔和效率。信息的使用价值与信息经历的时间间隔成反比。信息经历的时间越短，使用价值越大，反之，经历的时间越长，使用价值越小。从某种意义上说，信息的时效性表现为滞后性，因为信息作为客观事实的反映，是对事物的运动状态和变化的历史记录，总是先有事实后产生信息，因此只有加快传输，才能减少滞留时间。

（8）可加工性。对信息进行分析、综合、扩充、浓缩，就意味着人们在对信息进行加工处理。信息加工是指把信息从一种形式变换成其他形式，同时在这个过程中保持或增加一定的信息量。如果在信息加工过程中没有任何量的增加或减少，并且信息内容保持不变，那么这个信息加工过程是可逆的，否则是不可逆的。

（9）非消耗性。自然资源是消耗性的资源。例如，地下的矿床和石油，开采一点就会少一点；日常消费品会因人们的使用而被消耗掉；机器设备会因使用而磨损以致最后报废。信息资源是非消耗性资源，可以多次开发，反复使用。一本书中的信息不会因为被阅读而导致信息量减少。

（10）价值性。信息的价值有两种衡量方法，一种是按所花的社会必要劳动量来计算；另一种是按使用效果来衡量。按照社会必要劳动量来计算信息产品的价值的方法和计算其他一般产品价值的方法是一样的。即

$$V = C + P \tag{1-1}$$

式中，V 为信息产品的价值；C 为生产该信息所花成本；P 为利润。

以书籍的价值计算为例，把生产书籍所用的纸张、能源、设备折旧和人工费用等算出，就得到成本，再加上合理的利润，就得出书的价值。

确定信息价值的另一种方法是按照使用效果来衡量。一般认为，信息的价值是在决策过程中用了该信息所增加的收益减去获取信息所花费用。收益是指在设计选择方案时，由于用了信息对多个方案进行比较后选取一个最优的方案所获经济效益，与不用信息随便选一个方案所获经济效益的差额。

2. 信息的分类

（1）按信息发生领域划分，可将信息分为物理信息、生物信息和社会信息。物理信息是指无生命事物的信息，形形色色的天气变化、地壳运动、天体演化等都属于自然界无生命的事物所发出的信息。生物信息是指有生命事物的信息，是植物之间、动物之间交换与传递的信息，如鸟类的鸟语以不同声频为信息，蝙蝠以人耳听不到的超声波为信息，蚊子、臭虫以气味为信息，还有遗传信息是生命进化的重要原因。社会信息是社会中人类传递和交流的信息，如十字路口的红绿灯、政府向社会发布的公告、书刊杂志上刊登的文章、电台播放的乐曲和新闻、领导者向下属发出的指令、教师向学生传授的知识等，社会信息还可以分为政治信息、经济信息、科技信息、军事信息和文化信息等。社会信息是人类社会活动的重要资源，是信息管理研究的主要对象。

（2）按人们对信息有无加工划分，可将信息划分为原始信息和派生信息。原始信息是指没有经过加工的信息，如企业内部产生的原始记录、单据凭证等。派生信息是指按一定的目的和要求加工，有一定用途或带有一定指向性的信息。

（3）按信息的表现形式划分，可划分为消息、资料和知识。消息是关于事物发展变化情况的最新报道，是反映事物当前动态的信息。资料是对事物的静态描述和记录，是可以长期保存的信息。知识是人类社会实践经验的总结，是人类对客观事物的普遍认识

和科学评价，对人类社会具有极为重要的意义。

（4）按主体的认识层次划分，可把信息划分为语法信息、语义信息和语用信息。语法信息是信息认识过程的第一个层次，只反映事物的存在方式和运动状态，而不考虑信息的内涵。语义信息是认识过程的第二个层次，是认知主体感知或表述的事物的存在方式和运动状态的逻辑含义，既反映事物变化发展的状态，还揭示事物运动变化的意义。语用信息是信息认识过程的第三个层次，也是最高层次，是指认识主体感知或表述的事物存在方式和运动状态，相对于某种目的所具有的效用。信息管理主要研究语用层次上的信息现象。

（5）从利用者观察的角度和过程划分，可把信息划分为实在信息、先验信息和实得信息。实在信息是指该事物实际的运动状态和方式，也是在理想条件下观察者所获得的关于该事物的全部信息。先验信息指观察者在观察之前通过某种途径所感知的该事物的运动状态和方式。实得信息指观察者通过观察新感知到的该事物的运动状态和方式。

（6）根据信息的运动状态划分，可把信息划分为动态信息和静态信息。在此，"动态"和"静态"并不是绝对的。动态信息常常指的是诸如新闻、情报这样的时间性极强的信息。例如，我们通常所说的军事情报、经济信息等就属于此类。而这里所说的静态信息则主要是指像历史文献、资料和知识这样的处于相对稳定状态的信息。

1.1.3　信息的度量

如何计算信息量的多少？在日常生活中，极少发生的事件一旦发生是容易引起人们关注的，而司空见惯的事不会引起注意，也就是说，极少见的事件所带来的信息量多。如果用统计学的术语来描述，就是出现概率小的事件信息量多。因此，事件出现的概率越小，信息量越大。

度量信息多少的指标就是信息量。人们对语法信息的度量研究已经进入定量阶段；然而，要对语义信息和语用信息进行数学描述与度量仍然还有极大的困难。

1. 语法信息的度量方法

语法信息的度量最初是为了解决通信系统的问题而产生的。通信系统包括信息源、编码、信号、信道、译码、信息宿等几个环节。对信息源来说，其核心问题是它包含的信息究竟有多少，能否把它定量地表示出来；信息宿的问题则是它能收到或获取多少信息量；信道的问题是它最多能传输多少信号；编译码的问题则是如何编译码才能使信息源的信息被充分表达并最大限度地被信息宿接收等。可见，语法信息的度量问题在通信系统中是十分重要的。

早在 20 世纪 20 年代，哈特莱就提出应当选择对数单位来测度信息量。他认为，某一事件或消息的组元数（m）与事件或消息的信息量（H）有如下关系：

$$H = \log_2 m \tag{1-2}$$

香农肯定了采用对数来度量信息的做法，并进一步提出了一种方法，即排除信息的语义因素，把信息加以形式化，以便从定量的角度描述语法信息量的大小，而概率论则是香农信息论的数学工具。

客观世界中有一类现象在一定条件下是必然要发生的，我们称之为必然事件；反之，在一定条件下必然不会发生的现象称为不可能事件。此外，大量的现象在一定条件下可能发生也可能不发生，可能这样发生也可能那样发生，我们把这类事件称为随机事件。随机事件是具有不确定性的事件，概率就是用来描述随机事件发生的可能性大小的一个量。

设某一随机事件 X，其结果是不确定的，有多种可能性 $x_1, x_2, x_3, \cdots, x_n$，每种结果出现的概率分别为 $p_1, p_2, p_3, \cdots, p_n$，则事件 X 的信息结构为

$$S = \begin{Bmatrix} X \\ P \end{Bmatrix} = \begin{Bmatrix} x_1, x_2, x_3, \cdots, x_n \\ p_1, p_2, p_3, \cdots, p_n \end{Bmatrix} \qquad (1\text{-}3)$$

事件 X 整体的平均信息量

$$H(X) = -k \sum_{i=1}^{n} P(x_i) \log_2 P(x_i) \qquad (1\text{-}4)$$

这与物理学中熵的计算公式只差一个负号，因此可以把信息称为负熵，即信息熵。式中 k 为系数，与不同的单位制有关。当对数底取为 2，且 $n=2$，$P(x_1)=P(x_2)=0.5$ 时，令

$$H(X) = -k \sum_{i=1}^{2} P(x_i) \log_2 P(x_i) = 1 \qquad (1\text{-}5)$$

则有 $k=1$。以此作为信息量的计量单位，称为比特（bit），即二进制单位。换句话说，1 比特的信息量，就是含有两个独立等概率可能状态的随机事件所具有的不确定性被全部消除所需要的信息。

客观世界中的任一事物都可以看作信息源，信息源所发出的信息具有随机性，是不确定的。信息熵是从信息源的整体角度考虑的，它代表着信息源整体的平均不确定性程度。某一信息源，不管它是否输出符号，只要这些符号具有某些概率特性，就必有其总体平均意义上的信息熵值，即事物客观上所包含的全部不确定性。

从信息宿的角度看，当主体获得了随机事件 X 的信息，就消除了部分或者全部的不确定性。主体所获得的信息量 $I(P)$ 就等于其所消除的不确定性数量：

$$I(P) = H(X) - H(X/Y) \qquad (1\text{-}6)$$

式中，$H(X|Y)$ 为条件熵，即信息宿收到信号 Y 后，对信息源 X 仍然存在的不确定性，或由于干扰而失去的信息量。

一般来说，对于等概率的信息源，即 $P(x_1)=P(x_2)=P(x_3)=\cdots=P(x_n)$ 时，信息源的平均信息量最大，即信息源的最大熵。我们把一个信息源的实际熵与最大熵之比称为该信息源的相对熵，把表示相对熵比 1 小多少的量称为冗余度：

$$冗杂度 = 1 - H_{相对} = 1 - H_{实际}/H_{最大} \qquad (1\text{-}7)$$

冗余度表示实际熵对最大熵的偏离程度，表明将这部分比例的符号去掉后仍然不会对信息传递构成实质性障碍。

2. 语义信息的度量方法

语法信息量只是表明了主体关于事物运动状态及其变化方式的外在形式方面所存在的不确定性被消除了多少，但是，认知主体在获得信息时，不仅要知道"是什么形式"，而且还要理解"是什么意思"，也就是说，人们要求知道从中获得了多少意义。这就是语

义信息的度量问题。

如前所述，度量语义信息是一个非常困难的问题。因为这涉及符号的含义、上下文关系、语言环境的变化以及认知主体的知识结构等因素。20 世纪 60 年代以来，有些人提出了语义信息问题，并进行了一些定量研究。有人提出用逻辑真实度 T 来表示语义信息的特征量，可作为我们度量语义信息的参数。若随机事件 X 的运动状态分布为 $X = \{x_1, x_2, x_3, \cdots, x_n\}$，各状态的概率分布为 $P = \{p_1, p_2, p_3, \cdots, p_n\}$，各状态的逻辑真实度分布为 $T = \{T_1, T_2, T_3, \cdots, T_n\}$，事件 X 的语义信息结构则为

$$S_t = \begin{Bmatrix} X \\ T \\ P \end{Bmatrix} = \begin{Bmatrix} x_1, & x_2, & x_3, & \cdots, & x_n \\ t_1, & t_2, & t_3, & \cdots, & t_n \\ p_1, & p_2, & p_3, & \cdots, & p_n \end{Bmatrix} \tag{1-8}$$

从这一结构上，可以得到语义信息的度量公式：

$$I(P, T) = -K \sum_{i=1}^{n} t_i P(x_i) \log_2 P(x_i) \tag{1-9}$$

3. 语用信息的度量方法

语义信息量研究的是主体关于事物运动状态及其变化方式的逻辑含义方面所存在的不确定性被消除的大小，但是，认知主体在获取信息时，更关心的是它"有什么用处"，即信息的效用问题。应当看到，度量语用信息是一个更加复杂的问题。信息源发出信息后，其效用因人、因时、因地而异，同一信息作用于不同的对象或处于不同的环境条件下，其效用可能不同甚至完全相反。如果在语用信息的量化方面能够取得实质性的进展，那么将会对人类社会的信息管理活动产生极为深远的影响。

1968 年，贝里斯和高艾斯在统一考虑信息的量和质（即信息的有效性）的基础上，首先提出了对信息的量和质进行统一量度的方法。他们在香农的信息结构上引入一个"有效分布" $U = \{u_1, u_2, u_3, \cdots, u_n\}$，表示随机事件各状态产生的效用，则语用信息结构为

$$S_t = \begin{Bmatrix} X \\ U \\ P \end{Bmatrix} = \begin{Bmatrix} x_1, & x_2, & x_3, & \cdots, & x_n \\ u_1, & u_2, & u_3, & \cdots, & u_n \\ p_1, & p_2, & p_3, & \cdots, & p_n \end{Bmatrix} \tag{1-10}$$

从这一结构上，可以得到语用信息的度量公式：

$$I(P, U) = -K \sum_{i=1}^{n} u_i p(x_i) \log_2 p(x_i) \tag{1-11}$$

1.1.4　信息的功能

信息的功能是信息属性的体现，主要表现为以下六个方面。

1. 信息是认识客体的中介

信息作为中介始终贯穿于人类的认识过程。物质通过信息这一桥梁完成了从物质到意识的第一次飞跃；意识通过信息这一媒质完成了从意识到物质的第二次飞跃。人类认识世界和改造世界的过程，是一个不断从客观世界获得信息，并对信息进行加工处理，

形成新的认知结构，然后通过实践活动反作用于客观世界的过程。

2. 信息是人类思维的材料

思维的基本要素是思维主体、思维工具和思维材料。其中思维主体是指人脑及存在于其中的意识，思维工具就是逻辑（包括形式逻辑、归纳逻辑、数理逻辑和辩证逻辑），思维材料就是自然界、人类社会所提供的大量客观事物的形象。客观事物的形象是通过信息被人脑所感知的。思维是人脑对客观事物的反映，但人脑不是直接反映客观对象，直接接触客观对象信息的是人的感官，感官把外部事物的信息摄取下来，人脑及其意识处理的是感官经神经系统送来的信息。信息不仅是思维的原材料，而且还推动着人脑思维活动的发展，决定着思维的方向和结果。没有信息，人类的思维活动就不可能开展。

3. 信息是科学决策的依据

科学决策是一个动态过程，一般包括确定目标、制订方案、评估选优、实施决策、追踪反馈等环节（图 1-1）。为保证每一环节的科学性，必须配备有效的技术方法，如调查研究、预测技术、环境分析、智囊技术、决策树技术、可行性分析、效用理论等。信息活动贯穿于科学决策的全过程，在每一环节上所运用的决策方法无一不是建立在信息基础之上的。及时获取决策活动所必需的、完整的、可靠的信息，是保证决策成功的前提条件。

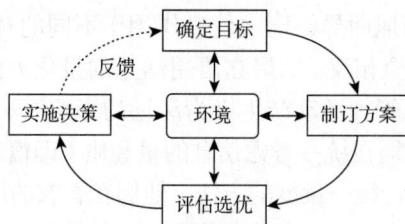

图 1-1　信息活动贯穿科学决策全过程

4. 信息是有效控制的灵魂

控制是一种与信息紧密相关的作用，是利用信息来实现预定目标的行为，或者说是为了达成既定目标，根据信息来适应和调节变化，不断克服不确定性的行为。实现控制的手段是信息方法，主要是信息反馈方法。这是因为，控制与可能性空间密切相关，控制过程是在事物可能性空间中进行有方向选择的过程。没有选择就没有控制，控制活动的完成离不开选择，而信息正是选择得以进行的基础。控制的核心是反馈，而反馈过程就是信息借助于反馈回路的运动过程。没有信息，任何客体对象都无法进行控制。信息是有效控制的灵魂，控制是信息运动的目的，控制与信息是不可分割的。

5. 信息是系统秩序的保证

系统是指由若干个相互作用又相互依赖的元素所组成的具有一定结构和功能的有机整体。系统的结构旨在说明系统的存在方式，以及系统诸要素相互联系、相互作用的性质和状态。这就需要获得描述系统内部关系和作用的所有信息，才能保证系统结构的有序性。信息因此成了系统组织程度的标志。系统的功能旨在表达系统的外部活动，即系统与环境之间进行物质、能量和信息交流的变换关系和相互作用。由此可见，信息对于系统是不可或缺的，整个系统正是通过信息的联系和作用才形成了整体的秩序。信息是一切系统组织的"黏结剂"。一个系统如果缺乏信息，那么它必然要走向混乱无序状态，直至最后灭亡。

6. 信息是社会发展的资源

信息虽然很早就被人类运用于生产和生活当中，但其利用范围和规模都十分有限。现代信息技术的飞速发展，极大地增强了人类生产、处理、传递和利用信息的能力，致使社会信息数量迅猛增长，大量的信息聚集起来就形成了一种宝贵的社会资源。与其他资源相比，信息资源的重要意义在于它是人们借以对其他资源进行有效管理的工具。也就是说，人类对各种资源的有效获取、有效分配和使用无一不是凭借着对信息资源的开发利用来实现的。信息资源在推动社会经济发展、促进人类社会进步等方面正发挥着日益重要的作用。

1.2 信息科学与技术

信息科学是研究信息现象及其运动规律和应用方法的科学。信息科学研究信息提取、信息识别、信息变换、信息传递、信息存储、信息检索、信息处理、信息再生、信息表示、信息检测、信息实施等一系列问题和过程，是社会生产和科学研究发展到一定阶段的必然产物。

1.2.1 信息的运动及其规律

1. 信息运动的过程及其特征

1）信息运动的含义

世界上的一切物质运动的过程都产生信息并伴随着信息运动。物质在运动过程中必然伴随着信息的生成、采集、加工、转录、传递和利用等环节的更替与演变。为了正确理解信息运动过程的内涵，就必须弄清楚信息运动的含义。

同其他事物一样，信息一经产生，就开始了其自身在时间和空间上的运动。信息在时间上的运动表现为存储过程，如化石存储了其所在年代的环境信息等；信息在空间上的运动表现为传递过程，如陨石传递了宇宙空间的环境信息等。

信息运动是信息在时间和空间上的函数。一个非常有意义的特征是，信息不但能随着物质材料在时空中流动，而且在一定层次范围内，它也可以在载体基本上不流动的情况下，由一个载体流向另一个载体。例如，在物流跟踪系统中，货物的信息可以实现先于货物本身到达预定接收人的手里，从而预定接收人可提前做出相关安排。

信息运动与物质运动、能量运动的有机结合构成了整个时空中各种形式的运动。物质是载体，能量是动力，信息是内涵。信息运动在物质运动中起着主导作用，规定着物质的结构、运动方式，规定着物质系统的划分、结构、功能、状态的方式。质量、能量则规定着结构的规模、运动的规模和程度。信息运动离不开物质、能量的参与，三者的有机结合构成了各种形式的信息运动。

2）信息运动模型

图 1-2 描绘了一个认知主体对客体的信息揭示到信息的应用过程中的信息运动流程。下面是各环节的简要介绍。

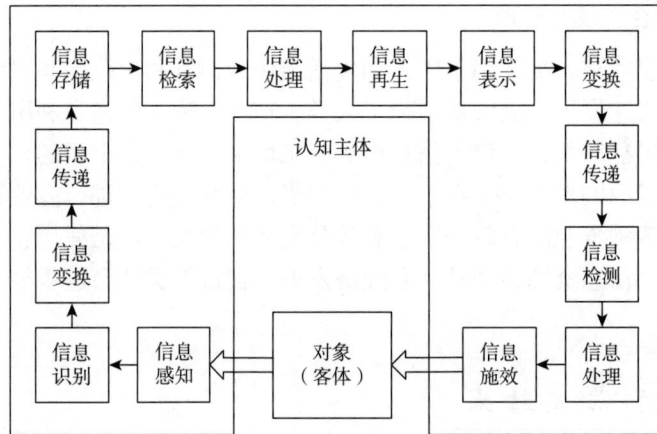

图 1-2　信息运动模型

（1）信息感知：完成本体论意义的信息向认识论意义的信息的转变。

（2）信息识别：对所感知的信息加以辨识和分类。

（3）信息变换：将识别出的信息进行适当形式的转换。

（4）信息传递：将信息由时空间的某一点转移到另一点。

（5）信息存储：收到信息后要以适当的方式存储起来。

（6）信息检索：当需要信息时，就要把存储着的信息迅速准确地提取出来。

（7）信息处理：为便于使用，需要对信息进行适当的加工处理。

（8）信息再生：在信息处理的基础上再生出更为本质的信息，并形成针对客体对象的策略。

（9）信息表示：主体再生的信息要用适当的方式表示出来。

（10）信息变换：对再生信息进行适当形式的转换。

（11）信息传递：把加工变换的再生信息从时空间的某一位置转移到另一位置。

（12）信息检测：信息在传递过程中可能受到噪声等因素的干扰，因此要把再生信息从干扰的背景中分离出来。

（13）信息处理：为便于再生信息发挥效用，需要对其进行适当加工。

（14）信息施效：运用再生信息对客体对象的运动状态和方式进行调整。

3）信息运动的类型

宇宙中的信息有不同的形态，包括自然信息运动形态、生物信息运动形态、社会信息运动形态等。与之对应，信息的运动可分为以下三种不同的类型。

（1）自然信息运动。自然界中的无机物不仅在外部相互作用的过程中传递和存储着彼此的信息，而且在其自身内部也进行着相互作用。无机物内部结构、顺序、联系方式等特征本身也是信息的一种。自然信息的特殊性质决定了自然信息运动过程的特殊性，主要表现在：自然信息作为无机物直接相互作用的产物，存在于无机物因相互作用而发生的变化之中；自然信息过程是随机的和盲目的；自然信息运动过程是不完整的，只有信息的产生和存储，而不能对信息进行加工和利用，存在着过程上的断层。

（2）生物信息运动。在生物界，生物对信息进行加工处理，并且能够加以利用，这种加工利用是浅层次的，还处于模糊的感知和辨识的阶段，还不能对信息进行思维抽象及更完善的利用和反馈。生物信息运动兼具自然信息运动和社会信息运动两者的一些特点。生物机体内和生物机体间传递的信息，根本不同于无机物的信息，是信号形态的信息，这是世界逐步进化的结果。生物信息运动过程与自然信息运动过程相比，已具有了专门化的形态，具有了统一的载体和统一的编码，如DNA遗传信息编码。

（3）社会信息运动。人类在漫长的社会历史进程中，不但逐渐学会了驾驭信息、利用信息，而且还创造了特有的符号信息系统，克服了生物信息从形式到内容囿于生物体内的局限性，形成了一种独特的、超出人的机体之外而独立存在的"纯粹"信息系统——符号信息。这一点对整个信息过程而言是十分重要的。符号信息的产生把人和其他生物严格区分开来。人依靠符号信息具有了自我意识，不仅能从时空上把握客观世界，而且能以认识主体的姿态来认识自我。

通过对上述三种信息运动的比较，不难发现，随着时间的演进、空间的转移，信息运动从简单到复杂、从低级到高级、从单信息过程到复合信息过程，在不断地演进着。这三种信息运动过程并不是互不相关、割裂开来的，而是紧密联系在一起的，它们共同构成了信息运动过程的有机整体，达到了高度的统一。

4）信息运动过程的特征

信息运动过程存在着以下具有普遍意义的特征。

（1）形式的多样性。信息运动过程常表现为下列几种形式。

第一，辐射式运动。信息生成以后便向四面八方做辐射式传播和扩散，特别是在现代科技高度发达的情况下，信息可以以光的速度做辐射式传播。信息的辐射式运动范围广、流量强、流幅宽、密度大、速度快，适用于传播为社会多数人所需要的最新信息或人们所关心的信息。辐射式运动的主要手段有广播电视网、计算机网络、报纸杂志等形式。

第二，有序性运动。每个国家、每个部门、每个组织单位都有各自的定向式信息传递系统，如"上情下达"和"下情上传"等。信息运动过程的有序性包括两层含义：一是信息自身的有序性，二是信息运动方式的有序性。现代科技的发展为信息的有序性运动提供了条件，同时也对加速信息有序性运动提出了更高的要求。促进信息有序性运动的主要手段是电文传真、文件、报告、书籍、刊物等。

第三，接力式运动。信息运动从信息源到信息宿是需要多次接力传递的。信息的接力式运动可分为有意识接力式运动和无意识接力式运动。有意识接力式信息运动如层层传达文件、微波通信等，它们对社会发展、人类进步有益，应该积极发展，并大力优化接力条件和减少不必要的接力环节。无意识接力式信息运动如传播小道消息等，往往产生不良影响，以至于影响团结或造成失密，应加以控制。

第四，布朗运动。信息在人的作用下往往做无规则、无休止的运动。人际交谈、小道消息是这种信息流动的主要方式。信息越独特，与人们现实生活关系越密切，其布朗运动往往也越剧烈。信息的布朗运动有利有弊。例如，当涉及某个人时，它可能影响其声誉，或扩大其影响；当涉及人际关系时，则可能影响或促进团结。信息的布朗运动是客观存在的，我们应尽力控制它的消极方面，利用它的积极方面。

（2）信息与载体的不可分离性。信息与载体不可分离类似于精神离不开物质，如声波传递信息等。对于直接载体来说，就是信息与物质、能量的不可分离。信息以物质、能量为存在基础，物质、能量以信息规定其存在方式。对应于系统结构状态和功能状态，有结构信息和功能信息之分。结构信息具有一定的功能，功能信息则是一定功能作用的对象。不是所有载体承载的信息都具有变换其他信息的功能，信息必须成为结构信息才能具备一定的功能。

（3）信息的模糊度、冗余度与重复信息的无效性。人们在认识事物过程中产生了大量的模糊信息。人们用"可能""大约""差不多""几乎"等概念来表达思想。这些信息本身含义是模糊的、不确定的，都属于模糊信息。它们是由事件本身的模糊度的性质引起的，而模糊度则是由模糊集合来进行定量描述的。模糊数学为模糊信息的处理提供了有效的工具。冗余度的概念在前文中已有描述，其实质就是用了较多的信息量来实现较少的信息传递。但事实上，在绝大多数信息运动过程中，冗余度是无法避免的，甚至是必要的。信息的效用，即信息的价值。信息源产生的信息对于不同的接收者来说，其效用或价值是不同的。如果这个信息是接收者已经掌握的信息，即重复信息，那么对他来说是无效的。但是，重复信息在实际生活中也有其实用价值，重复刺激是引起注意的一个重要手段。

（4）噪声干扰的不可避免性。狭义的噪声是以声波的形态表现出来的，而被其干扰的信号形态也是声波；广义的噪声除声波以外，还有电磁干扰、机械噪声、化学噪声、热噪声等。噪声信号和作为信息的信号之间并没有绝对的区别。因为在这一信息运动过程中，噪声对另一信息宿来说，可能是重要的信息；但对某一确定的信息运动过程来说，噪声和信息信号之间的区分是明确的。克服噪声干扰的方法主要有两类：①改善信息运动过程中的物质条件，从信息宿方面考虑，设法降低噪声的功率；从信道方面考虑，提高信道克服噪声的功能。②利用编码方法，如通过纠错码技术来克服噪声。

（5）运动过程的不可逆性。不可逆性就是指事物的变化朝着一个方向进化，即事物一经变化，就不能再自发地回到初始的状态。信息运动过程就是不可逆的过程。原因有二：无数的科学事实证明信息是按指数规律增长的；信息的损失也是不可避免的。

2. 信息运动的规律

1）信息不守恒

系统可以分为开放系统和封闭系统。在封闭系统中，系统的物质能量的分布有由自发的不均匀走向均匀，由有序走向无序的趋势，即系统的信息有自发减少的趋势。由此可知，在封闭系统内信息是不守恒的。同样，开放系统可通过与外界交换物质能量，而增加或维持有序性，即增加或维持信息量，这时系统内的信息就不断增加了。由此可见，开放系统的信息也是不守恒的。

2）信息的选择性

信息宿对信息源所产生的信息具有选择性。具体表现如下。

（1）信息宿能够决定是否接收信息源所产生的信息，如收音机、电视机的调频就起此作用。信息宿接收到信息量的大小，除了与信息源产生信息量的大小有关外，还与信息宿对信息源所发出的信息的原有了解程度及感受能力，以及信息源信息对于信息宿具有的新颖性有关。

（2）选择性的存在导致信息宿得到的信息和信息源所发出的信息量有差异。一般来说，信息宿对信息源信息的了解越多，对信息的兴趣越大，从信息源得到的信息也越多；反之则相反。

信息的选择性有着积极的作用。人类选择信息能力的不断提高成为人类社会发展的一个重要方面。从更深刻的含义上来说，它恰恰是信息价值得到实现的基本保证，也是产生信息竞争的一个重要原因。信息的选择性概念发展到今天，已逐步为"信息吸收"或"知识吸收"这一全新的更为深刻的概念所代替。

3）信息的梯度

信息的梯度表现为落差（势）、不均衡，是指信息量、信息密度在地域分布上的不平衡和不均匀。由于各国、各地区发展程度不同，信息产生量、存储量、使用手段、流动速度等方面都是不均衡的，因此，不同国家、地区之间信息分布密度也是不均匀的。

信息的梯度转移趋势是客观存在的。一般来说，信息总是从密度大的地区向密度小的地区转移。从层次上看，是从较高层次向较低层次呈现出的瀑布式传递；传递落差越大，对信息吸收率越低；而同一层次各群体之间的横向传递越频繁，彼此互相渗透、融合的程度就越高。由此可见，吸收高层次的信息是重要的，但创造层次间相互接近的信息也是重要的。为了求得理想的信息吸收率，还应当重视技术的横向转移，同时提高信息的密度。

4）信息利用的弹性

信息运动的最终目的是能够被信息宿有效地利用。然而，现实社会中无数事实表明，同样一条信息被不同的信息宿所利用，发挥的作用则可能完全不同，甚至有时是大相径庭的，这就是信息利用的弹性规律。信息利用依赖于人的智力因素，包括观察力、想象力、思维力、注意力和记忆力；同时，也依赖于人的知识结构和知识水平。一个人的社会经历也具有一定的作用。由于信息利用具有条件性，因此高质量的信息往往只有在杰出的政治家、军事家、科学家和企业家手里才能充分发挥作用。

5）信息的时空膨胀

历史和实践表明，随着社会的发展，信息运动的速度越来越快、时间越来越短，而信息量的增长也同样越来越快了。换言之，社会的发展使信息运动在时间上越来越浓缩，在空间上越来越膨胀，这就是信息运动的时空膨胀规律。为了解决信息量急剧增加的矛盾，人们想尽办法提高空间存储信息的容量和密度。与此同时，信息传递的速度也越来越快。信息运动的时空膨胀规律使人类获取、利用信息越来越容易。这对提高人民生活质量，加速经济和社会发展，都具有十分重要的意义。

6）信息的整体效应

信息整体效应是指单元信息被组配成有机的整体就能形成一种合力，信息的整体效应大于单元信息效应之和，这就是信息整体效应规律。从结构学来看，结构决定功能，结构的优化能产生优化的结构效应，信息结构也不例外。从系统论来看，由若干单元信息（子系统）组成的整体（大系统），若各单元信息彼此是孤立零散的，则子系统之间关联度差，彼此就会相互制约，无序性就会增加，也就是系统的结构不合理，这时就会出现"1+1<2"的情况；反之，若子系统之间关联程度较高，彼此能相互适应、配合和协同，这时就会产生"1+1>2"的效应。系统的结构越优化，整体效应也就越好。

1.2.2　信息科学概述

信息科学是研究信息现象及其信息运动规律和应用方法的科学，是以信息论、控制论、系统论为理论基础，以电子计算机为工具的一门新兴学科。1973 年"信息科学"作为专门的学术名词在美国出现，标志着有关信息理论的研究已经达到一定的高度，并对后来的信息理论研究起到了很大的促进作用。今天的信息科学已涉及与信息有关的一切领域，如计算机科学、仿生学、人工智能等。它包括对信息的描述和测度、信息传递理论、信息再生理论、信息调节理论、信息组织理论、信息认识理论等内容。

1. 信息科学的理论基础

20 世纪 40 年代末诞生的信息论，对信息科学的产生与发展起到了至关重要的作用。特别是近些年来，随着科学技术的发展、交叉渗透、综合化与整体化的加强，信息论与系统论、控制论结合，并与自然科学中的生物学、心理学等和社会科学中的社会学、经济学、管理学等渗透融合，使得信息论的基本理论与方法得到拓展，由过去的通信领域迅速扩展到广泛的学科领域，从而形成了一个新的具有综合性和交叉性的新兴学科群体——信息科学。

1）信息论

香农在 1948 年发表的《通信的数学理论》奠定了信息论的基础。自此以后，许多学者对此进行研究，并提出了不少新的观点。信息论是一门用概率论和数理统计方法研究信息的度量、传递和交换规律的科学，主要研究通信和控制系统中普遍存在的信息传递的共同规律以及最佳解决信息获取、度量、变换、存储、传递等问题的基础理论。综观信息论的发展历程，可以划分为三个阶段。

（1）狭义信息论阶段。这是信息论发展的第一个阶段，即信息论创立阶段。这一阶段的信息论就是香农在通信领域的信息论。其特点是以通信系统模型为对象，以概率论与数理统计为工具，主要研究通信过程中的信息源、信道、信息宿、编码、译码，以及信道容量、信息量等问题（图 1-3）。因其主要从量的方面描述信息的传输和提取，所以也称这种信息论为统计信息论。香农及其理论仅仅对信息的符号做了定量的描述，而没有考虑信息的意义和效用等问题，因此，香农的信息论存在明显的不足。

信息源	编码	调制	信道	解调	译码	信息宿

图 1-3　数据通信系统模型

（2）一般信息论阶段。一些学者在香农的基础上继续进行研究，新增加了噪声理论，信号的滤波、检测、调制、解调，以及信息处理等问题，研究范围有了很大拓展。一般信息论特别重视信号的解调问题，目的是使信息宿接收到的信息消除信息源所发出信息的不确定性，使其具有确定性。为此，需要对在信道中传播的经过编码和调制的信号进行解调和译码。一般信息论还极为关注信号的干扰问题，达到使信息宿即接收者获得稳定可靠的信息的目的，以便于正确地做出判断和决策。因此，一般信息论就研究内容而言是一个重大进步。

（3）广义信息论阶段。这是到目前为止的最高阶段。随着现代科学技术的发展，人们一方面在纵向上突破了香农信息论的局限性，由对语法信息的研究深入到对语义信息和语用信息的探索，并提出了"模糊信息""算法信息"等许多新的概念；另一方面又在横向上将有关信息论的研究成果广泛应用于其他自然科学和社会科学的研究中，从而使信息论研究得到深化和拓展。

正是在进入广义信息论阶段后，自 20 世纪 70 年代以来，信息论研究的深入和多学科渗透，使信息论由初期的狭义信息论发展演变为一门集研究信息的产生、获取、变换、传输、存储、处理、显示、识别和在各个领域利用的科学理论——信息科学。

2）系统论

系统论是研究系统的结构、特点、行为、动态、原则、规律以及系统间的联系，并对其功能进行数学描述的新兴学科。系统论的基本思想是把研究和处理的对象看作一个整体系统来对待。系统论与信息论几乎同时诞生，其标志是冯·贝塔朗菲在 1945 年发表的论文《关于一般系统论》。

根据《辞海》的定义，系统是自成体系的组织，是相同或同类的事物按照一定的程序和内部联系组合而成的整体。系统由两个以上的要素构成；这些要素之间相互作用和相互联系，由此形成的内在组织形式或内部秩序即为系统的结构；系统总是存在于更大的系统之中，这就是系统的外部环境，系统与外部环境之间不断地进行物质、能量和信息交换，从而构成系统与外部环境的相互联系和相互作用，由此形成的外在活动形式或外部秩序，称为系统的功能。可见，系统的结构是"要素的秩序"，系统的功能是"过程的秩序"，而信息是系统秩序的保证。要素、结构、系统、环境和功能构成系统的基本关系。

任何系统都是为了某个特定目标而构造和存在的。系统从环境中得到物质或信息，同时通过加工，又给环境提供物质或信息，并由此实现或体现系统的目标。为此，系统具有三个基本的组成部分，即输入、加工和输出。环境向系统输入物质或信息，在系统内部进行加工后，再向环境输出物质或信息。此外，反馈与控制对系统实现或体现目标具有重要意义。在这样的循环往复过程中，系统依据客观环境和内部条件，不断地调整自己的结构和功能。

3）控制论

控制论是研究系统的调节与控制的一般规律的科学，其任务是实现系统的稳定和有目的的行动。维纳在 20 世纪 40 年代末发表《控制论——或关于在动物和机器中控制和通信的科学》，书中明确提出控制论的两个基本概念——信息和反馈，揭示了信息与控制规律，标志着控制论的正式诞生。在此后的 1950 年，维纳又发表了《人有人的用处——控制论与社会》一文。在这两篇文章中，维纳用统一的观点讨论了动物、机器和人的通信和控制活动，将信息概念纳入控制论中，并同人的认识活动、动物的感知活动联系在一起。

控制是主体对客体的一种能动作用，使其不致任意活动或越出预先（有意或无意）设置的范围。控制必须具备三个基本要素，即主体（施控者）、客体（受控者）和控制媒介（传递者）。这三个要素组成一个整体，相对于某种环境而言，具有控制功能，这就是一个控制系统。控制论主要是从控制系统与特定环境的关系来考虑系统的控制功能。

控制论是在信息反馈理论的基础上建立和发展起来的，因此反馈在控制中具有重要作用。反馈是指信息接收者对接收到的信息进行加工处理后再返回到信息发出者的过程。一种信息由信息发出者发出后，接收者会对其产生各种反应，如满意或不满意等。反馈过程将这些反应集中，并进行分析、筛选、加工和处理，再根据实际情况，对控制系统进行合理调整（图 1-4）。所以说，控制机制是通过信息反馈达到控制目的的。

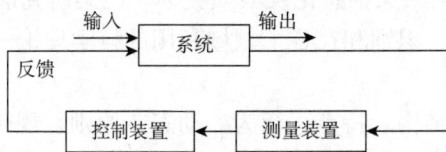

图 1-4 系统控制原理

信息论研究的是如何认识信息和度量信息。系统论和控制论研究的是如何利用信息，系统论是利用信息来实现系统最优化，控制论是利用信息来实现系统的有目的最佳控制。

2. 信息科学的研究对象和内容

信息科学的研究对象是信息，它既不同于物质，也不同于能量。这是信息科学区别于其他学科的根本特点。信息的外延十分广泛，在横向上延伸到自然界、人类社会和人类思维的各个领域。因此，以信息为研究对象的信息科学，其研究内容较之情报科学和社会科学更为丰富，内容包括信息的产生、获取、变换、传递、存储，以及如何利用信息进行管理和控制等。我国著名学者钟义信综合了各家观点，将信息科学的研究内容总结如下。

（1）探讨信息的基本概念和本质。

（2）研究信息的数值度量方法。

（3）阐明信息提取、识别、变换、传递、存储、检索、处理和再生过程的一般规律。

（4）揭示利用信息来描述系统和优化系统的方法与原理。

（5）寻求通过加工信息来生成智能的机制和途径。

3. 信息科学的方法论

信息科学在其发展过程中，形成了一套崭新的科学方法论体系，包括信息分析综合法、行为功能模拟法和系统整体优化法。

信息分析综合法是信息分析法（解决认识问题）和信息综合法（解决实践问题）的结合，指运用信息论的观点，将系统的运动过程视为信息传递和信息转换的过程，通过对信息流程的分析和处理，获得对某一复杂系统运动过程的规律性认识的一种研究方法。其特点是完全抛开研究对象的具体结构和运动形态，将信息作为分析和处理问题的基础，把系统的有目的性的运动抽象为一个信息变换过程，即信息的输入、存储、处理、输出和反馈的过程（图 1-5）。

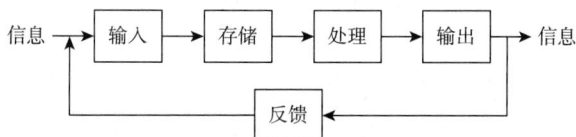

信息　→　输入　→　存储　→　处理　→　输出　→　信息
　　　　　　　　　　　　　　　反馈

图 1-5　信息变换过程

行为功能模拟法是从行为的观点出发，以行为的相似性为基础，从功能上来模拟事物或系统对环境影响的反应方式，是信息分析综合法的一个重要发展和实用化。它告诉人们应如何进行信息的分析和综合。这一方法常常又称为"黑箱方法"。"黑箱"就是指那些既不能打开，又不能从外部直接观察其内部状态的系统，例如，人们的大脑只能通过信息的输入输出来确定其结构和参数。"黑箱方法"从综合的角度为人们提供了一条认识事物的重要途径，尤其对某些内部结构比较复杂的系统，对迄今为止人们的力量尚不能分解的系统，黑箱理论提供的研究方法是非常有效的。"黑箱"研究方法的出发点在于：自然界中没有孤立的事物，任何事物间都是相互联系、相互作用的，所以即使不清楚"黑箱"的内部结构，仅注意到它对于信息刺激做出如何的反应，注意到它的输入输出关系，就可对它做出研究。如果能设计出一个系统，在同样的输入作用下，它的输出和所模拟对象的输出相同或相似，就可以确认实现了模拟的目标。在此，信息的输入就是一个事物对黑箱施加影响；信息的输出，就是黑箱对其他的事物的反作用。事实上，人们在对信息进行分析和综合时很少追求结构上的相似性。

系统整体优化法是指运用信息方法对复杂事物进行研究时，不需要对事物的具体结构加以解剖性的分析，而是直接从整体出发，用联系的、全面的、转化的观点去综合分析系统的运动过程，对其信息流程加以综合性的考察，着眼于该系统整体与部分之间、整体与外部环境之间交互作用过程中的动态功能，从而获得关于事物整体的信息。实践证明，物质具有系统属性，科学研究的对象都可以被看作一个由基本要素组成的动态系统。在这个系统内外，不仅存在着信息的传递、交换，还包含对信息的处理和控制。与行为功能模拟法一样，系统整体优化法也是信息分析综合法的一个重要的发展和实用化。在对任何系统进行信息分析和综合时，一方面要抓住功能的相似性，另一方面则要抓住系统的整体优化法，这是信息分析综合法的两个实施法则。只有遵循这两个法则，才能做出最优的信息分析与综合。

以上三种信息研究方法为复杂高级过程提供了极为有效的研究手段。众所周知，复杂系统、高级过程一般都具有极其复杂的成分、结构、联系和行为。信息科学的方法论充分地考虑了这些情况，为有效地研究和解决这种复杂的事物提供了强有力的工具。

4. 信息科学的特征

（1）信息科学以信息为研究对象。所研究的信息不是指任何个别信息领域里的特定信息，而是指反映一切和信息有关的领域里的信息现象，关心一切和信息有关的领域里的信息问题。

（2）信息科学以信息的本质和运动规律为研究内容，即研究信息的本源是什么，以及信息获取、传输、表达、存储、识别、编码和处理的运动过程。

（3）信息科学以信息方法和技术为手段，即在研究过程中采用科学的研究方法，并通过信息技术的支撑将研究成果顺利地表达出来，以便人们识别、利用等。同时，信息科学的发展又反作用于信息技术，利用信息发明创造出更多实用的，且容易被使用者理解和掌握的信息技术。

（4）信息科学以扩展人类智能为主要目标。信息科学产生和发展的前提就是为了扩展人类认识世界和改造世界的能力，它通过有效地获取、传输、表达、存储、识别、编码和处理信息来增强人类的智能，以辅助人类更加有效地认识和改造世界。

1.2.3 信息技术及其社会作用

1. 信息技术概念

科技进步是推动人类社会变革的巨大力量。从信息技术的历史演进来看，每一项信息技术自问世起就一直在推动着人类社会的发展。从语言的产生、文字的创造、印刷术的发明到电信技术的运用，直至今天计算机技术的普及，人类已进入新的信息技术革命的高潮。电子计算机和现代通信技术的诞生，使信息技术一跃成为领导现代技术发展趋势的主导性技术群，并进而成为现代社会经济发展的强大动力，奠定了人类社会迈向信息时代的技术基础。

那么，究竟什么是信息技术呢？概括地说，信息技术是指扩展人类信息器官功能的一类技术。人类在认识环境、适应环境与改造环境的过程中，为了应付日趋复杂的环境变化，需要不断地增强自己的信息能力，即扩展信息器官的功能，主要包括感觉器官、神经系统、思维器官和效应器官的功能（表 1-1）。

表 1-1 人类信息器官的功能及其扩展技术

人体的信息器官	人体信息器官功能	扩展信息技术
感觉器官（包括视觉、听觉、嗅觉、味觉和触觉）	获取信息	感测信息
传导神经网络（包括导入神经网络、导出神经网络）	传递信息	通信技术
思维器官（包括记忆、联想、分析、推理和决策）	加工/再生信息	信息处理技术
效应器官［包括操作（手）、行走（脚）、语言（口）］	使用信息	控制技术

由于人类的信息活动越来越高级、广泛、复杂，人类信息器官的天然功能已越来越难以适应需要。例如，在复杂的环境或任务中，人的肉眼既看不见微观的粒子，也看不到遥远的天体；人体神经系统传递信息的速度、人脑的运算速度、记忆长度、控制精度以及人体对外界刺激的反应速度等均显得力不从心，不能满足快速多变的环境要求。人类创立和发展起来的信息技术，就是不断扩展人类信息器官功能的一类技术的总称。广义上，凡是涉及信息的产生、获取、检测、识别、变换、传递、处理、存储、显示、控制、利用和反馈等与信息活动有关的、以增强人类信息功能为目的的技术都可以叫作信息技术。

2. 信息技术的基本内容

信息技术中比较典型的代表是感测技术、通信技术、信息处理技术和控制技术，它们大体上相当于人的感觉器官、传导神经网络、思维器官和效应器官。未来的趋势就是要求以计算机技术为核心的现代信息处理技术与通信技术、感测技术和控制技术融合在一起，形成具有信息化、智能化和综合化特征的智能信息环境系统，以有效地扩展人类的信息功能。

（1）感测技术。其包括传感技术和测量技术，它们是感觉器官功能的延长，能更好地加工和再生信息。

（2）通信技术。其功能是传递信息，它是传导神经网络功能的延长。

（3）信息处理技术。其包括计算机硬件技术、软件技术、人工智能技术和人工神经网络等。它们是思维器官功能的延长。

（4）控制技术。其功能是根据输入的指令信息（决策信息）对外部事物的运动状态和方式实施干预，是效应器官功能的扩展和延长。

与人的信息器官一样，信息技术四基元的关系也是一个有机的整体。通信技术和智能技术处在整个信息技术的核心地位，而感测技术和控制技术则是核心与外部世界之间的接口。没有通信技术和智能技术，信息技术就失去了基本的意义，而没有感测技术和控制技术，信息技术同样也是没有意义的。

3. 信息技术的特征

信息技术具有技术的一般特征——技术性。具体表现为：方法的科学性、工具设备的先进性、技能的熟练性、经验的丰富性、作用过程的快捷性、功能的高效性等。

信息技术具有区别于其他技术的特征——信息性。具体表现为：信息技术的服务主体是信息，核心功能是提高信息处理与利用的效率、效益。信息的秉性决定信息技术还具有普遍性、客观性、相对性、动态性、共享性、可变换性等特性。

4. 信息技术的结构体系

在人类认识世界、改造世界的信息实践活动中，有许多技术相互联系、相互影响，一起构成了实现人类所需要的信息功能的信息技术群。

（1）基础技术。新材料、新能源技术是信息技术群的基础性技术，它们的开发和应用是发展和改进一切新的、更优秀的支持技术的前提。

（2）支撑技术。微电子技术、激光技术、生物技术、机械技术等是信息技术群的支持技术，它们是实现各项信息技术功能的必要手段。

（3）主体技术。按前述人类信息器官功能来划分的信息技术（即信息处理技术、感测技术、通信技术和控制技术）是信息技术群的主体，它们是人类信息功能的直接扩展；目前，信息处理技术与通信技术的紧密结合，正在极大地推动着社会信息化的进程。

（4）应用技术。在信息技术主体上，针对各种实用目的繁衍出来的丰富多彩的应用性技术包括工业、农业、国防、交通运输、商业贸易、科学研究、文化教育、医疗卫生、体育运动、休闲娱乐、家庭劳作、行政管理、社会服务等一切人类活动领域的应用。这样广泛而普遍的实际应用，体现了信息技术强大的生命力和渗透力，体现了它与人类社会各个领域密切而牢固的联系。

5. 信息技术的社会作用

信息技术发展的直接结果是扩大和增强了人类的信息功能，这种结果对于整个人类社会的进步必将产生多方面的积极的影响，主要如下。

1）推动社会生产力的变革

原始人类只会制造和使用简单的工具，劳动效率低下。农业时代的人们使用的工具基本上都是靠人力来操纵（如锄头、镰刀、纺车等）或以畜力来驱动（如犁铧、马车等），这些都是扩展人类执行器官功能以及增强体力的简单劳动工具，劳动效率仍然较低。工业时代，蒸汽机、内燃机和电的相继发明使扩展人类执行器官功能和体力的劳动工具发展到了机械化和电气化的水平；望远镜、显微镜、电报、电话等的发明使人类有了扩展其感觉器官和神经系统功能的初级信息工具，使得劳动效率有了明显的提高。到了信息时代，信息处理技术（计算机和人工智能技术）进入了社会生产过程，通信技术和感测技术也达到了前所未有的水平，控制技术更是与高级动力工具有机地结合起来，形成了一体化、智能化、信息化的劳动工具体系，极大地扩展了劳动者的体力，更为重要的是，它极大地扩展了劳动者的脑力。这是人类社会生产力发展史上的一个伟大的变革，是一个历史性的进步和转折。

2）提高人类社会开发利用信息资源的能力

信息技术为人类的信息获取、传递、处理、存储和使用活动提供了更加有效的工具，极大地提高了人类社会充分开发和合理利用信息资源的能力。在物质、能量和信息三大资源中，相对于物质和能量资源在人类社会生产和生活中的大规模开发利用，在人类社会早期的实践活动中，信息资源的利用规模一直是十分有限的。直至20世纪中叶以后，随着现代信息技术革命的兴起，以电子计算机和数字通信技术为核心的现代信息技术使人类的信息能力产生了革命性的飞跃，社会信息生产规模不断扩大，供应能力不断增强，信息资源作为推动人类社会发展与进步的战略资源正发挥着日益重要的作用。

3）促进信息产业和信息经济的发展

随着信息化在全球的快速进展，世界对信息的需求快速增长，信息产品和信息服务对于各个国家、地区、企业、单位、家庭、个人都不可缺少。信息技术已成为支撑当今经济活动和社会生活的基石。人类社会在每一时代都存在着对社会产业结构和经济结构的变革有着根本性影响的新技术群，这些新技术群可称为社会主导技术。人类社会发展过程中存在过三种社会主导技术，即狩猎技术、农业技术和工业技术，而信息技术作为新的社会主导技术将成为推动信息产业和信息经济发展的核心力量。以往的社会主导技术可视为对人类体能的延伸和扩展，信息技术则是通过提高信息的采集效率、流动速度和处理效果来增强人类判断和解决问题的能力，极大地强化了人的感觉器官、传导神经网络特别是大脑的机能。信息技术作为社会主导技术使信息产品的生产与流通活动迅猛发展，社会劳动生产率得到大幅度提高，促进产业结构和就业结构的变革，推动信息产业的形成和信息经济发展。

4）改变人类社会的生产和生活方式

信息技术在社会生产和人类生活各个领域的广泛应用将极大地提高社会生产的效率和人类生活的质量。在产业界，企业的生产方式、管理体制和经营模式将会发生彻底的变革，通过运用信息技术不断提高企业信息化的水平，可使企业实现生产过程自动化、管理决策智能化、商业贸易电子化，在日趋激烈的市场竞争中占有竞争优势；在家庭中，人们耗费在电视机和显示器前的时间大大增加，使用电话和电子通信方式进行人际交流超过了书信往来，利用网络进行联机信息检索、在线购物、远程教学和医疗诊断，"秀才不出门，便知天下事"变成了现实。由于信息技术的深刻影响，人们的活动比以往任何时候更加强调个性化、人性化，社会信息能力和知识创新能力受到普遍的重视，社会服务的质量得到全面的提高。

5）改变就业结构

随着信息资源的开发利用，就业结构从农业人口为主、工业人口为主向从事信息相关工作为主转变。以美国为例，1956 年，美国的"白领"人数第一次超过"蓝领"，从 1980 年到 1997 年，农、林、渔业从业人数占比由 3.38%下降为 2.63%，采矿业和建筑业从业人数占比 7.23%下降为 6.88%，制造业从业人数占比 22.09%下降为 16.08%，服务业从业人数占比 67.2%上升为 73.34%。服务业中，绝大多数人从事与信息处理、信息服务有关的职业。随着信息化深入发展，新一代信息技术在经济社会领域广泛应用，一些传统就业岗位不断被替代，一些新的就业岗位不断被创造出来，一大批依托信息技术的互联网平台发展起来，不断创造新的就业形态和就业岗位。比如，大量小卖部、书店甚至一些大型商场被平台经济所取代，减少了传统就业岗位数量；众多劳动者通过微信、阿里巴巴、滴滴出行等互联网平台实现了多种形态的灵活就业。

6）促进人类文明的进步

信息技术在全球的广泛使用，不仅深刻地影响着经济结构与经济效率，而且作为先进生产力的代表，对社会文化和精神文明产生着深刻的影响。

信息技术已引起传统教育方式发生深刻变化。计算机仿真技术、多媒体技术、虚拟现实技术、远程教育技术以及信息载体的多样性，使学习者可以克服时空障碍，更加主动地安排自己的学习时间和速度。特别是借助于互联网的远程教育，开辟出通达全球的知识传播通道，实现不同地区的学习者、传授者之间的互相对话和交流，不仅可以大大提高教育的效率，而且给学习者提供了一个丰富的内容和宽松的学习环境。远程教育的发展将在传统的教育领域引发一场革命，并促使人类知识水平的普遍提高。

互联网已经成为科学研究和技术开发不可缺少的工具。互联网成为科研人员可以随时进入并从中获取最新科技动态的信息宝库，大大节约了查阅文献的时间和费用；互联网上信息传递的快捷性和交互性，使身处世界任何地方的研究者都可以成为研究伙伴，在网上进行实时讨论、协同研究，甚至使用网上的主机和软件资源，来完成自己的研究工作。

信息网络为各种思想文化的传播，提供了更加便捷的渠道，大量的信息通过网络渗入到社会各个角落，成为当今文化传播的重要手段。电子出版以光盘、磁盘和网络出版等多种形式，打破了以往信息媒体纸介质一统天下的局面。多媒体技术的应用和交互式界面的采用为文化、艺术、科技的普及开辟了广阔前景。网络等新型信息介质为各民族优秀文化的继承、传播，以及各民族文化的交流、交融提供了崭新的可能性。网络改变着人与人之间的交往方式，改变着人们的工作方式和生活方式，也就必然会对文化的发展产生深远的影响，一种新的适应网络时代和信息经济的先进文化将逐渐形成。

1.3   信息管理

1.3.1   信息管理的概念

1. 信息管理的定义

信息管理是人类为了有效地开发和利用信息资源，以现代信息技术为手段，对信息资源进行计划、组织、领导和控制以提高信息利用率、最大限度地实现信息效用价值为目的的社会活动。它既包括微观上对信息内容的管理——信息的组织、检索、加工、服务等，又包括宏观上对信息机构和信息系统的管理。简单地说，信息管理就是人们对信息资源和信息活动的管理。

我们可以从以下几个方面来理解信息管理的上述定义。

（1）信息管理的对象是信息资源和信息活动。对于信息资源有两种理解。狭义的信息资源概念是把信息资源等同于知识、资料和消息，即只是指信息本身的集合，是经过加工处理的、对决策者有用的数据。广义的信息资源概念认为信息资源是人类经济社会活动中积累起来的信息、信息生产者、信息技术等信息活动要素的集合。信息管理的根本目的是控制信息流向，实现信息的效用与价值。但是，信息价值的实现离不开信息生产者、信息技术等信息活动要素的综合作用。

信息活动是指人类社会围绕信息资源的开发和利用而开展的管理和服务活动。信息资源的开发就是以信息的产生、记录、收集、传递、存储、处理等活动为特征，目的是形成可以利用的信息资源。信息资源的利用则是以信息资源的传递、检索、分析、选择、吸收、评价、利用等活动为特征，目的是实现信息资源的价值。单纯地对信息资源进行管理而忽略与信息资源紧密联系的信息活动，信息管理就不全面，因此信息活动也应作为信息管理的对象。

（2）信息管理是组织管理活动的一部分。在组织中，信息资源与组织的人、财、物一样是其经营与发展的重要资源，对这些资源管理的主要目的是合理地配置和有效地控制，以满足和实现本单位的目标和任务。信息作为资源也只有对其进行有效的管理，才能实现其价值，因此信息管理是组织管理活动的一部分。

（3）信息管理是一种社会规模的活动。信息管理反映了信息管理活动的普遍性和社会性，是涉及广泛的社会个体、群体、国家参与的普遍性的信息获取、控制和利用的活动。

2. 信息管理的特征

1）管理特征

管理是通过决策、计划、组织、领导、激励和控制等一系列职能活动，合理配置和优化运用各种资源，以达到组织既定的目标。信息管理是管理的一种，因此它具有管理的一般性特征。但是，作为一个专门的管理类型，信息管理又有自己的独有特征：首先，其管理的对象是信息资源和信息活动；其次，信息管理贯穿于整个管理过程之中，有其自身的管理，也支持其他管理活动。

2）时代特征

（1）信息量迅速增长。随着经济全球化，世界各国和地区之间的政治、经济、文化交往日益频繁；组织与组织之间的联系越来越广泛；组织内部各部门之间的联系越来越多，以致信息大量产生。同时，信息组织与存储技术迅速发展，使得信息储存积累可靠便捷。

（2）信息处理和传播速度更快。信息技术的发展使信息处理和传播的速度越来越快。

（3）信息处理的方法日趋复杂。随着管理工作对信息需求的提高，信息处理的方法也就越来越复杂。早期的信息加工多为一种经验性加工或简单的计算，现在的加工处理方法不仅需要一般的数学方法，还要运用数理统计、运筹学和人工智能等方法。

（4）信息管理所涉及的研究领域不断扩大。学科上，信息管理涉及管理学、社会科学、行为科学、经济学、心理学、计算机科学等；技术上，信息管理涉及计算机技术、通信技术、办公自动化技术、测试技术、缩微技术等。

3. 信息管理的分类

（1）按管理层次，信息管理可分为宏观信息管理、中观信息管理、微观信息管理。

宏观信息管理是一种战略管理，一般由国家信息管理部门运用经济、法律和必要的行政手段加以实施。宏观信息管理是由对广义信息资源的管理和对信息产业的管理构成的，其对社会信息事业及其环境因素进行综合性的规划、协调、指导，以推动信息产业和信息经济的发展，最终实现社会信息化的战略目标。

中观信息管理是介于宏观和微观之间的一种管理层次，具有承上启下的功能，是针对本地区、本行业范围的信息资源开发利用而言的，具有明显的区域或行业性质。中观层次上的信息管理除了对信息资源本身的管理以外，还包括对信息活动的各种要素（信息、技术、人员、机构等）进行合理的计划、集成、控制，以实现信息资源的充分开发和有效利用，从而有效地满足社会信息需要。

微观信息管理是基层的信息管理，是企业管理的重要内容。微观信息管理是对狭义信息资源的管理，即对信息本身的管理，完成对信息的收集、加工和组织工作。

（2）按管理内容，信息管理可分为信息生产管理、信息组织管理、信息系统管理、信息产业管理、信息市场管理等。

（3）按信息应用范围，信息管理可分为企业信息管理、商业信息管理、政府信息管理、公共事业信息管理等。

（4）按管理手段，信息管理可分为手工信息管理、信息技术管理、信息资源管理等。

（5）按信息内容，信息管理可分为经济信息管理、科技信息管理、教育信息管理、军事信息管理等。

1.3.2 信息管理的基本原理

信息管理涉及信息技术、信息资源、参与信息活动的人员等要素，是多学科、多要素、多手段的管理活动。作为一种社会性的管理活动，它具有一般管理活动的特点；作为一种技术性很强的管理活动，它要运用许多技术手段和管理手段。同时，信息管理活动总是指向一定目标，达到一定的效果并完成预定的任务。

从微观的角度来看，信息管理的目标包括两个方面：一是建立信息集约，即在收集信息的基础上，实现信息流（即信息从信息源出发后，沿着信道向信息宿方向传递所形成的"流"）的集约控制；二是对信息进行整序与开发，实现信息的质量控制。从宏观的角度来看，信息管理的目标是提高社会活动资源的系统功能，最终提高社会活动资源的系统效率。

信息管理原理是信息管理活动本身所包含的具有普遍意义的规律。下面从信息资源状态变化和信息管理活动目标指向的角度，简要介绍信息管理的四大基本原理。

1. 信息增值原理

信息增值是指信息内容的增加或信息活动效率的提高。其是通过对信息的收集、组织、存储、查找、加工、传输、共享和利用来实现的。信息增值包含以下内容。

1）信息集成增值

从零散信息或孤立的信息系统中很难得到有用的信息或用于决策的知识，因此，零散信息或孤立信息系统的集成是很重要的。信息集成是指把零散信息或孤立的信息系统整合成不同层次的信息资源体系。其包含三个不同层次：①把零散的个别信息收集起来形成的信息集合；②孤立的信息系统的集成；③社会整体的信息资源的集成。

2）信息序化增值

信息的序化是信息活动的结果，是信息组织的价值体现，目的是实现快速存取。信息序化克服了混乱的信息流带来的信息查询和利用困难，提高了查找效率，节约了查询成本。有序化的信息集合是信息资源建设的基本条件。

3）信息开发增值

有序的信息资源不仅能够保证信息的可查询性，而且能够根据信息内容的关联性开发新的信息与知识资源。

2. 增效原理

信息管理可以通过提供信息和开发信息，充分发挥信息资源对包括信息和知识在内的各种社会活动要素的渗透、激活与倍增作用，从而节约资源、提高效率、创造效益，实现社会的可持续发展。信息管理是现代社会节约成本，提高效率，实现可持续发展的有效途径。

3. 服务原理

信息管理与一般的管理过程相比，具有更强烈的服务性。信息管理的作用最终体现为信息资源对包括信息知识在内的各种社会活动要素的渗透、激活与倍增作用。这决定了信息管理必须通过服务用户来发挥作用。信息管理的所有过程、手段和目的都必须围绕用户信息满足程度这个中心。信息管理方法和手段的采用、活动的安排、技术的运用、信息系统的设计与开发等都必须具有方便、易用的服务特色，以提高服务能力与水平为宗旨。

4. 市场调节原理

信息管理也受到市场规律的调节，主要表现在以下两个方面。

（1）信息产品的价格受市场规律的调节，价值规律是信息商品市场的基本规律。市场这只"看不见的手"是调节信息产品与信息服务的主要力量。

（2）信息资源要素受市场规律的调节。在信息商品市场上，信息、人员、信息服务机构、技术、信息设施等各种资源要素配置会达到某个效率的均衡点。信息产品的市场价格及其背后的社会信息需求是信息资源配置的动力。

1.3.3　信息管理的方法论体系

信息管理的实践表明，在信息管理中，管理者必须具有相同的观察问题和处理问题的准绳，才可能获得满意的管理效果。

1. 信息管理的要求

1）及时

及时就是信息管理系统要灵敏、迅速地发现和提供管理活动所需的信息。这里包括两个方面：一方面，要及时地发现和收集信息。现代社会的信息纷繁复杂，瞬息万变，有些信息稍纵即逝。因此信息的管理必须最迅速、最敏捷地反映出工作的进程和动态，并适时地记录下已发生的情况和问题。另一方面，要及时传递信息。信息只有传输到需要者手中才能发挥作用，并且具有强烈的时效性。因此，要以最迅速、最有效的手段将有用信息提供给有关部门和人员，使其成为决策、指挥和控制的依据。

2）准确

信息不仅要求及时，而且必须准确。只有准确的信息，才能使决策者做出正确的判断。失真以至错误的信息，不但不能对管理工作起到指导作用，相反还会导致管理工作的失误。

为保证信息准确，首先要求原始信息可靠。只有可靠的原始信息才能加工出准确的信息。信息工作者在收集和整理原始材料的时候必须坚持实事求是的态度，克服主观随意性，对原始材料认真加以核实，使其能够准确反映实际情况。其次是保持信息的统一性和唯一性。一个管理系统的各个环节，既相互联系又相互制约，反映这些环节活动的信息有着严密的相关性。所以，系统中许多信息能够在不同的管理活动中共同享用，这就要求系统内的信息应具有统一性和唯一性。因此，在加工整理信息时，要注意信息的统一，也要做到计量单位相同，以免在信息使用时造成混乱现象。

2. 信息管理的制度

没有完善的管理制度，任何先进的方法和手段都不能充分发挥作用。为了保障信息管理系统的有效运转，我们必须建立一整套信息管理制度，作为信息工作的章程和准则，使信息管理规范化。建立完善的信息管理制度主要包括以下几个方面。

1）建立原始信息收集制度

一切与组织活动有关的信息，都应准确毫无遗漏地收集。为此，要建立相应的制度，安排专人或设立专门的机构从事原始信息收集的工作。在组织信息管理中，要对工作成绩突出的单位和个人给予必要的奖励，对那些因不负责任造成信息延误和失真，或者出于某种目的胡编乱造、提供假数据的人，要给予必要的处罚。

2）规定信息渠道

在信息管理中，要明确规定上下级之间纵向的信息通道，同时也要明确规定同级之间横向的信息通道。要建立必要的制度，明确各单位、各部门在对外提供信息方面的职责和义务，在组织内部进行合理的分工，避免重复采集和收集信息。

3）提高信息利用率

信息利用率一般指有效的信息占全部原始信息的百分率。这个百分率越高，说明信息工作的成效越大。反之，不仅在人力、物力上造成浪费，还使有用的信息得不到正常的流通。因此，必须加强信息处理机构的职能，提高信息工作人员的业务水平，健全信息管理体系，通过专门的训练，使信息工作人员具有识别信息的能力。同时，必须重视用科学的定量分析方法，从大量数据中找出规律，提高科学管理水平，使信息充分发挥作用。

4）建立信息反馈系统

信息反馈是指及时发现计划和决策执行中的偏差，并且对组织进行有效的调节和控制。如果对执行中出现的偏差反应迟钝，在造成较大失误之后才发现，这样就会给工作带来损失。因此，组织必须把管理中的追踪检查、监督和反馈摆在重要地位，严格规定监督反馈制度，定期对各种数据、信息做深入的分析，通过多种渠道，建立快速且灵敏的信息反馈系统。

3. 信息管理的方法

1）系统方法

信息管理的系统方法论是以系统的观点和方法，从整体上、全局上、时空上认识管理客体，以求获得满意结果。首先，管理客体不仅自身是一个系统，而且常常是另一个大系统的组成部分，即子系统；其次，系统是信息流的通道，是信息功能得以实现的前提和基础，要管理信息资源和信息活动，就离不开对信息通道的管理；最后，系统是对信息资源和信息活动进行管理的重要工具，任何信息管理的意图最后都需要通过系统去实现。

系统方法论包括以下三个功能：①整体性功能。要求把管理客体作为有机整体来认识，注意构成管理客体的各要素之间的相互联系和相互制约以及与环境的关系，统一服从于系统的目标。②历史性功能。要求把客体当作一个随时间推移而变化着的系统来考察，从客体的形成过程中所表现出来的规律来认识客体，注意其过去、现在和将来要产生的信息。③满意化功能。要求对管理客体进行优化处理，从整体的观念出发，调整整体与局部的关系，拟订若干可供选择的调整方案，然后根据本系统的目的和条件，选择满意度最高的方案。

2）整序方法

整序是指对所获得的信息按照"关键词"（即某些特征）进行分类排序。未排序的信息只能反映单条信息的内容，不能定量地反映信息的整体在某些方面的特征。通过整序，信息按类归并，其总体内涵和外延容易显现，也便于发现信息中的冗余和漏缺，方便检索和利用。此外，同一组信息按不同的关键词排序所得到的序列也不相同，管理者可以根据自己的需要选择信息的特征进行整序，以便获得自己需要的信息序列。

3）信息激活法

信息管理的激活法是对所获得的信息进行分析和转换，使信息活化。信息并不都是资源，未经激活的信息没有任何用处，只有在被激活之后才会产生效用。激活能力是管理者信息利用能力的核心。信息激活具体分为：①综合激活，即以综合的方法，深入分析和认识众多相关信息，根据需要将信息逻辑地组合起来，以求形成一种新的认识。②推导激活，即根据已知的定理、定律或事物之间的某些联系，从已知的信息出发，进行逻辑推理或合理推导，从而获得新信息。③联想激活，即从已知的一条信息想到另一条或几条信息，而这些信息本身可能是激活主体所需要的新信息，或者可以将它们综合成新信息，或者可以从它们中得到启发从而产生新的信息。联想有时可以是非逻辑的思维过程，或者是仅仅因为此（已知信息）而得到彼的启示。

4）信息共享法

共享性是信息的基本特征，不仅组织需要信息共享，社会也需要信息共享，否则信息就不能发挥其潜在的价值。信息共享包括贡献和防范两条具体规则。前者是实现信息共享的前提，指的是信息管理者要善于最大限度地将组织拥有的信息以及企业和组织成员所拥有的信息都贡献出来，供企业和组织及其全体成员使用。正因为信息是可以共享的，企业的竞争对手也可以共享本企业的信息，由此产生了信息安全问题，这就要求信息管理者随时予以防范。这就是信息管理的防范规则，也叫安全原则。

5）搜索法

信息管理的搜索法是指信息管理者在管理过程中千方百计地寻求有用信息。搜索就是查找有用信息，使用信息时如果不能搜索，信息将毫无用处。信息管理者应该具有强烈的搜索意识、明确的搜索范围和有效的搜索方法。搜索意识是获取信息的前提，掌握了信息检索方法，不等于一定能搜索到有用的信息，最根本的在于管理者要能够时时、处处都有一种强烈的搜索欲望和搜索动机，这就是搜索意识。搜索意识一般包括以下三种：①有意搜索，即信息管理者在做任何事情之前，都要去查一查有关这一事情的现实和历史情况的信息管理意识；②随意获取，即信息管理者在事先毫无思想准备的情况下，对于发生在身边的、瞬息即逝的信息流，能够发现其中有的信息与自己已有信息的相关性，并且能够及时地抓住不放，进一步予以激活和利用的信息管理意识；③求助搜索，即信息管理者需要搜索信息而自身又没有能力办到时，知道寻求社会帮助的意识，也就是说，请求他人帮助来搜索自身所需要的信息。

6）物理过程法

信息与世界上所有的其他事物一样，都有其发生、发展、成熟和死亡的过程。信息生命周期是信息运动的自然规律。从信息的产生到最终被使用发挥其价值，一般可以分为信息的收集、传输、加工、存储、维护这几个阶段。信息管理的主要任务是识别使用者的信息需要，对数据进行收集、加工、存储，对信息的传递加以计划，将数据转化为信息，并将这些信息及时、准确、适用和经济地提供给组织的各级主管人员以及其他相关人员。在生命周期的每一个阶段都有其具体工作，需要相应的管理。这里将信息生命周期的管理概括为以下四个方面。

（1）信息需求与服务。一方面，这是信息规划的问题，目的是明确信息的用途、范围和要求。另一方面，就是要为用户提供信息，让他们利用信息进行管理决策。

（2）信息收集与加工。信息工作者通过各种渠道收集所需要的数据，并将收集到的数据按照规定的要求进行处理，使数据成为真正的信息。

（3）信息存储与检索。信息工作者将处理后的信息按照科学的方式存储起来，以便用户检索使用。信息存储不是目的，而是手段，检索才是存储的目的。

（4）信息传递与反馈。信息的作用在于被用户所接收和使用。信息工作者将用户需要的信息及时传递给用户，用户使用之后，将信息的作用结果再返送回来，信息工作者根据用户反馈的信息及时更新现有信息。

1.3.4 信息管理的职能及任务

1. 信息管理的职能

信息管理是管理活动的一种，管理的计划、组织、领导和控制四种职能同样也适合于信息管理。这四种职能彼此联系、相互牵制、协同作用，构成一个完整的体系（图1-6）。

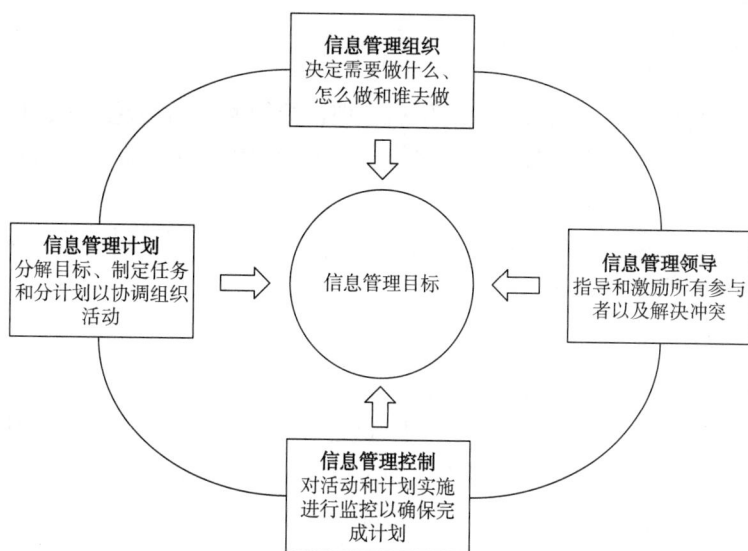

图 1-6　信息管理的职能体系

1）信息管理计划

信息管理计划的主要任务是围绕信息的生命周期和信息活动的整个管理过程，通过调查研究，预测未来，根据信息战略规划所确定的信息管理目标，分解出子目标和阶段任务，并规定实现这些目标的途径和方法，制订出各种信息管理计划，从而把总体目标转化为全体组织成员在一定时期内的信息行动指南，指引组织未来的信息行为。

信息管理计划包括信息资源计划和信息系统建设计划。信息资源计划是指对组织活动中所需的信息，从采集、处理、传输、存储到使用和维护的全面计划，是对信息资源管理的战略规划的具体落实。信息系统建设计划属于组织的一项专项计划，是关于信息系统建设的行动安排和纲领性文件，内容包括信息系统建设的工作范围、对人财物和信息等资源的需求、系统建设的成本估算、工作进度安排和相关的专题计划等。这些专题计划是为保证信息系统建设过程中某些细节工作能够顺利完成、保证工作质量而制订的，包括质量保证计划、配置管理计划、测试计划、培训计划、信息准备计划和系统切换计划等。

2）信息管理组织

要保障信息管理计划的顺利实施，必须明确信息管理的组织职能。信息管理组织不仅要组建信息系统、保障信息系统运行和对信息系统维护更新，还要向信息资源使用者提供信息、技术支持和培训等。归纳起来，信息管理的组织职能具体包括信息系统研发与管理、信息系统运行维护与管理、信息资源管理与服务和提高信息管理的有效性四个方面。

3）信息管理领导

信息管理领导指的是首席信息官（chief information officer，CIO）对组织内所有成员的信息行为进行指导或施加影响，使成员能够自觉自愿地为实现组织的信息管理目标而工作的过程。信息管理的领导职能贯穿于信息管理的全过程，贯穿于信息管理计划、组织和控制职能之中。

4）信息管理控制

信息管理控制是指为了确保组织的信息管理目标能够顺利实现和为此而制订的信息管理计划能够顺利实施，信息管理者根据信息管理计划中确定的标准，对信息工作进行衡量、测量和评价，并在出现偏差时进行纠正。其主要手段是调整信息行为以防止偏差继续发展或今后再度发生，也可以根据组织内外环境的变化和组织发展的需要修改信息管理目标和信息管理计划加以纠偏。

2. 信息管理人员的基本任务

信息管理人员的主要工作包括以下几个方面。

（1）信息资源开发、调配与组织管理。这是最基本的信息管理工作，其内容包括非文献信息和文献信息资源的开发，科技、经济、政治、军事、文化等专门领域信息资源的社会调配，各类信息资源的布局，信息资源的利用组织等。

（2）信息传递与交流组织。其基本内容包括信息传递与社会秩序的建立与维持，各种信息传递与交流业务的开展，以及社会各有关部门信息传递与交流关系的确立等。

（3）信息研究、咨询与决策。这是一种高层次的信息管理，其目的是为管理工作提供决策方案，主要包括决策管理及信息识别、组织、分析、整理和加工，通过有针对性地研究，得出未知的结论，待确认其可靠性后应用于管理实践。

（4）信息技术管理。这部分管理分为硬技术管理和软技术管理两个方面。硬技术管理主要是围绕计算机、通信和其他信息设施及产品的研制技术来进行的；软技术管理是围绕各种信息技术设施及产品的使用来进行的。

（5）信息系统管理。信息系统是由信息工作人员、技术、设施、信息及其载体、用户以及系统环境等基本要素组成的。信息系统的管理除了对这些基本要素进行管理外，还要对系统的组织和运行进行管理和控制。

（6）信息服务与用户管理。由于各种信息管理业务的开展均以用户信息需求为依据，所以信息服务与用户管理的内容不仅包括服务和用户方面，而且贯穿于信息管理业务工作的全过程。信息服务与用户管理的内容是综合性的，管理方法是系统的。

1.3.5 信息管理的沿革与发展

自从世界上有了人类，形成了人类社会，也就有了人类信息交流行为，产生了社会信息管理活动。考察人类在不同阶段的信息管理活动特点，应从最能反映该时期与其他时期最明显的本质不同的因素出发。概括起来，这些因素包括当时社会的整体经济环境、信息资源状况、信息资源类型、信息管理的主体、管理信息的手段与方法等重要方面。纵观人类社会的信息管理活动发展史，我们可以将其划分为三个历史时期。

1. 古代信息管理时期

在人类社会发展早期，人们最初是利用在生产和生活中逐渐形成的交际手段——自然语言进行信息交流的。语音信息传播的时空范围都有限，为此，人们使用了结绳记事、刻画等办法来记录信息，后来又创造了文字。文字的出现要求解决记载材料与记录方法的问题。自远古以来，人类曾先后采用过泥板、莎草、甲骨、兽皮、金石、竹木、缣帛等作为书写材料，直到汉代中国发明了植物纤维纸，才终于结束了人类直接利用天然物质材料来记录信息的历史。但是，在印刷术发明之前，文献生产完全靠手工抄写，信息管理的规模极为有限。印刷术的发明虽然扩展了人类的文献生产能力，但古代社会对文献信息的管理仍然是以藏书楼式的孤立管理为主，没有系统的社会组织。

这一时期信息管理的主要特征是：信息交流活动是自发的、无组织的，信息记载材料是天然的，信息记录方法是手工的。由于信息活动主要集中在个体层次上，社会信息量不大，信息管理活动也是零星的、片断的，主要是对信息载体进行封闭式的物理管理。

2. 近代信息管理时期

工业革命极大地促进了社会信息活动的发展。以蒸汽机为核心的动力技术与活字印刷术的结合，进一步提高了文献生产的效率；交通运输工具的进步既密切了世界各地的联系，也为文献资料的传播提供了便利条件；以电力技术为基础的电信技术则为人类信息交流创造了新的手段。与此同时，近代科学的发展也为近代信息管理活动开辟了广阔的舞台，提供了丰富的内容。科学研究活动从科学家个人的自发研究成长为有组织的社会事业，科学交流从自发组织的各种科学团体、学会发展到国立科学院等正规的学术管理机构，致使科学劳动的成果成倍增加，文献信息的数量和需求也在急剧增长。因此，图书馆等有组织的文献信息管理场所在这一时期获得了很快的发展，文献资料的加工整理方法，如编目法、分类法、文摘索引法等，成为这一时期信息管理的主要方法。社会信息流的整序被联合国教育、科学及文化组织（简称联合国教科文组织）认定为图书馆的四项职能之一。

这一时期信息管理的主要特征是：以文献信息为中心，以图书馆为主要阵地，以解决文献资料的收集、整理、保存与传播报道问题为主要任务，管理手段基本上是以人力和手工为主并辅之以部分机械化作业，主要管理者是图书馆员。

3. 现代信息管理时期

第二次世界大战以后，以计算机和通信技术为中心的现代信息技术迅猛发展，对人类社会经济活动产生了广泛而深远的影响，并将信息管理活动推向一个全新的发展时期。信息管理技术充分利用了现代信息技术的优势，突破了传统处理文献的信息管理技术范围，大量采用了网络、数据库、数据仓库、联机分析技术等先进技术手段与方法，传统的信息管理技术在新的技术环境下不断地完善与发展，以适应新的环境变化。这一时期的信息管理活动又可分为四个发展阶段。

1）面向技术的信息管理阶段

20 世纪 50 年代，计算机在数据处理技术上取得了突破，之后各种信息管理系统纷纷建立：50 年代的电子数据处理系统（electronic data processing systems，EDPS）、60 年代的管理信息系统（management information system，MIS）、70 年代的决策支持系统

（decision-making support system, DSS）和办公自动化系统（office automation system, OAS）等。随着信息系统的发展，信息管理对组织管理的作用范围和重心逐渐发生了变化，由管理"金字塔"的底层——事务处理和业务监督逐步向高层——战略决策进化。但是，这些系统过分依赖信息技术，虽然推动了组织的信息化进程，但在进入战略决策这种高层次管理之后，暴露出难以完全支持高层管理的局限性。

这一阶段信息管理的特点是：信息资源爆炸式增长，以计算机技术为核心，以管理信息系统为主要阵地，以解决海量信息的处理和检索问题为主要任务，管理手段计算机化，主要管理者是管理信息系统经理。

2）面向竞争的信息管理阶段

20 世纪 70 年代末 80 年代初，信息资源管理（information resource management, IRM）概念的提出，确立了将信息资源作为经济资源、管理资源和竞争资源的新观念。随着经济全球化浪潮的推进，对信息系统技术的应用提出了新的要求，即如何实现企业和其合作伙伴之间的信息快速、准确传递和资源共享。在这种需求的拉动下，出现了一种新型的计算机信息系统——企业间信息系统（inter organizational information systems, IOIS）。IOIS 跨越了企业的边界，以协调和控制跨越企业边界的一些请求，是由多个企业通过互相协商，共同分析、设计、开发和应用的系统。

这一阶段信息管理的特点是：以信息资源为中心，以企业信息系统和 IOIS 为主要阵地，以解决信息资源对竞争战略决策的支持以及企业间的沟通、协调和协作问题为主要任务，管理手段网络化，主要管理者是 CIO。

3）智能协同知识管理阶段

20 世纪 90 年代以来，企业在日常运行和管理中，利用信息技术和信息系统存储了海量的数据（信息），这是企业宝贵的信息资源之一。但这些是显性的知识或信息，作为历史数据而存储，既需要巨大的存储空间，又不便于管理使用。人们采用联机分析和数据挖掘等智能工具，从知识管理的角度，试图在这些显性的信息中发现和挖掘出其内在的、隐藏的知识模式，以便更好地利用信息资源，人类迎来了智能协同知识管理时代。

信息的内涵和价值是知识，知识管理就是从过去以信息为基础开展竞争谋取收益，转向更强调知识创新，力求把信息转换为知识。知识管理关注重要的思想、创新、关系、对新思想和新观点的开放态度、行为模式以及员工之间的交流与协作，支持群体、团队和个人的学习，并鼓励经验和知识的共享，把知识的创造、应用、学习、理解和协商作为知识管理的核心。

4）大数据管理阶段

21 世纪初，谷歌、百度等搜索引擎的出现，方便人们探索网络世界的海量信息，亚马逊、eBay 和淘宝在互联网上推出一站式购物模式，电子商务应运而生，社交网络此时也进入成熟期。2010 年前后，云计算、物联网等新兴技术的快速发展，产生了海量非结构化的、残缺的、无法用传统方法进行处理的数据，推动着信息管理进入大数据管理阶段。大数据管理和传统信息管理相比，主要有三个变化，一是需要处理、分析更多的数据，有时甚至要处理与某个特别现象相关的所有数据，而不再依赖于随机采样；二是研究数据如此之多，以至于不再热衷于追求精度；三是不再热衷于寻找因果关系。

1.4　信息管理学

1.4.1　信息管理学的产生

信息管理学是研究人类社会信息管理活动的基本规律、普遍原理和通用方法的新兴学科。它面向人类社会的信息资源开发利用实践活动，主要研究人类对信息资源及其开发利用活动实施有效管理的基本理论问题和实用技术方法。

1. 信息管理学产生的原因

社会需要永远是推动科学发展的原动力。随着现代社会的信息化程度越来越高，社会信息活动更加广泛，社会信息现象日趋复杂，出现了信息危机。为了克服信息危机，信息管理从社会劳动中分化出来，成为一种独立的职业活动得以迅速发展。信息管理工作的进一步发展需要有正确的理论指导。为此，人们开始总结信息管理工作的基本原理与普遍规律，从理论上探索信息管理最优化的途径，最终要求有一门科学对其做出完整、准确的分析和阐述，为社会信息管理实践提供科学的理论与方法。这是信息管理学产生的直接原因之一。

20 世纪以来，现代科学技术高度综合的发展特征，使得学科间的交互作用、交叉渗透趋势不断增强。由于研究对象的交叉，即对复合对象整体研究的需要，交叉科学大量涌现。信息管理学是研究人类社会信息管理活动的科学，信息管理现象的广泛性、复杂性，要求人们对其进行系统的、综合的研究。信息管理学就是信息科学与管理科学相互交叉作用的产物，它的产生反映了现代科学技术整体化发展的大趋势。

2. 信息管理学形成和发展的条件

信息管理学形成和发展的重要条件可归纳为以下几个方面。

（1）理论条件。信息管理学是在原有信息科学与管理科学的基础上，吸收了信息论、系统论、控制论的理论和方法，借鉴了现代管理学的基本原理，在社会信息管理实践中逐步形成和发展起来的。初创时期的信息管理学的培育与经济学、社会学、传播学、心理学、法学等息息相关。随着新的学科理论的不断引进，信息管理学的研究内容日益丰富，学科体系日渐完善。

（2）方法条件。传统的图书馆学、情报学为信息管理学积累了大量的经验和方法。文献信息的收集选择、加工整理、分析研究、检索咨询、传播报道等一系列方法可以推广到各类信息管理活动，在社会信息管理的更高层次上加以总结，上升为信息管理学的普遍方法。今天，人们把工程学方法引入到信息管理领域，特别是管理信息系统的建设中来，成为信息工程建设广泛应用的有效方法。

（3）技术条件。现代信息技术，特别是计算机和通信网络技术的发展是推动信息管理学前进的必要条件。信息技术在信息管理过程中的应用不仅为人类社会的信息管理活动提供了有效的工具，而且为信息管理学的研究内容增添了诸如新技术在信息管理过程中的应用及其影响等新的研究课题。

（4）实践条件。社会信息管理活动为信息管理学准备和提供了丰富的实践经验，这是信息管理学形成和发展的基础条件。信息管理活动的广泛开展，为信息管理学开辟了广阔的实验基地，使信息管理学在社会信息管理实践的基础上不断完善，逐渐成为一门理论与实践相结合的综合性、应用性学科。

1.4.2　信息管理学的研究范围

信息管理学研究的基本问题包括信息管理的研究对象和研究范围、信息资源构成要素之间的相互作用、组织信息资源的优化配置、组织信息资源的有效利用、信息资源全生命周期的综合管理等。

1. 信息管理学的研究对象

信息管理学是以信息资源和信息活动管理为研究对象的（参见 1.3.1 节）。作为信息管理的静态方面，信息资源的管理关心的是信息资源被开发利用的程度，即信息活动在数量上和质量上的表现形式；而作为信息管理的动态方面，信息活动的管理更关注个人、组织及社会与信息资源相互作用的方式，即信息资源开发利用的效果，如信息资源对决策分析的支持作用以及信息资源开发利用的社会效益。

2. 信息管理学与其他学科的关系

学科之间的关系是以其研究对象的关系来确定的。由表 1-2 可以看出，信息管理学是管理学的子学科，管理学的一般原理、研究方法均适用于它；同时，信息管理学又是信息学等学科的交叉学科，这些交叉学科的部分原理、方法也适用于它。

表 1-2　信息管理学与其他学科的关系

序号	学科名称	研究对象	与信息管理学的关系
1	管理学	一切管理活动	源学科
2	信息学	信息和信息活动	交叉学科
3	信息传播学	信息传播活动	交叉学科
4	信息经济学	信息经济活动	交叉学科
5	信息产业学	信息产业及其管理等	交叉学科

3. 信息管理学的理论体系

信息管理学的理论体系可以从以下两个方面来考察。

1）信息管理学的层次结构

信息管理学理论体系的层次结构可以分为宏观、中观、微观三个层次。宏观层次主要研究信息管理的一般原理、方法，国民经济信息化管理，国家信息化战略管理，国家信息基础设施规划、建设与管理，全球信息化战略管理等。中观层次主要研究信息产业管理、地区性信息管理、行业信息管理、信息市场管理、信息系统管理等。微观层次主要研究信息的生产、传播和利用，企业信息化管理，信息企业的运作与管理，非信息企业的信息管理等。

2）信息管理学的内容结构

从内容结构上，可将信息管理学分为基础理论与应用两个层次。

信息管理基础理论主要包括：①信息管理的基本理论。其主要研究信息管理的定义、特征、分类、范畴、基本功能，信息管理的原则、方法、体系结构，信息管理的基本职能，信息管理学的对象与方法，信息管理的科学基础和技术基础，信息行为理论和信息交流理论，信息管理的发展历史和研究进展等。②信息科学理论。信息科学是研究信息运动规律和应用方法的科学，是信息管理最直接和最主要的理论基础科学之一。③管理科学理论。管理学的基本原理均适用于信息管理学。管理学的基本内容和基本原理可以概括为系统原理、整分合原理、反馈原理、封闭原理、能级原理、弹性原理、动力原理和效益原理八个方面。这些原理彼此联系、相互制约。

信息管理应用主要包括：企业信息管理、政府信息管理、公共事业信息管理、信息生产管理、信息系统管理及信息产业管理等。

4. 信息管理学的核心研究内容

根据信息管理学理论体系的宏观、中观、微观三个层次，加上信息管理的基础理论，把信息管理学的核心研究内容归纳为四个组成部分。

（1）信息管理的基础理论。信息管理的基础理论研究包括信息管理的科学基础和技术基础、信息行为理论和信息交流理论、信息管理的发展历史和研究进展、信息管理学的对象与方法等。

（2）信息产品管理。信息产品管理主要研究微观层次上的信息管理问题，包括信息产品的开发——信息采集、整序、分析方法，信息产品的流通——信息服务方式与信息市场管理，以及走向网络化、数字化和全球一体化的信息环境对人类的信息资源开发利用活动有何影响等。

（3）信息系统管理。信息系统管理主要是在微观层次的基础上研究中观层次的信息管理问题，包括信息系统的设计、实施与评价，信息系统运行管理和安全管理，组织的信息资源配置和信息技术投资评估，信息系统管理的发展与组织竞争战略的关系等。

（4）信息产业管理。信息产业管理主要研究宏观层次上的信息管理问题，包括信息产业的结构和测度，信息产业，特别是信息服务业的发展机制与管理模式，信息产业政策和信息立法问题，社会信息化的内涵与发展战略等。

5. 信息管理学研究方法

信息管理学研究方法大致分为哲学方法、一般科学方法和专门研究方法。

1）哲学方法

辩证唯物主义哲学是信息管理学的理论基础，其根本是辩证唯物主义的世界观、方法论和认识论。哲学方法的应用突出体现在对信息概念和性质的认识上。例如，维纳在对信息下定义时指出："信息就是信息，既不是物质也不是能量。"克劳斯在《从哲学看控制论》一书中，认为信息不同于物质，它是物质的普遍属性而不是物质本身，它可以脱离物质独立存在，同时又不影响物质的存在与运动，它所表现的主要是物质的运动状态和相互作用。

2）一般科学方法

常用的一般科学方法包括：①系统方法；②运筹学方法（如线性规划法用于对信息资源的合理配置研究，动态规划法用于计算机检索、网络建设等）；③数学和统计方法（常用于信息的度量；其他应用还有利用数学模型建立信息化指标体系、信息经济规模度量、知识经济度量等）；④技术实验方法（在信息检索技术领域，如文本词句检索、超文本检索、Web 信息检索、借助叙词表的文本检索等均是从技术实验开始的）。

3）专门研究方法

信息管理学还有本学科专门的研究方法，主要包括信息定性研究法和信息定量研究法。

信息定性研究法是运用信息的观点，把研究客体看作信息传递和信息转换的过程，通过对信息流程的分析和处理，获得研究客体运动过程规律性认识的一种研究方法。其特点是用信息概念作为分析和处理问题的基础，不考虑客体的具体结构和运动状态，而将客体的运动抽象为一个信息变换过程，即信息的输入、存储、处理、输出和反馈过程。

信息定量研究法主要是对信息现象、过程、规律等进行定量的研究，以建立一套具有"量"的规定性的科学概念和计量化的途径与方法。目前该方法不仅应用于文献信息交流规律的定量研究，而且应用于情报检索理论、情报系统设计、信息服务效果定量评价以及用户信息需求调查研究等领域。

1.4.3　信息管理学的发展历程

信息管理学的发展经历了萌芽、形成和发展三个阶段。

1. 信息管理学的萌芽

人类社会的信息管理活动源远流长，人们对于信息管理问题的研究首先起源于文献领域的信息管理研究，形成了系统的文献信息管理研究学科——图书馆学、文献学、情报学、档案学等。19 世纪诞生的图书馆学，从文献信息的角度出发去研究信息管理问题，经过一百多年来的发展，内容日益丰富，范围不断扩大，逐渐成为信息管理学的重要应用研究领域。但是，传统的图书馆学、情报学基本上局限于"静态"文献信息管理活动的研究，信息管理的意义和范围被局限于"物化"的固有文献载体和"正规化"的图书情报机构之中，不能适应网络化、数字化和全球化信息环境下信息管理实践的全面发展需要。

2. 信息管理学的形成

20 世纪 50 年代以后，计算机科学技术的应用重点逐渐向信息处理领域转移，从利用计算机进行复杂的大批量数据处理，到建立以计算机为基础的各种信息系统，信息（数据）管理成为计算机科学技术应用研究的一个重要领域。为适应市场对计算机信息管理专业人才的急迫需要，国内外许多高等院校都开设了信息系统分析与设计、数据库与信息检索、管理信息系统、办公自动化等方面的课程，并在此基础上纷纷成立了信息工程、信息系统、管理信息系统等专业。这时，信息管理的意义和范围扩展到信息系统管理层次，并逐步形成了一系列管理信息系统、决策支持系统等信息系统开发方法论。但总的说来，在此期间的计算机信息管理研究仍然是以静态数据为核心，对孤立的信息系统进行技术管理。由于过分偏重技术，忽视了人的因素，因而难以满足现代组织信息管理实践的发展要求。

3. 信息管理学的发展

20世纪80年代以来，信息技术的发展突飞猛进，社会信息环境发生了翻天覆地的变化。当人类进入以信息化、网络化和全球化为主要特征的经济发展的新时期后，信息就成了重要的资源，它正在改变社会资源的配置方式，改变人们的价值观念、工作和生活方式，也改变着企业对于原有信息资源的认识和管理，组织管理的重心开始转向信息管理，并且把信息管理与组织的战略决策联系起来，基于信息资源开发利用的信息竞争战略成为组织竞争的最新战略，信息管理的重要性日益显现。一些国际著名的大学，如哈佛大学、麻省理工学院、斯坦福大学、卡内基梅隆大学等的管理学院纷纷增设信息管理的相关课程或诸如经济信息管理、商业信息管理之类的学科专业，以培养既拥有信息管理知识又懂得经营管理之道的CIO等专门信息管理人才。我国教育部1998年颁布的《全国普通高等学校本科专业目录》中，将原有的科技信息专业、信息学专业、管理信息系统专业、经济信息管理专业和林业信息管理专业等合并设立了信息管理与信息系统专业，以培养能够适应社会信息化发展需要的高层次信息管理人才。2016年，教育部批准开设数据科学与大数据技术专业。2017年，教育部批准开设大数据管理与应用专业。

信息管理学的研究从"为组织信息管理而进行信息管理研究"走向"为组织经营管理而进行信息管理研究"的新时期。这时的信息管理研究是针对信息资源整体和社会信息活动的整个过程展开，信息管理的意义和地位上升到战略高度，信息资源管理作为信息管理的新领域和新方向被提了出来。与此同时，工商管理界、图书情报界和计算机界竞相开展信息管理研究，对这一新兴学科领域进行了广泛而深入的开拓；有关信息系统开发应用于组织经营管理的新理论、新方法和新工具不断出现；多种信息管理专业研究杂志相继问世，世界各地每年都在举办国际信息管理或信息资源管理会议……为信息管理研究提供了专门的论坛。信息管理学作为一门综合性的交叉研究领域正在迅速形成和发展。近年来，云计算、区块链、人工智能技术的兴起赋予了"信息管理+"更多的空间和可能。未来已来，信息管理特别是大数据是热门的专业领域之一，信息管理学有着无比广阔的发展前景。

阅读材料1.1　英文的熵是多少呢？

在人类活动中，大量信息是通过文字或语言来表达的，而文字或语言则是一串符号的组合。据此，我们可以计算出每一语种里每一符号的平均信息量。例如，表1-3是英语中每一符号（字母与空格，标点符号不计）在文章中出现的概率的统计结果（汉语因符号繁多，难以统计）。以英文为例，可计算英文的冗余度，得

$$H = -\sum_{i=1}^{27} P_i \log_2 P_i \approx 4.03 \,(\text{比特/符号})$$ （1-12）

对于有 27 个符号的信息源，可能达到的最大平均信息量为

$$H_{max} = \log_2 27 \approx 4.75 \,(\text{比特/符号})$$ （1-13）

由此可计算出英语表达的冗余度为

$$\frac{H_{max} - H}{H_{max}} \approx 0.15$$ （1-14）

表 1-3　英语中每一符号在文章中出现的概率

符号	P_i	符号	P_i	符号	P_i	符号	P_i
空格	0.2	R	0.054	U	0.0225	B	0.005
E	0.105	S	0.052	M	0.021	K	0.003
T	0.072	H	0.047	P	0.0175	X	0.002
O	0.0654	D	0.035	Y	0.012	J	0.001
A	0.063	L	0.029	W	0.012	Q	0.001
N	0.059	C	0.023	G	0.011	Z	0.001
I	0.065	F	0.0225	V	0.008		

事实上，英语在表达意思上的确存在着富余。例如，Q 后出现 U 的概率几乎是 1，T 后出现 H 的概率也很大等。这种冗余是完全必要的，没有冗余度的语言是死板的，是没有文采的，它是语法存在的必要条件。但对于电报编码、计算机文字处理来讲，这种冗余度的存在常常会造成浪费。有人在上述讨论的基础上研究了符号编码问题，使得每一符号的平均信息量达到十分接近 H_{max} 的程度，但由于译电过于复杂，这种方法尚未实际应用。

讨论题

1. 结合本案例，理解为什么在很多场合保留一定的冗余度是必要的。
2. 参照本案例的方法，举例说明汉语表达中的冗余度。

思考练习题

1. 什么是信息？信息具有哪些要素和特征？
2. 按主体的认识层次可把信息划分为哪几类？
3. 什么是信息技术？谈谈信息技术在管理中的作用。
4. 什么是信息运动？信息运动的规律有哪些？这些规律对我们的学习、生活和工作有什么作用？

5. 如何理解信息科学？信息科学的理论基础是什么？
6. 什么是信息管理？列表比较信息管理发展的几个阶段的特征。
7. 结合你熟悉的行业，试述信息管理的主要职能和信息管理人员的基本任务。
8. 简述信息管理学的研究内容。

第 2 章　信息管理的基本原理

2.1　信息源、信息流及信息宿

2.1.1　信息源类型及其特点

1. 信息源及其类型

信息源是信息发出的源头，即信息的起源。"信息源"一词是由英文"information sources"一词翻译过来的。在定义信息源之前，必须先弄清"源"的意义。英国牛津大学出版社的《现代高级英语学习者字典》（*The Advanced Learner's Dictionary of Current English*）中"source"具有三种含义：一是河之源头；二是来源或出处；三是原始文件。汉语《辞海》中"源"本作"原"，指的是水流的出处，因指水流起头的地方，故写成"源"，引申为"事物的来源"。这个引申义与英文"源"的第二种解释是相同的。故"信息源"从字面上可以解释为信息的来源。联合国教科文组织在其出版的《文献术语》中将信息源定义为"个人为满足其信息需要而获得信息的来源"。实际上，任何运动着的事物都可以产生信息，因而都可以成为信息源。

信息从信息源发出，以物质和能量为媒介自由地超越空间和时间而传送到接收者那里，这就是信息传递。在信息传递过程中，信息源只能产生信息，无主体意识；信息传播者才具有强烈的主体意识，才能有针对性地把信息传递给信息接收者，信息传播者把信息源与信息接收者联系起来，进而有效地发挥信息的作用。

信息源按不同标准可划分成各种类型。如根据时间标准，可以将信息源分为一次信息源和二次信息源。一次信息源是由现场直接采得的信息；二次信息源是存储在各种文件和数据库中的信息。按照获取信息的来源，信息源分为个人信息源、实物信息源、文献信息源、数据库信息源、网络信息源和组织机构信息源等。信息源还可以有静态信息源和动态信息源，科技信息源、经济信息源、文化信息源和政治信息源，离散型信息源和连续型信息源，内源和外源，初始信息源和加工信息源，先导信息源、实时信息源和滞后信息源，可保存性信息源和暂时性信息源；记录型信息源、实物型信息源和思维型信息源，显性信息源和隐性信息源等各种分类形式。

2. 信息源的特点

1）个人信息源的特点

参与社会信息交流活动的每个人都是一个独立的信息源。因为个人信息源的信息获取方式主要是口头交流，故也称口头信息源。个人信息源在社会信息交流系统中具有重要的地位和作用，其特点如下：①及时性。通过与个人直接接触和交谈，获取信息的速度最为迅捷，而且可以及时得到信息反馈。②强化感知性。人们在面对面的交谈中，除接收到语言信息外，还可根据信息发出者说话的声调、语气以及环境气氛等感受到其他信息，从而使信息接收者可以对信息进行推理和判断，加深理解。③主观随意性。人们在口头信息交流过程中往往会按照自己的好恶对信息进行加工取舍，从而导致信息的失真。④瞬时性。口头信息生存时间短，更新速度快，必须记录转化在其他信息载体上方可长期保存。

2）实物信息源的特点

一切物质实体都蕴含着丰富的信息，无论是自然物，还是人工制品，抑或事物发生的现场，均可视为实物信息源。实物信息源给人们提供了充分认识事物的物质条件。

实物信息源有以下特点。

（1）直观性。实物信息源直观、生动、全面、形象，能提供全方位、多角度的信息。

（2）真实性。实物是实实在在存在的，人们可从中获取第一手完整可靠的信息，因而具有较高的真实性和可信度。

（3）隐蔽性。实物信息源中包含的信息往往是潜在的、隐蔽的，不易被完全发现。在信息采集过程中往往要经过仔细观察和分析才能剖析出实物隐蔽的本质属性。

（4）零散性。实物信息源的时空分布十分广泛、散乱、混杂，无一定规律可循，这给加工整理带来了一定的困难。

3）文献信息源的特点

文献信息源是指将信息内容储存在纸张、胶片、磁介质和光盘等物质载体上而形成的一类信息源。文献具有存储信息和传播信息的基本功能，是现代社会最常用的、最重要的信息源。按照载体形式可以把文献划分为印刷型文献、缩微型文献、声像型文献和机读型文献。

文献信息源具有以下特点。

（1）系统性。文献所记载的信息内容往往是经过人脑加工的知识型信息，是人类在认识世界改造世界的过程中所形成的认知成果，经过选择、比较、评价、分析、归纳、概括等一系列思维活动形成的，因而其系统性较强，易于表达抽象的概念和理论，更能反映事物的本质和规律。

（2）稳定性。文献信息是通过文字、图形、音像或其他代码符号固化在物质载体上的，在传播使用过程中具有较强的稳定性，可为人们提供准确可靠的信息。

（3）易用性。文献信息源不受时空的局限。信息获取者可根据个人需要随意选择自己感兴趣的内容，决定自己利用文献的时间、地点和方式。

（4）可控性。文献信息的管理和控制比较方便。信息内容一旦被编辑出版成各种文献，就很容易对其进行加工整理，控制其数量和质量、流速和流向，达到有序流动的目的。

（5）时滞性。由于文献生产需要花费一定的时间，因而出现了文献时滞问题。文献时滞过长将导致文献内容老化过时，丧失其使用价值。

4）数据库信息源的特点

数据库是按照一定方式和结构组织起来的、具有最小冗余度和较高独立性的大量相关数据的集合，是利用计算机对信息进行加工处理和管理的常用基本技术。把大量的数据组织成数据库，既可以提高用户的信息检索效率，也有利于实现信息资源共享。

数据库信息源具有以下特点。

（1）多用性。数据库是以整体观点来组织数据的，在设计时就充分考虑了多种应用的需求。

（2）动态管理性。数据库系统便于扩充修改，更新速度快，且能根据需要随时进行建库、更新修改、检索、统计、备份和恢复等多种数据管理。

（3）技术依赖性。数据库的实现是以计算机的高速运算能力和大容量存储能力为基础的，它的发展与数据库系统开发和管理技术的进步紧密相关。

5）网络信息源的特点

网络信息源随着互联网的普及应用而出现，它直接在网上产生、发布、存储和传播，如各类网络书刊、网络新闻、网站信息等，可以下载存储在其他载体上。

网络信息源具有以下特点。

（1）信息数量巨大。Internet 是一个开放的数据传播平台，任何机构、任何人都可以将自己拥有的信息上网与他人共享。所以，网络信息几乎无所不包，如学术信息、商业信息、政府信息、个人信息、娱乐信息、新闻信息等。它一方面给用户选择提供了较大的信息选择空间；另一方面，大量毫无价值的冗余信息也给用户造成了很大的困扰。

（2）信息更新及时快速。Internet 可以很快地将信息传播到世界各地，几乎在事件发生的同一时间内，就能快速制作上网。因此，与传统文献相比，网络信息变化更加快捷新颖，而且可根据需要不断扩充。

（3）信息关联度强。网络信息利用超文本链接，构成了立体网状文献链，把不同国家、不同地区、各种服务器、各种网页、各种文献通过节点连接起来，增强了关联度，并通过各种专用搜索引擎及检索系统使信息检索变得方便快捷。

（4）形式多样化。Internet 有着丰富表现形式的信息，如声音、图像、文字、照片、电影、动画、音乐等。

（5）交互性强。任何机构、个人不仅可以从互联网获取信息，还可以向网上发布信息，Internet 提供讨论交流的渠道，如各种网站上的 BBS（bulletin board system，公告板系统）站点。在网上可以找到提供各种信息的人，如科学家、工程技术专家、教育家、有各种特长或爱好的人；也可以找到一些专题讨论小组，进行交流、咨询或帮助，同时可以发表自己的见解。

6）组织机构信息源的特点

各级各类组织机构在组织管理中通过内外信息交换来达到组织目标。组织机构既是社会信息的大规模集散地，也是发布各种专业信息的主要源泉。

组织机构信息源有以下特点。

（1）权威性。各种组织机构或从事研究开发，或从事生产经营，或从事监督管理，往往是专门开展某一方面的业务工作，因此它们所产生发布的信息相对集中有序，也比较准确可靠，具有一定的权威性。

（2）垄断性。有些组织机构由于保守或竞争或安全等方面的原因，不愿对外公开自己所拥有的信息资源，仅为自己所用，从而形成对信息的垄断。

3. 信息源的分布规律

信息源的分布总体上呈现出非均衡性规律。

1）时间分布规律

从人类社会发展进程中信息量的增长来看，人类社会发展早期积累的信息少，随着印刷术的发明、现代科学技术的发展，人类社会产生、存储的信息越来越多，在时间序列上，信息源的分布是非均衡的。伴随着互联网、移动互联网、智能终端、云计算等技术的发展，全球数据量激增，现在全球一天创造的数据相当于过去几百年创造的数据。IDC（International Data Corporation，国际数据公司）发布的《数据时代 2025》报告显示，全球每年产生的数据将从 2018 年的 33ZB 增长到 2025 年的 175ZB，相当于每天产生491EB 的数据。因此，信息源在时间上的分布遵循社会学的一个发展理论：后胜于今，今胜于古。

2）空间分布规律

信息源的空间分布也呈现出非均衡的规律，凡是古文化发达且源远流长的国家，其积累的古代文献信息资源就丰富，比如我国，五千多年的文明史产生了大量的文献信息资源，现存古文献达 10 万余种。现在，在新的世界信息地图上，发达国家和发展中国家之间的信息分布极不均衡，相对而言，发达国家信息富裕，处于信息输出的地位，发展中国家信息贫穷，处于信息输入的地位。即使在发达国家之间，信息源的分布也不均衡。就国内来说，信息源分布也存在东西部地区差异和城乡差异。例如，东部地区在互联网普及率、电话普及率、人均电信业务指数、人均报纸订阅指数等具体指标方面，都明显高于中部和西部地区。

此外，信息源在行业、部门、学科、信息类型等方面的分布也存在着非均衡的现象。

2.1.2　信息流类型及规律

信息从传播者到接收者之间的流动就形成了信息流。要想发挥信息的作用，需要对流动中的信息进行有效的控制和管理。

信息流是若干信息从信息传播者到信息接收者之间的流动。广义的信息流是指人们采用各种方式来实现信息交流，从面对面的直接交谈到采用各种现代化的传递媒介，包括信息的收集、传递、处理、储存、检索、分析等渠道和过程。从现代信息技术研究、发展、应用的角度看，狭义的信息流是信息处理过程中信息在计算机系统和通信网络中的流动。

1. 信息流的类型

信息只有从一个地点流动到另一个地点，并通过信息接收者创造出真正的经济价值时，才具有价值和意义。社会信息流通常有三种类型：人际信息流、组织信息流和大众信息流。

1）人际信息流

人际信息流指的是个人与个人之间的信息交流。从信息交流的功能角度来看，人际信息流主要有手段型和满足型两大类。

（1）手段型人际信息流。这种信息流以寻求某种功利性的结果为目的。比如，病人去医院看医生，医生和病人都是为了一个共同的目标——治病，走到一起来了。在手段型人际信息交流中，通常出现两种角色身份，一是"提问者"，二是"答问者"。提问者旨在寻求有关信息，而答问者则被要求提供有关信息。影响会谈效果的因素很多，主要包括主体的动机、态度和所处信息环境等。

（2）满足型人际信息流。其着眼点在于交流行为本身，通过交流达到个人感情需要的满足。亲人重相见，他乡遇故知，同窗再聚会，夫妻团圆时，这些都是满足型人际信息交流。交流双方都尽可能充分地开放自我，宣泄自己的感情。这种自我开放，或称自我暴露，既是向他人呈现自己，增强相互了解，发展人际关系的基础，又是人们表达思想感情，获得心理满足的需要。

2）组织信息流

组织信息流指的是组织内成员与成员之间或部门与部门之间的信息交流（图 2-1），可分为垂直流和水平流两种。

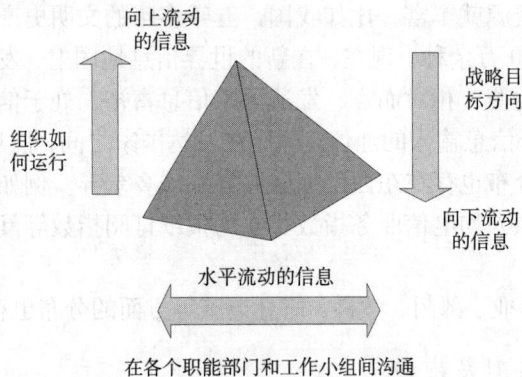

图 2-1　组织中的信息流

垂直流是指组织内上下级之间纵向的信息交流活动。垂直流具有下行和上行两个方向：下行指信息在组织中由高层级向低层级的流动，是上级领导贯彻政策、发布指示的正常渠道，通常以文件、指令、会议等形式传递。上行指信息在组织中由低层级向高层级的流动，通常由组织成员或下级部门定期或不定期的书面报告、口头请示等向上级领导传递信息，或由上级领导主动向下级部门、组织成员索取信息，如召开座谈会、汇报会等。

　　水平流是指组织内具有相同或相近权力、地位、职能等级者之间的横向信息交流，也称平行流、横向流。组织中的横向联系是协调组织行为、解决实际问题的重要途径，它与纵向的垂直交流是互为补充的。如果说垂直流是组织体内的大循环——上下传递各种信息，那么水平流则是组织体内的小循环——使各种垂直信息到达终极目标，并得以吸收、处理和利用。

　　在企业中，纵向信息发生在企业内部，横向信息发生在企业与其上游或下游相关企业之间。以流通领域为例，流通过程包含了商品（包括物质商品、信息商品）从生产领域转移到消费领域所发生的多种经济活动过程，包括商流、物流、资金流、信息流等，如图 2-2 所示。

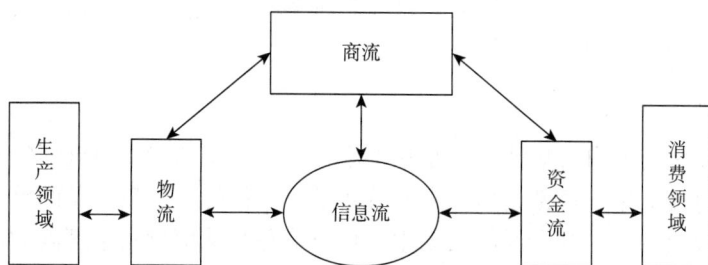

图 2-2　商品流通中的各种流

　　信息流总是伴随其他流的产生而产生，在企业运作、流程控制、业务预测和企业管理等方面，信息流起着首要的控制作用。

　　3）大众信息流

　　大众信息流指的是社会信息的大量复制和大规模传播过程，其中，少数人作为信息的发送者在整个传递交流过程中占着主导地位，而绝大多数人只是作为信息的接收者参与该过程，不能或很难将信息及时反馈给发送者，其流向带有非常明显的"单向传报"和"广泛播布"的特征。正是在这种意义上，人们通常将大众信息流称为大众传媒。

　　大众传播媒介主要有印刷媒介（包括报纸、杂志、书籍等）和电子媒介（包括广播、电视、网络等）两大类。大众信息流按其功能分，主要有如下几种类型。

　　（1）报道性信息流。其基本功能是向社会大众报道各种公众信息，新闻则是公众信息的一个具体表现形态。客观、准确、公正是新闻人员的基本品质要素；时效性、接近性、新奇性、突出性和效果性则是新闻的价值准则。人们通过新闻报道，来获得国内外重要信息，了解社会大事。

　　（2）舆论性信息流。一个政党或政府要想贯彻其方针政策，就必须集中、协调民意，引导舆论朝着有利于该方针政策实施的方向发展。这种舆论导向工作，主要是通过社会宣传来实现的。在某种意义上，宣传是操纵舆论性信息流来达到既定目标的最有效手段。

　　（3）教育性信息流。教育性信息流对于促进社会精神文明建设，普及科学技术文化知识都具有重要作用。现代社会知识更新速度加快，只依赖正规学校教育是远远不够的。大众传播在实施社会道德教育和成人继续教育等方面具有得天独厚的优势，通过广播、电视、报刊等大众媒介，教育性信息流在大众传播中日渐兴盛。

（4）广告性信息流。丰富多彩的广告信息是大众传播在现代经济社会中日益明显的特点。广告不仅对于刺激消费、促进市场经济的发展具有重要作用，而且也是正确引导消费观念、提高社会经济水准的有效途径。广告借助大众传播而扩大其影响，同样，今天的大众传播业也主要依赖广告而生存和发展。

（5）娱乐性信息流。娱乐性信息流可以消除人们的紧张情绪，使人们暂时忘却烦恼，心情舒畅，从而起到精神调剂作用。因此，即使是教育性、广告性信息流，也要"寓教于乐""寓商于乐"，以便取得更好的传播效果。

大众信息流的各种内容与形式都是相互联系、相互影响的。大众传媒自然以报道和告知各种最新的社会公众消息为主要目的和任务，舆论性、教育性、广告性和娱乐性信息流都必须以此为基础而存在；同时，这些各种各样的信息流又丰富了大众信息流的构成，促进了大众信息流的全面发展。

2. 信息流的自身规律

信息流具备一定的自身规律，总是从不平衡状态到平衡状态再到新的不平衡状态的螺旋上升。信息流的不平衡性是由信息源分布的不平衡性、信息对象的差异和信息传播工具的差异性决定的。在社会经济活动中，信息流总是从信息密集度高的地方流向信息密集度低的地方，从知识密集地区流向知识稀薄地区，从经济发达地区流向经济不发达地区，从发达国家流向发展中国家。信息流动过程中，要尽量减少信息源和信息宿之间的信息梯度，提高信息流动的效率。

3. 信息流的价值趋势

一般来说，信息价值具有一定的衰减趋势，这是由信息的时效性决定的。信息闲置，就会减少其价值甚至失去价值性。就某一信息来说，经过流动、使用，其价值将部分转移到其他产品中，信息被使用得越广泛、越充分，其本身价值就衰减得越快。另外，由于信息具有再生性的特征，就信息流总体而言，其价值随着信息的再生，不断创造新的、更有价值的信息，其价值不仅不会衰减，还会逐步增加。

2.1.3 信息宿与信息使用

1. 信息宿与信息用户

信息宿指信息自信息源出发，经信道流动抵达的终端、目的地或对象。信息宿是相对于信息源而言的，是信息动态运行周期的最终环节。其功能是接收情报信息，信息用户选择对自身有用的信息加以利用，直接或间接地为某一目的服务。信息宿可以把信息资源转化为人类的巨大物质财富，在信息的再生过程中，还可以起到重要的反馈作用。

信息用户是信息宿，是信息的使用者、购买者、消费者，是在社会实践活动中利用信息和信息服务的一切个人与团体。在信息领域，用户通常是指那些接受信息服务的个体或群体。通过精确地分析发现用户具有以下特征：拥有信息需求，具备利用信息的能力和具有接受信息服务的行动。

2. 用户的信息需求与信息行为

用户的信息需求是指人们在从事各项实践活动的过程中，认识到并且表达出来为解决所遇到的各种问题对特定信息的需要。对组织而言，信息资源功能和效益的发挥总是与各类人员的需求紧密联系在一起的。在当前各种社会活动中，对信息的需求量较大的典型用户有科学研究人员、管理决策人员、工程技术人员、市场营销人员等。

1）科学研究人员的信息需求

科学研究人员的任务是认识揭发自然界、人类社会和人类思维的规律性，进行知识创新，扩展知识体系。科研工作者的工作决定了他们所需的信息类型主要是理论性较强的原始文献，如图书、期刊、会议文献和研究报告等文献类型。

2）管理决策人员的信息需求

管理决策人员是在各级各类组织机构中负责战略规划与计划、组织、指挥、协调等工作的管理者。管理决策人员对信息的数量和质量有较高的要求，需要经过加工提炼后的信息，对信息的简明性、完整性、准确性和客观性要求都比较高。

3）工程技术人员的信息需求

工程技术人员是在各种各样的技术开发和生产活动中从事发明、设计、实验、监控等工作的工程师。工程技术人员需要具体的，经过验证的、成熟的技术信息，如专利、技术标准、技术报告、工程图纸、产品样本以及各种实用手册等。

4）市场营销人员的信息需求

随着市场经济的发展，市场营销人员在社会经济活动中的地位和作用日益凸显。这些人员在市场经济活动中从事市场拓展、产品销售、客户支持等工作，他们需要及时、准确、可靠的市场信息，这些信息包括消费信息、商品信息、金融信息以及技术市场信息等。

信息需求是引发信息行为的原动力。为了获取信息所采取的行动称为信息行为。从信息需求的形成到信息需求的满足是一个完整的信息行为过程。信息使用过程表现在用户的信息行为中。用户的信息行为是指用户为解决问题而自觉地查寻和使用信息的活动。当用户接触到某一信息后，便进入了认知信息的过程，在信息的刺激下，会产生各种情绪、情感等心理反应，并决定对信息是否进行吸收利用。通过这一系列信息心理活动，产生相关的信息行为。

一般来说，信息行为可分为几个阶段。首先是信息需求的目标化阶段，用户根据当前的实际情况预先选择出最需要解决的问题；其次制订出行动的方案；最后进入行动方案的实施阶段。用户的信息查寻行为由此发生，当信息查寻行为获得了所需的信息后，用户将进一步进行吸收和消费，从而完成信息用户行为的全过程。

3. 信息使用

1）信息使用的内涵

美国学校图书馆管理员协会（American Association of School Librarians，AASL）提出，信息使用有两个基本含义：一是通过阅读、听、观看和接触（engage）吸收各类资源提供的信息。二是从资源中抽取（extract）相关的信息，抽取方式包括阅读图书、期刊、书目和引文索引等。阅读可以帮助提高对不同观点的识别能力，形成批判式的思维方式。

根据用户对信息的使用深度的不同，信息使用行为可分为以下两个层次。

（1）基本层次。能正确应用各类信息源，包括互联网及传统印刷源，通过阅读、听、观看和接触，吸收各类资源提供的信息。

（2）高层次。能准确地、综合地分析信息。通过评价信息源、统计数据和书目格式，判断信息质量，通过信息使用辨别不同的观点。

判断正确地使用信息的三个标准是：①能够从不同信息源中识别出错误概念、主要观点和支持观点、有冲突的信息或偏见，理解信息意义；②能够应用批判式的思维方式，分析、合成、评价、组织信息和知识；③在信息收集和使用的过程中遵循道德和法律指南。

2）信息使用的类型

（1）个人信息使用。从总体上看，人类的信息需要是十分广泛而复杂的，具有信息需要的人们形形色色。身处不同社会活动领域的人们承担的任务不同，关心的问题不同，其信息需求也就大不相同。如上文所述，科学研究人员、管理决策人员、工程技术人员和市场营销人员，是当前各个社会活动领域中，信息活动最活跃的、信息需要最鲜明的四个典型用户群体。我们需要根据用户所属类型来分析不同用户的信息需求特点，从而有针对性地满足他们的信息需求。

（2）组织信息使用。组织中不同层次的管理由于工作职能不同而具有不同的信息要求。高层管理的主要任务是进行战略决策，其所需综合信息涉及的范围非常广泛，这些信息常常是非格式化的，不像某些固定的例行信息。中层管理的任务是根据高层管理所做出的战略决策进行战术决策，其工作特点是既有大量的、例行的、比较规范化的任务，又有需要灵活处理的不够规范的决策问题。在管理工作中，它处于承上启下的关键地位。基层管理也称为操作管理，这一层管理工作一般来说并不与系统之外的各种实体打交道，而是与本系统的具体生产过程或业务流程紧密地联系在一起。这些信息的规范化程度高、数量大，而且反映当前的情况。

另外，从横向上分，组织内部的信息使用又可分为生产部门、营销部门、财务部门、人力资源管理部门等的使用。不同的部门有着不同的信息需求。总之，只有对具体业务有良好的了解和把握，才能更好地满足业务部门对信息的需求。

（3）企业信息使用。科学技术的发展和互联网的快速普及，消除了人们在空间和时间上的距离，企业之间的界限不再像以前那么明显，跨区域、跨组织企业之间的合作已成为当今企业谋取持续竞争优势的一种重要手段。供应链网络、虚拟企业、知识联盟、战略联盟、合作组织等以合作共赢为基础的新型企业组织正成为当今动态复杂环境下的亮丽风景。

对于企业而言，信息的使用一般包括技术问题和如何实现价值转换问题两个方面。技术方面主要是要解决如何高速、高质量地把信息提供到使用者手边，这就要求企业具有运用现代信息技术的能力。信息的价值转换要求企业把信息作用于业务操作、管理控制、战略决策上。

企业若想取得长足的发展，就必须获得其他相关企业的信息，并对获得的信息进行分析、处理、加工、储存和使用，进而融入自身的企业文化惯例中用以指导自身的生产运营过程。从纵向来看，企业要获得和使用与之相关的供应商、制造商、零售商等的信息，并与其进行信息共享和反馈，谋求协同长期发展。从横向来看，企业要获得其他竞争企业、客户、科研机构等的信息，进而通过分析、提炼和加工，以充分利用他们的信息来提升自身竞争力，从而获得持续竞争优势。

因此，针对不同的企业信息，企业要有目的地进行甄别，筛选出有用的信息，而避免或剔除那些对企业自身决策可能造成不良影响的无用或者干扰的信息。

4. 信息用户管理

信息用户管理主要包含以下方面内容。

1）信息用户档案管理

档案是有关信息用户基本情况的资料。建立必要的用户档案是开展用户工作的依据，它能保证信息工作有针对性地进行。管理方法与文献管理方法大致相同，其主要内容是档案的修订整序和分析。

2）用户信息活动的组织和管理

在信息用户管理工作中，为保证信息工作的顺利进行，保证信息活动取得必要的效果，必须按照国家政策，结合企业或本部门实际情况制定出各种规章制度。信息用户（包括企业或组织的内部用户）在利用信息时必须遵循这些规章制度，只有这样，才能维持正常的信息服务秩序。

3）确立信息使用的道德规范

当前计算机犯罪和违背计算机职业规范的行为较多，已成为一项社会问题。因此确立一个适合我国特点的计算机职业道德和信息使用的道德规范势在必行。信息使用的道德规范受一定社会的政治、经济制度和文化传统的制约，具有一定的民族和社会特点。在构建自己的道德行为规范时，我们可以借鉴国外的成功经验。美国计算机协会（Association of Computing Machinery，ACM）于 1992 年 10 月制定了《伦理与职业行为准则》，包括以下 8 条准则：①为社会和人类的美好生活做出贡献；②避免伤害他人；③做到诚实可信；④恪守公正并在行为上无歧视；⑤敬重包括版权和专利在内的财产权；⑥对智力财产赋予必要的信用；⑦尊重其他人的隐私；⑧保守机密。

2.2 信息需要与信息服务

用户信息需要研究是信息管理的出发点，是信息系统建设和信息服务工作的根本依据。客观地说，每一个具有信息需要的人都是信息服务的用户。充分开发信息资源，为用户提供有效的信息服务，满足全社会的信息需要，是信息管理的主要任务。

2.2.1 信息需要

需要是指人体自身或社会生活中所必要的事物在人脑中的反映。引起需要的因素主要有两个：一个是个体感到缺些什么，有不足之感；另一个是个体期望得到些什么，有求足之感。需要实际上就是在这两种状态下所形成的一种心理现象。个体产生了某种需要时，就会形成一种内在的驱动力，即动机。动机支配目标导向和目标行动（满足需要的活动）。需要在不断满足的过程中削弱，此时行为结束，人的心理紧张消除，然后又有新的需要产生，再引起新的行为（图 2-3）。

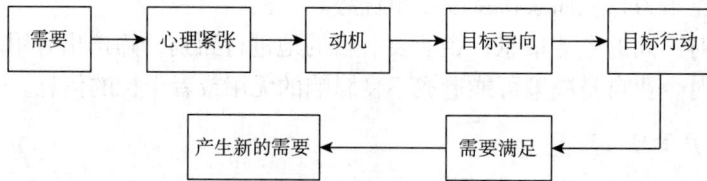

```
┌──────┐    ┌────────┐    ┌──────┐    ┌────────┐    ┌────────┐
│ 需要 │ →  │ 心理紧张│ →  │ 动机 │ →  │目标导向│ →  │目标行动│
└──────┘    └────────┘    └──────┘    └────────┘    └────────┘
                                                          │
┌────────────┐    ┌────────┐                             ↓
│产生新的需要│ ←  │需要满足│ ←───────────────────────────
└────────────┘    └────────┘
```

图 2-3   需要–动机–行为关系图

美国心理学家马斯洛（Maslow）将人的基本需要由下至上划分为生理的需要、安全的需要、社交的需要、尊重的需要、求知的需要、求美的需要和自我实现的需要七个层次（图 2-4）。马斯洛认为，需要层次是逐级上升的。当下级需要获得相对满足后，追求上一级需要的满足就成为驱动行为的原动力。低级需要是有限的，一旦得到满足，就不再是激发人们行为的动力，只有高级需要才是人类持久行为的真正动力。高级需要往往不易得到满足，特别是求知和自我实现的需要几乎永无止境。与高级基本需要一样，人们的信息需要永远不会得到完全的满足，人类的信息行为也永远不会停止。因此，信息需要是人们在从事各项实践活动的过程中，为解决所遇到的各种问题而产生的对信息的不足感和求足感。

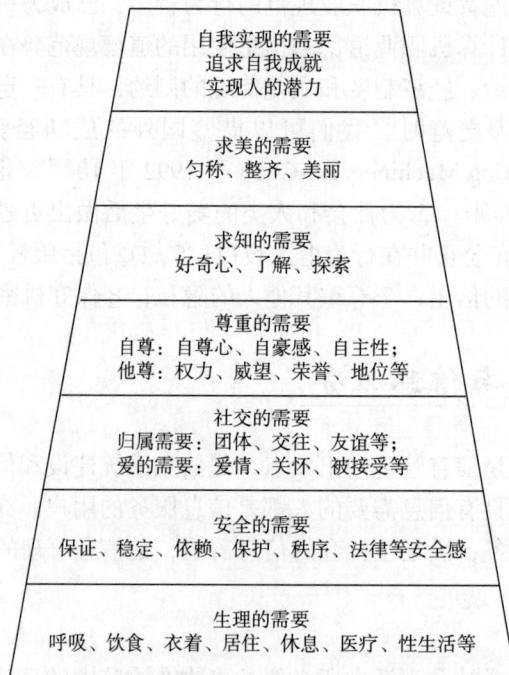

```
        ╱─────────────────────╲
       ╱   自我实现的需要        ╲
      ╱    追求自我成就          ╲
     ╱     实现人的潜力           ╲
    ├──────────────────────────────┤
    │      求美的需要               │
    │    匀称、整齐、美丽           │
    ├──────────────────────────────┤
    │      求知的需要               │
    │    好奇心、了解、探索         │
    ├──────────────────────────────┤
    │      尊重的需要               │
    │  自尊：自尊心、自豪感、自主性；│
    │  他尊：权力、威望、荣誉、地位等 │
    ├──────────────────────────────┤
    │      社交的需要               │
    │ 归属需要：团体、交往、友谊等； │
    │ 爱的需要：爱情、关怀、被接受等 │
    ├──────────────────────────────┤
    │      安全的需要               │
    │ 保证、稳定、依赖、保护、秩序、法律等安全感 │
    ├──────────────────────────────┤
    │      生理的需要               │
    │ 呼吸、饮食、衣着、居住、休息、医疗、性生活等 │
    └──────────────────────────────┘
```

图 2-4   马斯洛的基本需要七个层次

1. 信息需要的特征

（1）信息需要的广泛性。信息需要以信息为对象，表明了人们在实践活动中对信息、知识的欲求，基本上属于求知的需要。人类的实践活动是广泛的，信息需要是一种普遍存在着的心理现象，可以说，凡事皆需要信息，凡人皆有信息需要。

（2）信息需要的社会性。虽然信息需要常以个人欲求的形式出现，但其内容并不完全由个人意志决定。信息需要的产生和发展是由人与自然、人与人的关系及其相互联结所形成的社会环境和社会活动决定的。人类信息活动的社会化趋势更表明了信息需要不仅仅是个体的特性，而且主要是一种社会性需要。

（3）信息需要的发展性。在人类社会发展初期，人们的活动范围有限，社会信息量不大，信息需要也不太明显。随着人类社会实践活动的发展，社会现象日趋复杂，人们遇到的问题也越来越多，在进行各项活动时就更加需要了解情况，掌握知识，以便做出有效的决策，于是信息需要也在日益增长。社会科技、经济、文化事业的进步，一方面促使人们的总体需要不断扩大并使需要层次走向更高的阶梯，另一方面也刺激了信息需要的发展，带来了信息需要的大量化和高级化。

（4）信息需要的多样性。影响信息需要的因素复杂多样，既有信息活动主体自身因素的作用，也有社会环境因素的制约。从主体自身看，一个人的兴趣和个性、观念和态度、所受的教育和知识水平等都影响着信息需要的形成和发展，而每个人的专业、地位、所承担的职责和工作性质的不同也使他应关心的问题千差万别。即使对于同一个人，在不同的时间、地点环境条件下，由于具体任务的变化，其信息需要也会有很大的差异；从社会环境看，社会政治、经济、科技、文化等多种因素在宏观上制约着信息需要的运动方向，使社会信息需要具有明显的地域特点、民族特色和时代特征。

2. 信息需要的结构

1）信息需要的层次结构

当一个人在工作或生活中遇到问题，需要获得信息来支持该问题的解决时，我们就说他具有信息需要，这是一种信息需要的客观状态。在这种情况下，人们可能并未认识到自己的信息需要。这也许是因为现实问题过于复杂和隐蔽，而个人的认识能力有限或信息意识淡漠，因此他并不知道自己的信息需要究竟是什么。人们一旦认识到了自己的信息需要，其信息需要层次也就上升到信息需求。

有些人可能认识到了自己的信息需要但没有表达出来这种需要，这可能是出于人们对问题性质的理解而使需要强度受到压制，或者是由于个人的信息能力和信息环境较差，他没有足以将需要表达出来的条件，致使有的需要不愿或无法用信息符号表达出来而处于"意会"状态，我们称这类人们认识到而未表达出来的信息需要为潜在需求，认识到并且表达出来的信息需要为现实需求。通常人们所说的信息需求往往是指现实的信息需求，即用户以自己方便的形式及时获取解决问题所需要的完整可靠的信息的要求。当人们表达出自己的信息需求时，他可以面向许多信息源（信息服务机构、同行同事、个人文档等）提出这个需求，我们把用户向信息服务机构提出的具体要求（书面的或口头的）称为信息提问。由此，形成了信息需要的层次结构（图 2-5）。

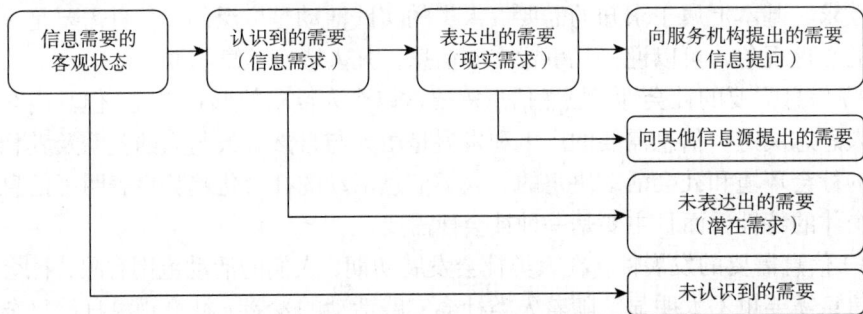

图 2-5　信息需要的层次结构

受许多因素的影响，用户的信息提问、信息需求和信息需要不可能是完全一致的。往往存在着这样的倾向：用户在信息提问中要寻找的是他们认为信息服务机构能够提供的信息，而不是自己实际需要的信息。一般来说，真正的信息需要比信息提问更加广泛和复杂。区分信息需要、信息需求、现实需求和信息提问这四者非常重要。信息系统采集和加工各种信息，并通过信息服务向用户提供信息产品，但信息系统不能响应用户未认识到的客观信息需要或潜在需求，而最多只能通过完善周到的信息服务响应这种需要的表达状态。也就是说，信息服务至多只能在用户现实需求（表达出的信息需要）的基础上运行。

2）信息需要的内容结构

从一般意义上说，用户的信息需要主要表现为对信息本身的需要和对信息服务的需要两类。

（1）对信息本身的需要。对信息本身的需要是用户信息需要的最终目标。用户对信息的需要常涉及以下方面：①信息内容。无论用户信息需要的表现形式如何不同，其本质内容都是要求获得有助于问题解决的特定信息。②信息类型。用户可能需要不同类型的信息，如知识、消息、数据或事实资料，口头信息、文字信息、图形图像信息，图书、期刊等类型的文献。③信息质量。用户需要准确、可靠、完整、全面的信息，而不是模糊、错误、零散、片面的信息。用户常对信息质量表示不满，因为用户实质上需要的是质量高而非数量多的信息。④信息数量。用户需要的是数量上适度、能够有效消化吸收的信息。当前，用户接收的信息数量经常超过其信息处理与利用能力的限度，这种现象被称为"信息过载"。

（2）对信息服务的需求。在当代社会信息数量急剧上涨、质量不断下降、内容交叉重复的情况下，用户个人满足自己信息需要的能力是十分有限的。所以，用户需要信息服务机构的帮助。信息机构通过开展各种各样的信息服务，把用户同特定信息源联系起来，从而极为有效地满足了用户对信息服务的需要。其中包括：①服务方式。用户需要不同的信息服务方式，如检索服务、咨询服务、报道服务、借阅服务、复制服务、翻译服务等。②服务设施。用户需要便利的信息服务设施，如检索设备（包括手工检索工具、光盘检索设备和联机检索系统）、阅览场所和设施等。③服务质量。用户对信息服务的质量有许多方面的要求，如适时性、针对性、连续性、经济性、可近性、易用性、可得性、方便性等。

2.2.2 信息服务

1. 信息服务的概念

信息服务的概念有广义与狭义之分。广义的信息服务泛指以产品或劳务形式向用户提供和传播信息的各种信息劳动，即信息服务产业范围内的所有活动，包括信息产品的生产开发、报道分配、传播流通以及信息技术服务和信息提供服务等行业。狭义的信息服务是指专职信息服务机构针对用户的信息需要，及时地将开发加工好的信息产品以用户方便的形式准确传递给特定用户的活动，也称信息提供服务。

一般来说，开展信息服务有三个基本因素：信息产品、信息用户和信息服务者。信息服务者通过选择、加工、提供信息产品来满足用户的信息需要，成为连接信息产品与信息用户的桥梁。此外，对于现代社会中的信息服务组织（机构）而言，信息基础设施对于开展信息服务起着越来越重要的作用，也应纳入信息服务的必备要素之一。信息服务的根本目的是帮助用户克服信息交流障碍，解决信息生产的广泛性与信息利用的特定性之间的尖锐矛盾，使信息资源的充分开发与有效利用得到有机的统一，发挥出信息资源的最佳效能。

2. 信息服务的原则

在信息服务过程中都必须坚持以下基本原则。

（1）针对性原则。任何信息都是在特定的时间、场合下对特定用户的特定需要产生效用，因此信息服务必须紧密围绕特定用户的具体信息需要来展开，注意信息提供的针对性。针对性是信息传递方向的选择问题，也是服务内容与服务对象的"匹配"问题。信息服务就是要为特定的信息找到确定的用户，使信息发挥最大效用；同时也为特定的用户找到确定的信息，满足用户的特定需要。

（2）适时性原则。时间对于信息价值具有决定性的影响。为了保证时效，应当加快信息传递的速度，尽早把信息提供给用户。但最好是把握恰当的传递时机，在用户最需要的时候提供，才能争取最佳服务效果。传递过早，不易引起用户的重视；传递过晚，则毫无意义。

（3）精练性原则。人脑处理信息的能力有限，如果信息提供量超过了用户的吸收能力，过多地耗费了用户的时间和精力，反而会影响决策的效率。因此，信息服务机构应当在完整性基础上进行认真的筛选加工，在可满足用户解决问题的需要的前提下提供尽可能少的信息，要求提供的信息内容简明扼要，精益求精，做到有分析、有比较、有选择，浓缩度高，在质量和数量上都符合用户的需要，即要求信息具有精练性。精练并非意味着"专深"或"高级"，而是指根据用户需要把最有用的部分挑选出来。

（4）方便性原则。可近性和易用性是影响用户信息查寻行为的两个最重要的因素。这就是说，信息服务要为用户的信息行为提供最大的便利条件，如采用现代信息技术克服时空障碍，实现跨地域，跨行业、跨平台的信息资源共享；加强内部管理，简化利用信息服务的手续，提高信息服务的效率；优化系统设计，开发对用户友好的人机交互界面；宣传普及信息知识，开展用户培训工作，增强全社会的信息意识和信息能力等。

（5）效益性原则。信息服务不仅具有社会效益，而且还应该讲求经济效益。对于用户来说，用户支付了一定的金钱，耗费了一定的时间和精力来使用信息服务，就应当确保他有一定的投入/产出效益；对于信息服务机构来说，通过开展信息服务所获得的收益应当合理地体现出信息劳动产品的附加价值以及信息服务工作的成本与效益。在进行信息服务的费用-效益评价时，要对用户和信息服务机构双方的效益做出综合分析。这种追求整体效益最大和供需双方互利的原则是信息服务产业化的必要条件。

（6）竞争性原则。网络化、数字化的信息环境将改变传统的信息服务模式，使信息服务更加有效和快捷，同时也提出了许多新的问题，使信息服务市场竞争更加激烈。有关越境数据流与国际信息服务、信息资源共享与知识产权保护、市场垄断与公平竞争等问题相继出现，使信息服务机构既看到了大好的机遇，又面临严峻的挑战。

3. 信息服务的主要类型

根据信息服务的内容，信息服务可分为科技信息服务、经济信息服务、技术经济信息服务、法律信息服务、流通信息服务、军事信息服务等。

按照信息服务方式，信息服务可分为文献服务（包括借阅、复制、代译等）、报道服务、检索服务、咨询服务、网络服务等。

1）文献服务

文献服务是传统信息服务的主要形式，是专门的信息服务机构利用像图书馆、资料室、档案馆等固定的文献保管场所向用户提供记录在一定载体之上的信息的一类信息服务方式。这类信息服务面向广大用户传播各种形式的文献信息，主要服务方式有阅览、外借、复制、代译等。

2）报道服务

信息产品也只有报道出来，才能更容易被用户所认识，才能发挥其固有的效用。信息报道的方法和渠道多种多样，除面对面的口头报道（如信息发布会、技术市场等）和直观报道（如展览会、演示会等）外，信息服务机构常常利用信息出版物来开展文字报道，即根据用户的需要，有选择地将有价值的文献资料加工整理成系列化的二次、三次出版物，在不同广度和深度上进行传播报道。由于文字报道具有信息量大、传播面广、便于使用等明显优点，信息出版物就成为报道服务的主要方式。我国的信息出版物通常划分为如表2-1所示的三大类、九小类。

表 2-1　中国信息出版物分类表

大类	小类	形式及内容	特点
检索类刊物	目次页	直接抽取原始文献的目次页汇编排印而成	通报及时；限于通报现期文献，不便于长期积累检索，不能完全集中相关文献
	题录	按照规定的项目和次序列出文献的基本情况（包括题名、著者、出版事项、文别等），并不介绍原文内容的条目	一般按分类方式编排，对所报道的文献提供了更多的情况，并且通过标引把相关文献组织起来，便于查阅
	简介	除题录部分外还对原文主要内容做一般性简单介绍，也称指示性文摘	不要求对原文内容做深入研究，只是从整体上对文献进行分析描述
	文摘	除题录部分外还对原文主要内容做实质性摘要报道的条目。正文按条目上的检索标识编排，备有各种索引可供查找	它不仅是检索类信息刊物的主体，并且由于其检索功能强大、综合报道能力突出而成为信息出版物中最为普遍采用的一种信息报道形式
报道类刊物	新闻类	一般只报道国内外最新科技、生产与经贸消息，对所报道的消息要求及时可靠	不包括更多的具体内容，只起实时报道的作用，报道类信息刊物中最简单的一种形式
	快报类	选编报道国内外信息并对原文中的一些实质性内容进行节录	根据实际需要从一次文献中精选编成，要进行一定程度的再加工
	译报类	对国外文献资料的翻译汇编报道	以节译和全译两种形式，准确、全面、迅速地把国外信息传报给国内用户
研究类刊物	动态性	着眼于报道某一学科领域或行业范围内的现有水平和发展方向，反映各种新产品、新材料、新理论和新技术	短小精悍，注重及时性，只反映主要论点、特性、结论及效果。经常是报道外国、外地区、外单位的水平和动向，供管理决策人员参考
	述评性	对某一专业领域以及对其中某一课题或某一时期所进行的综合性文献述评。内容具体且有相当深度	多以专题报告的形式不定期出版，有些部门多以一年为期述评本学科专业在理论研究和应用开发方面的成就与进展，故又称年度报告

3）检索服务

信息检索是指将信息按一定方式组织和存储起来，然后在用户需要（发出信息提问）时找出并提供有关信息的过程。根据服务方式的需要，检索服务可以划分为以下两种。

（1）定题情报提供（selective dissemination information，SDI）。这种服务是由检索系统工作人员将用户的信息需求转换成一定的检索提问式，并将此提问式存入计算机中。检索系统定期从新的文献信息中为用户检索，并按用户指定的格式为用户加以编排和打印。利用 SDI 服务，用户可定期获得所需要的最新信息，及时掌握同类专题的动态和进展。

（2）回溯检索（retrospective search，RS）。这是用户对检索系统中积累多年文献资料的数据库进行检索，查找一定时间范围以内或特定时间以前的文献。通常采用联机检索方式进行。RS 服务的结果一般要求切题，但又无大的遗漏。通过 RS 进行专题查询或情报调研时，可全面系统地了解有关文献的线索。回溯检索的特点是信息的系统性，它不仅要求提供有关某一提问的最新信息，而且要详尽追溯系统中过去存储的所有相关信息。一般用于科研课题调研及成果查新等。

4）咨询服务

咨询服务是咨询受托方（咨询人员或咨询机构）根据委托方（客户）提出的要求，以专门的信息、知识、技能和经验，运用科学的方法和先进的手段，进行调查、研究、分析、预测，客观地提供最佳的或几种可供选择的方案或建议，帮助委托方解决各种疑难问题的一种高级智能型信息服务。咨询服务通常是依靠具有专业知识背景、实践经验和创新能力的人才，充分开发利用信息资源，运用现代信息技术和咨询科学方法为客户解决复杂问题的一种有组织的智力活动。根据咨询对象和咨询活动的不同特点，可以将咨询服务划分为五个主要类型。

（1）政策咨询。政策咨询是指为某一国家、地区或大型企事业单位的发展战略规划和各种带有政策性、全局性和综合性的重大决策问题提供的咨询服务。政策咨询服务的范围从社会政治、经济、科技、文化等各个领域长期发展战略规划的论证，到综合性的跨行业、跨部门决策问题以及国家重大方针政策和重要建设项目的确定等，涉及的专业领域往往超出特定的学科范围，需要集中许多学科领域的专家学者进行共同研究。政策咨询是决策科学化的重要保证，自 20 世纪 60 年代以来深受世界各国重视。著名的美国兰德公司、英国伦敦国际战略研究所、中国国务院发展研究中心都属此类咨询机构。

（2）管理咨询。管理咨询也称企业诊断，即针对企业经营管理中存在的主要问题和薄弱环节，提出各种优化方案，供企业领导者决策时参考，以提高企业的经营管理水平，其最终目标是提高企业的经济效益和竞争实力。管理咨询的内容大致包括企业经营战略咨询、管理体制咨询、市场发展咨询等综合咨询，以及生产管理咨询、人事管理咨询、财务管理咨询、质量管理咨询、销售管理咨询、信息技术咨询等专题咨询。针对管理咨询具有实践性、临床性的特点，一般应聘请有关方面的管理专家，深入企业现场，对企业经营管理的各个方面及其全过程进行诊断，在全面了解和掌握企业经营管理有关状况的基础上，对所存在的问题提出基本评估和改进方案。麦肯锡咨询公司、波士顿咨询公司、百思特管理咨询有限公司、北京和君咨询有限公司等即属此类咨询机构。

（3）工程咨询。工程咨询是指专门为各种工程建设项目提供的咨询服务。工程咨询以尽可能避免项目决策失误为目的，通常是对工程建设项目从立项评估到竣工投产的全过程进行咨询，一般情况下要参与可行性研究、设计、招标、施工等阶段的咨询服务，包括向现场派驻常任代表或者直接参加施工监理工作。工程咨询在咨询业中历史最为悠久，英国艾特金斯咨询公司、中国国际工程咨询有限公司等均属此类咨询机构。

（4）技术咨询。技术咨询是指咨询人员和咨询机构利用自己掌握的技术知识、信息和经验，为解决客户遇到的技术疑难问题所开展的咨询服务。技术咨询目标具体，技术性强，咨询方式多种多样。从其业务内容来说主要有技术问题诊断、技术经济分析、技术可行性研究、技术发展预测、技术选择与评价、技术推广与培训等。技术咨询以适用技术为出发点，其影响则渗透社会、经济的各个方面，是促进技术转移、技术改造和技术进步，搞好技术引进、活跃技术市场的重要工作。随着信息技术的应用不断普及，企业纷纷启动信息化进程，为企业用户提供和推荐信息技术的选择与评价方案，为用户提供信息系统和网络设计的解决方案等的技术咨询越来越炙手可热。

（5）专业咨询。专业咨询是指就某一特定专业领域里的问题进行咨询服务。专业咨询通常都针对客户提出的问题进行，其特点是涉及面较窄，专业性较强，主要包括环境咨询、金融咨询、会计咨询、法律咨询、医学咨询、心理咨询、生活咨询等。专业咨询服务一般应由相应领域的专家来承担，咨询机构的规模大多比较小，业务方式灵活多样，除采用答复咨询等形式外，有时还通过举办专业培训班或编辑出版各种书刊资料进行宣传指导，或者代理各种专门服务等。随着社会信息需要的急剧增长，专业咨询服务呈现出蓬勃兴旺的发展势头，逐渐成为现代咨询业的主流。

5）网络服务

基于 Internet 的网络服务模式主要有三个发展层次。

第一层次：基础通信层。这是由电信部门负责的通信基础设施，从事网络基础建设并提供光纤或卫星网络骨干线路租赁与管理以及 Internet 出口、升级与分配管理等。

第二层次：网络增值服务层。它是指在电信物理链路上架构广域网，利用 Internet 的物理资源和技术资源，根据用户需求进行重新组合集成后，向大型集团企业或集团用户提供网络接入、管理与运行服务。

第三层次：信息增值服务层。它指在网络增值服务层的基础上，面向个人用户开展上网服务或电子商务并提供公众信息、广告信息、增值信息等的网络服务提供商（Internet service provider，ISP）。按其服务侧重点可分为以提供网络接入服务为主的接入服务提供商（Internet access provider，IAP）和以提供专业信息内容服务为主的内容服务提供商（Internet content provider，ICP）。它们主要是通过扩大上网用户数以吸引网上广告和开展在线销售来获取收益，或者是通过联机服务方式独立提供具有专项信息功能的信息产品来创造收益。作为综合性的内容服务站点，要求其站点服务周到，内容丰富，并可方便地连接到别的站点上去，从而吸引大量的用户以此站点作为入口上网。

Internet 具有信息传播容量巨大、形态多样、迅捷方便、全球覆盖、自由与交互等特点，集传统信息服务优势为一体，成为继报刊、广播、电视等三类基本媒体以后的第四类信息媒体。它兼备三大传媒所具有的一切表现形式，同时又改变了以往大众传媒那种信息单向瞬时传播、受众被动同步接收的缺陷，使大众传媒的控制权由传播者向网民们手中转移，信息传播由发布向服务过渡。网民们通过 Internet 可以在自己方便的时间主动选择接收与发布信息，提高了信息处理、存储与自由交互的能力，信息服务将更加方便和有效。

其他信息服务还包括系统开发服务和信息代理服务。前者是指接受用户的委托，为用户开发专门的信息系统或数据库系统的服务；后者是指作为用户代理人开展各种业务信息服务。

2.3　信息资源开发与利用

信息资源的开发就是不断地发掘信息的经济功能，及时地将其转化为信息资源，并开拓其在国民经济和社会发展中的用途。信息资源的利用就是根据信息资源开发部门所开发的信息资源可利用状况，结合经济运行状况及其存在的问题，制订出科学、合理的信息资源分配与使用方案，使信息资源充分发挥作用并产生经济效益。在现代社会，无论是发达国家，还是发展中国家，人们都已深深意识到信息和信息资源开发利用的价值。

2.3.1 信息资源开发利用的方法

1. 开发利用信息资源常用的方法

针对不同的信息资源可以采取不同的开发利用方法。常用的方法主要有以下几种。

（1）观察分析法。这种方法是一种以收集非语言行为信息为主的方法。它是主要收集借助直接感知和直接记录信息源所产生的各种信息，并加以利用的方法。

（2）理性思维法。理性思维主要包括对比与分类、分析与综合、证明与反驳等方法。理性思维是人们获取、开发和利用信息资源的一个重要方法。

（3）社会调查分析法。社会调查分析法也称社会调查统计法。通过随机取样或其他调查方法，取得相关的数据或信息资料，对所得数据信息资料进行加工、分析，并将其结果提供给用户。

（4）数据库法。用数据库加工存储信息，是信息资源开发利用的现代方法。可以将有关的基础数据，如产品信息、客户资料等收集和整理后录入数据库，由数据库加工和存储。

（5）网络化方法。即从 Internet 上检索、获取信息。根据需求，对 Internet 上某一领域信息资源进行检索、加工整理，实现对网络信息资源最大可能的开发利用。

2. 开发利用信息资源需要的能力

（1）信息符号的识别能力。信息符号的识别能力是指能够接收表达信息的各种符号，包括对文字符号的辨认和理解、对声音和图像的感知等。

（2）信息调查能力。信息调查能力是指采用各种调查方法来收集原始信息的能力。常用的调查方法有观察法、实验法和问卷法等。

（3）信息检索能力。信息检索能力主要包括检索策略的确定、计算机和手工检索工具的使用等。

（4）信息分析鉴别能力。信息分析鉴别能力是指能够对信息的真实性、可靠性做出准确的判断。这不仅需要熟悉各类信息的性能和特点，而且需要有科学的思维方式、推理能力以及有关的专业技术知识等。

（5）信息的处理转化能力。信息的处理转化能力是指能够对信息进行筛选，去粗取精，去伪存真，由表及里，由此及彼，从而得到最需要、最有价值的信息。

3. 信息资源开发利用的注意事项

（1）必须认识到信息资源是一种组织资源。信息资源开发利用的主要目标之一是确保一个组织机构在信息资源方面的投资能够以最佳的方式运作，这就要求有关人员必须将信息视为一种宝贵的资源，并将信息资源共享作为一种规则。

（2）开发利用信息资源时，必须保证职责分明，即明确规定谁管理这些资源、谁利用这些资源、彼此的权利和义务是什么、如何确保合作与资源共享等内容。

（3）业务规划与信息资源规划必须紧密地联系在一起。信息资源开发利用活动从前主要是依赖辅助部门，随着信息资源管理的进化，信息资源的重要性日益凸显，信息资源规划与最高层的战略规划的关系越来越密切。

（4）必须对信息技术实施集成管理。信息技术的集成管理是实现信息资源开发利用内部融合的前提，是在新技术环境下提高潜在生产率的必要条件，是最大限度地利用信息技术集成优势的管理保证。

（5）最大限度地提高信息资源质量。改进信息资源利用和促进信息资源增值是一个组织机构的战略目标，而信息资源开发利用的最终目的是使机构中的每一个成员都成为有效的信息处理者和决策者，从而有效地提高每个人和整个机构的生产率。

2.3.2　信息资源开发利用管理

1. 信息资源开发利用的宏观管理

国家从宏观层面通过政策法规的制定、示范工程引领等措施计划、组织、控制、领导社会信息资源开发利用活动，与信息化应用相结合，大力开发利用信息资源，推动经济社会发展。

（1）发布和实施与国家信息资源开发利用相关的法规，制订相应的规划，加强信息资源开发利用的统筹管理，规范信息服务市场行为，促进信息资源共享。

（2）积极开展试点示范工程，在国民经济和社会各领域广泛利用信息资源，促进信息资源转化为社会生产力。

（3）建设若干个国家级数据交换服务中心和一批国家级大型数据库，形成支撑政府决策和社会服务的基础资源。

（4）加大中文信息资源的开发力度，鼓励网上应用服务及信息资源的共享。

（5）协调信息资源开发利用标准的制定工作。

2. 企业信息资源开发利用管理内容

信息资源开发利用管理是信息资源管理的一个重要方面，也是影响信息资源开发利用水平的一个重要因素。它所要解决的问题主要包括以下两个方面。

（1）决策问题。在信息资源的开发利用过程中，会遇到许多需要进行决策的问题，例如，如何科学而合理地设计信息资源开发的内容，如何进行深层次的信息资源开发等。

（2）具体操作问题。在信息资源开发利用的具体操作过程中，管理者会遇到很多决策中没有预料到的新情况、新问题，这就需要管理者有敏锐的判断力和丰富的具体操作经验。随着问题的解决，管理者可以将出现的问题以及解决问题的方法反馈到下一轮的决策过程中去。

由此可见，信息资源的开发利用的管理者应当同时具备决策和具体操作两方面的素质。只有管理者素质高，信息资源的开发利用才能持续、快速、健康地进行。

3. 企业信息资源利用对策

（1）建立企业内部网络（Intranet）。Intranet 主要有两项任务：一项是将企业信息化的核心系统（如财务系统、业务系统）的相关信息加工后提供给企业的管理层；另一项是成为所有非核心信息系统的共用信息平台。此外，企业还可以利用公用基础设施构建企业的外联网络（Extranet），同企业的合作伙伴、客户和在外的员工进行联系。

（2）建立企业信息系统。信息系统是对信息进行收集、存贮、检索、加工和传递，使其得到利用的人-机系统。按照企业的不同职能或需要可建立相对独立的各类信息系统，如生产信息系统、财务信息系统、办公自动化系统等。

（3）开展电子商务。电子商务可以帮助企业向外发布信息、展示产品、提升品牌形象。通过浏览网络资源，企业可以得到丰富的信息，及时了解市场动向，有利于企业改变产品策略，提高竞争力。企业还可以通过非实时的电子邮件（E-mail）、新闻组（newsgroup）和实时的讨论组（chat）来获得所需要的各种信息。

（4）引入企业资源计划（enterprise resource planning，ERP）、客户关系管理（customer relationship management，CRM）、供应链管理（supply chain management，SCM）等集成系统。ERP 系统集信息技术与先进的管理思想于一身，成为现代企业的运行模式，是实现高水平信息化管理的标志。客户关系管理围绕"客户中心"设计和管理企业的战略和业务流程，其目的是提高顾客的忠诚度，进而实现企业收入的增长与效率的提高。通过实施供应链管理，企业可以对产品生产和流通过程中各个环节所涉及的物流、信息流、资金流、价值流以及业务流进行合理调控，以期达到最佳组合，发挥最大的效率，以最小的成本为客户提供最大的附加值。

2.3.3 信息产品与信息流通

信息经过开发可以成为信息产品，而信息产品是为流通和使用而开发的。在知识经济时代，信息产品和服务在整个国民经济中所占的比重越来越大。

1. 信息产品及其特征

信息产品是由信息及物质载体构成的，它是信息劳动的结晶。广义地讲，凡是凝结着一定数量的人类劳动的信息成果均可视为信息产品。也就是说"信息"通过"信息技术"在"信息组织"中被加工成"信息产品"。信息有物理载体，如书、报刊等，我们称之为物理信息产品；在网络上传输的信息产品，我们称之为数字信息产品或数字产品。信息产品可以直接运用在企业各种流程中，对企业的实际产品产生影响，使传统企业转化成为电子化企业，形成企业的新价值。以商业为目的将信息按社会需求生产，制造成可供市场销售的信息产品，这些投入市场的信息产品就成了信息商品。

与物质产品相比，信息产品具有以下一些特性。

（1）易传递性与非消耗性。信息产品比通常的物质产品的流通更为快捷方便。信息商品并非被直接消费掉，人们只是消费了信息所代表的内容、思想、功能等。例如，读书、上网以获得其所表达的思想；使用软件是为应用软件功能完成某种任务。

（2）效用滞后性与价值差异性。信息产品的效用往往是用户获得该项信息后运用于决策或生产实践活动中逐渐显露或间接表现出来的，一般很难用数量明确表示。同一信息对不同人具有不同的价值，对一些人来说重要的信息，对另一些人不一定重要，信息产品总是要面对不同信息需求者的不同的评价。

（3）唯一独创性与可重复性。信息产品的生产与开发有许多不同的形式，因而产生了不同类型的信息产品：某些信息产品的生产具有唯一性和独创性，如科研成果、专利发明等；某些信息产品的生产像物质产品一样具有批量可重复性，如书籍、报刊等；还有一些信息产品的生产既有批量重复的一面，又有开发更新的一面，如数据库、计算机软件等。

（4）价值的时效性和累积性。一些信息表现出很强的时效性，如新闻性信息、股票信息等。但任何信息都有累积性的价值，如股票信息是时效性很强的信息，但是经一年累积，可以形成一年股市走势的信息价值。任何历史资料的珍贵性都来自此特性。

（5）无限可复制性。信息产品成型后，就可以很容易被无限地重复拷贝。

（6）经验产品性。客户要对产品进行试用后认为好才进行购买，经济学家把这种产品称为"经验产品"。销售服务代表总是用各种方法让客户了解认识新产品，在营销上发展出许多不同的策略，如免费试用、预告、简介等，让客户了解信息产品的概貌。

（7）产品成本的独特性。信息的生产成本很高，但是复制成本很低。信息的生产成本是高固定成本、低边际成本。生产第一份信息产品的成本非常高，但以后生产（或复制）的产品成本就非常小可忽略不计。

2. 信息产品分配与消费

由于信息技术的高速发展和广泛应用，促进了社会生产部门由单一的物质生产部门转向了以信息产业部门为主体或为支柱的高技术生产部门，既有传统的物质产品生产，又有信息及信息技术设备、设施的生产。由于社会生产部门结构的变化，其产品结构也发生了变化，特别是信息产品的剧增，使社会产品的分配增加了新的内容。

1）信息产品分配

因为信息产品的生产过程是服从于物质产品生产过程的，是为物质产品生产服务的，因而在分析信息产品分配时必须同物质产品的生产与分配结合起来，以便更有效地发挥信息产品分配对社会生产和人们生活的作用。

信息产品分配一方面是把信息产品作为中间产品分配给生产部门作为生产资料，进而生产出本部门的信息产品或物质产品；另一方面是把信息产品作为最终消费品分配到个人或居民家庭，作为生活资料以满足消费者对信息产品的需求。信息产品分配必须坚持等价交换的原则。在此前提下，信息产品分配一定要同社会生产力水平相适应，并要注意社会对信息产品的需求度以及社会成员的文化程度、所从事的职业、消费者的收入状况等因素。

2）信息产品消费

同物质产品类似，信息产品消费也区分为两类，即生产性消费和生活性消费。生产性消费是指信息用户为了生产活动而把信息产品作为生产资料，直接或间接地使信息产品参与生产过程。生活性消费是指信息用户个人或家庭为了满足生活上的需要而对信息产品的消费过程。总之，信息产品消费是指信息用户根据自己的信息意愿和信息需求以及信息获取能力对信息产品进行获取和使用的过程，同时也是信息产业在社会信息生产活动和交流过程中发挥作用的过程，是信息消费者的信息认知、信息购买、信息使用、信息再生等基本环节相互发生作用的过程。可见，信息产品消费是一个动态概念，其消费的深度和广度受制于信息用户的素质、对信息产品的认知度以及信息技术的发展状况和应用范围。

有别于物质产品的那种独立消费，信息产品消费属于社会共同消费，这一特征决定了信息产品消费者之间的竞争是十分激烈的，否则，就会失去对信息产品消费的权利。在信息产品消费过程中，人们对信息产品内容的消费多是无形的，而且具有时空统一的特点。

信息产品消费是现代社会人们消费活动的一个方面，搞好信息产品的消费，对社会经济的发展和消费者利益的维护都具有重要意义。

3. 信息市场及其管理

信息市场是商品市场的重要组成部分，是信息商品化的必然结果。

1）信息市场及其分类

信息市场分为狭义的和广义的两种。狭义的信息市场是指组织供求双方进行信息商品交换的场所。广义的信息市场包括了信息商品从生产到消费的整个流通过程，是信息产品生产者、信息服务经营者和信息产品需求者之间所进行的一切交换关系的总和。

信息市场具有双重功能：一方面，作为信息商品交换关系的总和，具有并承担调节信息商品供求矛盾，加快信息流通，促进信息商品价值和使用价值实现的功能；另一方面，作为一个市场，又具有对信息商品进行监督，在信息经营者与用户之间建立联系的功能。

按照下面的标准，可将信息市场可以区分为这样几种类型。

根据信息市场交易形式，可将信息市场分为产品与服务两大类。产品型信息市场提供的信息商品是连同载体一起在市场上流通的。服务型信息市场是以向用户提供信息服务为主的信息市场。

根据信息市场交易的信息商品的内容，可将信息市场分为经济信息市场、社会信息市场、科技信息市场、文化信息市场、金融信息市场等各类专业信息市场。

根据信息市场存在的方式，可将信息市场分为固定型信息市场和临时型信息市场。前者有固定的交易场所，可进行长期的信息交易活动。后者则是根据市场需要不定期、临时设立的无固定场所和时间的市场。临时型信息市场是固定型信息市场的有益补充。

2）信息市场的运行机制

信息市场同物质商品市场一样，也包括供求机制、价格机制和竞争机制。这三者相互作用、相互影响、相互制约，成为信息市场运行和发展的基础。

（1）信息市场的供求机制。供给与需求是市场存在的前提条件。需求决定生产，信息商品提供者需要在对消费者做全面分析的基础上有针对性地生产出适销对路的商品。供需双方应通过信息市场减少对立，加强联系，共同推动信息市场良性发展。

（2）信息市场的价格机制。价格机制是市场运行机制中的核心机制。一般来说，价格的高低是由其价值的大小所决定的。由于信息商品具有非消耗性、可以多次转让、反复消费等特点，因此对供方来说，不能强求在一次转让中获得全部支付和补偿；对需方来说，应更多地关心信息商品的内容，关心信息商品在消费过程中带来的效益有多大。

（3）信息市场的竞争机制。竞争机制是市场机制的重要内容。市场要发展，公平竞争是其必不可少的动力。信息市场的竞争是信息商品的供、需、中介各方在信息商品的生产、开发、经营、交易和消费过程中，为争取有利的市场地位而进行的相互竞争。

3）信息市场管理

信息市场管理是指经济管理机构运用经济、法律、行政等管理手段，对信息市场的各要素及其运行状况所进行的科学的计划、组织、监督、调控的过程。对信息市场实施有效的管理将对信息市场的发展起到重大的作用，既可以维护良好的市场秩序，也可以有效地沟通供求关系。

一般采用经济、行政、法律等手段实现对信息市场的管理。经济手段主要是采用经济杠杆、经济责任、经济计划对信息市场进行组织、协调、控制、监督。行政手段主要是信息市场管理部门或国家经济监督部门按照国家有关政策法令和规章制度，对信息市场主体进行指导监督。法律手段主要是国家政权机关通过制定有关信息工作的各项法律法规，对信息市场进行管理。只有灵活运用这些手段对信息市场进行管理，才能达到培育市场主体、规范市场行为、形成良好的市场秩序的目的。

■ 2.4　信息管理组织

2.4.1　信息管理机构

建立与现代化的信息管理业务相适应的组织机构是实现信息管理任务的关键。换句话说，从事信息管理业务、实施信息资源的管理，都需要相应的组织机构或部门，政府、企业无一例外。

1. 组织信息管理体系

建立组织信息机构要明确信息管理部门与其他业务部门的关系，特别是应发挥信息化领导小组的作用。

1）信息管理部门

关于组织的信息机构与组织中其他部门之间的关系，比较多的是两种模式。一种是把信息部门与其他部门并列置于最高管理层的领导之下，可称之为水平式；另一种是把信息部门置于整个管理层次的顶层，可称之为垂直式。

随着组织信息需求的变化，信息部门逐渐从组织机构中的某一部门独立出来，通常是高层组织机构的直属部门。信息管理部门的领导人被称为 CIO，往往是由组织的高层决策人士如公司的副总经理来兼任，这表现了对于信息管理的高度重视。在以 CIO 为首的信息管理部门领导下，下设系统运行部、系统开发部和信息资源部。系统运行部面向机器，负责信息系统的运行工作；系统开发部面向应用，负责应用软件的开发工作；信息资源部是信息管理的核心部门，负责组织信息资源，实现全生命周期管理的各项工作。

不难看出，信息管理部门应当同时具有开发和管理职能。它既需要从生产、财务、供销等业务职能部门获取原始数据并进行分析处理，又要将信息处理的解决反馈给这些部门，以供其在决策时作为依据或参考。信息管理部门本身与这些业务职能部门相对独立，但是其信息内容与它们紧密相关，所以要与企业的各部门保持充分的联系和沟通，以便为企业创造良好的信息环境。

2）信息化委员会

组织的信息管理要有长期的、独立的职能机构，除负责信息系统建设外，还要有一个有效的工作小组，能把组织体制变革与信息资源开发利用紧密结合起来。国外大公司流行的做法是，单独成立一个称为"信息化委员会"之类的领导小组，由 CIO 负责牵头召集。在委员会下面再设立具体负责信息资源管理工作、与组织中其他业务部门平级的信息部门。

信息化领导小组的成员应该涵盖企业所有领导，这样才能保证信息化工作的权威性和受重视的程度。领导小组要在企业信息化过程中，担当起组织和协调的作用，制定企业信息化的总方针和政策，并组织专门人员制订企业信息化的总体规划和分阶段的实施方案。

2. 组织的信息机构

组织的信息机构主要由以下五种职能部门所组成。

（1）信息使用部门。这是使用信息的用户提出信息的需求、内容、范围、时限等具体要求的部门，也是将信息用于分析研究、解决管理决策问题的部门。

（2）信息供应部门。信息源可分为内部信息源和外部信息源。对企业而言，人们还不习惯于从外部获取信息资源，实际上了解和掌握外部信息资源是十分必要的。

（3）信息处理部门。信息处理部门主要是使用各种技术工具和技术方法处理信息的专业部门。它们按照信息使用部门提出的要求，将信息供应部门提供的原始数据进行处理后供用户使用。

（4）信息咨询部门。信息咨询部门主要是为使用部门提供咨询意见，帮助它们向信息供应部门、信息处理部门提出要求，帮助用户研究信息和使用信息。

（5）信息管理部门。它在信息工作的五种职能部门中处于核心的地位，负责协调各部门，使之能够合理有效地开发和利用信息资源。

2.4.2 CIO

1. CIO 定义

CIO 是 chief information officer 的缩写，即首席信息官或信息主管，按照美国 *CIO* 杂志的定义：CIO 就是负责一个公司信息技术和系统所有领域的高级领导者。他们通过指导对信息技术的利用来支持公司的目标。他们具备技术和业务过程两方面的知识，具有多功能的概念，常常是将组织的技术调配战略与业务战略紧密结合在一起的最佳人选。

2. CIO 的来源

1984 年，美国格雷斯委员会针对政府信息管理中出现的问题建议在政府的每一级机构中设立一名主管信息资源的高级官员，全面负责本部门的信息资源的管理、开发和利用，直接参与最高的决策管理。此后，美国和加拿大等在政府各个部门设立了 CIO 职务。

CIO 的设置有效改善和加强了政府部门的信息资源管理。CIO 在政府部门的成功经验促使一些大型公司将此新职位引入本企业的信息资源管理之中，企业 CIO 应运而生。

企业 CIO 虽然源于政府部门的 CIO，但无论在数量、职能、活动范围、知名度等方面，企业 CIO 都已经超越了政府部门的 CIO。企业只有从战略高度开发信息资源、科学合理地管理信息资源、充分有效地利用信息资源，才能在竞争中取胜。正是为了迎接这个艰巨的挑战，CIO 脱颖而出，成为企业信息资源管理的新主角。CIO 无疑是企业的灵魂所在，现代企业的正常运营，要靠物流、资金流和信息流的畅通，而企业的信息化进程和企业流程又是密切相关的，CIO 的设立就为企业开通了一条"信息高速公路"，信息流通过这条"高速公路"从四面八方涌向企业的决策层。

3. CIO 在组织管理中的地位和作用

CIO 职位的设置，是信息专业人员在管理层次中地位不断上升的产物和必然结果。

（1）CIO 集战术和战略管理于一身，是企业决策层与信息管理层之间的纽带。

企业 CIO 通常由相当于企业副总经理或副总裁的高层管理人员担任，是决定企业命运的核心人物。其不仅负责对信息的开发利用、信息管理制度的健全完善、信息资源的合理配置和有效利用、知识管理等工作，履行着信息资源控制的职责，而且直接参与企业的政策制定和决策活动，从而沟通了最高决策层与信息部门之间的关系，将信息管理与企业的战略管理联系起来，使信息管理的演变越来越靠近决策，走向战略管理。

（2）CIO 既是技术专家，也是管理专家。

CIO 首先是信息技术专家，这是 CIO 首先必须具备的条件，技术方面的特长为 CIO 的工作做了基本的铺垫。但只具备技术背景，还无法胜任企业信息资源管理工作，CIO 还必须了解先进的管理思想和理念，作为企业的决策者之一，从信息的角度为企业提供管理的手段和思路，保证企业信息系统的高效、成功运作，增加企业高层管理的智慧和思想。

（3）CIO 既有高超的工作技巧，又具有相当的人格魅力。

CIO 是智商和情商的双优者，必须懂得环境，善于协调。CIO 的 IT（information technology，信息技术）战略构想要付诸实践必须先获得应用部门的认可和理解，否则只能是纸上谈兵。所以需要寻求 CEO（chief executive officer，首席执行官）的支持，与其他高层管理人员建立良好的人际关系，在企业中营造使用新技术的氛围和环境，激励员工开发和使用新一轮的技术，使每一个员工都能参与 IT 系统的使用。

组织信息管理工作中最关键的任务是由 CIO 负责。除了 CIO 以外，还必须组织一支在 CIO 领导下的精干队伍才能有效地开展各项信息管理工作。

阅读材料 2.1　主要文献信息源及其特点

1. 科技图书

图书是指内容比较成熟、资料比较系统、有完整定型的装帧形式的出版物。科技图书大多是对已发表的科技成果、生产技术知识和经验的概括论述。科技图书的范围较广，主要包括学术专著、参考工具书（手册、年鉴、百科全书、辞典、字典等）、教科书等。

若要较全面、系统地获取某一专题的知识，参阅科技图书是行之有效的方法。

2. 科技期刊

期刊（杂志）是指那些定期或不定期出版、汇集了多位著者论文的连续出版物。科技期刊在科技情报来源方面占有重要地位，占整个科技信息来源的 65%~70%。它与专利文献、科技图书三者被视为科技文献的三大支柱，也是科技查新工作利用率最高的文献源。每种期刊都有固定的名称和版式，有连续的出版序号，有专门的编辑机构编辑出版，与图书相比，它出版周期短，刊载速度快，数量大，内容较新颖、丰富。

3. 专利文献

专利文献通常是指发明人或专利权人申请专利时向专利局所呈交的一份详细说明发明的目的、构成及效果的书面技术文件，经专利局审查，公开出版或授权后的文献。广义的专利文献还包括专利公报（摘要）及专利的各种检索工具。专利文献的特点是数量庞大、报道快、学科领域广阔、内容新颖、具有实用性和可靠性。由于专利文献的这些特点，它的科技情报价值越来越大，使用率也日益提高。

4. 科技报告

科技报告又称研究报告和技术报告，是科学技术工作者围绕某个课题研究所取得的成果的正式报告，或对某个课题研究过程中各阶段进展情况的实际记录。其特点是：单独成册，所报道成果一般必须经过主管部门组织有关单位鉴定，其内容专深、可靠、详尽，不受篇幅限制，可操作性强，报告迅速。有些报告因涉及尖端技术或国防问题等，一般控制发行。

在科技查新工作中利用较多的是美国国家技术信息服务局（National Technical Information Service，NTIS）出版的《美国政府研究报告通报与索引》，有数据库、检索刊物和缩微平片等多种形式可利用。

5. 学位论文

学位论文是高等院校和科研院所的本科生、研究生为获得学位资格（博士、硕士和学士）而撰写的学术性较强的研究论文，是在学习和研究中参考大量文献、进行科学研究的基础上完成的。学位论文的理论性、系统性较强，内容专一，阐述详细，具有一定的独创性，是一种重要的文献信息源。

学位论文除在本单位被收藏外，一般还在国家指定单位专门进行收藏。国内收藏硕士、博士学位论文的指定单位是中国科学技术信息研究所和国家图书馆。检索国内学位论文可以利用中国学位论文全文数据库，检索国外学位论文可利用 Dialog 国际联机系统或国际大学缩微胶卷公司（University Microfilms International）编辑出版的《国际学位论文文摘》《美国博士学位论文》《学位论文综合索引》等检索工具。

6. 会议文献

会议文献是指各种科学技术会议上所发表的论文、报告稿、讲演稿等与会议有关的文献。目前，全世界每年出版的会议论文集已超过数千种，会议论文数十万篇。国内已有中国学术会议论文全文数据库、中国重要会议论文全文数据库可供检索。会议文献传播信息及时、论题集中、内容新颖、专业性强、质量较高，往往代表某一学科或专业领域内最新学术研究成果，基本上反映了该学科或专业的学术水平、研究动态和发展趋势。会议文献是科技查新中重要的信息源之一。

7. 政府出版物

政府出版物是指各国政府部门及其设立的专门机构发表、出版的文件，可分为行政性文件（如法令、方针政策、统计资料等）和科技文献（包括科研报告、科技成果公布、科普资料及技术政策文件等），其中科技文献占 30%~40%。其特点是：内容可靠，与其他信息源有一定重复。

8. 标准文献

标准文献是技术标准、技术规格和技术规则等文献的总称。它们是人们在从事科学实验、工程设计、生产建设、商品流通、技术转让和组织管理时必须共同遵守的技术文件。其特点是：能较全面地反映标准制定国的经济和技术政策，技术、生产及工艺水平，自然条件及资源情况等；能够提供许多其他文献不可能包含的特殊技术信息。它们具有严肃性、法律性、时效性和滞后性。标准文献是了解该国社会经济领域各方面技术信息的重要参考文献。

检索国内外标准文献的检索工具主要有《中国标准化年鉴》《中国国家标准汇编》《中华人民共和国国家标准目录》《ISO 国际标准目录》、国内外标准题录数据库、国家标准全文数据库、维普标准信息服务平台等。

思考练习题

1. 什么是信息源？试列出你常用的信息源及利用方式。
2. 举例说明组织中垂直信息流和水平信息流的构成及二者之间的联系。
3. 简述信息行为和信息使用的含义，试述信息使用有几种类型，各有什么特点。
4. 什么是信息需要？为什么信息服务至多只能在用户现实需求的基础上运行？
5. 你在学习、生活中常用的信息服务类型有哪些？试对其进行评价。
6. 信息管理人员在开发利用信息资源方面应该具备哪些能力？
7. 什么是信息产品？它有哪些特点？怎样区分物质产品和信息产品？
8. 举例说明促进信息产品的消费对社会经济的发展和消费者利益维护的主要意义。
9. 一名出色的 CIO 应该具备哪些素质？

第3章 信息管理过程

3.1 信息的收集与处理

信息收集是指为了更好地掌握和使用信息而对信息进行的聚合和集中。只有把所需要的信息收集起来，进行加工处理、去粗取精、去伪存真，把原始信息变成二次信息，才能为人们所应用。信息收集是信息应用的前提，信息收集工作的好坏，直接关系到整个信息管理工作的质量。

3.1.1 信息收集

1. 信息收集概述

信息收集是根据特定的目标和要求将分散蕴涵在不同时空域的有关信息采掘和集聚起来的过程，主要应坚持及时、全面、真实、重点突出、有计划等基本原则。信息收集可区分为动态信息收集和静态信息收集两种。前者是指直接从信息源中发出、尚未用文字符号或代码记录下来的信息；后者是指经过人的思维加工并用文字符号或代码记录下来的信息。

信息收集是为了更好地使用信息，是信息发挥其价值的基础。国家政府机关通过对本国国情和其他国家等有关的信息进行收集，制定本国政治、军事、经济、文化、教育等领域的发展策略。企业通过信息收集，可以了解商品、客户、竞争对手的信息，迅速做出判断，在产品生产、销售等渠道做出改进，最终赢得巨大的经济收益。科研工作者收集信息是课题研究和撰写论文的基础。通过收集到的信息，了解课题已有的成果及目前状况，只有这样，才能避免重复他人的研究课题，也只有这样，才能在一个新的起点上开始科学研究，在他人已有成果的基础上发展创新。

信息的收集有以下两种基本方式。

（1）业务收集方式。根据信息业务工作的需要，确定信息的收集计划、设计数据结构和收集信息。这种方式只需把与某项业务有关的信息收集整理并能最后提供出所需的信息资料就可以了；收集的主要环节只有调查和校验，因此，这种方式调查的目的和调查的内容比较明确，容易确定。但是，以业务收集方式收集信息难以保证整个系统的信息组成一个系统的信息流，难以避免信息多次重复收集或重要信息被遗漏等缺陷。因此，业务收集方式适用范围有局限性，只能在一些分工简单的部门中作为信息收集的补充方法。

（2）系统收集方式。系统收集方式是指信息的收集不仅仅满足某项业务工作的需要，而且是从整个系统的目标出发，来确定信息的收集内容、收集计划和数据结构。系统收集方式是从系统总目标出发去收集信息，所获得的信息不仅能满足某项业务的需要，而且能满足整个系统的需要，它能反映系统内部的有机联系，建立信息产品网络；同时这种收集方式可以避免所收集的信息之间的重复、遗漏和矛盾的现象，提高信息收集的效率。但是，在现实的社会生活中，特别是在社会分工复杂、信息总量大的情况下，系统收集方式的信息收集内容和数据结构设计不易确定。

2. 信息收集的原则

为了保证信息收集的质量，应坚持以下原则。

（1）准确性原则。要求所收集到的信息真实可靠。准确性原则是信息收集工作的最基本的要求。为达到这样的要求，信息收集者就必须对收集到的信息进行核实、检验，力求把误差减少到最低限度。

（2）全面性原则。要求所收集到的信息广泛、全面、完整。只有广泛、全面地收集信息，才能完整地反映管理活动和决策对象发展的全貌，为决策的科学性提供保障。当然，实际所收集到的信息不可能做到绝对的全面、完整，因此，如何在不完整、不完备的信息下做出科学的决策就是一个非常值得探讨的问题。

（3）及时性原则。要求信息及时提供，实现其利用价值。信息只有及时、迅速地提供给它的使用者才能有效地发挥作用。

3. 信息收集的方法及常用手段

无论是业务收集方式还是系统收集方式，都可通过以下方法进行信息收集。

1）调查法

调查研究是收集信息的重要方法。它是指对客观事物活动过程进行观察了解，获得相关信息，并加以综合分析研究，从中得到新的信息。对于个体的调查，若是涉及人，则主要采用两种调查方式：访问调查法和问卷调查法。

访问调查法又叫采访法，是通过访问信息收集对象，与之直接交谈而获得有关信息的方法。它又分为座谈采访、会议采访、电话采访和信函采访等方式。采访需要做好充分准备，认真选择调查对象，了解调查对象，收集有关业务资料和相关的背景资料。其主要优点是可以就问题进行深入的讨论，获得高质量的信息；缺点是费用高，采访对象不可能很多，因此受访问者要具有代表性。它对采访者的语言交际素质要求较高。

问卷调查法是一种包含统计调查和定量分析的信息收集方法。这种方法主要考虑的问题是所收集信息的内容范围和数量、所选定的调查对象的代表性和数量、问卷的精心设计、问卷的回收率控制等。这种方法具有调查面广、费用低的特点，但对调查对象无法控制，问卷回收率一般都不高，问卷回答的质量也较差，受访者的态度具有决定性影响。

2）观察法

观察法是通过开会、深入现场、参加生产和经营、实地采样、进行现场观察并准确记录（包括测绘、录音、录像、拍照、笔录等）调研情况，从而获得资料的一种方法。其主要包括两个方面：一是对人的行为的观察，二是对客观事物的观察。观察法应用很广泛，常和询问法、收集实物结合使用，以提高所收集信息的可靠性。

3）实验方法

实验方法能通过实验过程获取其他手段难以获得的信息或结论。实验者通过主动控制实验条件，包括对参与者类型的恰当限定、对信息产生条件的恰当限定和对信息产生过程的合理设计，可以获得在真实状况下用调查法或观察法无法获得的某些重要的、能客观反映事物运动表征的有效信息，还可以在一定程度上直接观察研究某些参量之间的相互关系，有利于对事物本质的研究。

实验方法也有多种形式，如实验室实验、现场实验、计算机模拟实验、计算机网络环境下人–机结合实验等。现代管理科学中新兴的管理实验，现代经济学中正在形成的实验经济学中的经济实验，实质上就是通过实验获取与管理或经济相关的信息。

4）文献检索

文献检索就是从浩繁的文献中检索出所需的信息的过程。文献检索分为手工检索和计算机检索。手工检索主要是通过信息服务部门收集和建立的文献目录、索引、文摘、参考指南和文献综述等来查找有关的文献信息。计算机检索是文献检索的计算机实现，其特点是检索速度快、信息量大，是当前收集文献信息的主要方法。

5）网络信息收集

网络信息是指通过计算机网络发布、传递和存储的各种信息。网络信息收集的整个过程分为四个步骤：①网络信息搜索。首先按照用户指定的信息需求或主题，调用各种搜索引擎进行网页搜索和数据挖掘，将搜索的信息经过滤等处理过程剔除无关信息。②分类整合。通过计算机自动搜索、重排等处理过程，剔除重复信息，再根据不同类别或主题自动进行信息的分类。③保存。分类整合后的网络信息采用元数据方案进行索引编目，并采用数据压缩及数据传输技术实现本地化的海量数据存储，并通过网络及时更新。④服务。经过索引编目组织的网络信息正式发布后，即可通过检索为读者提供网络信息资源的服务。

不论采取上述哪一种信息收集方法，都会用到以下几种获得信息的手段。

（1）原始记录。原始记录是指按照一定的要求，用数字和文字的形式，比较详细地记载业务活动的过程和结果的资料。它的质量直接关系到整个信息工作的质量。原始记录不仅是信息收集的重要手段，也是信息收集的重要内容。

（2）信息收集卡。信息收集卡既是信息收集的方法，也是信息收集的一种工具。它通过简明的书面方式，不仅能取得真实的信息，而且能得到数值化的信息。

（3）统计。统计是指具有某种相同性质的个别事物的综合体，从总体数量方面来表现经济活动的功能、水平、速度、比例等。通过统计，可以获得更具体、更准确的定量信息。

4. 信息收集的基本程序

（1）明确目标需求。需求是在目标的基础上产生的。因此，必须确定目标需求，制订信息的收集计划，以指导整个信息收集工作。信息收集计划包括确定信息收集的内容、选择信息的来源、明确信息的收集方法等内容。

（2）设计数据结构。信息往往是以数据形式反映出来的，收集的原始信息很大部分都是各种各样的数据。为了便于信息的收集和信息产品的生产、利用，在信息收集之前，应按照信息收集的目的和要求设计出合理的数据结构。数据结构的设计包括两个方面的内容：①分类，例如，商品名称是消费资料还是生产资料，是工业品还是农产品等；②确定数据项，也就是指标，如产值、产量、品种、规格等。

（3）信息收集的过程。整个过程分为四个阶段：①按照计划要求收集信息。②进行补充性的收集或追踪收集。③在现场直接调查的同时，还要间接地从文献资料中收集历史的和现实的有关信息资料，以保证信息的完整性和系统性。④对收集好的信息进行分析和分类，避免信息收集中可能发生的遗漏。

（4）提供信息资料。信息的提供是指信息收集者将所获得的信息以文字等形式整理出来，如调查报告、资料汇编、统计报表等，提供给信息产品的生产部门。这是信息收集的最后一步，也是信息收集工作的具体成果。

5. 信息收集的主要途径

1）按照信息的表现形式划分

（1）记录型信息资源的收集渠道。其主要包括购买、交换、接收、征集、复制、租借、接受捐赠、现场收集、索取等。其中购买是获取记录型信息资源最常见、最主要的途径。

（2）实物型信息资源的收集渠道。其主要包括展览、观摩、观看、参观等。展览又可细分为实物展览、订货会、展销会、交易会等；观摩主要是指现场观摩；观看包括观看电影、电视或录像等；参观主要是指参观同行的实验室、实验站等。

（3）思维型信息资源的收集渠道。其主要包括交谈、采访、报告、培训、录音、各种社交活动以及进行现场调查、实地考察、技术交流等。随着信息社会的到来，人们对传递信息资源的时间性要求越来越高，思维型信息资源将会越来越受重视。

2）按照信息的来源划分

（1）信息收集内部途径。其主要包括：①管理监督部门。它们的主要任务就是上传下达，维持系统内部信息流的畅通无阻。这是获取内部信息的主要途径，而且，通过这个途径获得的信息既实用又可信。②咨询与政策研究部门。它们主要为领导决策服务，是制订战略方案的参谋，是内外信息流通的枢纽和焦点，可以为部门预测、决策和计划提供可靠的科学依据。③内部信息部门。其包括档案、资料、图书等部门，它们掌握着大量的内部资料，如会议录、内部刊物、部门创业史、设计图、调查报告、获奖记录等。④研究开发部门。它们掌握着部门目前的产品技术水平，正在进行的开发项目以及投入的人力、物力、财力，专利，技术诀窍，新开发产品的市场、销售量估测、效益等方面的信息资料。信息真实可靠，具有较强的专业性和可靠性，有很高的参考价值。

（2）信息收集外部途径。其主要包括：①大众传媒，如广播、电视、报纸、杂志等途径。②文献部门，主要通过公开出版物、限制性公开资料、内部资料、政府法规文件等途径。③社会团体组织，如学会、协会等团体的学会论文，行业协会简报和内部通讯，专业简报等，是收集同行业的最新技术、经营情况的重要途径。④各种会议，主要指通过各种科技学术研讨会、商品推销会、展览会、交易会、现场会、发布会、洽谈会、演示会等获得的了解外部竞争环境和对手信息的重要途径。⑤政府部门，主要是指通过工商、税务、外贸、银行及其对应的主管部门来了解国家各方面的法规和政策信息，以指导部门行动的途径。⑥个人社交关系，是指通过个人的人际关系，在与人交流过程中获得信息的途径。⑦用户与消费者，是指通过用户与消费者可以获得大量的有用信息，如产品的需求信息和对产品质量的反馈信息。⑧Internet，即要善于利用信息网络收集各种有用的信息资源。从外部途径收集到的信息往往可以使各自孤立的信息源联系起来，并对以前的信息进行验证。

3.1.2　信息加工

日益复杂的社会信息现象与人们特定的信息需要形成了尖锐的矛盾，于是在社会上出现了许多信息处理部门，如学会或协会等组织团体、广播影视等大众传媒、编辑出版发行机构、文献信息部门、数据库开发者、Internet 内容提供者、信息分析中心等。它们共同参与信息产品的开发、加工和传播，针对不同的社会需要提供多种多样的信息服务，从而形成了一个新的产业——信息服务业。他们的共同目标是提高社会信息的吸收率，促进信息资源的开发利用。

1. 信息加工的类型

信息加工是指把原始信息进行判别、筛选、分类、排序、计算、研究、著录、标引、编目和组织而使之成为二次信息的活动。信息加工往往不是一次完成，在许多情况下，是根据不同的需要逐步分层进行的。按照信息加工的程度可把处理过程分为三类（图3-1）。第一类是对信息进行简单整理，通常又称为信息整序，加工出来的信息作为业务信息给"业务层"使用。第二类是对信息进行分析，综合出辅助决策的信息，供"战术层"使用。第三类是进行统计推断，产生决策信息，供"战略层"使用。在信息从低层向高层流动的过程中，如果没有对信息进行加工处理，信息没有增值，这样的流动是无效流动，不能充分发挥信息的作用。

2. 信息加工的基本原则

（1）标准性。标准性是指在对信息进行加工时需要遵循国际、国内相关标准，即按标准化要求进行操作，以便于国内外的信息交流，提高信息的利用价值。

（2）系统性。系统性是指在信息资源加工过程中使信息系统化，以便于更好地使用信息，使其最大限度地发挥效能。

（3）可靠性。经过加工以后，提供给用户的信息必须具有可靠性，才能为使用者提供一定的经济效益，避免造成重大损失。

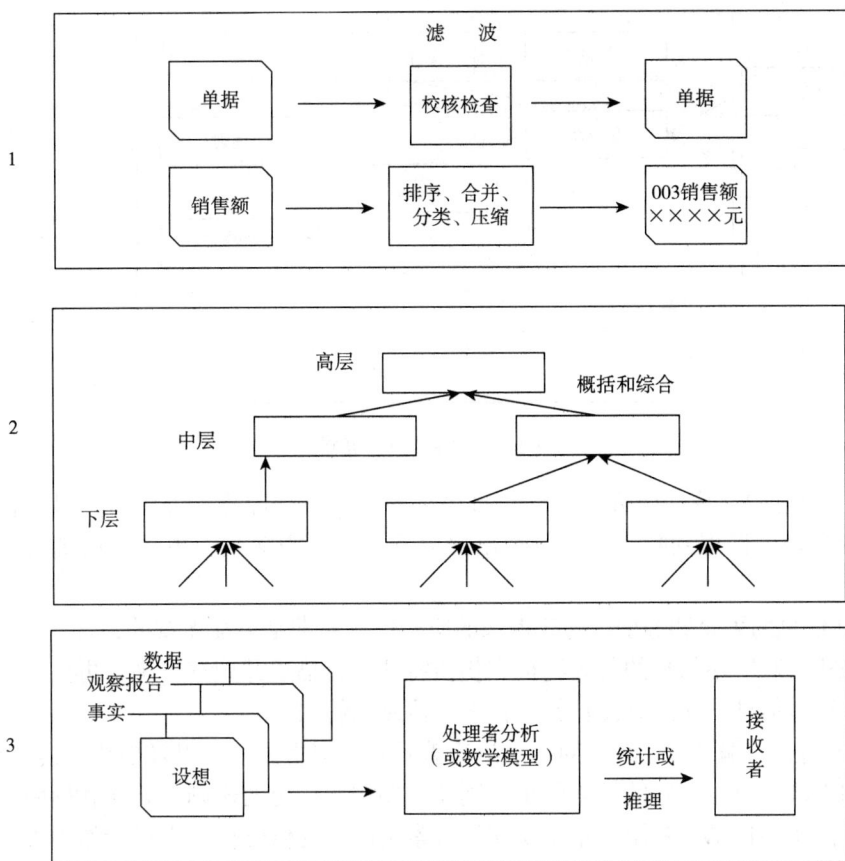

图 3-1　信息加工的功能分类

（4）及时性。由于信息都具有时效性，所以要尽力减少信息加工的时间，争取在最短时间内将信息加工完毕，以便发挥最大的效能。

（5）适用性。经过加工的信息一定要立足当前需要，兼顾长远需要，便于当前使用和推广，这样才能被人们充分利用。

3. 信息加工的基本过程

信息加工的基本过程包括以下几个步骤。

（1）信息的筛选和判别。由于收集到的信息可能是一些残缺模糊的信息，甚至是随意添加拼凑、虚构夸张的，所以要对原始信息进行筛选和判别，判断和鉴别信息的真伪。

（2）信息的分类和排序。原始信息大多数呈现出零乱、孤立的状态，需要确定分类方法，对其进行分门别类，并且在信息分类的基础上，按照一定规律前后排列成序，才能使之成为规则、有序、系统的二次信息（图 3-2）。

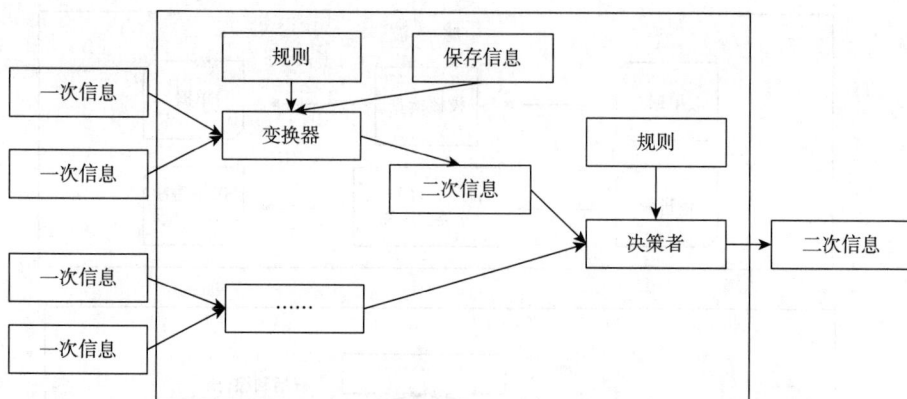

图 3-2   信息加工过程

（3）信息的计算和研究。对分类排序后的信息进行计算、分析后，对综合归纳的信息进行合理的推理判断，以便创造出更为系统、更为深刻、更具使用价值的新信息的活动。

（4）信息的著录和标引。采集得来的原始信息通常是杂乱无章的，只有按照一定的标准和格式，对原始信息的外表特征和物质特征进行描述并记载下来，再按照一定规律加注标识符号信息，才能方便存储、检索、传递和使用。

（5）信息的编目和组织。对信息进行著录和标引之后，可以轻松地将其存储起来。但是，如果希望获得更好的检索效果，则还需要按照一定的规则将著录和标引的结果另外编制成简明的目录，利用目录组织作为检索指南，提供给信息需求者作为查找信息的工具，以便节省更多的时间和精力。

4. 信息加工的基本方法

（1）信息筛选和判别的基本方法，包括感官判断（凭直觉判断信息的真伪和可信度）、分析比较（对不同渠道收集的相关信息进行对比分析）、集体讨论（充分发挥集体智慧）、专家裁决（无法确定取舍的信息交由专家裁决）、数学核算（及时纠正因信息采集、计算错误、笔误或者传递错误等造成的信息失真现象）、现场核实（深入现场核实真伪）。

（2）信息分类的方法，包括地区分类法（依据地区的不同划分类别）、时间分类法（依据时间顺序划分类别）、内容分类法（按信息内容划分类别）、主题分类法（以主题词作为划分类别依据）、综合分类法（以时间、地区、内容、主题为依据综合划分类别）。

（3）信息计算和研究的主要方法，包括统计法（又可分为总量指标法、相对指标法、平均指标法、动态数列法、相关分析法等）、会计法（如固定资产核价法、固定资产折旧法、固定资产使用效果核算法、固定资产使用效益核算法、长期银行借款利息核算法、成本核算法、利润核算法等）、文字信息研究法（又可分为汇集法、归纳法、连横法、推理法）等。

3.1.3　信息分析

信息分析就是根据特定问题的需要，对大量相关信息进行深层次的思维加工和分析研究，形成有助于问题解决的新信息的信息劳动过程。

信息分析是对信息产品内涵的开发，它使原有信息在更深入、更全面、更综合、更适用的层次上凝结为全新的信息内涵，是建立在科学的分析研究方法基础上，并融入信息分析人员大量智慧的高级信息劳动。因此，信息分析同社会上一般信息用户利用信息进行创造性研究活动具有极大的相似性，但信息分析更强调对信息内容的深度分析加工并形成一种综合信息，即针对性和功能性更强的再生信息。

1. 信息分析的原则

（1）针对性。针对性是对信息分析的对象而言的，信息分析总是针对特定的对象开展一系列信息生产加工的过程，目的就是让经过分析研究的信息为生产、决策、科研等工作服务，使信息真正成为可以利用的财富。

（2）创造性。信息分析是基于已有的前人研究成果或个人通过实验、调查获取的数据，通过运用逻辑思维能力，应用一系列理论研究方法，最终形成一系列的创造性的产品信息，得出与有关事物和问题相关的正确性认识，发现事物的运动规律，解释问题的本质。

（3）科学性。信息分析的过程一定要严格遵照科学的研究方法和研究手段，保证分析研究成果的正确性与客观性，这样得出的信息成果才能有说服力，才能应用到实践中去，并通过科学实践进行修正和检验。

（4）综合性。任何事物都是相互联系的，信息分析研究要综合考虑各种因素，全面考虑方方面面的问题，无论是事物的内部因素还是外部环境，无论是事物的存在方式或运动状态，无论是与主题密切相关的或次相关的因素都要进行综合性的分析。

2. 信息分析的工作程序

信息分析通常由选题、设计研究框架、信息收集与整序、信息分析与综合、编写研究报告、反馈等六个阶段组成。

（1）选题。选题就是选择信息分析课题，明确研究对象、研究目的和研究内容。选题不仅决定了信息分析工作的起点、目标和方向，而且决定了研究成果的固有价值和效益。信息分析的课题来源一般有三种渠道：一是上级下达，二是用户委托，三是信息分析人员自行选择。

（2）设计研究框架。课题一经确定，就要设计出一整套科学、合理的研究方案和工作框架。要求课题负责人必须对研究课题的目标分解、问题建模、研究方法与技术路线的选择等整个信息分析过程有相当清楚的了解，应当运用系统分析的方法来组织和管理整个信息分析过程，构建信息分析全过程的结构框架。

（3）信息收集与整序。信息分析工作的前提是充分掌握与课题有关的信息资料。信息收集的途径和方法如 3.1.1 所述。信息整序则更加强调优化选择和改编重组，注重信息的可靠性、先进性和适用性。

（4）信息分析与综合。信息资料经过鉴别、筛选与整理后，便进入全面的分析与综合研究阶段。这是信息分析的核心环节，根据课题的特点和要求，需要运用各种各样的研究方法。分析与综合的结果要与选题的针对性相呼应，应能回答进行该项研究所要解决的主要问题。

（5）编写研究报告。专题研究报告是信息分析成果的一种主要表现形式。一般来说，研究报告是由题目、文摘、引言、正文、结论、参考文献或附注等几部分构成，其主要内容有拟解决的问题和要达到的目标、背景描述与现状分析、分析研究方法、论证与结论等。

（6）反馈。专职信息分析人员应当重视社会实践对信息分析成果的检验，跟踪其反馈信息。这对于总结经验和指导今后的选题都是很有益处的。必要时也可根据用户的要求进一步修改研究报告，优化建议方案，提高决策支持水平。

3. 信息分析的方法

1）信息联想法

一切事物都不是孤立存在的，信息联想法就是从信息联系的普遍性上去进行思维加工，从离散的表层信息中识别出相关的隐蔽信息，明确信息之间的相互联系，由此组合产生新的信息。常见的信息联想法有比较分析、逻辑分类、头脑风暴、触发词、强制联想、特性列举、偶然联想链、因果关系、相关分析、关联树和关联表、聚类分析、判别分析、路径分析、因子分析、主成分分析、引文分析等。

世间万物都存在着三种基本关系，即因果关系、虚无关系和相关关系。在分析问题时，通常应从相关关系的假设入手，经过相关分析判明是否真正相关以及相关程度，从中排除虚无关系，并鉴别是否有某种因果关系。为了全面准确地认识对象，揭示事物之间的本质联系，必须对有关现象和概念进行全面的相关分析，找出各种因素之间的具体关联，找出总目标与子目标之间、概念与可操作变量之间的具体关联。因此，相关关系是三类基本关系中最普遍、最重要的一种关系，是信息分析的主要对象。运用各种方法和技术来分析和判断相关关系，进行信息联想，是信息分析的基础工作。

2）信息综合法

信息综合法是指在深入分析有关研究对象的各种信息的基础上，根据它们之间的逻辑关系进行科学的概括，从而将这些信息有机地组合起来，形成一种新的、统一的认识，达到从总体上把握事物的本质和规律的目的。社会信息现象复杂多变，如何从混沌无序、真伪并存的信息流中萃取出有用的信息，如何把支离破碎的信息片断汇集起来综合得出事物的整体认识，如何从漫无边际的信息海洋中提炼出或捕捉到有针对性的、对问题解决有用的信息，都需要利用信息综合的方法。常见的信息综合法有归纳综合、图谱综合、兼容综合、扬弃综合、典型分析、背景分析、环境扫描、SWOT 分析[①]、系统辨识、数据挖掘等。

有学者认为，综合就是创造。信息综合不是简单的合并，不是把有关事物各方面或

---

① SWOT 分析是一种企业竞争态势分析方法，通过评价优势（strengths）、劣势（weaknesses）、外部竞争上的机会（opportunities）和威胁（threats），对自身进行深入全面的分析以及竞争优势的定位。

各部分的信息机械地相加或排列在一起，而是在了解和分析研究对象的各个本质方面的基础上，按照各种信息的内在关系组合或凝结成一个统一的有机整体。因此，科学分析是有效综合的基础；深入揭示各种信息间的逻辑关系是有效综合的关键；而充分把握信息的整体效应规律，用统一的理论和方法来统括局部的、零散的和杂乱的信息，则是有效综合的保证。

3）信息预测法

预测是人们利用已经掌握的知识和手段，预先推知和判断事物未来发展的活动。信息预测法是指根据过去和现在已经掌握的有关某一事物的信息资料，运用科学的理论和技术，深入分析和认识事物演变的规律性，从已知信息推出未知信息，从现有信息导出未来信息，从而对事物的未来发展做出科学预测的方法。常见的信息预测法有逻辑推理、趋势外推、回归分析、时间序列、马尔可夫链（Markov chain）、德尔菲法（Delphi method）等。

信息预测的基本特征是尽可能充分地、综合地运用事物发展动态及相互关联的信息，利用各种科学的预测方法和技术手段，寻求对客观事物本质规律的准确揭示。因此，人们用以预测的信息越完备，预测的方法手段越科学，对预测对象的规律性认识就越深入，预测结果就越是可靠。信息预测作为科学决策活动的重要组成部分，其应用领域也日益广阔。

4）信息评估法

评估是科学决策的重要依据，信息评估是在对大量相关信息进行分析与综合的基础上，经过优化选择和比较评价，形成能满足决策需要的支持信息的过程，通常包括综合评估、技术经济评价、实力水平比较、功能评价、成果评价、方案选优等形式。常见的信息评估法有指标评分、层次分析、价值工程、成本/效益分析、可行性研究、投入产出分析、系统工程与运筹学方法等。

信息评估具有相对性、模糊性、非直观性等特点，且评估过程受人的主观因素影响较多，因此，选择评估方法时应注意其通用性和客观性，并尽量利用那些能将定性信息或模糊、抽象的概念转换成可测度的量化表达形式的评估方法。

总的来说，信息分析方法最大的特点就是综合性。这种综合性不仅表现在方法的来源和结构上，而且还表现在方法的运用过程中，是多种方法的综合运用、人-机结合、模型与实在的结合以及发散性思维与收敛性思维的结合，特别是定性分析与定量研究相结合。下面对最有代表性、应用较广泛的信息分析方法——内容分析法做简要介绍。

4. 内容分析法

内容分析法是对信息交流媒体的内容进行系统、客观、定量分析的一种专门研究方法。这种方法主要是从公开的信息资料中萃取隐蔽信息。

1）内容分析法的步骤

内容分析法的一般步骤如图 3-3 所示。图 3-3 中右侧的虚线流程是指在有些情况下需要进行假设检验。但一般来说，信息分析人员一开始不大可能预料分析结果是什么，因此虚线流程并不是必要的步骤。

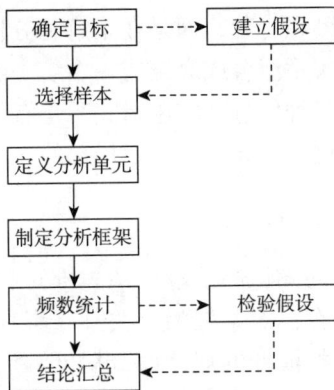

图 3-3 内容分析法步骤框图

（1）确定目标。根据不同情况提出一个理论假设，或是为了弄清情况提出一个抽象的目标。

（2）选择样本。选择最有利于前述目标的样本作为内容分析的直接对象。应力求样本的信息量大、连续性强、内容体例基本一致且属于报道性的信息。在实际工作中，还应考虑分析人员对媒体的熟悉程度，以及此类媒体是否便于统计分析等。

（3）定义分析单元。分析单元是信息内容的"指示器"，是内容分析中不再细分的测度单位。一般先依据分析目标确定分析范畴，再明确相对应的分析单元。对于文字对象，词是最小的分析单元。根据实际需要，意义独立的词组、短语、句子、段落和意群，甚至单独的篇章、卷册和作者等也可作为分析单元。在复杂的内容分析中，往往不只采用一种分析单元。

（4）制定分析框架。根据分析目标和分析单元的具体情况，确定有意义的逻辑结构，把分析单元分配到一个能说明问题的逻辑框架中去。逻辑框架可以是一个分类表，分类表中任何变量的实施定义都由多种属性组成，并可使用多种度量层次，但这些属性应当是相互不包容和穷尽的。例如，为报刊评论分类可以使用自由或保守这种定名性类别，或者把它们从极端自由到极端保守做定序性排列，但某篇评论不能既是自由的、又是保守的，可设置"中立的"这一类别。为确保分析单元的测度结果能反映和说明实质性的问题，对分析框架必须进行事前试点检验。

（5）频数统计。这是一种规范性操作，包括计数和数据处理。这一步骤意义十分简单明确，但工作量最大，因为需要通过大数量的统计才能反映统计意义上的相关性或差异，所以最好利用计算机技术和数理统计方法来完成。

（6）结论汇总。在综合统计结果和定性分析的基础上，通过比较和推理，得出某些结论，并对其有效性和可靠性进行分析。经常运用的比较方式有趋势比较（纵向比较，着眼于同一事件在时间序列中的变化趋势）、外向比较（横向比较，着眼于同一主题在不同信息媒体、来源中的反应）、内向比较（对同一信息媒体中不同主题的比较，以分析其相关性、倾向性和差异）和标准比较（以事先设定的某种评估标准作为比较尺度，对信息内容进行相应比较）。

2）内容分析的类型

内容分析主要有词频分析和篇幅分析两大类型。其中词频分析又可分为主题词词频分析和指示词词频分析。

（1）主题词词频分析。其是指用主题词作为分析单元，以研究对象中有关主题词出现的频次统计为基础进行分析推断的方法。所用的主题词取自图书馆或数据库的叙词表，因此是用现成的、通用的和高度规范化的词汇作为分析单元。主题词能准确地表达概念，不受使用者的主观理解和上下文所左右，是比较理想和可靠的分析单元。但主题词的搭配关系很复杂，既有种属、限定、交叉等组配关系，也有非组配关系，有时主题词虽属同一概念体系但专指级不同，因此有可能出现误配和混淆。使用这种规范的分析单元，要求分析人员熟悉主题标引和有关专业的知识。

（2）指示词词频分析。其是指用特定的指示词作为分析单元，根据其频次统计进行分析推断的方法。指示词是指信息内容中能反映特定概念的实义词，是根据具体分析对象和分析目标而专门选定的，不受主题词表的束缚，因而是非标准或非规范的。指示词和其组合的出现或不出现、频繁或稀疏，反映了有关媒体对这一具体概念的采纳或不采纳、侧重或忽视。与主题词词频分析相比，指示词词频分析较为灵活，变化更多，有可能满足多种分析要求。但是，由于无法利用现成的主题标引和数据库，要在所选定的指示词的基础上建立专门的数据库，工作量也往往要大得多。

（3）篇幅分析。以具有独立意义的内容篇幅作为分析单元，根据有关内容的比重结构及数量变化等进行分析推测。内容篇幅的统计以标准页或单篇报道等作为计量单位，并按主题分类。这里所采用的主题分类框架由于仅供分析人员自用，故不必迎合现有的分类法和叙词表，而完全可以根据分析要求设计。根据分类的一般原则，一项内容只能也一定能归入其中一类。这对于文献管理来说具有合理性。在内容分析中，有时正是要关注这种多主题内容。应按照既定要求，或者归入在篇幅上占主导地位的类别，或者多重归类。篇幅分析方法简单方便，自由灵活，但是为保证统计结果的有效性和可靠性，一般进行篇幅分析的工作量也是比较大的。可能的话，应利用计算机建立计算机辅助工作数据库。

3）内容分析法的应用与局限

作为一种信息分析方法，内容分析法提供了信息量化的新方式，有助于定性分析的系统化，因而其应用非常广泛，其最大的优点在于节省时间和金钱，不需要大量的研究人员和特别的设备。另一优点是保险系数大，可以方便地重复研究和弥补过失（这在实地调查或考察中很难做到）。此外，内容分析可研究在较长时期内发生的过程，可以不打扰研究对象，不对他们施加影响而发现对方不愿外泄，甚至未意识到的重要信息。

但是，内容分析法在运用过程中还存在着一些局限：①分析对象需要满足两个条件，一是从所研究的文献信息中能够抽取出便于可靠统计的、具有单义特征的分析单元；二是有一定数量的同类信息集合，以保证内容分析时能达到足够的统计量和足够的相遇频数。②内容分析法只能从已有的事实、数据中挖掘出原先不明显或未发现的信息，它是一种渐进性趋势预测方法，不可能超越或脱离所分析的文献而提出全新的问题。③存在分析深度和工作量的两难处境，特别是在一些长期跟踪或大范围扫描的内容分析工作中，手工操作很难胜任，需要尽可能建立自有的计算机数据库和内容分析系统，提高内容分析工作的效率。

3.2 信息的存储与检索

3.2.1 信息存储

信息的存储是信息技术的中流砥柱。无论是个人用户还是企业 IT 用户，他们每时每刻都在产生着海量的数字信息，我们需要对这些信息进行存储、保护、优化和管理。同应用、数据库、操作系统和网络一样，数据中心现在也把数据存储看作其核心部件之一。

1. 信息存储的要求

信息的存储是各种科学技术得以存在和发展的基础。信息必须经由除人脑以外的载体存储才能实现更大范围的共享，得以传递。长久以来，人类一直在不断地探索和寻求保存信息的方法和载体。结绳、刻痕是人类最早的保存信息方法，泥土、石块、甲骨、竹简、丝帛都曾作为信息的主要载体。文字、纸张、印刷术等是人类解决信息存储、信息表达、信息交流、信息载体问题的一次飞跃，它使信息的交流和传播能到达更广泛的接收者（读者）和流传更长的时间。存储技术发展到今天，印刷存储技术、缩微存储技术、磁存储技术、半导体存储技术、激光存储技术以及数字照相与图像扫描技术等的出现，为信息的存储展现了广阔的空间。

信息从信息源传播到信息宿是通过信息通道传播的。"存储"是传播通道的终端之一（即把信息保存起来），存储的信息可以作为下一轮传播的信息源。特别是在传输信息的链路中，由于各个环节的速度可能不相同，还需要将存储器作为中间环节。因此，存储器也可以看作信息传播过程中具有延时和中继功能的重要设备。

人们对存储器件性能的要求，首先是容量（密度）、存取数据的传输速度、存取等待时间、持久性（保存期和可使用期）、误码率和噪声特征符号间干扰或串扰、可否直接重写、非破坏性读出和选择性擦除、功耗和热耗散等要求；其次对整个存储系统还要考虑其可靠性、可否拆卸、可移动性、器件和系统的成本等因素。当代科学技术的发展，特别是计算技术、通信技术和大数据技术的发展要求有大容量、高速度和低成本的存储器件。

2. 信息存储的新特点

过去谈到存储技术的发展趋势，总是用大容量、高速度、低价格和小型化来形容。但随着越来越多的关键信息转变为数字形式，应用对存储技术产生了新的需求。

1）数据成为最宝贵的财富

对于很多行业甚至个人而言，保存在存储系统中的数据是最为宝贵的财富。在很多情况下，数据要比计算机系统设备本身的价值高得多，尤其对金融、电信、商业、社保和军事等部门来说更是如此。设备坏了可以花钱再买，而数据丢失了对于企业来讲，损失将是无法估量的，甚至是毁灭性的。因此，信息存储系统的可靠性和可用性、数据备份和灾难恢复能力往往是企业用户首先要考虑的问题。为防止地震、火灾和战争等重大事件对数据的毁坏，关键数据还要考虑异地备份和容灾问题。

　　2）计算机应用模式发生变化

　　加快经常性事件（即占用时间最多的事件）是计算机系统结构设计中一条重要的原理，计算机应用模式对经常性事件有决定性的作用。早期计算机仅用于计算，CPU（central processing unit，中央处理器）活动是最经常的事件，加快其速度最重要。之后在网络应用中，计算机通信成为占用时间最多的事件，加快网络速度就成为当务之急。目前在大部分应用中，存储已成为经常性事件，计算瓶颈已从过去的 CPU、内存和网络变为现在的存储。因此，存储是最值得加快的经常性事件。从技术的角度讲，目前存储系统的单位时间完成任务数和每秒传输字节数还远不能满足高端应用的需求，存储系统需要大幅度提高其速度性能。

　　3）数据量不断增长

　　人们在信息活动中不断产生数字化信息，数据量总是在不断增长。对于大部分应用，CPU 和网络的速度达到某个值就满足了要求，但对存储容量的需求却是没有止境的，因为永远都有新的数据产生。因此，存储系统要有良好的可扩展性，还要求扩展时不中断现在的业务。

　　4）全天候服务

　　在大部分网络服务应用中，$7 \times 24h$ 甚至 $365 \times 24h$ 的全天候服务已是大势所趋。这不仅意味着没有营业时间的概念，还意味着营业不能中断。调查数据表明，停机数小时对现代企业的损失是相当大的；停机超过一天，对一个企业来讲是不能忍受的；停机一周则将是毁灭性的。全天候要求存储系统具有极高的可用性和快速的灾难恢复能力，集群系统、实时备份、灾难恢复都是为全天候服务所开发的技术。

　　5）存储管理和维护自动化

　　以前的存储管理和维护工作大部分由人工完成，由于存储系统越来越复杂，对管理维护人员的素质要求也越来越高，出差错的可能性也越来越大，稍不注意就会丢失数据。现代存储系统要求具有易管理性，最好具有智能化的自动管理和维护功能。

　　6）多平台的互操作性和数据共享

　　由于历史原因，企业中存在着多种信息平台，既有各种操作系统的服务器，又有各厂家不同型号的存储设备。多平台的互操作性和数据共享对应用的方便性、减少重复投资和保护已有投资是非常重要的。存储系统要有足够的开放性，除了标准和协议的制定外，各厂家之间的联盟和合作也是十分必要的。

　　3. 存储设备与存储系统环境

　　1）存储设备及其发展

　　在一个计算环境下，用来存储数据的设备称为存储设备（storage device，SD），存储设备的类型取决于数据的类型以及数据创建和使用的频率。像手机或数码相机中的内存、DVD（digital versatile disc，数字通用光盘）、CD-ROM（compact disc read-only memory，只读存储光盘）和个人计算机（personal computer，PC）中的硬盘等都是存储设备。商业应用中通常使用的几种存储介质包括内部硬盘、外部磁盘列阵和磁带。当今存储技术已从非智能存储发展到智能网络存储。其突出点包括以下几个方面。

（1）独立磁盘冗余阵列（redundant arrays of independent disks，RAID）。这种技术是用来解决数据的存储成本、性能和可用性等问题。发展到今天，它在很多存储架构中都有使用，如 DAS、SAN 等。

（2）直连存储（direct-attached storage，DAS）。存储设备直接连接到服务器（主机）或是集群中的服务器组。存储设备可以在服务器的内部或是外部。外部的 DAS 缓解了内部存储的容量限制。

（3）存储区域网（storage area network，SAN）。这是一个专用的、高性能的光纤通道（fibre channel，FC）网络，用来完成服务器和存储设备之间块级别的通信，从而被分别访问。相比于 DAS，SAN 提供了更好的可扩展性、可用性性能和更低的成本。

（4）网络附接存储（network attached storage，NAS）。这是一个专用于文件服务类应用的存储设备。它通过现有的通信网络［LAN（local area network，局域网）］连接，并为不同客户提供文件访问。由于它主要是提供文件服务类应用的存储，所以较之其他通用文件服务器有着更高的性能和更低的成本。

（5）IP 存储区域网（IP storage area network，IPSAN）：IPSAN 是存储架构的最新发展，是 SAN 和 NAS 技术的集成。IPSAN 提供了在局域网和广域网的块级别传输，从而具有更高的数据融合性和可用性。

2）存储系统环境

数据流从应用程序到存储设备，中间所经过的各个部件被统称为存储系统环境。其中有三个主要的组成部分：主机、连接设备和存储设备。这些实体，包括它们的物理以及逻辑组成部分使数据存取变得更加方便。一个用来保证数据随时可访问的、建立在可靠的存储基础设施之上的存储系统，应能提供以下性能。

（1）高级别的可用性：所有数据存储系统的中心部件必须保证数据的可访问性。用户无法访问数据对于商业应用来说是相当负面的影响。

（2）安全性：必须为存储系统核心部件建立各种策略、过程以及合适的整合方案，来阻止未授权的访问。除了用户访问的安全性方面的措施外，还必须用专门的机制来保证服务器只访问分配给它的存储阵列上的资源。

（3）可扩展性：数据中心的运行必须能够在不打断商业运营的前提下，按需增加额外的处理能力和存储能力。业务的增长通常需要部署更多的服务器、新的应用和额外的数据库，因此，存储解决方案也必须跟着增长。

（4）高处理性能：所有的核心部件都必须能够快速提供最佳性能和服务，并满足处理要求。数据中心的基础设施应该能够支持高性能的需求。

（5）数据完整性：数据完整性对应的是一种机制，如纠错码或奇偶校验位，以保证数据能够严格按其接收的顺序写入磁盘。任何数据存取的偏差都意味着数据破坏，这会影响到整个组织的运作。

（6）高容量：数据中心的运行需要足够的资源来高效地存储和处理海量数据。当容量需求增加时，数据中心必须在不影响可用性，或者仅对其产生极小的影响的前提下，提供额外的容量。容量管理可以是对现有资源的重新分配，而不仅仅是增加新的资源。

（7）可管理性：数据中心应该以一种高效的方式来完成各种操作和活动。在通常的任务中，可管理性可以通过自动化或减少人工加入来实现。

4. 存储系统的类型

1）文件系统

数据文件一般可以分为数据项、记录和文件三个层次。数据项是文件中可使用的数据的最小单位。记录是数据项的集合，是文件中可存取数据的基本单位。文件是记录的集合，在计算机处理过程中，将大量数据以文件形式进行组织，存储在一定的物理设备上，当需要时可以进行检索或更新，达到一次存储多次使用的目的。

文件组织的主要目的是提供检索和修改记录的手段。一般情况下，记录的逻辑结构和物理结构可能完全不同，因此需要解决逻辑记录到物理记录的转换问题，并给出检索和修改记录的有效方法。文件的组织主要有以下三种方式。

（1）顺序文件。其物理顺序和逻辑顺序相一致，记录是顺序地按其进入的次序存放在存储介质上的。顺序文件适用于成批处理记录，当需要实时处理单个或少量记录时，顺序组织就不适宜了。

（2）索引文件。对于按关键字存取的记录结构，采用顺序文件组织时，其检索和修改都很困难，为了解决这个问题，可以保存一个索引来指示关键字与记录地址之间的对应关系，这便引入了索引文件的概念。令 K_i 表示记录的关键字，$A(R_{Ki})$ 表示记录 R_{Ki} 的地址，则二元组 $(A，A(R_{Ki}))$ 叫作索引项，索引项的集合称为索引。带有索引的文件称为索引文件，它由索引和文件本身两部分组成（图 3-4）。

记录地址	学号	姓名	数学	物理	计算机
A	9601				
B	9604				
C	9603				
D	9602				
E	9605				

学号	记录地址
9601	A
9602	D
9603	C
9604	B
9605	E

（a）索引非顺序文件　　　　（b）索引

图 3-4　索引文件举例

索引文件的索引一定是按关键字顺序存放的，而文件本身可按顺序也可不按顺序存放。记录区按关键字顺序排列的文件称为索引顺序文件，记录区不按关键字顺序排列的文件称为索引非顺序文件，简称索引文件。索引文件在物理存储器上有数据区和索引区两部分。在建立索引文件时，系统自动开辟索引区，按记录进入顺序登记索引项，最后将索引区按关键字值的大小递增或递减顺序排列。

（3）直接存取文件。没有索引，而是通过一些寻址方法找到记录的关键字与存储地址间的相应关系，然后进行直接的存取。实际上，直接存取文件是指按杂凑法进行组织的文件。杂凑法是根据记录的关键字来计算记录的存储地址，主要是解决如下的两个问题：寻找一个均匀的杂凑函数（又称 Hash 函数），实现关键字到地址的转换；确定解决冲突的方法。对于关键字分布范围广，且比文件记录的实际个数大得多的情况，使用杂凑法较为适宜。与索引法比较，杂凑法随机存取速度较快，且较节省存储空间；缺点是不易找到理想的 Hash 函数。同时，冲突现象会使存取时间加长。此外，杂凑法不便于做顺序处理。

文件系统是计算机操作系统中主要用来管理外存上的数据的子系统。为了提高文件的存储效率和存取速度，文件系统还提供了多种文件结构和存取方法。但是文件系统只提供了数据的物理存储和存取方法，导致文件与应用程序紧密相关，不同的应用程序独立地定义和处理自己所要用的文件（图 3-5）。

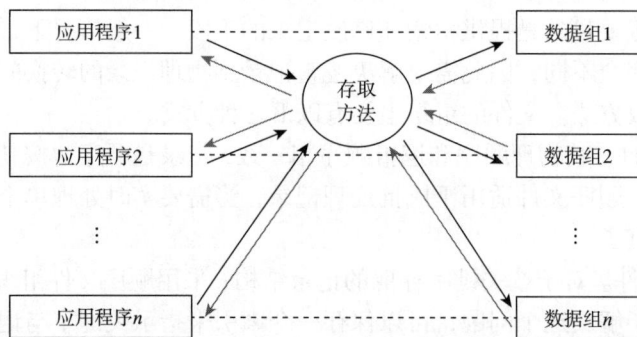

图 3-5   文件系统中程序与数据的关系

文件系统的缺陷主要表现在四个方面：①数据共享性差，冗余度大。不同的应用程序使用相同的文件时就会出现重复定义、重复存储。②数据的不一致性。数据的冗余给数据的修改和维护带来困难，容易造成数据不一致。③数据独立性差。由于文件与应用程序联系紧密，当需要修改应用程序中文件记录结构部分时，就得修改应用程序的数据处理部分。④数据结构化程度低。文件内部具有能反映现实世界中实体属性的一定结构，但是系统中的文件之间是孤立的，从整体上看是无结构的，也不反映现实世界实体之间的内在联系。

2）数据库系统

数据是现实世界中实体属性的值，数据库是相互关联的数据集合。数据库管理系统（database management system，DBMS）是数据库系统的核心，用户对数据库的所有操作都通过数据库管理系统来实现。一般来说，数据库管理系统都要为用户提供一个交互性良好的软件工具，使用户能方便快速地建立、维护、检索、存取和处理数据库中的信息。

与文件系统相比，数据库系统具有以下优点。

（1）信息完整、通用。数据库系统不仅存储现实世界的数据，而且存储数据库的说明信息元数据(关于数据的数据)。元数据存储在数据库中被称为数据字典的特殊文件中。有了数据字典，无论什么应用程序，都可以通过数据库管理系统从中获取数据库中每个文件的结构、每个数据项的存储格式和数据类型等信息，这就保证了数据库中的数据可以被任何应用所共享。

（2）程序与数据独立。数据库系统把所有文件的元数据与应用程序隔离，由数据库管理。系统对用户透明地统一存储和管理，克服了应用程序必须随文件结构的改变而改变的问题。我们称数据库系统的这个性质为程序与数据的独立性（图 3-6）。

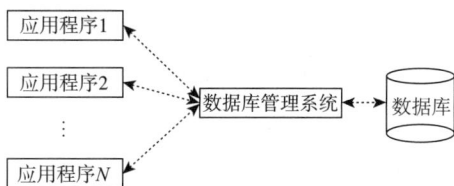

图 3-6　数据库系统中程序与数据的关系

（3）数据抽象。数据库系统提供了数据的抽象概念表示，使得用户不必了解数据库文件的存储结构、存储位置、存取方法等烦琐的细节就可以存取数据库。数据模型是表示数据抽象概念的有力工具。数据模型使用逻辑概念（如对象、对象属性等）表示数据。用户存取数据时，只需要引用数据的抽象概念表示，数据库管理系统负责从数据字典中提取数据库文件的存储结构和存取方法细节，把用户引用的抽象概念表示转换为物理表示，完成用户的存取要求。

（4）控制数据冗余。在数据库设计阶段，只要充分考虑所有用户的数据管理需求，综合考虑所有用户的数据库视图，把它们集成为一个逻辑模式，每个逻辑数据项只存储一次，即可避免数据冗余。值得注意的是，为了正确反映应用语义或为了提高数据库系统的性能，有时冗余是必须或有利的。比如，可以把经常在一起存取的数据项放在一个文件中，以避免在数据库查询时同时搜索多个文件。在存在冗余的情况下，数据库系统必须对数据冗余加以控制，防止数据的不一致性。

（5）支持数据共享。数据库系统允许多个用户或多个应用程序同时访问数据库中的相同数据，即允许数据共享。为了支持数据共享，数据库管理系统具有并发控制机制，保证多用户或多应用程序同时更新数据库时结果正确。

（6）限制非授权的存取。数据库系统具有一个安全与授权子系统，它包括两方面的功能：第一，为数据库管理员提供、建立用户账号和密码，为用户规定存取数据库权限的工具；第二，进行安全性检查。当一个用户请求进入数据库系统时，安全与授权子系统核对该用户的密码，禁止非法用户进入系统。数据库系统也使用类似的方法对数据库管理系统的某些软件工具进行保护。例如，安全与授权子系统只允许数据库管理员使用。

（7）能表示数据之间的复杂联系。数据库系统提供了两种与数据间联系相关的机制。一是数据间联系的定义机制，供用户定义数据之间的联系；二是通过数据间联系查询数据的机制，供用户通过数据间联系来查询数据库中的数据。

（8）具有数据恢复功能。数据库系统具有一个系统恢复子系统，在系统的硬件或软件发生故障时，能够保证数据库的正确性，即当系统的硬件或软件故障修复后，能够把数据库恢复到正确的状态。

3）万维网信息服务系统

1992 年，基于超文本查询浏览的 WWW（world wide web，万维网）服务正式推出。网景（Netscape）的浏览器 Navigator 和微软的浏览器 Internet Explorer 的相继问世，使得 WWW 的浏览器/服务器（browser/server，B/S）模式结构更先进、功能更强大（图 3-7）。

图 3-7　WWW 是 Internet 上最便捷的信息服务工具

利用 WWW 系统查询信息时，用户查询信息采用一种"一点即得"的方式。在浏览器提供给用户的屏幕中，有许多被打上高亮度标记的主题词组。用户如果对某个主题词组所关联的信息感兴趣，只需将鼠标移动到这个词组之上"点"一下，就可以得到 WWW 系统从互联网上新取来的更为详细的信息。在浏览器读出的文件中不仅包含用户直接看到的信息，而且可能包含与特定信息条目内容相关的若干信息子条目，它们是说明这些内容的更为具体的信息资源的"地址"。也就是说，在这种文件中不仅包含信息内容本身，而且包含指向进一步说明信息的"指针"。WWW 系统在信息查询与信息组织中，正是采用这种由超文本指针联结的超网状结构，把全球范围内的信息组织在一起的。所以，WWW 检索数据时非常灵活，信息的重新组织也非常方便，包括随意增加数据或删除和归并已有数据。"Web"一词形象地表达了 WWW 系统这种蛛网式的组织方式。

此外，WWW 系统允许超文本指针所指向的目标信息源不仅限于由文字写成的文件，还可以是其他媒体，如图片、讲话、音乐和录像等。这种超文本结构与多媒体的结合体被称为"超媒体"。由于使用超媒体技术，由 WWW 提供的信息变得丰富多彩。超文本和超媒体具有的灵活性以及互联网覆盖面的广阔性，赋予 WWW 以强大的生命力。

4）Web 与数据库的结合

Web 作为一种主要的信息载体，改变了传统的信息表达、交流和获取方式，使得 Internet 上信息发布和取得更加容易。与此同时，也表现出许多问题：由于 Web 上的数据主要由 HTML（hyper text markup language，超文本标记语言）表达，页面结构自由性大，导致 Web 上的信息又多又混乱。Internet 建立在对等的网络基础之上，每个网站都可以自主地发布信息，数据存在于海量的网站和网页里，尤其是散落在企业和企业间数据交换所产生的非结构化数据，查找起来漫无边际，获取知识的代价不断增大。此外，电子商务应用的深入直接导致企业对于信息共享和知识管理需求的进一步提高。为此，人们开始重新审视组织内的信息需求和数据管理技术，借鉴并发展了在知识管理领域及情报学领域的信息检索等技术，建立了一种被称为组织存储（器）的存储系统。组织存储（器）由数据、信息和知识三个部分组成。

组织存储（器）可以是半结构化的，也可以是结构化的。在半结构化或未组织的存储中进行查找比较困难，比如，以个人方式建立和存储的网页中的半结构化信息，即使是最好的搜索引擎也会返回许多无用的信息。结构化组织存储使得查找变得非常容易，如数据库中的数据、管理和索引非常好的网站中的信息、专家系统中的结构化知识，查找起来要容易得多。结构化和半结构化的组织存储见表 3-1。

表 3-1　结构化和半结构化的组织存储

存储类型	数据	信息	知识
结构化	数据库 数据仓库	带索引网站、报表、图表、手册	虚拟团队、文档数据库、专家系统、常见问题（frequently asked questions，FAQs）、新闻组
半结构化	未组织的列表	网页、电子邮件	公告板、聊天组

从表 3-1 中可以看出，当从结构化比较差的形式向比较结构化的形式进行存储移动时，数据、信息和知识变得更容易查找，并且对管理更有用。例如，可以将未组织的列表转变为数据库，或将独立的网页转变为带索引的网站。

当今的数据库管理系统有着比 HTML 档案有利的条件，那就是它查询处理速度快、查询弹性高、能存储大量数据、含有复杂资料形态。但是与 Web 相比，数据库管理系统显得严谨有余而灵活不足，很难迅速地向 Web 用户提供信息服务。只有将 Web 技术与数据库有机地结合在一起，才能满足商务应用对数据管理的需求。在这种结合中，前端有界面友好的 Web 浏览器，后台则有成熟的数据库技术作为支撑，这样便为企业营造出一个良好的信息应用环境。Web 管理者能够制作取用后端数据库的网页，而不必使用 SQL（structured query language，结构化查询语言）来做数据库的查询；Web 开发者可以制作出一些如在线产品和定价目录、在线购物系统、动态文件服务、在线聊天和会议、事件注册等的数据库解决方案；使用者可以不必写 HTML 就对数据库做搜寻、新增、更新和删除等操作。

5. 云盘储存

1）云存储概念

随着网络市场竞争的日益激烈和存储技术的不断发展，传统的存储设备已经显得力不从心，传输速度慢、容灾备份及恢复能力低、安全性差、营运成本高等瓶颈一直困扰着存储领域。最新应用的云计算存储技术，为存储领域带来了新的革命，传统的磁盘、磁带将逐步被云存储取代。云存储是构建在高速分布式存储网络上的数据中心，它将网络中大量不同类型的存储设备通过应用软件集合起来协同工作，形成一个安全的数据存储和访问系统，适用于各大中小型企业与个人用户的数据资料存储、备份、归档等一系列需求。云存储最大的优势在于将单一的存储产品转换为数据存储与服务，基于云存储技术，网盘行业可能像银行一样，在单一的存储服务基础上衍生出更多增值服务，这种改变将使云存储迎来蓬勃发展的春天。

2）网盘的原理

网盘（又称为云盘）其实就是网络公司将其服务器的硬盘或硬盘阵列中的一部分容量分给注册用户使用，因为网盘一般来说投资都比较大，所以免费网盘一般容量比较小，目前一般为 50G 到 2068G；另外为了防止用户滥用网盘还往往附加单个文件最大限制，目前一般为 1G 到 4G，因此免费网盘一般只用于存储较小的文件。而收费网盘则具有速度快、安全性能好、容量高、允许大文件存储等优点，适合有较高要求的用户。

3.2.2　信息检索

信息检索处于信息流通的中间段，这种纽带和桥梁就是信息检索地位的最明显的表现。信息检索是用户进行信息查询和获取的主要方式，是查找信息的方法和手段。这里的信息检索仅指信息查询，即用户根据需要，采用一定的方法，借助检索工具，从信息集合中找出所需要信息的查找过程。

1. 信息检索的类型

根据检索的目的和对象不同，信息检索可以分为书目信息检索、全文信息检索、数据信息检索和事实信息检索。

1）书目信息检索

书目信息检索以标题、作者、摘要、来源出处、专利号、收藏处所等作为检索的目的和对象，检索的结果是与课题相关的一系列书目信息线索，检索结果不直接解答课题用户提出的技术问题本身，而只提供与之相关的线索供参考，用户通过阅读后才决定取舍。书目信息检索是一种相关性检索。例如，调查"甲壳素水解制壳聚糖"的国内外专利技术有哪些就属于书目信息检索的范畴。

2）全文信息检索

全文信息检索以论文或专利说明书等的全文为检索的目的和对象，检索的结果是与课题相关的论文或专利说明书的全部文本，检索结果也不直接解答课题用户提出的技术问题，因此，全文信息检索也是一种相关性检索，它是在书目信息检索基础上更深层次的内容检索。通过对全文的阅读，可进行技术内容及技术路线的对比分析，掌握和研究课题相关的内容，为研究的创新点提供参考与借鉴。

3）数据信息检索

数据信息检索以具有数据性质，并以数据形式表示的数据为检索的目的和对象，检索的结果是经过测试、评价过的各种数据，可直接用于比较分析或定量分析，因此，数据信息检索也是一种确定性检索。例如，查找各种物质的物理化学常数、各种统计数据和工程数据等都属于数据信息检索范畴。

4）事实信息检索

事实信息检索以事项为检索的目的和对象，检索的结果是有关某一事物的具体答案。事实信息检索也是一种确定性检索。事实信息检索过程中所得到的事实、概念、思想、知识等非数值性信息和一些数值性信息需进行分析、推理，才能得到最终的答案，因此，要求检索系统必须有一定的逻辑推理能力和自然语言理解能力。目前，较为复杂的事实信息检索课题仍需人工完成。例如，要想得到"中国发明专利历年的申请案中，国外来华申请历年所占的百分比是多少"这一事实信息，需要对历年的数据进行统计，然后进行比较分析，才能得出具体答案。

2. 信息检索系统

信息检索系统是拥有一定的存储、检索技术装备，存储经过加工的各类信息，并能为信息用户检索所需信息的服务系统（图 3-8）。检索系统由下列要素构成：数据库，存储、检索信息的装备，存储、检索信息的方法，系统工作人员和信息用户。信息检索系统具有收集信息、加工信息、存储信息和检索信息等功能。按照使用的技术手段的不同，信息检索系统可分为手工检索系统、机器（含计算机）检索系统。目前，手工检索的比重逐步下降，机器（含计算机）检索的比重逐步提高。

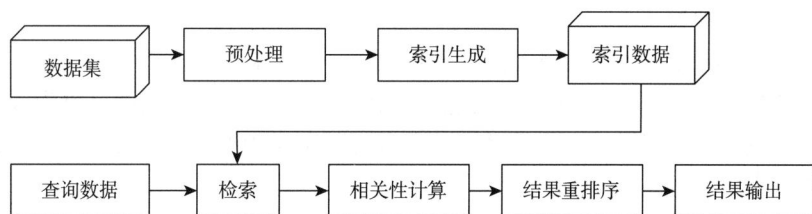

图 3-8　检索系统的数据处理流程

1）手工检索系统

手工检索系统是指由人们利用卡片目录、文摘、索引等检索工具通过人工查找所需要信息的行为。检索人员可与系统直接"对话"，具有方便灵活、判断准确、可随时根据需求修改检索策略和查准率高的特点。这种检索方式的优点是节约财力、节省费用。但是该方式也存在着明显的不足，如检索速度慢，花费时间长，延误决策时机，经常造成一些不必要的损失。

2）机器（含计算机）检索系统

机器（含计算机）检索系统是指由人们借助机器（含计算机）查找信息库中所有信息的行为。机器（含计算机）检索主要包括穿孔卡片检索、缩微检索和计算机检索。其中计算机检索是利用网络技术、远程通信技术、光盘技术等构成的存储和检索信息的检索系统进行检索。这种检索方式的优越性包括：检索速度快；检索效率高；采用灵活的逻辑运算，便于进行多元概念检索；能提供远程检索。

利用计算机检索文献资料，一般要先分析课题的内容，选取合适的检索词，编制检索提问式，然后通过键盘将提问式输入计算机。提问式中的检索信息与磁带或光盘上的每篇文献的标识在计算机运算期内进行大小、异同的逻辑比较。如果两者信息相同，说明这篇文献正是所需要的。于是，计算机输出装置立即把这篇文献的存储信息自动转化为人们能够阅读的文字，打印输出。另外在专门的数据库检索系统中，一般都提供标题、作者、机构、刊名、关键词等检索途径，用户可以根据需要灵活选择，以提高检索效率。

计算机检索系统按使用的设备和采用的通信手段可分为联机检索系统、光盘检索系统、网络检索系统。联机检索系统是检索者利用联机终端直接查询检索系统的数据库的计算机检索系统，具有灵活、不受地理位置限制等优点，但检索费用较高。光盘检索系统主要由光盘数据库、光盘驱动器、计算机等组成，具有易学易用、检索费用低等优点，根据使用的通信设备，又分为单机光盘检索系统和网络光盘检索系统。网络检索系统是将若干计算机检索系统用通信线路连接起来以实现资源共享的系统，是现代通信技术、网络技术和计算机技术结合并高度发展的产物，它使各大型计算机信息系统变成网络中的一个节点，每个节点又可联结很多终端设备，依靠通信线路把每个节点联结起来，形成纵横交错、相互利用的信息检索网络。

3. Internet 信息检索

1）Internet 信息检索的特点

Internet 信息检索借助网络通信、信息处理等技术的发展，出现了许多不同于传统信息检索的特点。具体特点如下。

（1）检索范围涵盖整个 Internet。Internet 是一个全球性、开放性的网络，由分布在世界各地的主机联网构成。因此网络信息检索在检索空间上比传统信息检索大大拓宽，可以检索 Internet 上所有领域、各种类型、各种媒体的公开信息资源，远远超过了手工、联机和光盘检索可利用的信息源。

（2）传统检索方法与全新网络检索技术相结合。网络信息检索沿用了许多传统的检索方法和技术，如布尔逻辑、截词检索、限定检索等。借助网络信息技术的发展，网络信息检索还采用了许多新的检索技术，如自然语言检索、超文本/超媒体检索等。但是这些检索技术在不同检索工具中的实现方式存在很多差异，需要用户在检索前详细了解其具体的检索规则。

（3）用户界面友好且操作方便。网络信息检索工具直接以终端用户为服务对象，一般都采用图形窗口界面，交互式作业，检索途径多，提供多种导航功能，可做书签标记，保留检索历史。检索者无须专门的检索技巧和知识，只要在检索界面按一定规则输入检索式就可获得检索结果，如图 3-9 所示。

图 3-9　百度搜索引擎界面

（4）用户透明度高。网络信息检索对用户屏蔽了 Internet 上的各种系统平台、应用程序、数据结构、文件格式、通信传输协议等多方面的物理差异，使用户只需一步检索就可获取多个信息源、多种类型、多种形式的网络信息，感受检索系统的透明度。

（5）信息检索效率不高。网络信息缺乏规范和统一管理，动态性强、雷同率高，而且存在很多的垃圾信息。目前的网络检索工具在信息收集、分析和标引等方面也存在许多的不足之处，极大地影响了网络信息检索的查全率和查准率，尤其是通过搜索引擎进行网络信息检索的查准率很低，信息冗余度高。不过，随着智能代理技术、数据挖掘技术、知识发现技术、自然语言理解技术等在网络信息检索中的应用，网络信息检索的效率已经大大改观。

2）Internet 信息检索的方法

要在网上获取信息，用户需要找到提供信息源的服务器。为此，首先找到各服务器在网上的地址［URL（uniform resource locator，统一资源定位符）］，然后通过该地址去访问服务器提供的信息。一般有以下几种方法。

（1）浏览检索。浏览又可分为以下两类。

一是不借助检索工具的浏览。一般是指基于超文本文件结构的信息浏览，即用户在阅读超文本文档时，利用文档中的超链接从一个网页转向另一个相关网页（顺链而行）。顺链而行的浏览方式是在互联网上发现和检索信息最原始的方法，即不依靠任何检索工具而随机地发现一些有用的信息。其主要适合于以下信息检索目的。①延伸已有的信息范围：顺着原文提供的超链接查找一些与已获得信息相关的信息，如从某一文章直接转到该文章的某篇引用文献。②跟踪新信息：定期浏览某些网站或栏目，以保证对某些领域的信息及时地了解。③网上信息调研：该类信息收集行为的目标性不强，但有一定收集范围。④好奇心驱使：因某一信息的刺激而引发对其进行探究的浏览行为。⑤消遣性浏览：随意的、漫游式的以休闲、消磨时间为主要目的的浏览行为。⑥享受浏览经验：这是一种以浏览这一过程作为目的的"过程性满足"。

二是借助检索工具的浏览。即利用各种类型的虚拟图书馆和学科导航工具，或利用目录式检索工具进行浏览。掌握资料的目录分类原则，"自顶而下、逐步细化"，确定自己要找的网站应该在哪个类别，然后逐级点击寻找。这有些类似于传统文献检索中的"追溯检索"，即根据文献后所附的参考文献追溯相关文献，一轮一轮地不断扩大范围。这种方法在用户需要寻找某个方面、某一范围信息时效果特别好。

（2）搜索引擎信息检索。搜索引擎是提供给用户进行关键词、词组或自然语言检索的工具，在网络技术、数据库技术、自动分类与标引技术、检索匹配技术、人工智能技术等的支持下，以一定的方式和策略在 Internet 上发现、收集信息，对信息进行分析理解、提取、组织和处理，并为用户提供检索服务，从而起到信息导航的作用。搜索引擎一般由信息采集子系统、索引子系统、检索子系统三部分组成，一般使用网站分类技术和网页全文检索技术实现信息检索。

利用搜索引擎进行检索的优点是：省时省力，简单方便，检索速度快、范围广，能及时获取新增信息。其缺点是：由于采用计算机软件自动进行信息的加工、处理，且检索软件的智能化程度不是很高，造成检索的准确性不是很理想，与人们的检索要求及对检索效率的期望有一定的差距。

用户使用搜索引擎常用方法如下。

布尔检索：用逻辑符号"AND""OR""NOT"。

截词检索：输入检索词的局部（词干）进行非准确性检索匹配。

位置检索：要求检索词之间的位置满足某些条件，从而增强选词的灵活性，提高检索水平和筛选能力。在某些检索工具中输入"检索 NEAR/*n* 网络",表示检索在网络附近 *n* 个词范围内出现。

加权检索:对检索词之间的组配关系从量上加以限制和表示的一种方法,通过判定检索词或字符串在满足检索逻辑后对文献命中与否的影响程度,根据权值的大小,即相关度的高低,依序输出检索结果。

字符串检索:规定了检索式中各个具体的检索词及其相互间的逻辑关系,而且规定了检索词之间的临近位置关系。

限制检索:限定检索词在数据库记录中出现的字段范围,可以是网站、网页或网页的层次、标题、内文、URL 等,还可以限定日期、语言、文件类型、范围,可用它来控制检索结果的相关性。

概念检索:用某一检索词进行检索时能同时对该词同样或类似概念的词,如同义词、近义词、广义词、狭义词等进行检索。

模糊检索:允许被检索信息和检索提问之间存在一定的差异。

深入检索:二次检索或子查询,以得到更精确的结果。

3)Internet 信息检索的步骤

(1)分析研究课题,明确检索要求(包括课题的主题内容、研究要点、学科范围、语种范围、时间范围、文献类型等)。

(2)选择信息检索系统,确定检索途径。选择信息检索系统的原则:①收录的文献信息需涵盖检索课题的主题内容;②就近原则,方便查阅;③尽可能质量较高、收录文献信息量大、报道及时、索引齐全、使用方便;④记录来源、文献类型、文种尽量满足检索课题的要求;⑤数据库是否有对应的印刷型版本;⑥根据经济条件选择信息检索系统;⑦根据对检索信息熟悉的程度选择;⑧选择查出的信息相关度高的网络搜索引擎。

(3)选择检索词。确定检索词的基本方法:①选择规范化的检索词;②使用各学科在国际上通用的、国外文献中出现过的术语作检索词;③找出课题涉及的隐性主题概念作检索词;④选择课题核心概念作检索词;⑤注意检索词的缩写词、词形变化以及英美的不同拼法;⑥联机方式确定检索词。

(4)制定检索策略,查阅检索工具。制定检索策略的前提条件是要了解信息检索系统的基本性能,基础是要明确检索课题的内容要求和检索目的,关键是要正确选择检索词和合理使用逻辑组配。

产生误检的原因可能有:一词多义的检索词的使用;不严格的位置算符的运用;检索式中没有使用逻辑非运算;括号使用不正确;检索式中检索概念太少等。产生漏检的原因或检索结果为零的原因可能有:没有使用足够的同义词和近义词或隐含概念;位置算符用得过严、过多;逻辑"与"用得太多;后缀代码限制得太严;检索工具选择不恰当;单词拼写错误、文档号错误、组号错误、括号不匹配等。

提高查准率的方法有:使用下位概念检索;将检索词的检索范围限在篇名、叙词和文摘字段;使用逻辑"与"或逻辑"非";运用限制选择功能;进行进阶检索或高级检索。提高查全率的方法有:扩大检索课题的目标;减少对文献外表特征的限定;使用逻辑"或";利用截词检索;使用检索词的上位概念进行检索;进入更合适的数据库查找。

（5）处理检索结果。将所获得的检索结果加以系统整理，筛选出符合课题要求的相关文献信息，选择检索结果的著录格式，辨认文献类型、文种、著者、篇名、内容、出处等项的记录内容，输出检索结果。

（6）原始文献的获取。利用二次文献检索工具获取原始文献；利用馆藏目录和联合目录获取原始文献；利用文献出版发行机构获取原始文献；利用文献著者获取原始文献；利用网络获取原始文献。

4. 检索技术及其类型

1）面向数据库的信息检索技术

当用户要查询数据库中的信息时，可利用与数据库配套的查询检索工具，或者直接利用数据库提供的查询检索语言。用户提交的每个检索词都与一些特定的记录有关，通过对描述检索词之间逻辑关系的表达式进行运算，就可以得到用户精确定义的所需检索记录。目前数据库查询检索语言的标准是 SQL。SQL 语句可以被嵌入另一种语言中，从而使其具有数据库存取功能。SQL 的句法更接近英语语句，易于理解。SQL 还是一种交互式查询语言，允许用户直接查询存储数据，利用这一交互特性，用户可以在很短的时间内查询相当复杂的问题。

2）面向互联网的信息检索技术

从信息源与用户的关系来看，面向互联网的信息检索技术可分为三种模式：信息推送——由信息源主动将信息推送给用户；信息拉取——由用户主动从信息源中拉取信息；信息推拉——推拉结合的方式。

（1）信息推送。传统的、典型的信息推送模式，如电台广播，作为信息源的电台主动向广大听众及时地播送各种信息。该模式的主要优点是：及时性好，信息源及时地向用户推送不断更新的动态信息；对用户要求低，普遍适用于广大公众，不要求用户有专门的技术。缺点是：针对性差，不便满足用户的个性要求；信息源任务重，信息源系统要主动地、快速地、不断地将大量信息推送给用户。互联网的信息推送技术也被称为"网播"，用户在互联网上浏览，可以像收听电台广播那样选择自己感兴趣的频道或节目，有目的地获取信息。微软和网景的 Web 浏览器都支持信息推送模式。

（2）信息拉取。常用的、典型的信息拉取技术是数据库查询。其主要优点是：针对性好，用户针对自己的需求有目的地去查询、搜索所需的信息；信息源任务轻，信息系统只是被动地接受查询，提供用户所需的部分信息。缺点是：及时性差，当信息源中信息更新变化时，用户难以及时拉取新的动态信息；对用户要求高，要求用户对信息源系统有相应的专业知识，并掌握查询技术。典型例子是"搜索引擎"，前文已经提及，此处从略。

（3）信息推拉。信息推拉是一种推拉结合的检索技术，如"先推后拉""先拉后推""推中有拉""拉中有推"等。这样，既可以及时地、有针对性地为用户服务，又可减轻网络的负担，便于扩大用户范围。信息推送与信息拉取相结合是当前 Internet/Extranet/Intranet、数据库系统及其他信息系统为用户提供主动信息服务的一个发展方向。在人工智能、知识工程与互联网、数据库技术相结合的基础上，又产生了智能信息推拉（intelligent information push-pull，IIPP）技术。智能信息推拉技术包括：智能信息推送、智能信息拉取、信息推拉结合和知识发现功能等。知识发现是近几年迅速发展起来的从数据中发现知识的方法和技术。

5. 检索技术的发展趋势

随着科技不断进步，网络环境下的信息检索对象已大大丰富。除了文献、事实、数据等这些传统的文本、数值信息外，图形图像、音频、视频等新型媒体信息急剧增加，并逐渐纳入信息检索研究的视野之内。信息检索的对象从相对封闭、稳定一致、由独立数据库集中管理的信息内容扩展到开放、动态、更新更快、分布广泛、管理松散的 Web 内容。智能化、可视化、一站式及个性化信息检索是信息检索技术的发展趋势。

1）智能化信息检索

智能化信息检索是人们把人工智能与信息检索技术结合起来应用于信息存取领域的成果。近年来互联网上不断涌现的人工智能产品，如智能搜索引擎、智能浏览器、智能代理、知识共享智能体等，都将大大提高智能存取系统的智能化程度。智能化信息检索是当今信息检索技术研究的热点之一，也是未来信息检索主要的发展方向。

智能化信息检索是基于自然语言的检索形式，机器根据用户所提供的自然语言表述的检索要求进行分析，而后形成检索策略进行搜索，它能够代替或辅助用户完成诸如选词、选库、构造检索式，甚至在数据库中进行自动推理查找等功能；系统对知识库检索推理的结果，可以使用户得到能够直接加以利用的信息，它是建立在一个或多个专家系统基础上的信息存取系统。用户所需要做的仅仅是告诉计算机想做什么，至于怎样实现则无须人工干预，这意味着用户将彻底从烦琐的规则中解脱出来。检索工具智能化的内涵在于检索工具具有学习、分析、辨别和推理的能力。

信息检索的智能化包含两个方面的含义：一是用户检索需求理解的智能化；二是检索过程的智能化。比如，著名的搜索引擎 Alta Vista 所开设的"Ask Alta Vista"就有这种智能化检索技术，能够综合用户在一次次的检索结果选择中的取舍，自我学习并进行推理，使自己变得更聪明，从而调整其检索策略，完善检索效果。

2）可视化信息检索

可视的图像较容易记忆，而且在传达某种信息时比任何方式都快且更有效，因而可视化检索具有自己独特的优势。信息检索可视化包含两个方面：一个是检索过程的可视化，另一个是检索结果的可视化。斯坦福大学的高线出版社（High Wire Press）推出的主题地图（Topic Map）就是一种可视化检索环境，它总共包括 54 149 个主题，按学科分类，并按学科之间的关系构成主题树。用户可以看到学科与学科之间的关系，以及每一个学科下子学科的数目，用户通过拖动鼠标来选择自己感兴趣的主题，最后显示在每一等级主题下的论文数目。

可视化信息检索技术优点如下：①对文献或检索式内部语义关系的理解，有助于用户判断一个检索中的相关文献。②透明的检索过程使检索更容易、有效，即视觉过程寓于检索过程中。③可视化的环境为用户展示更丰富、更直观的信息。④具有开发新的检索系统的潜力，引入了人的认知能力。⑤用户可以进行交互式输入，允许在信息空间进行动态移动，允许用户修改数据的展示方式，使他们理解数据的个人偏好可视化。⑥减少了理解检索结果的时间，可对相关的信息进行聚类分析，而聚类分析可帮助人们发现新的学科点，也可作为反馈的工具。⑦提供对检索的有效的反馈机制，提高检索的准确度。⑧帮助和提高检索系统与人之间的交互性。⑨检索结果可以模仿网络环境形成拓扑图，在拓扑图中所有的相似文献或其他类型资源将被归为同类，以等高线来表达与其他信息内容在概念上的远近。

目前，国内外已有了较有影响的可视化存取系统。在国家卫星气象中心的网上极轨气象卫星资料可视化检索条件设置的页面，用户可以用鼠标在地图上框定检索区域，也可直接输入经度范围、起始时间和终止时间检索，或按省份进行可视化检索气象卫星资料或检索图形，实现气象卫星空间信息共享。其他可视化信息存取系统还有 Web Brain、Nif Elastic Catalog、Dynagrams Diagrams 等。

总之，可视化技术缩短了用户理解信息的时间，提供了感觉与思考之间的有效反馈机制，它代表着信息检索的未来，将会取代以布尔逻辑为基础的、传统的信息存取系统，如 OPAC（online public access catalogues，联机公共目录查询系统）和搜索引擎。尽管目前成熟的、商业化的可视化信息存取系统还未问世，但随着网络技术的发展，以及 XML（extensible markup language，可扩展标记语言）、RDF（resource description framework，资源描述框架）、ontology（本体）、grid（网格）在信息组织、构架中的应用，可视化检索的优势将越来越突出，成为现代检索技术的发展方向之一。

3）一站式信息检索

目前的信息检索系统（如搜索引擎）大都是在甲网站找图片，到乙网站找新闻，再到丙网站找股票资讯等，过程十分烦琐且浪费时间。如何将这些图片、新闻、股票资讯等各种相关联的信息整合到同一界面，让 Internet 用户通过一次查询全部满足用户的查询要求，这就必须引入一站式（one stop）信息检索技术，它使得信息用户在搜索时只需输入一次查询目标，即可在同一界面得到各种有关联的查询结果。一站式信息检索服务是人性化服务的重要体现，它将大量节约用户的检索时间。

2004 年 11 月，谷歌发布了检索学术信息资源的独立检索系统 Google Scholar Beta，它可以检索到学术出版机构、专业协会、大学出版和发表的大量学术文献；2004 年 12 月，谷歌与美国纽约公共图书馆、哈佛大学图书馆、斯坦福大学图书馆、密歇根大学图书馆以及牛津大学图书馆合作，将大约 1500 万册藏书扫描进自己的数据库以提供网络用户检索。2006 年 10 月，谷歌收购了视频共享网站 Youtube，为其视频存取的开发提供了强大的信息资源。

4）个性化信息检索

信息时代的一个很大特点就是个性化，不同的人有不同的检索习惯，对检索界面也会有不同的要求；由于人们对词义的不同理解及感兴趣的领域不同，不同的用户对相同的检索结果往往会有不同的评价。随着信息资源的指数级膨胀，不同的打有消费者个人烙印的产品将成为某个消费者区别他人、感觉自我存在及独特的外在标志，也真正体现了个性化信息检索以用户为中心的服务理念，因此现代信息存取技术将来也要满足用户个性化的需求。

信息检索个性化主要体现在以下两个方面。

一是允许信息用户的个性化定制。用户可以预选择自己满意的信息源，向其提问，索取特定类型的信息，并且还能对命中结果进行进一步限定，要求仅提供权威性的可靠结果，从而提高查准率；用户也可以在一定程度上改变检索结果显示的格式。检索系统具有分辨和满足不同用户不同检索需要的功能，甚至还能理解不同用户的不同工作风格，实现信息用户的基本定制和高级定制。

二是基于数据挖掘技术对信息用户的检索行为进行分析。挖掘出信息用户的检索需求，用推送（push）技术主动向用户推送所需要的信息资源。例如，专业性搜索引擎中的 Deja News 具备个性化检索和自动跟踪功能，当用户使用了 Deja News 提供的查询功能后，在返回的结果中点击 "Track this search for me"（帮我跟踪这一检索）。以后每当有新的文章满足用户的查询条件时，系统将通过电子邮件自动通知用户。

总之，现代信息检索技术的发展趋势必将以信息技术的发展和信息用户的信息检索需求为出发，在理念、人性化、智能化等方面取得全面突破，不断吸收信息技术上的最新成果和理解人们的需求，逐渐适应人脑的思维方式，从而实现智能、高效、快速而灵活的信息检索，最后达到使用户随心所欲地查找、迅速获取所需信息的水平。

3.3   信息的传递与反馈

3.3.1   信息传递

信息传递是指信息从时间或空间上的一点向另一点移动的过程，是由信息的发送源，通过传递信号的通道将信息传递给信息接收者的过程（图 3-10）。在信息传输活动中，信息源是前提，是基础，是信息内容的发出地；传播者是主体。信息传输过程是信息传播者对信息的采集和检索过程，是信息传播者对信息传递工具的选择过程，也是信息传播者对信息接收者的确定和信息接收者的使用过程。

```
┌───────┐  信息传播者  ┌───────┐  信息传播者  ┌─────────┐
│ 信息源 │ ─────────→ │ 信息媒介 │ ─────────→ │ 信息接收者 │
└───────┘   信道      └───────┘   信道      └─────────┘
```

图 3-10   信息传递示意图

1. 信息传递的基本原则

根据信息传递的主要特征，需要在信息传递过程中遵守一定的基本原则。

（1）及时快速的原则。这是由信息传递的时效性强的特点决定的，只有把经过加工检索后的信息以最快的速度传递给信息接收者，才能最大限度地发挥信息资源存在的价值。

（2）经济的原则。根据实际需要选择合适的信息传递工具，有利于提高传递的效率。要尽量以最低的费用将信息从信息源传递到信息宿。

（3）准确的原则。信息的传递是为了特定目的而进行的，传递过程中要避免出现信息失真、畸变等现象，保证其准确性，否则会影响使用者，致使其做出错误的决策。

（4）数量的原则。为了加快信息传递的速度，要尽力加大信息传递的负载量。

（5）保密原则。信息通常具有保密性，如果泄密，会给使用者带来经济损失。所以信息传递要求信息的传递者根据信息内容的秘密程度以及保密的有关规定，选择恰当的传递方式，采取必要的保密措施，严格控制传递范围，以确保信息传递的安全，不要随便扩大信息的接收范围。

2. 信息传递的基本程序及类别

信息传递的基本程序如下：首先要完成信息检索，这是信息传递的前提；然后要恰当选择信息传递工具，一般要求选择速度快、安全系数高的传递工具；最后是接收使用信息，接收到正确的信息，就表示完成了信息的传递。

常见的信息传递方式可以从不同的角度进行划分。

（1）按信息的流向划分。按信息的流向划分，可将信息传递方式分为单向传递、多向传递、相向传递、反馈传递四种传递模式。单向传递是指信息传递者直接把信息传递给单个的信息接收者。单向传递又可以分为单向主动传递和单向被动传递，单向主动传递是信息的发出者在调查了解用户需求的基础上，将信息传递给事先确定的接收者，它的主要形式是定题服务；单向被动传递是信息发出者根据自己掌握的知识、经验和信息资源接受信息接收者的咨询。相应地，把信息传递给多个信息接收者的传递方式称为多向传递，多向传递也可分为多向主动传递和多向被动传递，多向主动传递是信息发出者针对整个社会的需要将自己生产或收集到的信息主动传递给事先未确定的接收者；多向被动传递事先没有确定的接收者，是信息发出者面向整个社会开展的信息服务，如图书馆、信息中心的书刊资料阅览和借阅服务，网站信息服务等。而相向传递则是信息传递者和信息接收者之间相互传递信息的一种传递方式。反馈传递也是信息传递者和信息接收者之间的一种传递方式，但不同的是要根据对方的需要而向对方传递信息。

（2）按信息的传递范围划分。按信息的传递范围划分，可将信息传递方式分为内部传递、外部传递和两人传递三种模式。内部传递是一种封闭性的传递方式，通常是在一个组织机构内部进行的信息传递，可以是在上下级之间、平级之间、工作部门之间等进行。而外部传递则是一种开放性的传递方式，是一个组织机构与其他组织机构之间、组织机构与社会之间所进行的较为广泛的信息传递。两人传递是一种保密性较强的传递方式，是在两个人之间相互传递信息，但由于接收范围太窄，无法快速实现信息的使用价值。

（3）按信息的传递载体划分。按信息的传递载体划分，可将信息传递方式分为：通过对话、座谈、会议、讲座、录音、技术交流和推广人员口授等形式传递信息的语言传递；通过报纸、杂志、图书、黑板报、墙报、宣传橱窗等形式传递信息的文字传递；通过实物展览、现场观摩、商品展销等形式传递信息的直观传递；通过汽车、火车、飞机、轮船等交通运输工具传递文字形式的信息的交通工具传递；通过有线或者无线电路传递信息的电信传递；通过光导纤维、激光等形式传递信息的光传递等。其中光传递由于传递速度快、传递容量大等自身的优点，必将成为人类最主要的信息传递方式。

3. 信息传递的常用工具

最常见的信息传递工具是语言，人们通过语言来交流彼此的思想，以及表达对事物所具有的看法和意见，这是人类特有的信息资源传递工具。此外，图书、报纸、杂志也是当前最常见的传统信息传递工具，通过对图书、报纸、杂志的传送和阅读，可以把大量的信息传递出来。

科学技术的飞速发展使信息传递工具发生了革命性的变化，如果说以计算机技术为核心的现代信息处理技术是社会的"大脑"，那么通信技术就是现代社会的"中枢神经系统"。在信息作为人类社会经济发展的最重要的战略资源的今天，作为当今信息传递主要工具的通信网络已经成为社会经济发展的生命线。

1）有线通信

有线通信使用的传输介质有双绞线、同轴电缆和光纤。

双绞线是由一对相互绝缘的金属导线绞合而成的。采用这种方式，不仅可以抵御一部分来自外界的电磁波干扰，也可以降低多对绞线之间的相互干扰。实际使用时，双绞线是由多对双绞线一起包在一个绝缘电缆套管里的。与其他传输介质相比，双绞线在传输距离、信道宽度和数据传输速度等方面均受到一定限制，但价格较为低廉。

同轴电缆是有两个同心导体，而导体和屏蔽层又共用同一轴心的电缆。一般埋在地下，有绝缘外层及土壤屏障，受外界干扰影响小，保密性好。20世纪50年代，同轴电缆通信开始实用化。同轴电缆信号传输质量较高。每根同轴电缆中的同轴管数目越多，可通话路越多。由18根同轴管组成的同轴电缆可通10 800路电话，传输频带宽达60MHz。同轴电缆还具有结构简单，连接、铺设容易，稳定性强且价格较低等优点。因此，同轴电缆是目前传输高质量的电报、电话、传真、电视信号等各种中远距离通信的主要介质。

光缆是一定数量的光纤按照一定方式组成缆芯，外包有护套，有的还包覆外护层，用以实现光信号传输的一种通信介质。1966年，英国华裔科学家高锟（C. K. Kao）等提出，用纯石英玻璃制成衰减低于20dB/km的光导纤维，就可以应用于实际的激光通信。1970年，美国康宁（Corning）公司制造出了衰减为20dB/km的低损耗光纤。同年，美国贝尔实验室成功研制出半导体激光器。从此，光纤通信迈入了实用化阶段。光纤通信具有频率高、损耗低、频带宽、容量大的特点。光缆结构紧、体积小、重量轻、寿命长，而且光缆的线路损耗低、传送距离远、速度快、耐腐蚀，是数字通信理想的传输介质，业已成为有线通信网的骨干（图3-11）。目前跨越大洋的海底光缆已投入使用，许多国家的光缆已经铺设到住宅前，实现了"光纤入户"。

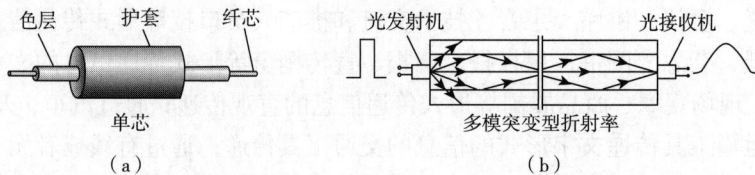

图 3-11　光纤结构及光通信原理

有线通信的主要方式有电报、电话、电视等。

（1）电报（telegraph）。telegraph 一词意指"远方的信息"。1837 年，美国人 S. F. B. 莫尔斯（S. F. B. Morse）发明了莫尔斯电码，莫尔斯电码可以说是人类第一种超越民族特点的信息编码用语言，用莫尔斯电码发送的第一条电文是"上帝创造了何等奇迹"。1866 年，英国物理学家开尔文勋爵（Lord Kelvin）指挥"大东方号"轮船成功铺设第一条大西洋海底电报电缆。从此，电信号就把欧洲和北美新大陆有效地联系起来了。

（2）电话（telephone）。telephone 一词首先在 1876 年 3 月 7 日贝尔的电话发明专利（174456 号）中出现。由于新技术的应用，还出现了许多新功能和新业务，如可视电话、保密电话、无绳电话、录音电话以及语音信箱、可视图文、传真通信、电视会议、智能用户电报、800 被叫付费等多功能服务。

（3）电视。电视作为传播载体在人与人之间、人群和人群之间进行信息交流、信息传播的过程中发挥了巨大作用。在互联网还没有出现和普及的时候，电视的存在连通了整个世界，信息的传递不再受空间的影响。在现在这个凡事求"快"的时代，人们对信息的传播速度的要求也越来越高。与报纸、杂志等传统的大众传播媒介相比，电视拥有更高的时效性。

2）无线通信

利用无线电波来传递信息就是无线通信。1924 年，物理学家阿普顿的研究发现，高空电离气体层（即电离层）能像导体一样反射无线电波（中波和短波），随之利用高频波段的无线通信得到了迅速的发展。广播技术的进步使中短波调幅广播得以很快普及开来，而电视技术的诞生则首先促进了超短波的利用。

（1）微波通信。从 20 世纪 40 年代起，微波通信逐渐成熟。微波波段频带宽，外界干扰小，在通信容量和质量基本相同的条件下成本较低，在抵抗自然灾害及跨越复杂地理环境等方面具有较大的灵活性。但在微波波段，无线电波的功率是在视距范围内的空间按直线传播的，考虑到地球表面的弯曲，通信距离一般只有几十千米。要进行远距离长途通信时，就必须采用接力（中继）方式将信号多次转发才能到达接收点，这种通信方式称为视距微波中继通信。当用人造地球卫星作为中继站时，电磁波一上一下可以在地面上跨越上万千米。无线通信示意图见图 3-12。

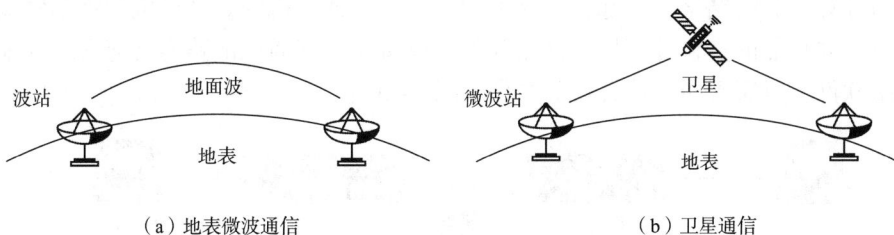

（a）地表微波通信　　　　　　　　　　（b）卫星通信

图 3-12　无线通信示意图

（2）卫星通信。卫星通信是 20 世纪 60 年代微波中继通信技术和空间技术相结合的产物。它除了兼有微波通信的优势，还能满足陆、海、空移动通信的需要，现已成为无线通信的最重要的方式。卫星通信以空间轨道中运行的通信卫星作为中继站，地球站作为终端站，实现两个或多个地球站之间的长距离大容量的区域性通信乃至全球性通信。

通信卫星的移动方向和速度恰与地球自转同步，从地面上看是相对静止不动的，所以又称同步静止卫星。由于每一颗通信卫星可俯视地球三分之一的面积，利用在同步静止轨道上等距离分布的三颗卫星，就能组成全球通信网。一颗卫星有几十个转发器，可同时提供几万路电话线路或转发几十路电视节目。当前，世界各国都十分重视发展卫星通信，卫星通信的应用领域已从早期的国际通信发展到国内通信、移动通信、军事通信、广播电视等领域。

（3）移动电话。移动电话通常称为手机，最早是美国科技巨头摩托罗拉公司发明的，早期又有大哥大的俗称，是可以在较广范围内使用的便携式电话终端。自从 20 世纪 40 年代美国贝尔实验室造出了第一部移动通信电话,经过不断更新换代,目前已发展至 5G[1] 时代。从最初的"砖块"，到如今已变得小巧玲珑、功能多样，成为人类得心应手的通信工具。

3）现代信息传递手段的典型代表

（1）电信网。电信网按信号形式可分为模拟网和数字网。以模拟线路和模拟设备构成的电话网是模拟网的代表，主要传输模拟信号。模拟信号就是用电流或电压来模拟语音声压变化规律而产生的信号。模拟电话机把话音变为模拟电信号，然后通过模拟传输和模拟交换传至远端电话机。20 世纪 60 年代初，脉冲编码调制（pulse code modulation，PCM）技术的成功运用，使数字信号通信有了迅速的发展。数字信号是指信号幅度的取值是有限的、离散的，通常将其幅度编成二进制数码。进入 20 世纪 70 年代前期，欧洲开始引入数字交换技术，并与数字传输设备连在一起，形成综合数字网（integrated digital network，IDN），简称数字网。数字网使数字传输与数字交换实现了一体化，不仅提高了通信质量，而且也为开通非话业务（如用户电报、数字传输、图像通信等）提供了有利条件，为实现综合业务数字网（integrated service digital network，ISDN）打下了基础。ISDN 提供端对端的数字连接，将各种数字信号形式的业务综合到一个统一的数字网中进行传输和交换，结束了过去电话网、电报网、图像网、数据网等单独建立业务网的局面。现代电信网已经完成向 ISDN 和宽带 ISDN（B-ISDN）的战略转移。

（2）计算机网络。数据通信中的数据处理和存储均由计算机完成，所以数据通信网一般都与计算机紧密结合在一起，实际上构成了一个计算机网。计算机网将不同地理位置、具有独立功能的多台计算机、终端及附属设备用数据通信链路连接起来，并配备相应的网络软件，以实现网上信息资源共享（图 3-13）。

远程通信处理器　远程通信信道和介质　计算机（远程通信软件）

图 3-13　计算机数据通信系统

（3）物联网。顾名思义，物联网就是"物物相连的互联网"（图 3-14）。物联网的核心和基础仍然是互联网，是在互联网基础上延伸和扩展的网络，其用户端延伸到了任

---

① G 代表 generation，第五代移动通信技术。

何物体与物体之间。物联网中非常重要的技术是射频识别（radio frequency identification，RFID）技术。RFID 标签中存储着规范且具有互用性的信息，通过无线通信网络把它们自动采集到中央信息系统，实现物品（商品）的识别，进而通过开放性的计算机网络实现信息交换和共享，实现人—物之间、物—物之间的通信。

图 3-14　物联网示意图

4. 信息传递的意义

虽然信息资源本身具有潜在价值，但如果信息只是长期存储在信息库中，不及时传递给使用者，信息资源就不能发挥其作用，实现它的实用价值。因此，信息传递在信息资源管理的整个过程中具有非常重要的地位。传递的信息是各级各类组织的主管领导在管理过程中进行计划决策的依据、组织指挥的前提以及控制的基础。信息传递始终围绕着领导决策活动进行，贯穿于领导决策的始终。

3.3.2　信息反馈

信息反馈就是将输出信息的作用结果再返送回来的一种过程（图 3-15）。

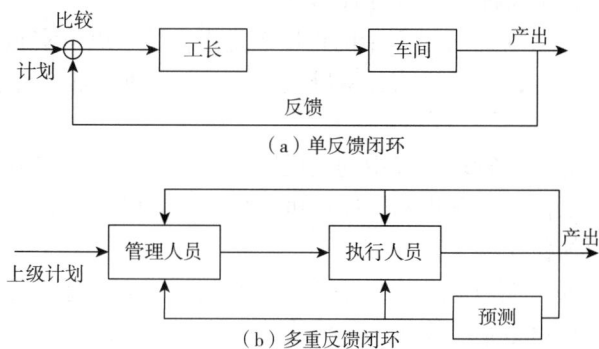

图 3-15　信息的反馈机制

1. 信息反馈的主要特点

（1）滞后性。虽然信息反馈始终贯穿于信息的收集、加工、存储、检索、传递等众多环节之中，但它主要还是表现在这些环节之后的信息"再传递"和"再返送"上。所以滞后性是信息反馈的最基本的特征。

（2）针对性。信息反馈具有很强的针对性，它是针对特定决策所采取的主动采集和反映，而不同于一般的反映情况。

（3）及时性。在某项决策实施以后，要及时反馈真实情况，如果不及时，会使反馈的情况失去价值，不能对决策过程中出现的不妥当之处进行进一步完善，对决策本身造成不良影响，甚至导致决策的失败。

（4）连续性。对某项决策的实施情况必须进行连续、有层次的反馈，否则，不利于认识的深化，会影响到决策的进一步完善和发展。

2. 信息反馈的基本原则

（1）真实、准确的原则。科学、正确的决策只能建立在真实、准确的信息反馈基础之上。

（2）及时的原则。反馈各种相关信息要以最快的速度进行，以纠正决策过程中出现的偏差。

（3）全面、完整的原则。反馈的信息一定要有深度和广度，尽可能地系统、完整。

（4）适量的原则。过量的负反馈会助长消极情绪，导致决策者怀疑决策的正确性，影响决策的顺利实施，而过量的正反馈会助长盲目乐观的情绪，导致决策者忽视存在的问题和困难，阻碍决策的完善和发展。

（5）反复的原则。反馈过程中，经过一次反馈后，制定出纠偏措施；纠偏措施实施之后的效果需要再次反馈给决策系统，使实施效果与决策预期目标基本吻合。

（6）集中和分流相结合的原则。决策者一方面要把某类事物的各个方面集中反馈给决策系统，使领导能够掌握全局的情况；另一方面要根据内容的不同使反馈信息分别流向不同的方向。

3. 信息反馈的主要方式

信息资源管理过程中反馈的主要方式如下。

（1）正反馈。信息资源管理过程中的正反馈是指将某项决策实施后的正面经验、做法和效果反馈给决策机构，决策机构分析研究以后，总结推广成功经验，使决策得到更全面、更深入的贯彻。

（2）负反馈。信息资源管理过程中的负反馈是指将某项决策实施过程中出现的问题或者造成的不良后果反馈给决策机构，决策机构分析研究以后，修正或者改变决策的内容，使决策的贯彻更加稳妥和完善。

（3）前馈。信息资源管理过程中的前馈是指在某项决策实施过程中，将预测中得出的将会出现偏差的信息返送给决策机构，使决策机构在出现偏差之前采取措施，从而防止偏差的产生和发展。

4. 信息资源反馈的常用方法

在领导决策过程中，常用的反馈方法包括以下四种类型。

（1）典型反馈法。典型反馈法是指通过某些典型组织机构的情况、某些典型事例、某些代表性人物的观点言行，将其贯彻落实领导决策的情况以及对决策的反映反馈给决策者。

（2）综合反馈法。综合反馈法是指将不同地区、层级和单位对某项决策的反映汇集在一起，通过分析归纳，找出其内在联系，形成一套比较完整、系统的观点与材料，并加以集中反馈。

（3）跟踪反馈法。在决策贯彻实施过程中，对特定主题内容进行全面跟踪，有计划、分步骤地组织连续反馈，形成反馈系列。跟踪反馈法具有较强的针对性和计划性，能够围绕决策实施主线，比较系统地反映基层工作的全部过程，便于决策机构随时掌握相关情况，控制工作进度，及时发现问题，实行分类指导。

（4）组合反馈法。组合反馈法是指在某一时期将不同层级、不同行业和单位对决策的反映，通过一组信息分别进行反馈。由于每一反馈信息着重突出一个方面、一类问题，故将所有反馈信息组合在一起，便可以构成一个完整的面貌。

5. 信息反馈的意义

由于人们认识的局限性，企业或组织机构做出的决策或多或少总会存在着一些不妥之处。有了信息反馈，就可以及时发现这些不妥之处，从而终止错误决策的实施，以便进一步完善决策本身存在的不完善之处。同时，由于人们的理解水平等各种因素的影响，任何决策在实施过程中，又会与组织机构的总体目标之间存在着一定的偏差。有了信息反馈，就可以及时发现并纠正实施过程中出现的这些偏差，使决策得以顺利贯彻下去。这样有助于及早消除决策过程中存在的矛盾和问题。决策过程结束以后，可以利用信息反馈，将决策实施后的效果以及存在的问题及时反馈回来，以便总结经验教训，有利于制定新的科学决策。

思考练习题

1. 信息收集的方法和手段有哪些？
2. 论述信息收集的原则。
3. 自选感兴趣的主题，试用内容分析法进行信息分析。
4. 两种主要信息存储系统各有什么特点？分别适用于什么场合？
5. 什么是信息检索？如何分类？常用的网络检索方法有哪些？
6. 简述信息传递的要素及基本原则。
7. 信息传递的常用工具有哪些？
8. 简述信息反馈的主要方式和常用方法。

第4章 信息管理技术基础

信息管理就是人类为了有效地开发和利用信息资源，以现代信息技术为手段，对信息资源进行计划、组织和控制的社会活动。简单地说，信息管理就是人对信息资源和信息活动的管理。随着计算机、通信、网络、感测和识别等信息技术的飞速发展及广泛应用，科技、经济、文化和社会正在经历一场深刻的变化。

■ 4.1 计算机网络技术

信息管理主要包括信息采集、传输、存储、检索、加工、应用等活动。信息管理依赖于处理的工具——计算机的发展和应用水平，而计算机网络则成为当今信息传输的主要媒体和平台。本节主要介绍计算机网络相关基础，而有关计算机技术基础在一般高等院校的公共基础课中已经涉及，这里从略。

4.1.1 计算机网络基础

1. 计算机网络基本概念

计算机网络是指以共享为目的，利用通信手段将地域上相对分散的若干个独立计算机、终端设备和数据设备连接起来，并在协议的控制下进行数据交换的系统（图 4-1）。

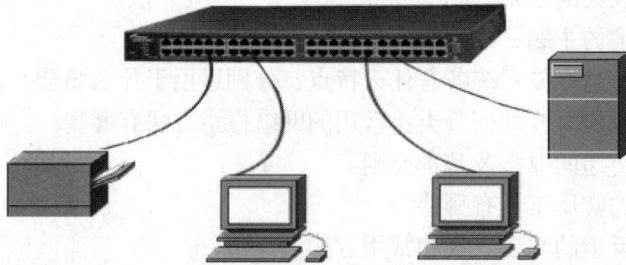

图 4-1 一个简单的计算机网络

从计算机网络的定义中看，计算机网络包含资源子网和通信子网。资源子网是网络上所有计算机系统的集合。通信子网指的是通过线路和网络连接设备把各种计算机系统相互连接起来的数据通信系统（图 4-2）。

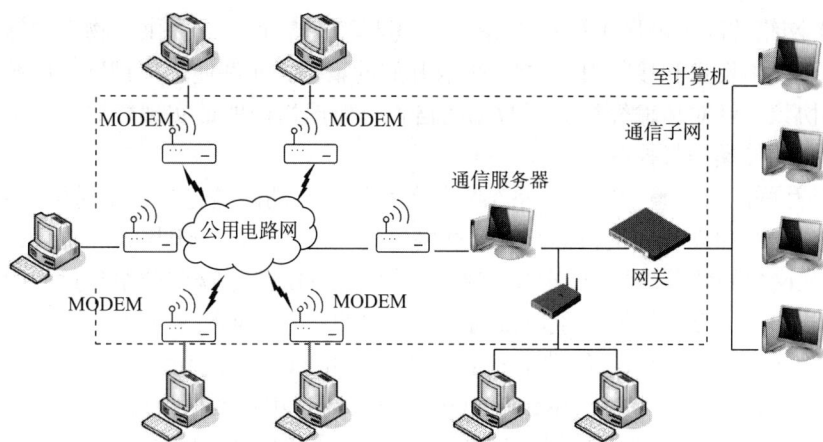

图 4-2　计算机网络由资源子网和通信子网组成

MODEM 即 modulator-demodulator，调制解调器

计算机网络的主要功能有如下几个方面。

（1）资源共享。用户通过网络可以共享这些分散于不同地点的资源。

（2）均衡负荷及分布处理。当网络中某台主机的负荷过重时，可将作业通过网络送至其他主机处理，进行分布式处理，提高设备利用率。

（3）信息的快速传输与集中处理。

（4）网络用户的通信与合作。利用电子邮件、公告板、可视电话、视频会议等功能使网络用户可以进行跨越地区的交流与合作。

（5）综合信息服务。可提供数字、文本、语音、图形、图像等多种媒体的信息服务。

2. 网络体系结构与协议

网络体系结构是计算机之间相互通信的层次、各层中的协议以及层次之间接口的集合。网络协议是计算机网络和分布系统中相互通信的对等实体间交换信息所必须遵守的规则的集合。

采用 TCP/IP（transmission control protocol/Internet protocol，传输控制协议/互联网协议）集成的网络体系结构是计算机网络体系结构的主流。这个体系共分为四层，即网络访问（链接）层、互联网层（Internet layer）、传输层（transport layer）和应用层（application layer）（图 4-3）。

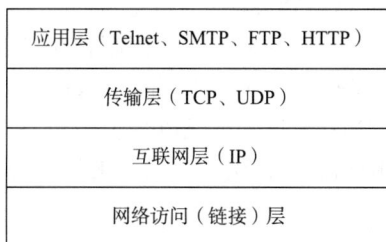

| 应用层（Telnet、SMTP、FTP、HTTP） |
| 传输层（TCP、UDP） |
| 互联网层（IP） |
| 网络访问（链接）层 |

图 4-3　基于 TCP/IP 协议的网络体系结构

（1）网络访问（链接）层是 TCP/IP 参考模型的最底层，提供与物理网络的接口。它负责通过网络发送和接收 IP 分组。采取开放的策略，允许使用广域网、局域网与城域网的各种协议。针对传输介质设置数据的格式，根据物理地址实现数据的寻址，对数据在物理网络的传递进行控制。

（2）互联网层是整个网络体系结构的关键层，其功能是将分组发送到任何网络上，并且让这些分组独立地到达目标端。互联网层定义了正式的分组格式和协议，该协议称为 IP。互联网层的任务是将 IP 分组投递到它们该去的地方，这些分组到达的顺序可能与它们被发送时间的顺序不同，重新排列这些分组的任务由高层来负责。

（3）传输层使源端和目的端主机上的对等实体可以进行会话。在这一层定义了两个端到端的协议：TCP 和 UDP（user datagram protocol，用户数据报协议）。TCP 是面向连接的协议，它提供可靠的报文传输和对上层应用的连接服务。UDP 是面向无连接的不可靠传输的协议，主要用于不需要 TCP 的排序和流量控制等功能的应用程序。

（4）应用层是提供应用程序间沟通的层。应用层包含面向具体应用的高层协议，具体包括远程登录（Telnet）协议、简单邮件传送协议（simple mail transfer protocol，SMTP）、文件传输协议（file transfer protocol，FTP）、超文本传输协议（hypertext transfer protocol，HTTP）等。Telnet 允许一台机器上的用户登录到远程机器上，并进行工作；SMTP 用于电子邮件的收发；FTP 提供有效地将文件从一台机器上移到另一台机器上的方法；HTTP 用于客户端浏览器或其他程序与 Web 服务器之间的通信。

3. 局域网

局域网（local area network，LAN）是一种在有限的地理范围内将大量 PC 及各种设备相互连接在一起实现数据传输和资源共享的计算机网络。社会对信息资源的广泛需求及计算机技术的广泛普及，促进了局域网技术的迅猛发展。在当今的计算机网络技术中，局域网技术已经占据了十分重要的地位。决定局域网特性的主要技术有三个：①用以传输数据的传输介质；②用以连接各种设备的拓扑结构；③用以共享资源的介质访问控制方法。局域网目前常用的传输介质有双绞线、同轴电缆、光纤等。局域网常用的拓扑结构有总线、环形、星形三种。网络的拓扑结构对网络性能有很大的影响。选择网络拓扑结构，首先要考虑采用何种介质访问控制方法，因为特定的介质访问控制方法一般仅适用于特定的网络拓扑结构；其次要考虑性能、可靠性、成本、扩充灵活性、实现的难易程度及传输媒体的长度等因素。局域网的介质访问控制包括两个方面的内容：一个是要确定网络中每个节点能够将信息送到传输介质上去的特定时刻；第二个是如何对公用传输介质的访问和利用加以控制。目前实现该项控制技术的协议有两个大类，一类是以CSMA/CD（carrier sense multiple access with collision detection，带冲突检测的载波监听多路访问）协议为代表的争用型协议；另一类是以令牌访问协议为代表的确定性访问协议。此外，无线局域网正广泛应用到各个领域，前景越来越广阔。

4. 广域网

广域网（wide area network，WAN）是地理范围从数十千米到数千千米，可以连接若干个城市、地区，甚至跨越国界，遍及全球的一种计算机网络。基于 X.25 协议的公用分组交换网是早期最流行的广域网，它是基于分组交换方式的存储转发式网络，可提供中、低速数据通信业务。近年来，高速宽带广域网的需求日益增加，光通信技术有了很大发展，推动了快速分组交换技术的发展，其特点是简化通信协议和发展高速交换设备。目前，广泛采用的技术有帧中继技术和异步转移模式。帧中继技术是在数据链路层实现网络资源统计复用的一种快速分组交换技术。异步转移模式是以分组交换为基础并融合电路交换高速化，并以信元为单位进行标记复用的一种高速传送与交换技术。此外，移动通信网、卫星通信网也是很有应用前景的广域网。

5. 网络互联与 Internet

网络互联是将多个网络相互连接以实现在更大范围内的信息交换、资源共享和协同工作。Internet 就是由成千上万个不同的网络互联而构成的国际互联网。网络互联协议是计算机网络间互相进行通信时有关数据格式及交互过程必须遵循的约定。IP 是一种最著名的网络互联协议，被 Internet 广泛采用。路由选择是在网络环境中寻找一条到达目标计算机的通路的过程。进行路由选择的方法称为路由选择算法，并有相应的路由选择协议。常用的网络互联设备有中继器、网桥、路由器、网关等。

图 4-4 展示了用户网络接入 Internet。

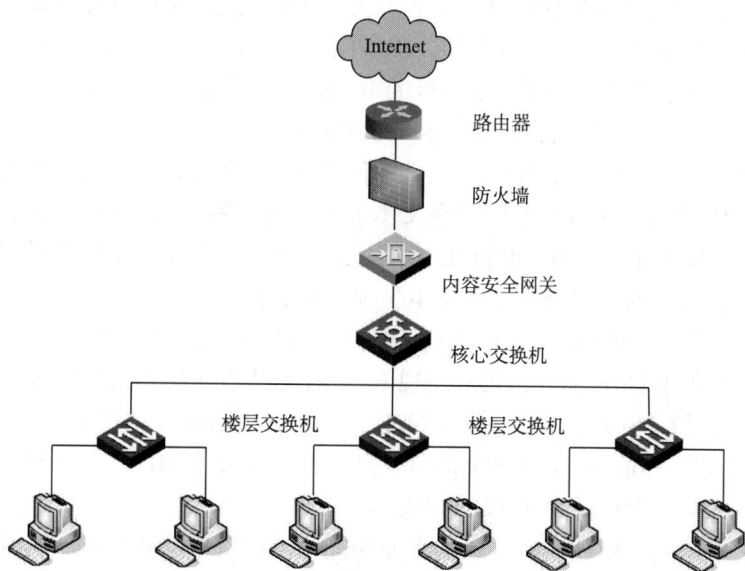

图 4-4　用户网络接入 Internet

6. 网络管理

网络管理功能包括配置、故障、性能、安全、计费等管理功能。OSI（open system interconnection，开放系统互联）管理体系结构是基于 OSI 环境对资源进行管理的一种体系结构，它提供了在 OSI 环境中控制、协调和监视各种资源的手段。简单网络管理协议（simple network management protocol，SNMP）是基于 TCP/IP 的一种功能比较简单的网络管理协议，被广泛用于 Internet。通用管理信息协议（common management information protocol，CMIP）是由国际标准化组织为 OSI 制定的网络管理协议标准。

4.1.2　Internet

Internet，俗称因特网或国际互联网，建立于 20 世纪 70 年代发展起来的计算机网络群之上。它最初是由美国国防部高级研究计划局创建的，称为 ARPAnet 的网络，后来为了在网络之间交换信息，在不同范围内实现网络的相互连接，从而形成了由多个网络组成的互联网，Internet 就是全球最大的互联网。通过 Internet，用户访问千里之外的计算机，就像用本地计算机一样。

1. Web 技术

WWW 是 world wide web（万维网）的缩写，也可以简称为 Web。通俗地说，WWW 是 Internet 上支持 HTTP 的客户机与服务器的集合。客户机是一个需要某些东西的程序，而服务器则是提供某些东西的程序。HTTP 则是客户机请求服务器和服务器如何应答请求的各种方法的定义。

1）简要回顾

1989 年，欧洲核子研究组织（European Organization for Nuclear Research，CERN）的蒂姆·伯纳斯–李（Tim Berners-Lee）和罗伯特·卡利奥（Robert Calliau）各自提出了一个超文本开发计划。在接下来的两年，伯纳斯–李开发出了适用于 Internet 的超文本服务器程序代码，并把他设计的超文本链接的 HTML 文件构成的系统称为 Web。因此，人们把在 Web 上使用的超文本服务器称为 Web 服务器。

超文本服务器是一种存储 HTML 文件的计算机，其他计算机可以连入这种服务器并读取这些 HTML 文件。HTML 是附加在文本上的一套代码（标记）语言，这些代码描述了文本元素之间的关系。例如，HTML 中的标记说明了哪个文本是标题元素的一部分，哪个文本是段落元素的一部分，哪个文本是项目列表元素的一部分，其中一种重要的标记类型是超文本链接（简称超链接，hyper link）标记，超链接可以指向同一 HTML 文件的其他位置或其他 HTML 文件，以求实现 Internet 上所有文件之间的链接。

1993 年，伊利诺伊大学的马克·安德森（Marc Andreessen）等写出了一个可以读取 HTML 文件的程序 Mosaic，它用 HTML 超链接在 Internet 上的任意计算机页面之间实现自由遨游，成为第一个广泛用于 PC 的 Web 浏览器。

人们很快意识到，用超链接构成的页面功能系统可以帮助 Internet 的众多新用户方便地获得 Internet 上的信息，企业界也发现了全球性的计算机网络所蕴藏的盈利机会。1994 年，安德森参与其中的网景公司成立，公司的第一个产品就是基于 Mosaic 的网景 Navigator 浏览器，获得极大的成功。微软也不甘示弱，随即在 1995 年开发出了 Internet Explorer 浏览器，并将其与 Windows 操作系统捆绑销售，从而迅速取得了浏览器市场的垄断地位。

超文本技术和浏览器技术的结合，带来了全球性的网络热，也使得 Web 技术得以在应用中不断发展。随着 Web 技术的发展，Web 正在改变并重新塑造企业的各项业务。这些业务主要包括广告、市场营销、零售和客户服务等。不仅如此，Web 还可以应用在企业内部的商务中，如企业内部的信息共享和传输等。这使得 Web 技术与电子商务的关系变得越来越密不可分，在电子商务中充分利用 Web 技术可以为企业带来更大的竞争优势。

2）Web 的技术架构

Web 所依赖的各种概念和技术如图 4-5 所示。

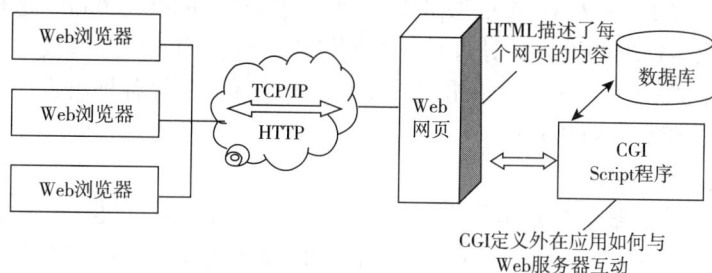

图 4-5 Web 的架构及工作原理示意图

CGI 即 common gateway interface，公共网关接口

（1）HTTP。Web 是由互联网连接、浏览器和服务器软件组成的，HTTP 提供了服务器与浏览器沟通的语言，用于在互联网上传输文档。HTTP 是建立在 TCP/IP 之上的应用协议，但并不是面向连接的，而是一种请求/应答式协议，每个 HTTP 动作如下。

步骤 1：浏览器建立一个与服务器的连接（connect）。

步骤 2：浏览器对服务器下了一个请求（request）。

步骤 3：服务器送出一个响应（response）。

步骤 4：浏览器和服务器中断连接（disconnect）。

在 Web 中，HTTP 是一个"无状态"的协议，即服务器在发送给客户机的应答后便遗忘了此次交互。这与 Telnet 等"有状态"的协议不同，后者需记住许多关于协议双方的信息以及双方的各种请求与应答信息。

（2）URL。每个网页都有一个独一无二的位置，称为 URL，Web 浏览器借此来寻找 Web 服务器。Web 的威力在于它具有使用超链接连接分散网页的能力，让读者借助点选网页上的超文本在网页间移动。

（3）HTML。HTML 是个可以包含文字、窗体及图形信息的超文本文件的标记语言，其目的在于使 Web 页面能显示在任何支持 HTML 的浏览器中，而与联网的机器平台无关。特别需要指出的是，HTML 提供的链接机制是 Web 的本质特性之一。

（4）Web 服务器。Web 服务器是存储文件和其他内容的软、硬件组合，用于提供 HTTP 及 FTP 等服务，有的还可作为代理服务器（一个可以从别的服务器上为它的客户提取文件的服务器）。Web 服务器可直接提供返回在 URL 里指定的"静态"文件内容，也可以采用 CGI 等技术从一个运行的程序里得出"动态"内容。

（5）Web 浏览器。Web 客户通常指的是 Web 浏览器，如网景 Navigator 和微软 Internet Explorer 等。这种浏览器能理解多种协议，如 HTTP、HTTPS（hypertext transfer protocol secure，超文本传输安全协议）和 FTP；也能理解多种文档格式，如 TEXT、HTML、JPEG（一种图像格式）和 XML；也具备根据对象类型调用外部应用的功能。

上述的 URL、HTTP、HTML、Web 服务器和 Web 浏览器是构成 Web 的五大要素，Web 的本质内涵是建立在互联网基础上的网络化超文本信息传递系统，而其外延是不断扩展的信息空间，它成功的主要原因就在于简易的导览和使用，新的出版、分送模式，以及实现了一个网络集中式的模式。

（6）CGI。CGI 是一种在 Web 服务器上运行响应程序的技术标准。这种标准规定了服务器如何获取客户端的输入，处理结果如何输出，以及相关的一些技术标准等。按照这种标准，利用 Peri、C/C++、Cshell 和 VB（Visual Basic）等各种语言均可编制相应的程序，这个程序被称为 CGI 程序。

3）Web 的工作原理

Web 所有活动的基础是基本的客户/服务器（client/server，C/S）结构，信息存储在 Web 服务器上，服务器存储档案并对客户端的请求做出响应。Web 浏览器借助信息的名称从服务器索取信息，并在客户端计算机上将信息格式化后显示在使用者的屏幕上，其原理如图 4-5 所示。人们通常将格式化显示的信息称为网页，而将 Web 服务器的软、硬件及其上的信息统称网站。

依照 HTTP 协议，浏览器（客户机）的任务是：①为客户制作一个请求（通常在单击某个链接时启动）；②将客户的请求发送给服务器；③服务器对浏览器请求做出响应并把对应的 HTML 文本发送给浏览器（客户机），浏览器加载该 HTML 文本并显示内容。

服务器的任务是：①接收请求；②检查请求的合法性；③针对请求获取并制作数据；④把信息发送给提出请求的客户机。

4）Web 的技术优势

在 Web 上，通过点选标示出来的文字，使用者可以连接到包含了相关文件的网站，甚至不必知道网站的网址。不论是商业界还是个人消费者，都可以利用在线方式进行购买活动，可以比任何传统的方法更快且更便宜地传送数字货物，以及提供和使用金融类的交易。

Web 的技术优势为 Web 应用带来以下优点。

（1）广泛的传播面和极强的时效性。互联网已覆盖了世界各国及地区，随着上网人数的增加，客户群也在迅速增长。网络的光电子传播速度，使 Web 信息的传播具有极强的时效性。

（2）突破线性限制的超链接方式。超文本、超链接不仅大大方便了人们上网获得信息，还提供了一个前所未有的信息资源整合方式，使无数的信息之间形成了千丝万缕的联系。

（3）灵活多变的传播模式。从传授者构成看，网络传播可以是个人—个人、个人—多人、多人—多人、多人—个人；从传播与接收的时间看，可以是同步传播，如网上直播、网上聊天等，也可以是异步传播，如大部分的网站信息，这使得受众在接收信息时有更多的主动性。

（4）支持更广泛的客户端设备。网络集中式计算模式，使得大量的计算服务由网络承担，客户端设备的资源要求迅速降低，客户可以采用计算机、电视和手机等普通通信设备，极大地减少用户投资，方便了用户使用。

（5）对服务器资源的保护。Web 应用服务器能集成对资源（如数据库）的存取，从而简化了应用的设计，增强了可伸缩性，并提供了对资源的更好保护。运行在服务器端的商务逻辑更容易得到保护、更新和维护，使得用户的应用环境得到集中管理并能在不同的客户机上重建。

2. Web 2.0

著名计算机图书出版公司 O'Reilly Media 的 Dale Dougherty 首次提出 Web2.0 这个术语。Web 2.0 是以人为核心线索的网络，它鼓励用户提供内容；根据用户在互联网上留下的痕迹，组织浏览的线索，提供相关的服务，给用户创造新的价值，同时为整个互联网产生新的价值。

1）Web 2.0 的特点

（1）访客能够对网页进行修改。Web 2.0 采用了 JavaScript 来发送 XML 和文本包，替代了静态的 HTML，使得 Web 应用越来越客户端化。例如，亚马逊网站允许访客发布产品评述，访客可以使用网上表单把信息添加到亚马逊的网页上，以便将来的访客能够阅读。

（2）可使用网页把一个用户与其他用户联系起来。Web 1.0 只是一个针对阅读的发布平台，由一个个的超链接而成；而在 Web 2.0 下，Web 成了交互的场所。Facebook 和 Myspace 等社交网络网站之所以大受欢迎，就是因为它们便于用户找到对方、保持联络。

（3）提供了快速、高效地共享内容的方法。Web1.0 只是将以前没有放在网上的人类知识，通过商业的力量放到网上去；而 Web2.0 的任务是将这些知识通过每个用户的协作，把知识有机地组织起来，并进一步将知识深化，产生新的思想火花。Youtube 就是一个典型例子，Youtube 会员制作好视频后，即可上传到网站上供别人观看，整个过程不到一小时。

（4）提供了获得信息的新方法。如今，广大网民可以订阅网页的简易信息整合(really simple syndication，RSS) 新闻源，只要保持互联网连接，就能收到关于该网页上所有最新信息的通知。

（5）访问互联网的设备不局限于计算机。人们通过手机、电视机、电子游戏机或其他设备来访问互联网已经成为一件很普通的事。

通俗地说，Web1.0 就好比是图书馆，你可以把它当作信息来源来使用，但是无法以任何方式来添加或改动信息；Web2.0 则像是一个庞大的朋友和熟人圈子，虽然你仍可以用它来获得信息，但更重要的是可以参与到会话中，让会话变成一种更丰富的体验。

2）Web 2.0 技术的主要形式

（1）Blog。Blog 的全名应该是 Weblog，后来缩写为 Blog。Blog 是一个易于使用的网站，可以在其中迅速发布想法、与他人交流以及从事其他活动。

（2）RSS。RSS 是站点用来和其他站点之间共享内容的一种简易方式（也叫聚合内容）。其最初源自浏览器"新闻频道"的技术，现在通常被用于新闻和其他按顺序排列的网站，如 Blog。

（3）Wiki。Wiki 实质上是一种超文本系统，它支持面向社群的协作式写作，同时也包括一组支持这种写作的辅助工具。人们可以在 Web 的基础上对 Wiki 文本进行浏览、创建、更改，而且创建、更改、发布的代价远比 HTML 文本小；Wiki 的写作者构成了一个社群，Wiki 系统为这个社群提供简单的交流工具。

（4）Tags。Tags 称为网摘或网页书签，起源于 del.icio.us 网站。它自 2003 年开始，提供一项叫作"社会化书签"（social bookmarks）的网络服务，称为书签，又称"美味书签"（delicious tags）。

（5）SNS（social networking service，社会网络服务）。SNS 是一种社会化网络软件或应用，依据六度理论，以认识的朋友的朋友为基础来扩展自己的人脉。

（6）P2P。P2P 是 peer-to-peer 的缩写，即个人对个人信息平台，网络上用于加强人际交流、文件交换、分布计算等。

（7）IM（instant messenger，即时通信）。IM 是目前上网用户频率最高的活动之一。网上聊天的主要工具已经从初期的聊天室、论坛变为以 MSN、QQ 为代表的即时通信软件。

3. Web 3.0

1）什么是 Web3.0

关于 Web3.0，目前最常见的解释是，网站内的信息可以直接和其他网站相关信息进行交互，能通过第三方信息平台同时对多家网站的信息进行整合使用；用户在互联网上拥有自己的数据，并能在不同网站上使用；完全基于 Web，用浏览器即可实现复杂系统程序才能实现的系统功能；用户数据审计后同步于网络数据。

假如说 Web1.0 的本质是联合，那么 Web2.0 的本质就是互动，它让网民更多地参与信息产品的创造、传播和分享，这个过程是有价值的。但是，Web2.0 没有能体现出网民劳动的价值，在商业模式上，Web2.0 需要跟具体的产业结合起来才会获得巨大的商业价值和商业成功。Web3.0 是在 Web2.0 的基础上发展起来的能够更好地体现网民的劳动价值，并且能够实现价值均衡分配的一种互联网方式。Web3.0 不仅仅是一种技术上的革新，而且是以统一的通信协议，通过更加简洁的方式为用户提供更为个性化的互联网信息资讯定制的一种技术整合。在 Web3.0 时代，用户的数据所有权都掌握在自己手中，而且能在不同的网站上使用这些数据。也就是说，从信息的使用方式来看，Web1.0 的本质是联合，Web 2.0 的本质是互动，而 Web 3.0 的本质就是个性化定制。

2）Web3.0 的特征

与 Web1.0 及 Web2.0 比较，Web3.0 具有以下特征。

（1）有效聚合。Web3.0 应用聚合技术对用户生成的内容信息进行整合，使内容信息的特征性更加明显，便于检索；精确地对阐明信息内容特征的标签进行整合，提高信息描述的精确度，从而便于互联网用户的搜索与整理；对于用户原创内容（user generated content，UGC）的筛选性过滤是 Web3.0 不同于 Web2.0 的主要特征之一；对于 Internet 用户发布的信息做不同可信度的分离，可信度高的信息将会被推到 Internet 信息检索的首项，同时提供信息的 Internet 用户的可信度也会相应提高；聚合技术的应用在 Web3.0 模式下发挥更大的作用，分类技术及资源共享模式优化、渐进式语义网的发展也为 Web3.0 构建完备的内容聚合与应用聚合平台；将传统意义的聚合技术和挖掘技术相结合而创造的"Web 挖掘个性化搜索引擎"更加个性化，搜索反应更加迅速、准确。

（2）普适性。Web3.0 打破了 Web2.0 只能通过单一的 PC 终端应用在互联网平台上的僵局，层出不穷的新的移动终端的开发与应用得到新的技术层面和理念层面的支持，以实现不同终端的兼容，如 PC 互联网、WAP（wireless application protocol，无线应用协议）手机、PDA（personal digital assistant，掌上电脑）、机顶盒、专用终端，使得各种终端的用户群体都可以享受到在互联网上冲浪的便捷。实现融合网络的普适化、公用显示装置与个人智能终端的通用，使嵌入式技术在 Web3.0 模式下发挥更大的效力。Web3.0 将人性化用户体验、个性化配置等作为设计的主要考虑因素。

（3）个性化引擎技术。Web3.0 在 UGC 筛选性的过滤基础上同时引入偏好信息处理与个性化引擎技术，对用户的行为特征进行分析，即寻找可信度高的 UGC 发布源，同时对 Internet 用户的搜索习惯进行整理、挖掘，得出最佳的设计方案，帮助用户快速、准确地搜索到自己感兴趣的信息内容，避免了大量信息带来的搜索疲劳。个性化搜索引擎以有效的用户偏好信息处理为基础，以用户进行的各种操作以及用户提出的各种要求为依据，来分析用户的偏好，将通过偏好系统得出的结论归类到一起，在某一内容主题（如体育）形成一种内容搜索的聚合、推送，达到更好地满足用户搜索、观看的需要。

（4）数字新技术。Web3.0 将建立可信的 SNS、可管理的 VoIP（voice over IP，互联网电话）与 IM、可控的 Blog/Vlog/Wiki，实现数字通信与信息处理、网络与计算、媒体内容与业务智能、传播与管理、艺术与人文的有序、有效结合和融会贯通。

第一，SNS 可信。Web2.0 模式下的 SNS 只是简单地将人与人通过互联网这一平台连接起来，并不能确保注册信息的可靠性和有效性，其结果将会导致本身信息的外泄和零乱、不可靠信息的泛滥。这一问题在 Web3.0 模式下，通过对用户的真实信息的核查与认证这一方式来解决。高可信度的信息发布源为交际圈的扩展提供了可靠的保障，人们在交际时可以完全信任这些可信度高的用户提供的信息，利用这些进一步扩展对自己有利的交际圈。

第二，VoIP 与 IM 可管理。Web3.0 模式下可管理的 VoIP 与 IM 同样为网络用户的使用提供了方便快捷的服务方式。可信度越高、信用度越好的用户发布的信息将会被自动置顶，既提高了信息源发布者的可信度，同时使得这些有用、真实的信息更快地出现在用户的面前，发挥信息的最大效力，提高了信息的使用率，降低了信息查找的时间损耗。

第三，Blog/Vlog/Wiki 可控。Web3.0 提出了"可控"这一概念，使得信息的发布与使用连接起来，如果想搜索可信度高的信息，可以点击可信度高的用户撰写的 Blog/Vlog/Wiki，实现可信内容与用户访问的对接。

（5）垂直网站。从 2010 年开始，垂直网站进入 Web 3.0 时代，其特征是个性化、互动性和深入的应用服务；更加彻底地站在用户角度；实现多渠道阅读和内容本地化；用户间应用体验的分享；应用拉动营销，用户口碑拉动营销。用户的应用体验与分享对网站流量和产品营销具有决定性作用，移动互联网和垂直网络实现了有效对接，其不仅体现在对接内容上，还体现在用户体验和分享层面上。同时，垂直网站将与 B2C（business to customer，企业对用户）实现对接，从而实现产品数据库查询、体验、购买、分享等整个过程的一体化。

（6）以移动互联网为基础的各种创新模式。这包括：①及时网（移动互联网与 SNS 等功能融合形成）；②感知网络（拓展为人和人的这种结合智能终端的交流，变成物对物、物对人）；③带有移动功能的新应用（以基础数据以及信息为支持进行开发，使其结构化）；④云计算（为用户提供一种全新的体验，云计算将众多计算机资源协调在一起，使用户通过网络就可以获取到无限的资源，同时获取的资源不受时间和空间的限制）。

总之，Web3.0 代表互联网的一个突破。为此，企业要想成功地开展网络营销，需要探讨的是在 Web3.0 的时代如何创新，如何能够成功利用这种新的技术、新的商业模式来创造新的业绩，使企业品牌在这个领域里面有所发展。

3）Web3.0 的框架及相关技术

如前所述，人们目前没法准确地界定 Web3.0 是什么样的应用，它只是人们目前所能想象的未来互联网应用的一个框架。框架的大致结构如下。

（1）网站内信息可以直接和其他网站信息进行交互和转换，能通过第三方信息平台同时对多家网站信息进行整合使用。

（2）用户在互联网上拥有自己的数据，并能在不同的网站上使用。

（3）完全基于 Web，用浏览器即可实现复杂的系统程序才具有的功能。

一般认为 Web3.0 的相关技术将涉及以下方面。

（1）应用编程接口（application program interface，API）。API 是一组让开发人员可以开发并能充分利用某一组资源的应用程序。许多 Web2.0 网站含有的 API 让编程人员可以访问网站的独特数据和独特功能。比如，Facebook 的 API 让开发人员开发出以 Facebook 为平台的程序，提供游戏、智力竞赛、产品评价及更多内容。

（2）聚合（mashup）。聚合把两个或更多个应用合并成一个应用。比如，开发人员可以把允许用户评价餐馆的程序与谷歌地图（Google Maps）组合起来。这个新的聚合应用不但可以显示餐馆信息评价，还能在地图上把餐馆标出来，那样用户就能查看餐馆位置。

（3）语义网（semantic web）和关联数据（linked data）。语义网和关联数据用于描述万维网中资源、数据之间的关系。它们都是指 W3C（World Wide Web Consortium，万维网联盟）制定的用于描述和关联万维网数据的一系列技术标准，即语义网技术栈。在万维网诞生之初，网络上的内容只是人类可读，而计算机无法理解和处理。比如，我们浏览一个网页，我们能够轻松理解网页上面的内容，而计算机只知道这是一个网页。网页里面有图片，有链接，但是计算机并不知道图片是关于什么的，也不清楚链接指向的页面和当前页面有何关系。语义网正是为了使得网络上的数据变得机器可读而提出的一个通用框架。"semantic" 就是用更丰富的方式来表达数据背后的含义，让机器能够理解数据。"web" 则是希望这些数据相互链接，组成一个庞大的信息网络，正如互联网中相互链接的网页，只不过基本单位变为粒度更小的数据。

4.1.3　Intranet

1. Intranet 的定义和要素

Intranet 称为企业内部网，或称内部网、内联网、内网，是一个使用与 Internet 同样技术的计算机网络，它通常建立在一个企业或组织的内部并为其成员提供信息的共享和交流等服务。Intranet 是基于 Internet TCP/IP、使用 WWW 工具、采用防止外界侵入的安全措施、为企业内部服务，并有连接 Internet 功能的企业内部网络。不同的企业有不同的 Intranet 组成结构，其通用组成为：网络、电子邮件、内部环球网（internal Web）、邮件地址清单（Mail Lists）、新闻组、实时的讨论组、FTP、Gopher、Telnet 等。

网络是 Intranet 的核心，小的企业只是一个简单的网络，大的企业是网络的网络。如同 Internet 那样，TCP/IP 也是 Intranet 的基础。对大部分企业来说，电子邮件是最普遍的一种 Intranet 应用，它为企业成员提供了十分简便的通信工具。内部环球网也是 Intranet 的基本组成之一，和浏览器结合，为企业成员提供了十分方便的获取信息的工具。

Intranet 网络的基本组成如图 4-6 所示。

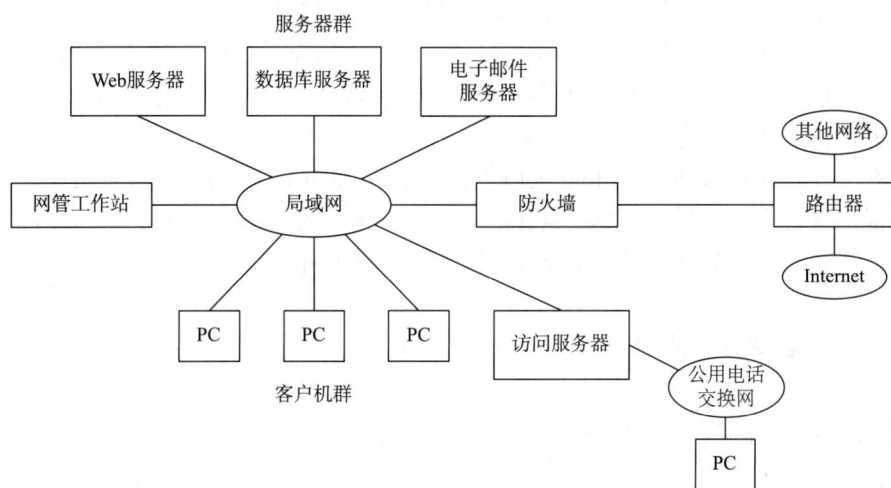

图 4-6　Intranet 网络的基本组成

2. Intranet 的优点

Intranet 能满足企业的需求，它易于设置和使用，且能获得丰富的信息，不仅是数据和文本，而且有声音、图像和视频，因而得到了迅速的推广。可以将 Intranet 的优点分成两类：一类是直接的、有形的，即 Intranet 本身的优点；另一类是使用 Intranet 带来的利益。Intranet 本身的优点是：可快速、方便地实施，易于使用，节省时间，提高操作的效率，降低开销；基于开放的标准，可实现不同设备及网络平台的连接和通信；用户可控制自己的数据；安全，可伸缩，灵活，可提供丰富的多媒体以及保护基础设施和应用的投资。使用 Intranet 带来的好处包括：更好地通信，访问准确的信息，获得和共享知识与经验；更好地协调和合作，提供革新和创造力，提供新的商业机会，通过供应商和客户的访问寻找新的商业合作伙伴。

3. Intranet 的应用

从企业经营管理看，Intranet 的应用归结为 Intranet 的工具如何使经营管理增值，以及对经营管理产生影响。其内容包括以下几个方面。

（1）企业内部主页。它包括：工具和资源，如搜索工具、索引和内容表、场地图、反馈意见、Internet 使用规则、Internet 资源、起始点、支持、指导和帮助、最新信息以及其他工具；目录、电话本以及组织结构图；历史和企业宗旨；服务；组织的主页。

（2）通信处理。它包括组织机构的通信和个人之间的通信两类通信处理，前者包括公务合作和部门之间通信，后者是指用于个人通信或工作小组内的通信工具。

（3）支持处理。支持处理用于企业内部，企业的客户只是间接地受益，它包括人事处理、财会处理、信息系统和技术支持、法律事务以及基础设施的开发和建设等。

（4）产品开发处理。产品开发处理是企业经营的核心部分，它和企业的经营目标有关，同时也是企业专有的，为了竞争需要，一般都属于内部使用，不被外界共享。

（5）运行处理。这也是企业经营的核心部分，包括采购、电子数据交换（electronic data interchange，EDI）、库存、制造以及专门的服务开发等。

（6）市场和销售处理。这也是企业经营的核心处理部分。由于竞争的原因，一般这些信息也不提供共享。销售人员可随身携带手提计算机，并随时和企业 Intranet 相连，获取有关销售需要的信息。

（7）客户支持。企业利用 Internet 做客户支持，如通过企业的 Web 主页给客户提供信息，提供客户提问、反馈意见的通道，提供客户和产品开发者联系的通道，以改善产品质量，将企业内部数据库通过 Internet 提供给客户使用。

4.2 网络通信技术

4.2.1 数据通信及数据通信系统

数据通信的过程是把字符或符号转换成编码，产生与编码相对应的信号，信号传送到目的地后被接收设备接收，按编码的规则将信号解码，再还原成相应的字符或符号。所以编码就是字符或符号与信号元素之间的映射，信号码元就是字符或符号在传输时的表示方式。

数据通信系统由数据终端设备（data terminal equipment，DTE）和数据通信设备（data communication equipment，DCE）组成。数据终端设备可以是计算机，也可以是显示器、电传打字机、打印机等发送或接收数据的其他设备；数据通信设备可以是调制解调器、编码解码器（coder-decoder，CODEC）或数据交换机等。从图 4-7 可以看出数据通信主要涉及两个方面的技术问题：一是数据编码与解码问题；二是数据怎样在信道中传输的问题，即数据通信的方式。

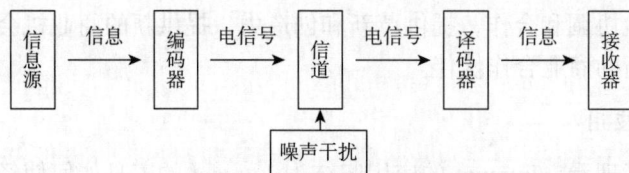

图 4-7 数据通信的香农模型

1. 数据的编码与解码

在通信系统基本模型（图 4-8）中，信息源发出的可以是连续的模拟数据，也可以是离散的数字数据，相应地，在信道中传输的信号也有两种形式：模拟信号和数字信号。数据的解码一般为数据编码的相反过程，所以下面着重介绍数据的编码问题。数据的编码可以分为四类。

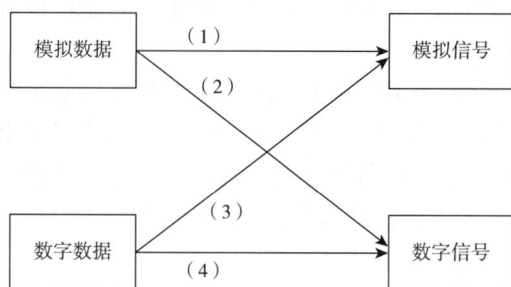

图 4-8　通信系统基本模型

（1）模拟数据的模拟信号编码。模拟数据经由模拟信号传输时可以不进行变换，但是由于模拟形式的输入数据一般要进行调制后传输，调制后输出信号是一种带有输入数据的频率极高的模拟信号。最常用的两个调制技术是幅度调制（amplitude modulation，AM）和频率调制（frequency modulation，FM）。

（2）模拟数据的数字信号编码。利用数字信号来对模拟数据进行编码的最常见的例子是脉冲代码调制（pulse code modulation，PCM），它常用于对声音信号进行编码。脉冲代码调制是以采样定理为基础的，即以高于两倍最高有效信号频率的速率对信号 $f(t)$ 进行采样的话，那么，这些采样值就包含了原始信号的全部信息。

（3）数字数据的模拟信号调制。模拟信号发送的基础是一种被称为载波信号的频带传输。可以通过以下三种载波特性之一来对数字数据进行调制，即振幅、频率、相位，或者采用这些特性的某种组合。对应三种载波特性将数字数据调制为模拟信号的三种基本方法如下。移幅键控法（amplitude-shift keying，ASK）：把频率和相位定为常量，振幅定义为变量，每个振幅值代表一种信息位，二进制是指两个符号的振幅调制。移频键控法（frequency-shift keying，FSK）：把振幅和相位定义为常数，而用频率的变化代表数字脉冲的两种信息位。移相键控法（phase-shift keying，PSK）：把振幅和频率定义为常数，而用所选用的正弦波的起始相位不同来表示信息位。

（4）数字数据的数字信号编码。传输数字信号最普遍且最容易的办法是用两个电压电平来表示两个二进制数字。例如，无电压（即无电流）常用来表示 0，而恒定的正电压用来表示 1；或者用正电压（高）表示 1，用负电压（低）表示 0。这种编码方式称为不归零制（non-return to zero，NRZ）。而在现代通信中使用最多的数字数据编码方式是曼彻斯特编码，在曼彻斯特编码方式中，每一位的中间有一个跳变。位中间的跳变既作为时钟，又作为数据；从高到低的跳变表示 1，从低到高的跳变表示 0。

2. 数据通信的方式

与四种调制和编码方式相对应，数据通信的方式一般有以下四种。

（1）模拟数据模拟信号。采取电信号形式的模拟数据可以原封不动地传输出去，也可以在较高频率下进行调制，以便满足各种带宽需要。

（2）数字数据模拟信号。模拟传输早在提出数字数据这一设想很久之前就已得到发展。因此，必须开发调制器，以便把数字数据变换成能在现有模拟线路上传输的模拟信号。

（3）数字数据数字信号。数字信号可以按照其原来形式通过数字通信线路进行传输，也可以编码成不同类型的数字信号，即代表两个不同二进制值的数字信号。

（4）模拟数据数字信号。为了使模拟信号能在数字通信线路上传输，已开发出能将模拟数据变换成数字信号的方法，这些方法统称为编码。

4.2.2　无线传输技术

人类的基本特征之一是移动性，因此商务接入终端具备移动的特点。通过移动平台，用户可随时随地获得所需的服务和信息。随着科学的发展，实现移动商务的技术有 WAP、无线局域网络标准 IEEE 802.11 和蓝牙（bluetooth）无线通信等技术。

图 4-9 为无线通信网络示意图。

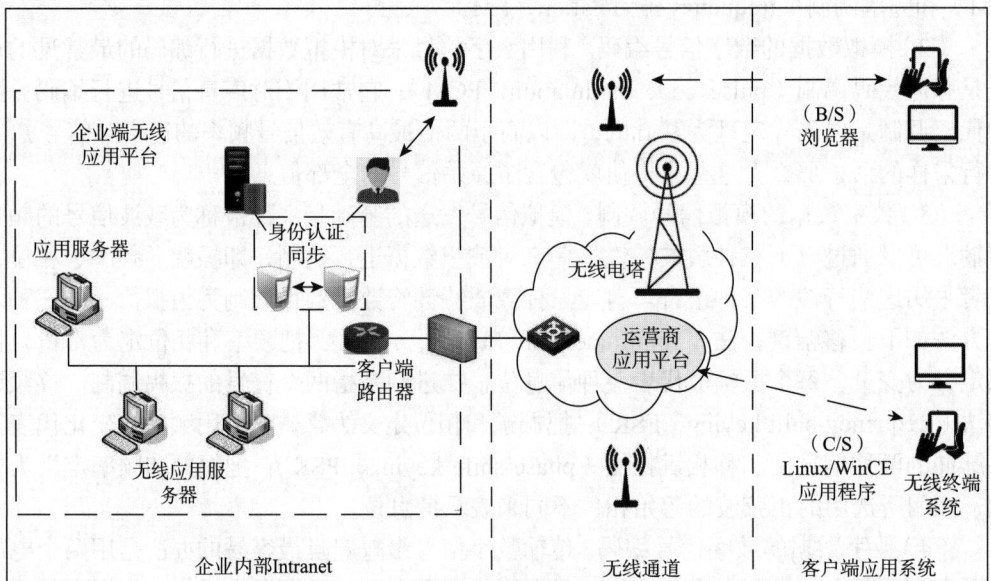

图 4-9　无线通信网络

1. WAP

WAP 是无线应用协议的英文"wireless application protocol"的缩写，它是由一系列协议组成，用来标准化无线通信设备，如蜂窝电话、无线电收发机，也可用于 Internet 访问，包括电子邮件、WWW、新闻组和 IRC（Internet relay chat，互联网中继聊天）。

WAP 是以 Internet 上的 WWW 所采用的 HTTP／HTML 构架为基本思想，再针对无线通信的特性，也就是小显示界面、低功率、小存储空间、低运算性能的通信工具，以及窄带、易延迟、易误码的无线通信网络做出修正的通信协议。

WAP 标准是一套协议，它使移动终端和 Internet 结合的基本构想如图 4-10 所示。WAP 为了实现上面的目标，定义了一套完整的协议。

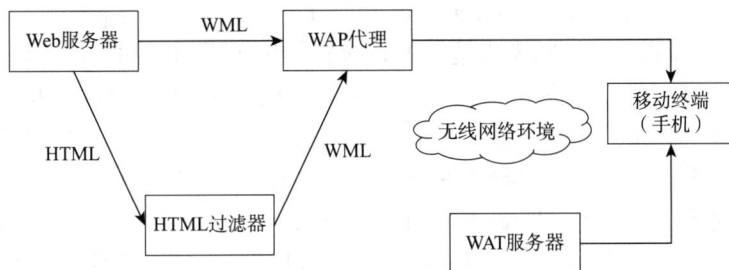

图 4-10　WAP 的 Internet 与移动终端结合的构想

（1）WDP：wireless datagram protocol，即无线数据报协议，是发送和接收消息的传输层。

（2）WTLS：wireless transport layer security，即无线传输安全层，是为像电子商务这样的应用提供安全服务。

（3）WTP：wireless transmission protocol，即无线传输协议，提供传输支持，增加由 WDP 提供的数据报服务的可靠性。

（4）WSP：wireless session protocol，即无线会话协议，提供不同应用间的有效数据交换。

（5）HTTP 接口：支持移动终端的信息检索请求。

（6）WML：wireless markup language，即无线标记语言，是专门为手持式移动通信终端（手机）设计的。

2. 无线局域网络标准 IEEE 802.11

无线网络除了在使用上较有线网络更为方便及机动外，其建设成本也较有线网络低。无线网络是以空气作为介质，通过无线电波来传送数据。用来规划无线网络相关的规则与标准是由美国电气与电子工程师协会（Institute of Electrical and Electronics Engineers，IEEE）制定的 IEEE 802.11 标准。

1）IEEE 802.11 简介

IEEE 802.11 架构只包含 OSI 模型的物理层（physical layer，PHY）与数据链路层（data link layer，DLL）的介质访问控制（media access control，MAC）部分。由于无线网络必须提供无线电波有效范围内的用户的上网服务，因此与以太网（IEEE 802.3）在处理封包冲突的策略上不同。在 MAC 层中，IEEE 802.3 是采用 CSMA/CD，而无线局域网络 IEEE 802.11 则采用 CSMA/CA（carrier sense multiple access with collision avoidance，带冲突避免的载波监听多路访问）来解决无线网络中封包冲突不易检测及超出电波有效范围的隐藏点（hidden node）问题。有关 CSMA/CD 和 CSMA/CA 的内容请参考其他信息网络的书籍。IEEE 802.11 物理层的工作是负责接收或传送封包，其功能是将 MAC 所交付的数据经调变或编码后再传送出去，或者是将接收到的数据调变或编码后再交给 MAC 处理。

2）IEEE 802.11 的连接模式

IEEE 802.11 的连接模式可分为自组网模式（即 Ad Hoc, adaptive heuristic for opponent classification）和基础结构模式（infrastructure mode）。

（1）自组网模式。自组网模式是无中心的、自组织无线网络模式，是一种点对点的无线网络连接方式。其是让无线装置通过其自身的无线网卡相互连接，构成一个独立的自组网模式网络，不需要任何其他的硬件设施。这种模式适合在一些临时性的区域场合中供多部无线装置联机使用。其缺点是无法连接一般的有线网络，所以这种架构又称为独立的基本服务集合网络（independent basic service set network, IBSSN）。这种架构中每一个独立的自组网模式局域网中都有一个共同且唯一的识别码 SSID（service set identifier，服务集标识符），用来区分不同的网络，最多可以有 32 位。因此，要加入此无线局域网的无线装置，除了要进入无线网卡信号所能覆盖的范围内外，还必须要有此共同的识别码 SSID。自组网模式的连接方式如图 4-11 所示。

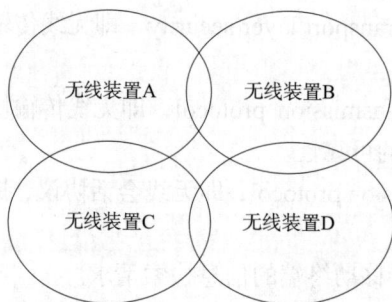

图 4-11　自组网模式无线局域网

（2）基础结构模式。基础结构模式是指每个具有无线网卡的无线装置通过一个访问点（access point, AP）来连接，访问点也可以与一般的有线网络连接。一般机关单位的无线局域网多半是采用这种架构，每个办公室或楼层架设一个访问点，负责提供服务给在其电波有效范围内的移动用户，并可作为无线网络与有线网络间的桥接器。基础结构模式无线局域网如图 4-12 所示。

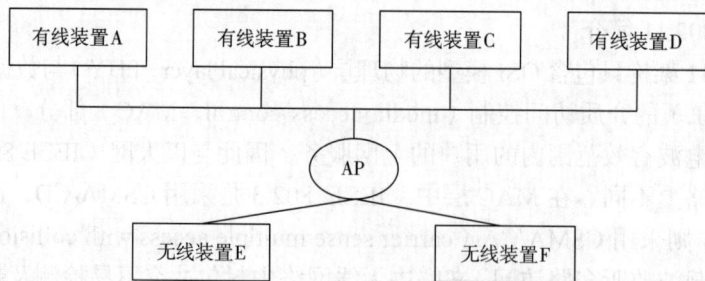

图 4-12　基础结构模式无线局域网

（3）IEEE 802.11 扩展标准

目前，该无线局域网系列标准有：IEEE 802.11、IEEE 802.11b、IEEE 802.11a、IEEE 802.11g、IEEE 802.11d、IEEE 802.11e、IEEE 802.11f、IEEE 802.11h、IEEE 802.11i、IEEE 802.11j 等，其中每个标准都有其自身的优势和缺点。涉及物理层的 4 种 IEEE 802.11 系列标准为 IEEE 802.11、IEEE 802.11a、IEEE 802.11b 和 IEEE 802.11g。

3. 蓝牙无线通信技术

蓝牙是一种低成本、低功率、短距离的无线传输机制。蓝牙名称取自 10 世纪统治丹麦与挪威大半领土的君主哈拉尔德·戈尔姆森（Harald Gormsson）的绰号"蓝牙"（Bluetooth)。目前蓝牙的应用范围已覆盖计算机、家电、通信及 CI（corporate identity，企业形象识别）设计等，成为大众接受的小区域无线传输机制。采用蓝牙无线通信的目的是取代连接现有电子装置设备的电缆线。

蓝牙以移动电话为核心工具，广泛地连接控制相关电子产品，在现有的有线网络基础上，形成个人化无线局域网。蓝牙设备之间的有效传输范围为 10～100m，传送频带为 2.4GHz，单向传输速率最高可达 721Kbps，采用跳跃式展频技术（frequency hopping spread spectrum，FHSS），将频道划分为 75 个以上的小频道，传输信号在这些小频道之间跳跃发送。此技术可以防止其他电磁波干扰以及非法用户窃取电波信号（数据）。

蓝牙无线通信系统中装置的连接采用的是主从（master/slave）式架构，可分为点对点、微网（piconet）和散网（scatternet）三种架构，如图 4-13 所示。

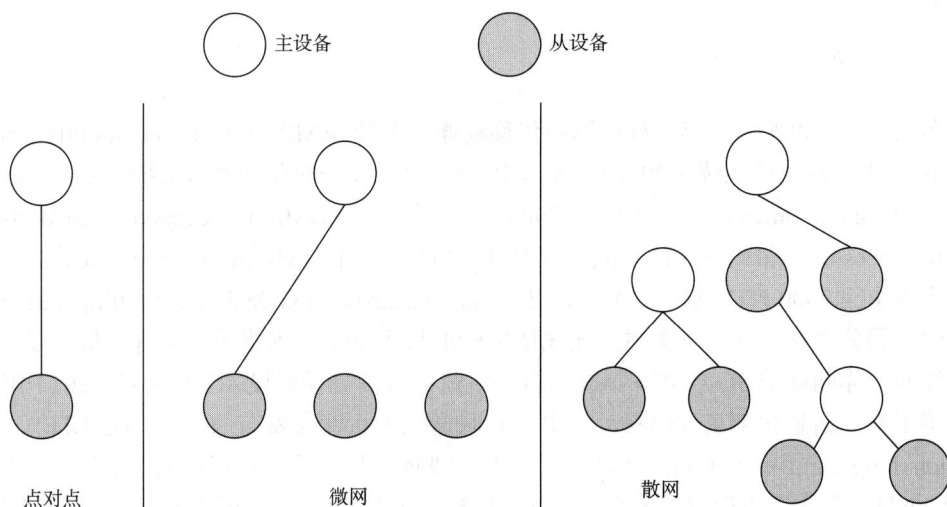

图 4-13　蓝牙的主从式连接网络

数个蓝牙设备采用点对点或点对多连接，称为微网。微网发起者称为主设备，其他连接主设备的设备称为从设备。单个微网只有一个主设备，最多允许 7 个主动从设备（active slave device）以及 255 个等待服务从设备（stand by slave device）。数个微网可以连成一个散网。

蓝牙数据的收发是采用时分多路复用（time division multiplexing，TDM）的方式，因此蓝牙将传输通道分为多个时间槽，封包的收发则是利用不同的时间槽来通信，以避免冲突发生，例如，主机只在偶数时槽传送数据，而从机只在奇数时槽传送数据。

封包的传送又分为同步面向连接（synchronous connection oriented，SCO）和异步无连接（asynchronous connectionless，ACL）两类。其中 SCO 是一种主机与从机间的点对点联机方式，其封包为单时槽封包，主要用来传送语音信号；而 ACL 是一种单点到多点的联机方式，其封包为多时槽封包，主要用来传送数据。蓝牙封包的格式如图 4-14 所示。

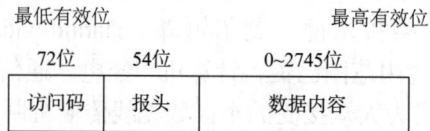

最低有效位   最高有效位

72位	54位	0~2745位
访问码	报头	数据内容

图 4-14   蓝牙封包的格式

各部分的功能如下。

（1）访问码（access code），72 位：为封包的开头，作用为同步、识别及偏移补偿等。

（2）报头（header），54 位：用于存放一些连接控制信息（link control information），如流量、错误控制等。

（3）数据内容，0~2745 位：用来存放主要数据的地方，也是加解密机制主要作用的地方。

4.2.3   移动通信系统

美国于 20 世纪 80 年代推出第一代移动通信系统 AMPS（advanced mobile phone system，高级移动电话系统）。20 世纪 90 年代推出第二代全球移动通信系统（global system for mobile communications，GSM）。2000 年 5 月将 WCDMA（wideband code division multiple access，宽带码分多路访问）、CDMA 2000（code division multiple access 2000，码分多路访问 2000）、TD-SCDMA（time division-synchronous code division multiple access，时分同步码分多路访问）三大主流无线接口标准写入 3G 技术指导性文件，提交了新一代无线通信体制标准 3G。2010 年成为海外主流运营商规模建设 4G 的元年，2013 年 12 月我国工业和信息化部正式向移动、电信和联通三大运营商发布 4G 的 TD-LTE（time division long term evolution，分时长期演进）牌照，开启了 4G 无线通信时代。2019 年 10 月 31 日，我国三大运营商公布 5G 商用套餐，并于 11 月 1 日正式上线 5G 商用套餐，正式开启了 5G 无线通信时代。

1. GSM

1）GSM 架构

美国于 20 世纪 80 年代推出第一代移动通信系统 AMPS，其通信标准规范尚未考虑到相关的安全机制，国际移动用户识别码（international mobile subscriber identification number，IMSI）及电子序列号（electronic serial number，ESN）均以明文的方式传送，因此当时的通信内容很容易被监听，手机号码被盗用的事件也时有发生。20 世纪 90 年代，第二代 GSM 推出。GSM 加强了身份验证及密码机制，大大地提高了移动通信的安全防护水平。其基本结构如图 4-15 所示，分为以下三大部分。

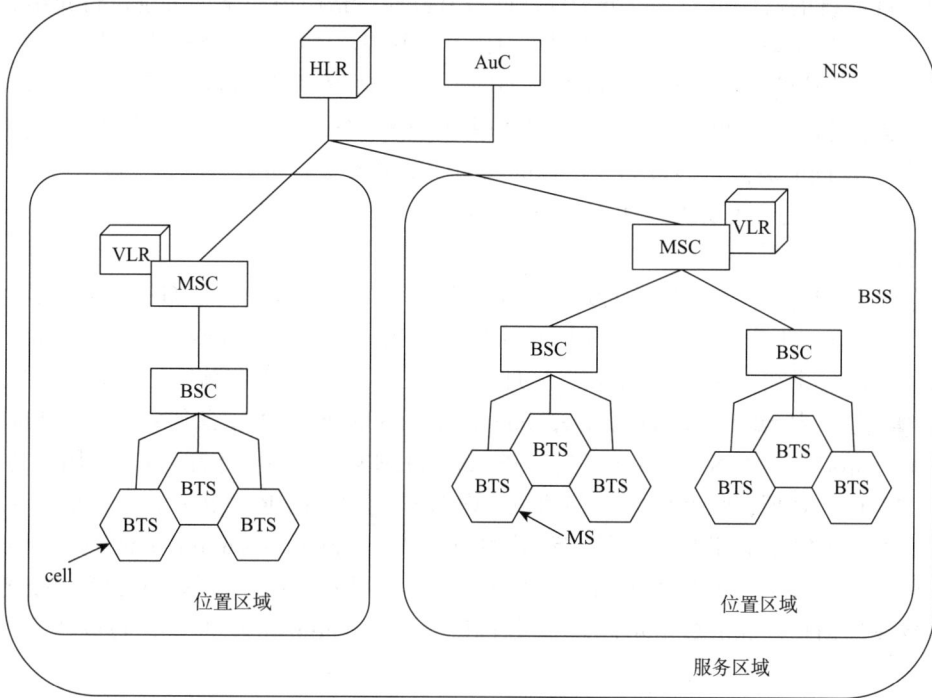

图 4-15　GSM 系统架构

（1）移动站（mobile station，MS）。MS 为客户端的移动通信设备，它由 ME 和 SIM 卡组成。ME（mobile equipment）为客户端的移动设备，如常见的 PDA 或手机等。用户识别模块（subscriber identity module）简称 SIM 卡，是一种含有用户相关数据的 IC 卡。原则上 ME 需配合 SIM 卡才能使用，但紧急使用时可以不需要 SIM 卡。

（2）基站子系统（base station subsystem，BSS）。BSS 内含基地传输站和基站控制器。基地传输站（base transceiver station，BTS）即基站，含有传送器、接收器以及和 MS 通信的音频接口，它的功能是提供所服务区域内移动通信用户所需的通信接口。每个基站所服务的区域称为细胞（cell）。基站控制器（base station controller，BSC）主要起到 BSS 的交换机功能，如频道的占用及释放。BSC 可以通过 ISDN 连接多个 BTS，并负责所辖区域内 BTS 的资源管理。

（3）网络与交换子系统（network and switching subsystem，NSS）。NSS 含有移动交换中心（mobile switching center，MSC）、本地位置记录器（home location register，HLR）、访客位置记录器（visited location register，VLR）及认证中心（authentication center，AuC）这 4 个主要设备。MSC 是 GSM 的中枢，负责线路交换；HLR 是指手机用户原先申请注册的所在地；VLR 主要功能是记录所有漫游到此位置区域的用户数据，并且存储由 AuC 产生执行安全机制所需的参数；AuC 记录了所有用户的 IMSI，该码记录了该手机原先申请注册地点及该手机的唯一识别码，并会产生相关的参数提供给 VLR 执行相关的安全机制。

2）GSM 系统的通信过程

GSM 系统的通信过程可以分为注册阶段和呼叫传送阶段，下面分别进行介绍。

（1）注册阶段。注册的目的是告诉 HLR 目前用户所在位置及相关数据的更新，因此当用户将移动设备从一个位置区域移动到另一个新的位置区域时，就必须执行注册的动作。限于篇幅，注册阶段的流程及移动用户注册操作此处从略。值得注意的是，移动用户与 VLR 间的通信是通过无线传输的，因此传输数据容易被截取，所以 MS 与 VLR 间的身份验证数据尽量采用 IMSI，以避免泄露用户真实的身份验证数据，实现用户身份的保密性。

（2）呼叫传送阶段。呼叫传送移动电话的过程如图 4-16 所示。GSM 用户与其他电话或数据系统的用户通电话时，都是通过网关 MSC［GMSC（gateway mobile switching center，网关移动交换中心）］来负责处理。GMSC 可以连接到其他电话或数据系统，如公用电话交换网(public switched telephone network, PSTN)、公共陆地移动网(public land mobile network, PLMN)及 ISDN 等。PSTN、PLMN 及 ISDN 将打给 GSM 用户的电话交由 GMSC 来处理，GMSC 根据移动站的识别码去询问 HLR，HLR 通知移动站目前漫游所在地的 VLR，以获取目前该移动站的漫游号码（mobile station roaming number, MSRN)，再将 MSRN 返回给 GMSC。此 MSRN 内含该手机目前所隶属交换机的信息。利用 MSRN 信息，GMSC 就可以建立最佳呼叫路径（call path），将电话转接到该用户。

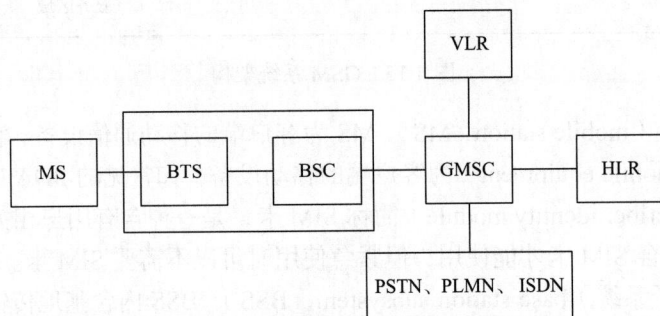

图 4-16　GSM 系统的呼叫传送过程

2. 从 GSM 到 3G、4G

1）3G 的系统架构

第二代通信网 GSM 仅能传输语音信号，不能传输数据及多媒体，这限制了手机作为网页浏览器的功能。为了适应 Internet 与移动通信系统日渐融合的趋势，世界各国积极建立第三代移动通信系统，即 3G，其目的是整合移动通信与 Internet 的相关服务，使得移动通信网络也能提供 Internet 的数据服务功能。

GSM 的设备采用的是时分多址，而 3G 的主流技术 CDMA 使用码分扩频技术，先进功率和话音激活至少可提供大于 3 倍 GSM 的网络容量。3G 的主要特征是可提供移动宽带多媒体业务。3G 的架构与 GSM 系统架构类似。

中国国内支持国际电联确定 3G 标准的三个无线接口标准，分别是中国电信的 CDMA2000、中国联通的 WCDMA、中国移动的 TD-SCDMA。3G 常见应用领域包括：宽带上网、手机商务、视频通话、手机电视、无线搜索、手机音乐、手机办公、手机购物、手机网游等。

2）4G 的系统架构

随着数据通信与多媒体业务需求的发展，适应移动数据、移动计算及移动多媒体运作需要的第四代移动通信（即 4G）兴起。4G 网络的下行速率能达到 100～150Mbps，比 3G 快 20～30 倍，上传的速度也能达到 20～40Mbps。这种速率基本能满足几乎所有用户对于无线服务的要求。

4G 的网络结构使得系统较之 3G 具有以下特点。

（1）通信速度快。3G 数据传输速率可达到 2Mbps，而 4G 传输速率可达到 20Mbps，甚至高达 100Mbps，这种速度相当于 3G 手机传输速度的 50 倍。

（2）网络频谱宽。要想达到 100Mbps 的传输，要求 4G 网络的通信带宽比 3G 高出许多。据专家估计，每个 4G 信道会占有 100MHz 的频谱，相当于 WCDMA 3G 网络的 20 倍。

（3）通信灵活。4G 手机算得上是一台小型计算机。4G 通信使人们不仅可以随时随地通信，更可以双向下载传递资料、图画、影像，以及和从未谋面的陌生人网上连线打游戏。

（4）智能性能高。除了 4G 通信的终端设备的设计和操作具有智能化外，更重要的是 4G 手机可以实现许多难以想象的功能。例如，4G 手机能根据设定来适时地提醒手机的主人此时该做什么事，或者不该做什么事；可以把电影院票房资料直接下载到 PDA 之上，售票情况、座位情况显示得清清楚楚，你可以在线购买自己满意的电影票；4G 手机还可以作为一台手提电视，用来观看体育比赛之类的各种现场直播。

（5）兼容性好。对于 4G 不但要考虑到它的功能强大，还应该考虑到现有通信的基础，以便让更多的通信用户在投资最少的情况下就能很轻易地过渡到 4G 通信。因此，4G 系统应当具备全球漫游、接口开放、能跟多种网络互联、终端多样化以及能从第二代平稳过渡等特点。

（6）提供增值服务。4G 系统技术中以正交频分复用（orthogonal frequency division multiplexing，OFDM）最受瞩目，利用 OFDM 技术，可以实现如无线区域环路（wireless local loop，WLL）、数字音频广播（digital audio broadcasting，DAB）等方面的无线通信增值服务；在 4G 系统中，CDMA 技术与 OFDM 技术相互配合能发挥出更大的作用。

（7）高质量通信。4G 通信也称为多媒体移动通信。4G 通信首先必须可以容纳市场庞大的用户数、改善现有通信品质不良，以及达到高速数据传输的要求。

（8）频率效率高。4G 系统中，为了进一步提高无线 Internet 的主干带宽宽度，引入了交换层级技术，也就是说，4G 主要是运用路由（routing）技术为主的网络架构。所以无线频率的使用比第二代和第三代系统有效得多。

（9）费用便宜。由于 4G 通信不仅解决了与 3G 通信的兼容性问题，让更多的现有通信用户能轻易地升级到 4G 通信，而且 4G 通信引入了许多尖端的通信技术，提供灵活性非常高的系统操作方式, 通信部署十分迅速; 在建设 4G 通信网络系统时, 通信运营商可以直接在 3G 通信网络的基础设施上逐步引入 4G, 这样就能够有效地降低运行者和用户的费用。据研究人员称, 4G 通信的无线即时连接等某些服务费用会比 3G 更加便宜。

3. 5G 时代

5G 技术是最新一代蜂窝移动通信技术, 也是继 4G 技术之后的延伸。5G 的发展也来自对移动数据日益增长的需求。随着移动互联网的发展, 越来越多的设备接入移动网络中, 新的服务和应用层出不穷, 移动通信网络的容量需要在当前的网络容量上呈指数级增长。移动数据流量的暴涨将给网络带来严峻的挑战。5G 网络的数据传输速率远远高于以前的蜂窝网络, 最高可达 10Gbit/s, 比当前的有线互联网要快, 比先前的 4G LTE(long term evolution, 长期演进) 蜂窝网络快 100 倍。网络延迟时间更少, 低于 1 ms, 而 4G 为 30 ~ 70 ms。由于数据传输更快, 5G 网络将不仅仅为手机提供服务, 而且还将成为一般性的家庭和办公网络提供商, 与有线网络提供商竞争。

1）5G 关键技术

（1）超密集异构网络。5G 网络正朝着网络多元化、宽带化、综合化、智能化的方向发展。随着各种智能终端的普及, 面向 2020 年及以后, 移动数据流量将呈现爆炸式增长。在 5G 网络中, 减小小区半径, 增加低功率节点数量, 是保证 5G 网络支持 1000 倍流量增长的核心技术之一。超密集异构网络成为 5G 网络提高数据流量的关键技术。

（2）自组织网络（self-organizing network, SON）。传统移动通信网络中, 主要依靠人工方式完成网络部署及运维, 既耗费大量人力资源又增加运行成本, 而且网络优化也不理想。在 5G 网络中, 将面临网络的部署、运营及维护的挑战, 这主要是由于网络存在各种无线接入技术, 且网络节点覆盖能力各不相同, 它们之间的关系错综复杂。因此, 自组织网络的智能化将成为 5G 网络必不可少的一项关键技术。

自组织网络技术解决的关键问题主要有以下两点：①网络部署阶段的自规划和自配置；②网络维护阶段的自优化和自愈合。自规划的目的是动态进行网络规划并执行, 同时满足系统的容量扩展、业务监测或优化结果等方面的需求。自配置即新增网络节点的配置可实现即插即用, 具有低成本、安装简易等优点。自优化的目的是减少业务工作量, 达到提升网络质量及性能的效果。自愈合指系统能自动检测问题、定位问题和排除故障, 大大减少维护成本并避免对网络质量和用户体验的影响。

（3）内容分发网络（content delivery network, CDN）。在 5G 中, 面向大规模用户的音频、视频、图像等业务急剧增长, 网络流量的爆炸式增长会极大地影响用户访问互联网的服务质量。如何有效地分发大流量的业务内容, 降低用户获取信息的时延, 成为网络运营商和内容提供商面临的一大难题。仅仅依靠增加带宽并不能解决问题, 它还受到传输中路由阻塞和延迟、网站服务器的处理能力等因素的影响, 这些问题的出现与用户服务器之间的距离有密切关系。内容分发网络会对 5G 网络的容量与用户访问具有重要的支撑作用。

内容分发网络是在传统网络中添加新的层次, 即智能虚拟网络。内容分发网络系统综合考虑各节点连接状态、负载情况以及用户距离等信息，通过将相关内容分发至靠近用户的内容分发网络代理服务器上，实现用户就近获取所需的信息，使得网络拥塞状况得以缓解，降低响应时间，提高响应速度。

（4）D2D 通信（device-to-device communication，设备到设备通信）。在 5G 网络中，网络容量、频谱效率需要进一步提升，更丰富的通信模式以及更好的终端用户体验也是 5G 的演进方向。D2D 通信具有潜在的提升系统性能、增强用户体验、减轻基站压力、提高频谱利用率的前景。因此，D2D 通信是 5G 网络中的关键技术之一。

D2D 通信是一种基于蜂窝系统的近距离数据直接传输技术。D2D 会话的数据直接在终端之间进行传输，不需要通过基站转发，而相关的控制信令，如会话的建立、维持、无线资源分配以及计费、鉴权、识别、移动性管理等仍由蜂窝网络负责。蜂窝网络引入 D2D 通信，可以减轻基站负担，降低端到端的传输时延，提升频谱效率，降低终端发射功率。当无线通信基础设施损坏，或者在无线网络的覆盖盲区，终端可借助 D2D 实现端到端通信甚至接入蜂窝网络。在 5G 网络中，既可以在授权频段部署 D2D 通信，也可在非授权频段部署。

（5）M2M（machine to machine，机器到机器）通信。M2M 作为物联网最常见的应用形式，在智能电网、安全监测、城市信息化、环境监测等领域实现了商业化应用。3GPP（3rd Generation Partnership Project，第三代合作伙伴计划）已经针对 M2M 网络制定了一些标准，并已立项开始研究 M2M 关键技术。M2M 的定义主要有广义和狭义两种。广义的 M2M 主要是指机器对机器（machine to machine）、人对机器（man to machine）、机器对人（machine to man）、移动网络对机器（mobile to machine）之间的通信，它涵盖了所有在人、机器、系统之间建立通信的技术和手段；从狭义上说，M2M 仅仅指机器与机器之间的通信。智能化、交互式是 M2M 有别于其他应用的典型特征，这一特征下的机器也被赋予了更多的"智慧"。

（6）信息中心网络（information-centric network，ICN）。随着实时音频、高清视频等服务的日益激增，基于位置通信的传统 TCP/IP 网络无法满足数据流量分发的要求。网络呈现出以信息为中心的发展趋势。ICN 的思想最早是 1979 年由纳尔逊（Nelson）提出来的，后来被巴卡拉（Baccala）强化。作为一种新型网络体系结构，ICN 的目标是取代现有的 IP。

ICN 所指的信息包括实时媒体流、网页服务、多媒体通信等，而 ICN 就是这些片段信息的总集合。因此，ICN 的主要概念是信息的分发、查找和传递，不再是维护目标主机的可连通性。不同于传统的以主机地址为中心的 TCP/IP 网络体系结构，ICN 采用的是以信息为中心的网络通信模型，忽略 IP 地址的作用，甚至只是将其作为一种传输标识。全新的网络协议栈能够实现网络层解析信息名称、路由缓存信息数据、多播传递信息等功能，从而较好地解决计算机网络中存在的扩展性、实时性以及动态性等问题。

2）5G 网络特点

（1）峰值速率需要达到 Gbit/s 的标准，以满足高清视频、虚拟现实等大数据量传输。

（2）空中接口时延水平需要在 1ms 左右，满足自动驾驶、远程医疗等实时应用。

（3）超大网络容量，提供千亿台设备的连接能力，满足物联网通信。

（4）频谱效率要比 LTE 提升 10 倍以上。

（5）连续广域覆盖和高移动性下，用户体验速率达到 100Mbit/s。

（6）流量密度和连接数密度大幅度提高。

（7）系统协同化、智能化水平提升，表现为多用户、多点、多天线、多摄取的协同组网，以及网络间灵活地自动调整。

3）5G 应用

目前，我国 5G 网络建设、5G 应用创新、5G 产业生态等方面都取得了一定的成绩。截至 2020 年 10 月 22 日，我国已开通 5G 基站超过 69 万个，提前完成 2020 年 5G 基站建设目标。在"以建促用"的发展理念下，我国高效的 5G 建设节奏带动着 5G 应用的渗透和普及。在个人消费领域，2020 年我国 5G 终端连接数超过 1.8 亿个，5G 套餐用户超过 2 亿户，5G 手机出货量累计超过 1.38 亿部。在行业应用领域，诸如 5G+智能制造、5G+智能交通、5G+智慧医疗等一系列新应用、新模式、新业态，助力我国经济社会高质量发展。在国家和地方政策的大力支持下、在 5G 产业链上下游的共同努力下、在垂直行业用户的协同创新下，我国 5G 应用发展已进入加速导入的新阶段。

4.2.4　无线局域网

主流应用的无线网络分为 GPRS（general packet radio service，通用分组无线服务）手机无线网络上网和无线局域网（wireless local area networks，WLAN）两种方式。在 WLAN 发明之前，人们要想通过网络进行联络和通信，必须先用物理线缆——铜绞线组建一个电子运行的通路，为了提高效率和速度，后来又发明了光纤。人们发现，这种有线网络无论组建、拆装还是在原有基础上进行重新布局和改建都非常困难，且成本和代价非常高，于是 WLAN 的组网方式应运而生。

无线网络在一定程度上扔掉了有线网络必须依赖的网线。这样一来，用户可以坐在家里的任何一个角落，抱着笔记本电脑，享受网络带来的乐趣，而不像从前那样必须要迁就网络接口的布线位置。

1. WLAN 拓扑结构

基于 IEEE 802.11 标准的 WLAN，允许在局域网络环境中使用可以不必授权的 ISM（industria scientific and medical band，工业、科学和医疗频带）频段中的 2.4GHz 或 5GHz 射频波段进行无线连接。从家庭到企业再到 Internet 接入热点，WLAN 被广泛应用。

（1）简单的家庭 WLAN。在家庭 WLAN，一台设备作为防火墙、路由器、交换机和无线接入点，就能提供广泛的功能。例如，保护家庭网络远离外界的入侵；允许共享一个 ISP 的单一 IP 地址；可为多台计算机提供有线以太网服务，但是也可以和另一个以太网交换机或集线器进行扩展，为多个无线终端做一个无线接入点。通常基本模块提供 2.4GHz802.11b/g 操作的 Wi-Fi（wireless fidelity，无线保真），而更高端模块将提供双波段 Wi-Fi 或高速 MIMO（multiple-input multiple-output，多输入多输出）性能。双波段接入点本质上是两个接入点为一体并可以同时提供两个非干扰频率，而更新的 MIMO 设备在 2.4GHz 范围或更高（5GHz）的范围提高了速度。

（2）无线桥接。当有线连接以太网或者需要为有线连接建立第二条冗余连接以作备份时，无线桥接允许在建筑物之间进行无线连接（图 4-17）。802.11 设备通常用来进行这项应用以及无线光纤桥。802.11 基本解决方案一般更便宜并且不需要 WLAN，缺点是速度慢和存在干扰，而光纤解决方案速度快，不存在干扰，缺点是价格高以及两个地点间的天线不具有直视性。

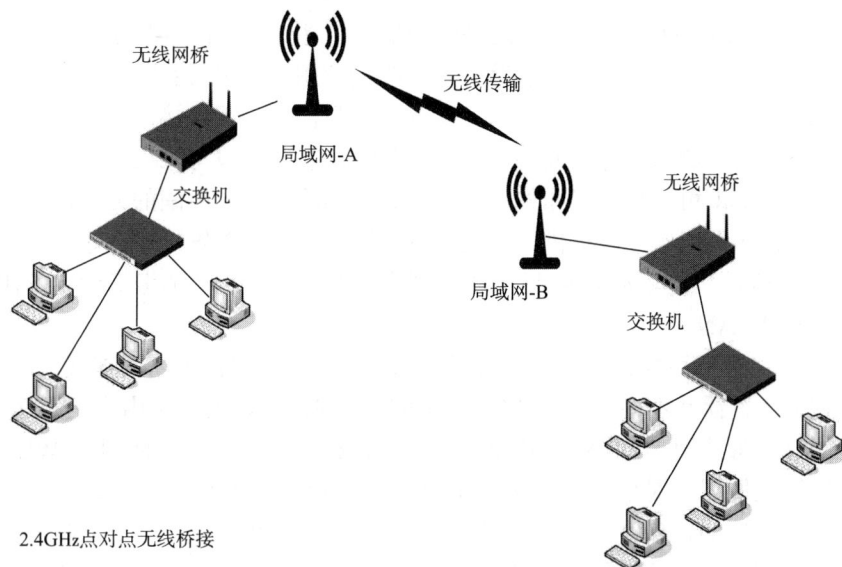

图 4-17　点对点无线桥接

（3）中型 WLAN。这种 WLAN 适合中等规模的企业，它们只是简单地向所有需要无线覆盖的设施提供多个接入点。它入口成本低，一旦接入点的数量超过一定限度，它就变得难以管理。大多数这类 WLAN 允许用户在接入点之间漫游，因为它们配置在相同的以太子网和 SSID（service set identifier，服务集标识）中。从管理的角度看，每个接入点以及连接到它的接口都被分开管理。在更高级的支持多个虚拟 SSID 的操作中，VLAN（virtual local area network，虚拟局域网）通道被用来连接访问点到多个子网，但需要以太网连接具有可管理的交换端口。这种情况中的交换机需要进行配置，以在单一端口上支持多个 VLAN。

（4）交换 WLAN。其为一种大型 WLAN，是无线联网最新的进展，简化的接入点通过几个中心化的无线控制器进行控制。这种接入点具有简单的设计，用来简化复杂的操作系统，而且更复杂的逻辑被嵌入在无线控制器中。接入点通常没有物理连接到无线控制器，但是它们通过无线控制器逻辑上实现了交换和路由。要支持多个 VLAN，数据以某种形式被封装在隧道中，所以即使设备处在不同的子网中，但从接入点到无线控制器有一个直接的逻辑连接。从管理的角度来看，管理员只需要管理可以轮流控制数百接入点的 WLAN 控制器。这些接入点可以使用某些自定义的 DHCP（dynamic host configuration protocol，动态主机配置协议）属性以判断无线控制器在哪里，并且自动连接到它成为控制器的一个扩充。这极大地改善了交换 WLAN 的可伸缩性，因为额外接入点本质上是即插即用的。交换 WLAN 的另一个好处是低延迟漫游，允许 VoIP 和 Citrix 这样的对延迟敏感的应用。切换时间会发生在通常不明显的大约 50 ms 内。交换 WLAN 的主要缺点是无线控制器的附加费用导致了额外成本。但是在大型 WLAN 配置中，这些附加成本很容易被易管理性抵消。

2. WLAN 的应用

WLAN 的实现协议中，最为著名也是应用最为广泛的当属 Wi-Fi 技术。Wi-Fi 为用户屏蔽了各种终端之间的差异性，能够将各种终端使用无线进行互联。在实际应用中，WLAN 的接入方式很简单，以家庭 WLAN 为例，只需一个无线接入设备——路由器，以及一个具备无线功能的计算机或终端（手机或平板电脑），没有无线功能的计算机只需外插一个无线网卡即可。具体操作如下：使用路由器将在接收范围的无线网络或有线网络接入家庭，按照网络服务商提供的说明书进行路由配置，配置好后在家中覆盖范围内（大概为 20~50 m）放置接收终端，打开终端的无线功能，输入服务商给定的用户名和密码即可接入 WLAN。

WLAN 的典型应用场景如下：①大楼之间。大楼之间建构网络的连接，取代专线，简单又便宜。②餐饮及零售。直接从餐桌即可输入并传送客人点菜内容至厨房、柜台。零售商促销时，可使用 WLAN 产品设置临时收银柜台。③医疗。使用附 WLAN 产品的手提式计算机取得实时信息，医护人员可借此避免对伤患救治的迟延、不必要的纸上作业、单据循环的迟延及误诊等，从而提升对伤患照顾的品质。④企业。企业内员工使用 WLAN 产品，就能随意地发送电子邮件、分享档案及上网浏览。⑤仓储管理。一般仓储人员的盘点事宜，通过无线网络的应用，能立即将最新的资料输入计算机仓储系统。⑥货柜集散场。一般货柜集散场的桥式起重车，可于调动货柜时将实时信息传回 Office 系统，以利于相关作业进行。⑦监视系统。位于远方且需受监控的现场，由于布线困难，可借由无线网络将远方的影像传回主控站。⑧展示会场。诸如一般的电子展、计算机展，由于网络需求极高，而布线会让会场显得凌乱，若能使用无线网络，则是再好不过的选择。

3. WLAN 的优缺点

WLAN 的优点表现在以下几个方面。

（1）灵活性和移动性。网络设备的安放位置不受网络位置的限制，在无线信号覆盖区域内的任何一个位置都可以接入网络。WLAN 的用户可以移动且能同时与网络保持连接。

（2）安装便捷。一般只要安装一个或多个接入点设备，就可建立覆盖整个区域的局域网络。

（3）易于进行网络规划和调整。对于有线网络来说，办公地点或网络拓扑的改变通常意味着重新建网。WLAN 可以避免或减少以上情况的发生。

（4）故障定位容易。有线网络一旦出现物理故障，尤其是由线路连接不良造成的网络中断，往往很难查明，而且检修线路需要付出很大代价。无线网络则很容易定位故障，只需更换故障设备即可恢复网络连接。

（5）易于扩展。WLAN 有多种配置方式，可以很快从只有几个用户的小型局域网扩展到上千用户的大型网络，并且能够提供节点间"漫游"等有线网络无法实现的特性。

WLAN 在能够给网络用户带来便捷和实用的同时，也存在着一些缺陷。首先，WLAN是依靠无线电波进行传输的，建筑物、车辆、树木和其他障碍物都可能阻碍电磁波的传输，所以会影响网络的性能。其次，无线信道的传输速率与有线信道相比要低得多，只适合个人终端和小规模网络应用。最后，无线电波不要求建立物理连接通道，无线信号是发散的，从理论上讲，通信信息很容易被监听，造成信息泄露。

4.3 感测控制技术

自动识别技术指的是数据自动识读、自动输入计算机的处理技术。空间信息技术中，GIS（geographic information system，地理信息系统）是以地理空间数据库为基础，提供信息采集、存储、管理、分析和描述功能的系统；GNSS（global navigation satellite system，全球导航卫星系统）是利用通信卫星对静态、动态对象动态空间信息提供获取、传输功能的系统。无线感测网络（wireless sensor network）或译无线感知网络、无线传感器网络，是由许多在空间中分布的自动装置组成的一种无线通信计算机网络，这些装置使用传感器协作监控不同位置的物理或环境状况。M2M 是一种以机器终端智能交互为核心的、网络化的应用与服务，其通过在机器内部嵌入无线通信模块，以无线通信等为接入手段，以满足客户在监控、指挥调度、数据采集和测量等方面的信息化需求。

4.3.1 自动识别技术

1. 概述

自动识别技术是以计算机技术和通信技术的发展为基础的综合性科学技术，是信息数据自动识读、自动输入计算机的重要方法和手段。自动识别技术解决了信息处理中数据输入速度慢、错误率高等造成的"瓶颈"难题。自动识别技术归纳如下几类。

（1）光学字符识别（optical character recognition，OCR）技术。该技术已有 30 多年的历史，近些年又出现了图像字符识别（image character recognition，ICR）和智能字符识别（intelligent character recognition，ICR）。实际上这三种自动识别技术的基本原理大致相同。OCR 有三个重要的应用领域：办公自动化中的文本输入、邮件自动处理、与自动获取文本过程相关的其他领域。

（2）磁条（卡）技术。磁条（卡）技术应用了物理学和磁力学的基本原理。磁条就是把一层薄薄的由定向排列的铁性氧化粒子组成的材料（也称为涂料），用树脂黏合在一起，并粘在诸如纸或塑料这样的非磁性基片上。该技术在信用卡、银行卡、机票、公共汽车票、自动售货卡、会员卡、现金卡（如电话磁卡）等很多领域得到广泛应用。

（3）RFID 技术。RFID 技术的基本原理是电磁理论。射频系统的优点是不局限于视线，识别距离比光学系统远，适用于物料跟踪、运载工具和货架识别等要求非接触数据采集和交换的场合。

（4）生物识别技术。生物识别技术是指通过计算机利用人类自身生理或行为特征进行身份认定的一种技术，如指纹识别、虹膜识别和头像识别技术等。所有的生物识别过程大多具有四个步骤，即原始数据获取、抽取特征、比较和匹配。生物特征识别技术适用于几乎所有需要进行安全性防范的场合，遍及诸多领域，在包括金融证券、IT、安全、公安、教育、海关等行业的许多应用中都具有广阔的前景。

（5）视觉识别技术。它能获取视觉图像，而且通过一个特征抽取和分析的过程，能自动识别限定的标志、字符、编码结构，或可确切识别呈现在图像内的其他基础特征，如车牌号、车型识别系统。

（6）声音识别技术。声音识别技术的迅速发展以及高效可靠的应用软件的开发，使声音识别系统在很多方面得到了应用。这种系统可以用声音指令和应用特定短句实现"不用手"的数据采集，其最大特点就是不用手和眼睛，但比较容易受到噪声的干扰。

（7）智能卡（smart card）。其原理是将具有处理能力和具有安全可靠、加密存储功能的集成电路芯片嵌装在一个与信用卡一样大的"集成电路卡"上。智能卡与计算机系统相结合，可以方便地满足对各种各样信息的采集、传送、加密和管理的需要。可应用于银行、公路收费、水和煤气收费、海关车辆检查（使用射频卡，车辆通过时即已读写完毕）等领域。

（8）便携式数据终端（portable data terminal，PDT）和射频/数据通信（radio frequency/data communication，RF/DC）。其工作原理是 PDT 可把那些采集到的有用数据存储起来或传送至一个管理信息系统。把它与适当的扫描器相连，可有效地应用于许多自动识别系统中。

2. 条码技术

当今的信息自动化管理系统要求高速、准确地对处理信息进行采集。要及时捕捉作为信息源的各种信息，迫切要求建立一种自动识别及数据自动录入的手段。用条码对处理对象信息进行标识是最有效的方法。

1）条码的产生和发展

美国标准码委员会于 1972 年做出决定，将 IBM 公司（International Business Machines Corporation，国际商业机器公司）推荐的通用产品条码（universal product code，UPC）作为统一的商品标识码，从而使商品有了统一的识别标准。

1977 年，欧洲成立了欧洲物品编码协会（European Article Numbering Association），并在 UPC 的基础上开发出了欧洲物品编码（European Article Number，EAN）。1981 年欧洲物品编码协会更名为国际物品编码协会（International Article Numbering Association，IAN）。2002 年 11 月 26 日，IAN 正式接纳美国统一编码委员会（Uniform Code Council，UCC）成为 IAN 的会员。我国于 20 世纪 90 年代也陆续推出了与国际标准相兼容的《通用商品条码》和《商品条码》等条码标准。

2）条码的概念

我们在对项目进行标识时，首先要根据一定的编码规则为其分配一个代码，然后再用相应的条码符号将其表示出来。代码是用来表征客观事物的一个或一组有序的符号。

在一个信息分类编码标准中，一个代码只能唯一地标识一个分类对象，而一个分类对象只能有唯一的代码，比如，按国家标准《人的性别代码》的规定，代码"1"表示男性，代码"2"表示女性。图 4-18 中的阿拉伯数字 6920152461020 即是某物品的商品标识代码，而在其上方由条和空组成的条码符号则是该代码的符号表示。

图 4-18　条码符号结构

用于标识项目信息的条码，则是由一组规则排列的条、空及其对应字符组成。条是指对光线反射率较低的部分；空是指对光线反射率较高的部分，这些条和空组成的数据能够用特定的设备识读，并转换成与计算机兼容的二进制和十进制信息。

通常任何物品都具有唯一的编码，对于普通的一维条码来说，还要建立数据库与商品条码信息的对应关系，当条码的数据传到计算机中时，由计算机上的相应应用程序对数据进行存储、查询、显示等操作。

3）条码符号结构

一个完整的条码的组成次序依次为：两侧静区、起始符、数据符、分隔符（主要用于 EAN 码）、校验符、终止符，如图 4-18 所示。

静区是指条码左右两端外侧与空的反射率相同的限定区域，它能使阅读器进入准备阅读的状态，当两个条码相距距离较近时，静区则有助于对它们加以区分，静区的宽度通常应不小于 6 mm（或 10 倍模块宽度）。

起始符、终止符是指位于条码开始和结束的若干条与空，标志条码的开始和结束，同时提供了码制识别信息和阅读方向的信息。

数据符是指位于条码中间的条、空结构，它包含条码所表达的特定信息。构成条码的基本单位是模块，模块是指条码中最窄的条或空，模块的宽度通常以 mm 或 mil（1 mil=25.4 × 10^{-6}m）为单位。构成条码的一个条或空称为一个单元，一个单元包含的模块数是由编码方式决定的，有些码制中，如 EAN 码，所有单元由一个或多个模块组成；而另一些码制，如三九码中，所有单元只有两种宽度，即宽单元和窄单元，其中的窄单元即为一个模块。

4）条码的编码方法及其优势

条码技术涉及了两种类型的编码方式：一种是代码的编码方式；另一种是条码符号的编码方式。代码的编码规则规定了由数字、字母或其他字符组成的代码序列的结构，而条码符号的编制规则规定了不同码制中条、空的编制规则及其二进制的逻辑表示设置。表示数字及字符的条码符号是按照编码规则组合排列的，故各种码制的条码编码规则一旦确定，我们就可将代码转换成条码符号。条码是利用"条"和"空"构成二进制的"0"

和 "1"，并以它们的组合来表示某个数字或字符，反映某种信息的。

条码技术属于自动识别范畴。从系统看，条码技术涉及编码技术、光传感技术、条码印刷技术以及计算机识别应用技术。与其他自动识别技术相比，条码技术具有如下优点：①信息采集速度快（条码扫描录入的速度是键盘录入的 20 倍）；②可靠准确（条码输入平均每 15 000 个字符出现一个错误）；③易于制作（标签制作对印刷技术设备和材料无特殊要求）；④自由度大（同一条码上所表示的信息完全相同并且连续，这样即使是标签有部分缺欠，仍可以从正常部分输入正确的信息）；⑤灵活、实用（可以单独使用，也可以和有关设备组成识别系统实现自动化识别，也可实现手工键盘输入）；⑥设备结构简单、投资小。

5）二维条码

随着条码技术应用领域的不断扩展，传统的一维条码渐渐表现出了它的局限。首先，使用一维条码，必须通过连接数据库的方式提取信息才能明确条码所表达的信息含义，因此，在没有数据库或者不便联网的地方，一维条码的使用就受到了限制；其次，一维条码表达的只能是字母和数字，而不能表达汉字和图像，在一些需要应用汉字的场合，一维条码便不能很好地满足要求；最后，在某些场合下，大信息容量的一维条码通常受到标签尺寸的限制，也给产品的包装和印刷带来了不便。

二维条码的诞生解决了一维条码不能解决的问题，它能够在横向和纵向两个方位同时表达信息，不仅能在很小的面积内表达大量的信息，而且能够表达汉字和存储图像。二维条码的出现拓展了条码的应用领域，被许多不同的行业所采用。

二维条码是用某种特定的几何图形按一定规律在平面（二维方向上）分布的黑白相间的图形记录数据符号信息的一种条码技术。简单地说，在水平和垂直方向的二维空间存储信息的条码，称为二维条码。

二维条码具有高密度（其密度是一维条码的几十倍到几百倍），具有纠错功能（由穿孔、污损等引起局部损坏时，仍然可以正确得到识读），可以表示多种语言文字（具有字节表示模式，为多种语言文字，如汉字、日文等条码表示提供了途径），可表示图像数据（图像多以字节形式存储，因此使图像，如照片、指纹等的条码表示成为可能），可引入加密机制（先将图像信息加密，然后再用二维条码表示，防止各种证件、卡片等的伪造）等特点。

二维条码的出现拓展了条码的应用领域，被许多不同的行业采用。如今在便利店、广告牌、街头等，只要留心，可随处在广告中发现有方形花纹图案的东西，它就是二维条码（图 4-19）。如果发现这样的条码图案可以立即拿出手机（手机需带有条码扫描功能）拍下来，只需几秒的时间就能得到广告信息的资料、电子交易信息以及二维条码凭证等。在国内，许多商家为抓取商机，已自主研发出了软件系统。例如，在运输行业，将二维条码打印在发货单据上，在运输业务的各个环节使用二维条码阅读器扫描条码，信息便可录入计算机管理系统中，既快速又准确。又如，其还可用于资产跟踪，工厂可以采用二维条码跟踪生产设备，医院和诊所也可以采用二维条码标签跟踪设备、计算机及手术器械。再如，通过应用场所二维条码和个人二维条码，可以方便跟踪城市流动人员信息。

图 4-19　某经销商二维条码

3. 条码识读技术

条码的阅读与识别涉及光学、电子学、数据处理等多学科技术。条码阅读器是用于读取条码所包含的信息的设备，条码阅读器的结构通常为以下几部分：光源、接收装置、光电转换部件、译码电路、计算机接口。它们的基本工作原理为：由光源发出的光线经过光学系统照射到条码符号上面，被反射回来的光经过光学系统成像在光电转换器上，使之产生电信号，信号经过电路放大后产生模拟电压，它与照射到条码符号上被反射回来的光成正比，再经过滤波、整形，形成与模拟信号对应的方波信号，通过建立某种算法，并利用这一算法对已经获取的电脉冲信号进行译解，解释为计算机可以直接接收的数字信号。

普通的条码阅读器通常采用以下三种技术：光笔、CCD（charge-coupled device，电荷耦合器件）、激光，它们都有各自的优缺点，没有一种阅读器能够在所有方面都具有优势。下面讨论几种阅读器的工作原理。

（1）光笔条码扫描器。光笔属于接触式、固定光束扫描器。在光笔内部有扫描光束发生器及反射光接收器。光笔类条码扫描器在阅读条码信息时，要求扫描器与待识读的条码接触或离开一个极短的距离（一般仅为 $0.2 \sim 1$ mm），才能达到读取数据的目的。因此，在使用过程中对条码有一定的破坏性，目前已逐渐被 CCD 所取代。

（2）手持式条码扫描器。手持式条码扫描器［图 4-20（a）］内一般都装有控制扫描光束的自动扫描装置。阅读条码时不需与条码符号接触，因此，对条码标签没有损伤。扫描头与条码标签的距离短的为 $0 \sim 20$ mm，而长的可达到 500 mm 左右。枪型条码扫描器具有扫描光点匀速、扫描速度快的优点，每秒可对同一标签的内容扫描几十次至上百次。

（3）台式条码自动扫描器。台式条码自动扫描器［图 4-20（b）］适合于不便使用手持式扫描方式阅读条码信息的场合，也可以安装在生产流水线传送带旁的某一固定位置，等待标附有条码标签的待测物体以平稳、缓慢的速度进入扫描范围，对自动化生产流水线进行控制。

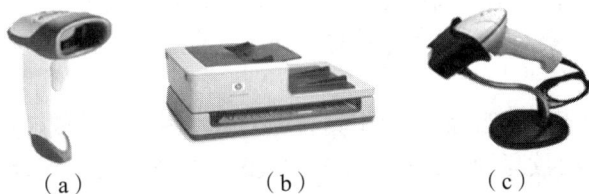

（a）　　　　　（b）　　　　　（c）

图 4-20　各式扫描器

（4）激光自动扫描器。激光自动扫描器［图4-20（c）］的最大优点是扫描光照强，可以远距离扫描且扫描景深长。激光扫描器的扫描速度快，有的产品扫描速度可以达到1200次/s，它可以在百分之一秒时间内对某一条码标签扫描阅读多次，而且可以做到每一次扫描不重复上一次扫描的轨迹。扫描器内部光学系统可以单束光转变成十字光或米字光，从而保证被测条码从不同角度进入扫描范围时都可以被识读。

（5）卡式条码阅读器。卡式条码阅读器可以用于医院病案管理、身份验证、考勤和生产管理等领域。这种阅读器内部的机械结构能保证标有条形代码的卡式证件或文件在插入滑槽后自动沿轨道做直线运动，在卡片前进过程中，扫描光点将条码信息读入。卡式条码阅读器一般都具有与计算机传送数据的能力，同时具有声光提示以证明识别正确与否。

（6）便携式条码阅读器。便携式条码阅读器（图 4-21）一般配接光笔式或轻便的枪型条码扫描器，有的也配接激光扫描器。便携式条码阅读器本身就是一台专用计算机（或通用 PC）。阅读器本身具有对条码信号的译解能力。条码译解后，可直接存入机器内存或机内磁带存储器的磁带中。阅读器具有与计算机主机通信的能力。它自身带有显示屏、键盘、条码识别结果声响指示及用户编程功能。阅读器可以与计算机主机分别安装在两个地点，通过线路连成网络，也可以脱机使用，利用电池供电。这种设备特别适用于流动性数据采集环境。

图 4-21　便携式条码阅读器

4. RFID 技术

RFID 技术的基本原理是电磁理论。它利用无线电波对记录媒体进行读写，RFID 的优点是不局限于视线，识别距离比光学系统远，其识别距离可达几十厘米至几米，且根据读写的方式，可以输入数千字节的信息，同时具有可携带大量数据、难以伪造和具有智能性等特点。

RFID 技术适用于物料跟踪、运载工具和货架识别等要求非接触数据采集和交换的场合，RFID 标签具有可读写能力，对于需要频繁改变数据内容的场合尤为适用。

1）系统构成

从系统的工作原理来看，RFID 系统一般都由标签、阅读器、编程器、天线几部分组成。图 4-22 为 RFID 系统结构图。

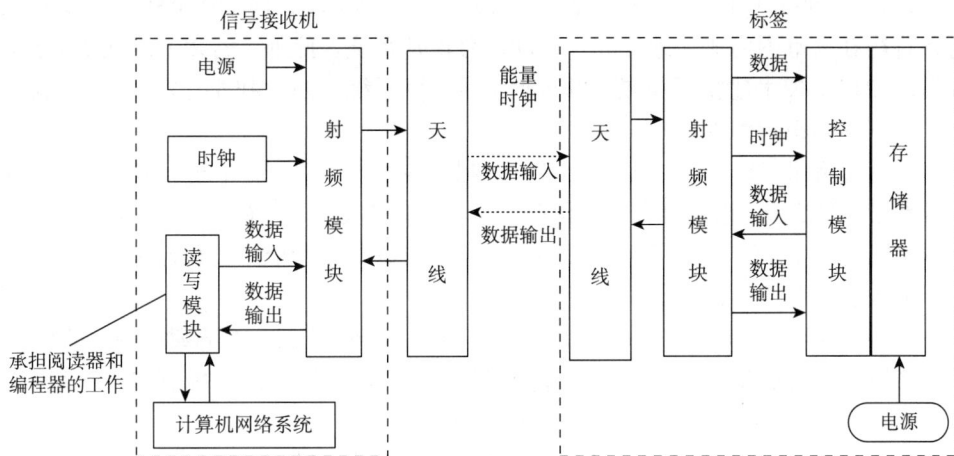

图 4-22　RFID 系统结构图

（1）标签。在 RFID 系统中，信号发射机为了不同的应用目的，会以不同的形式存在，典型的形式是标签（tag）。标签相当于条码技术中的条码符号，用来存储需要识别传输的信息，另外，与条码不同的是，标签必须能够自动或在外力的作用下，把存储的信息主动发射出去。标签一般是带有线圈、天线、存储器与控制系统的低电集成电路。标签中除了存储需要传输的信息外，还含有一定的附加信息，如错误校验信息等。

（2）阅读器。在 RFID 系统中，信号接收机一般叫作阅读器。根据支持的标签类型不同与完成的功能不同，阅读器的复杂程度是显著不同的。阅读器基本的功能就是提供与标签进行数据传输的途径。另外，阅读器还提供相当复杂的信号状态控制、奇偶错误校验与更正功能等。阅读器通过接收到的附加信息来控制数据流的发送。

（3）编程器。只有可读可写标签系统才需要编程器。编程器是向标签写入数据的装置。编程器写入数据一般来说是离线完成的，也就是预先在标签中写入数据，等到开始应用时直接把标签黏附在被标识项目上。也有一些 RFID 应用系统，写数据是在线完成的，尤其是在生产环境中作为交互式便携数据文件来处理时。

（4）天线。天线是标签与阅读器之间传输数据的发射、接收装置。系统功率、天线的形状和相对位置影响数据的发射和接收，此外，还需要专业人员对系统的天线进行设计、安装。

2）RFID 技术的应用

（1）电子物品监视（electronic article surveillance，EAS）。很多货物运输需准确地知道它的位置，像运钞车、危险品等，沿线安装的 RFID 设备可跟踪运输的全过程，有些还结合 GNSS 实施对物品的有效跟踪。RFID 技术用于商店，可防止某些贵重物品被盗，如 EAS 系统是一种设置在需要控制物品出入的门口的 RFID 技术，这种技术的典型应用场合是商店、数据中心等，当未被授权的人从这些地方非法取走物品时，EAS 系统会发出警告。

（2）定位系统。实现车号的自动识别是铁路人一直以来的梦想，RFID 技术的问世，很快受到铁路部门重视。北美铁道协会于 1992 年初批准了采用 RFID 技术的车号自动识别标准，截至 1995 年 12 月，三年时间在北美 150 万辆货车、14 110 个地点安装了 RFID 装置，首次在大范围内成功地建立了自动车号识别系统。此外，丹麦、瑞典等欧洲国家也先后以 RFID 技术建立了局域性的自动车号识别系统，澳大利亚开发了自动识别系统用于矿山车辆的识别和管理。

（3）非接触识别卡。当今各种交易大多利用各种卡完成，即非现金结算，如电话卡、会员收费卡、储蓄卡、地铁及汽车月票等。以前此类卡大都采用磁卡或 IC 卡，由于磁卡、IC 卡采用接触式识读，在抗机械磨损及外界强电、磁场干扰能力方面较差，磁卡易伪造等，目前大有被非接触识别卡所替代的势头。

（4）生产线的自动化及过程控制。RFID 技术用于生产线实现自动控制，监控质量，改进生产方式，提高生产率。例如，德国宝马公司在汽车装配线上配有 RFID 系统，以保证汽车在流水线各位置毫不出错地完成装配任务。

（5）网络监控。在网络监控系统中，RFID 阅读器分散布置在给定的区域，并且阅读器直接与物流管理信息系统相连，信号发射机一般安装在移动的物体和人的上面。当物体、人流经阅读器时，阅读器会自动扫描标签上的信息并把数据信息输入数据管理信息系统存储、分析、处理，以达到控制物流的目的。

（6）高速公路收费及智能交通系统（intelligent traffic system，ITS）。高速公路自动收费系统充分体现了非接触识别优势。在车辆通过收费站的同时自动完成缴费，解决交通瓶颈问题，避免拥堵，同时也防止了现金结算中贪污路费等问题。

（7）动物的跟踪及管理。RFID 技术可用于动物跟踪，研究动物生活习性，如新加坡利用 RFID 技术研究鱼的洄游特性等。RFID 技术还用于标识牲畜，提供了现代化管理牧场的手段，还有将 RFID 技术用于信鸽比赛、赛马识别等，以准确测定到达时间。

5. 产品电子标签技术

在物流业中，条码技术已成为全球最通用的标准之一。但是条码仍然存在一些无法克服的缺点，如它只能识别一类产品而无法识别某一单个产品。而在现代物流中，实现对产品的唯一识别，并追踪供应链上的每一件单品是非常重要的。这类市场需求引发了更现代化的产品标识和跟踪方案的研发，产品电子代码（electronic product code，EPC）技术应运而生。

EPC 技术通过赋予每一个单品唯一的 EPC 码，从而实现对单品的唯一标识。EPC 技术是条码技术的有益补充，也是全球统一标识系统的重要组成部分。EPC 技术能够进一步提高供应链的管理水平、降低成本，可以实现对所有实体对象（包括零售商品、物流单元、集装箱、货运包装等）的标识、跟踪。

EPC 技术像许多目前正在商业中使用的编码系统一样，用不同组的数字来标识厂商和产品类型。但是，它还使用另一组数字——序列号来标识各个单独的商品。EPC 作为关键字，可以用来在 EPCglobal 网络中查找它所标识的商品的信息。

一个 EPC 包含：①代码头部，标识 EPC 的长度、类型、结构、版本和产生；②管理编码，标识公司或公司实体；③物品类别，类似于股票编号；④序列号，该类物品中每个特定物品的标签。其他的数字域可用来将来自不同的编码系统的信息编码和解码成它们的可读的形式。

　　EPC 的意义不仅仅在于打破目前诸如有些地方货物积压和有些地方货物短缺等物品信息不对称的瓶颈，更将对全球经济一体化运作和发展起到至关重要的作用，使世界范围内的物品调配更科学合理，运转更顺畅、快速。它将带来一种全新的商业模式和理念。

4.3.2　空间信息技术

1. GIS

1）GIS 基本概念

　　GIS 是集计算机科学、地理地质学、测绘科学、环境科学、空间科学、信息科学和管理科学等为一体的多学科结合的新兴边缘科学。它是融合计算机图形和数据库于一体，用来存储和处理空间信息的高新技术，它把地理位置和相关属性有机地结合起来，根据用户的需求将空间信息及属性信息准确真实、图文并茂地输出给用户，满足城市建设、企业管理、居民生活对空间信息的要求，借助其独有的空间分析功能和可视化表达功能，进行各种辅助决策。

　　截至目前 GIS 没有统一的定义。这里把它定义为：GIS 是在计算机硬件、软件系统的支持下，以地理空间数据库为基础，采集、存储、管理、分析和描述整个或部分地球表面与空间和地理分布有关的数据，为地理研究和地理决策服务的空间信息系统。

　　计算机网络技术使地理信息的传输时效得到了极大的提高，它的应用从基础信息管理与规划转向更复杂的实际应用，成为辅助决策的工具，并促进了地理信息产业的形成。市场上有报价的软件多达上千种，并且涌现出了 ArcGIS、Mapinfo、MapGIS、Citystar、SuperMap 等一些有代表性的 GIS 软件。

2）GIS 的基本构成

　　GIS 的应用系统由硬件、软件、地理数据、系统的组织管理者和模型五个主要部分构成。

　　（1）硬件。GIS 系统的硬件系统一般由计算机与一些外围设备组成，如图 4-23 所示。计算机是 GIS 硬件系统的核心，用作数据和信息的处理、加工与分析。外围设备包括数据的采集设备，如数字化仪、扫描仪、解析测绘仪、测绘仪器以及光笔和手写笔等。数字化仪用来将地图转换成数字形式（矢量格式），扫描仪用来扫描输入栅格数据，或再经计算机矢量化处理后成为数字形式。解析测绘仪可从遥感影像上采集空间数据。数据可以通过以上这些外围设备以计算机联机方式输入，也可由数字测图部门直接提供。GIS 的输出和存储设备也是标准的计算机外围设备。输出设备有喷墨绘图仪、喷墨打印机、激光打印机等，存储空间地理数据的存储设备有光盘刻录机、磁带机、光盘机、活动硬盘等。

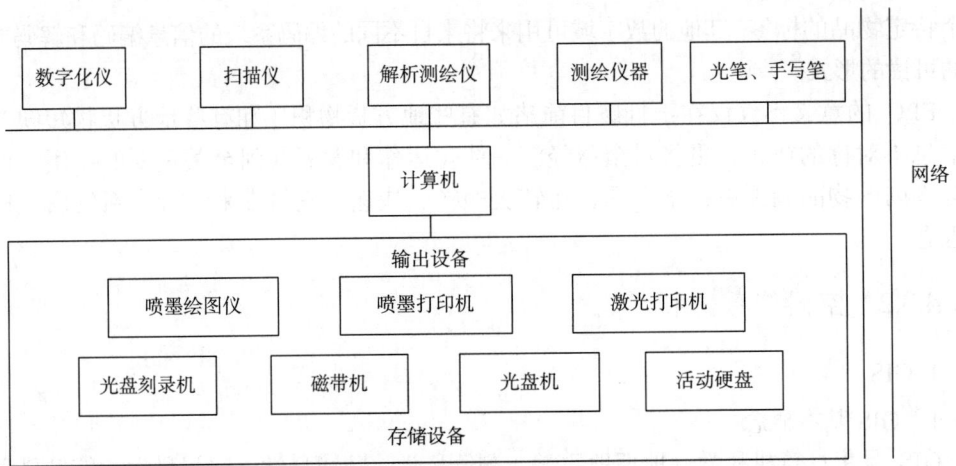

图 4-23 GIS 的硬件组成

（2）软件。按照 GIS 对数据的采集、加工、管理、分析和表达，可将 GIS 软件系统中与用户有关的软件分为五大了系统，即数据输入与转换、图形及文本编辑、数据存储与管理、空间查询与分析及数据输出与表达。

（3）地理数据。GIS 必须建立在准确使用地理空间数据的基础上，数据来自室内地图数字化，外业采集、遥感图像解析或从其他数据转换。地理数据类型可分为空间数据和属性数据，并与关系型数据库相互连接。

（4）系统的组织管理者。GIS 应用的关键是掌握实施 GIS 来解决现实问题的人员的素质，包括从事 GIS 系统和应用系统开发的专业人员，也包括采用 GIS 完成日常工作的最终用户。

（5）模型。GIS 专业模型和经验是 GIS 系统应用成败的至关重要的影响因素。它是在对专业领域的具体对象与过程进行大量研究的基础上总结出的规律的表示。

3）GIS 功能和原理

大多数商用 GIS 软件包都提供了如下功能：数据的获取、数据的存储、数据的查询与分析以及图形的显示与交互等。

GIS 的原理是借助空间模型和地理参考系，进行矢量和栅格数据结构定位。GIS 空间模型是将现实世界抽象为相互联结不同特征的层面（layer）的组合，这一简单实用的概念提供了解决各种纷繁复杂难题的捷径。GIS 地理参考系主要有经纬度坐标以及相对位置信息，包括地址、编码、统计调查值等，这些空间数据可有效帮助用户在地球表面任意空间定位。GIS 数据包括矢量和栅格两种基本模式。矢量数据以点、线、面方式编码，并以（x, y）坐标串储存管理，是表现离散空间特征的最佳方式；栅格数据（扫描图像或照片）是通过一系列网格单元表达连续地理特征的。GIS 软件中矢量、栅格数据结合使用，取长补短。

从系统的角度看，在未来的几十年内，GIS 将向着数据标准化、数据多维化、系统集成化、系统智能化、平台网络化［如 WebGIS（万维网地理信息系统）］和应用社会化（如数字地球）的方向发展。

　　4）GIS 的数据组织与管理

　　（1）GIS 空间数据建模。数据建模是指把现实世界的数据组织转为有用的且能反映真实信息的数据集的过程。根据一定的方案建立的数据逻辑组织方式叫作数据模型。GIS 中常用的数据组织方式为矢量模型和栅格模型。在矢量模型中，用点、线、面表达世界；在栅格模型中，用空间单元或像元来表达世界。

　　（2）空间数据的组织方法。其主要有图形数据分层［按图形对象的属性、类型将它们划分为不同的集合（层），显示时叠置在同一界面上］和图形数据分幅（依据所在位置的不同将图形对象划分为不同的集合，其优点是将大数据量的图形数据分存于适当数量的文件中，可以平衡文件的大小，便于数据输入/输出与传输共享）。

　　（3）空间数据管理。包括以下四方面的内容。

　　第一，GIS 数据来源。GIS 数据来源可以分为图形数据源和属性数据源。图形数据源包括地图、测绘和遥感影像等；属性数据源包括统计数据、各种文字报告和立法文件、声音和图片等。

　　第二，GIS 数据采集。GIS 数据采集包括图形数据和属性数据采集。图形数据的采集实际上就是图形的数字化过程，通常可采用数字化仪采集或扫描仪输入这两种方法；属性数据是空间实体的特征数据，一般采用键盘输入。

　　第三，空间数据的编辑及处理。空间数据的编辑及处理包括空间点位不正确、变形，空间点位和线段的丢失和重复，线段过长或过短，面域不封闭，区域中心识别码的遗漏，节点代码和区域码不符合拓扑一致性，属性的错误分类，错误编码或误输入等处理。

　　第四，GIS 空间信息分析。GIS 空间信息分析有两种，一是叠置分析（overlay analysis），是将两层或多层地图要素进行叠加产生一个新要素层的操作，其结果是将原来要素分割生成新的要素，新要素综合了原来两层或多层要素具有的属性，生成了新的空间关系和属性关系。二是网络分析（network analysis），是运筹学模型中的一个基本模型，它的根本目的是研究、筹划一项网络工程如何安排，并使其运行效果最好。

　　（4）GIS 空间信息输出。目前，一般 GIS 软件都为用户提供图形、图像及属性数据报表输出方式。屏幕显示主要用于系统与用户交互时的快速显示，需以屏幕摄影方式做硬拷贝，可用于日常的空间信息管理和小型科研成果输出。矢量绘图仪制图用来绘制高精度的、比较正规的大图幅图形产品；喷墨打印机，特别是高品质的激光打印机已经成为当前 GIS 地图产品的主要输出设备。

　　5）GIS 应用

　　GIS 目前已成功地应用于资源管理、自动制图、设施管理、城市和区域的规划、人口和商业管理、交通运输、石油和天然气、教育、军事等九大类别的一百多个领域。在美国及其他发达国家，GIS 的应用遍及环境保护、资源保护、灾害预测、投资评价、城市规划建设、政府管理等众多领域。

　　我国 GIS 起步于 20 世纪 70 年代。从应用方面看，GIS 已在资源开发、环境保护、城市规划建设、土地管理、农作物调查与生产、交通、能源、通信、地图测绘、林业、房地产开发、自然灾害的监测与评估、金融、保险、石油与天然气、军事、犯罪分析、运输与导航、110 报警系统、公共汽车调度等方面得到了具体应用，到如今，GIS 和遥感联合科技攻关，强调 GIS 的实用化、集成化和工程化，为国民经济重大问题提供分析和决策依据。努力实现基础环境数据库的建设，推进国产软件系统的实用化、遥感和 GIS 技术一体化。现今，国内 GIS 的研究和应用正逐步形成行业，具备了走向产业化的条件。

2. GNSS

GNSS 的英文全称是 global navigation satellite system，即全球导航卫星系统，是能在地球表面或近地空间的任何地点为用户提供全天候的三维坐标和速度以及时间信息的空基无线电导航定位系统。它是利用卫星星座（通信卫星）、地面控制部分和信号接收机对对象进行动态定位的系统。GNSS 能对静态、动态对象进行动态空间信息的获取，快速、精度均匀、不受天气和时间的限制反馈空间信息。图 4-24 为 GNSS 的构成。

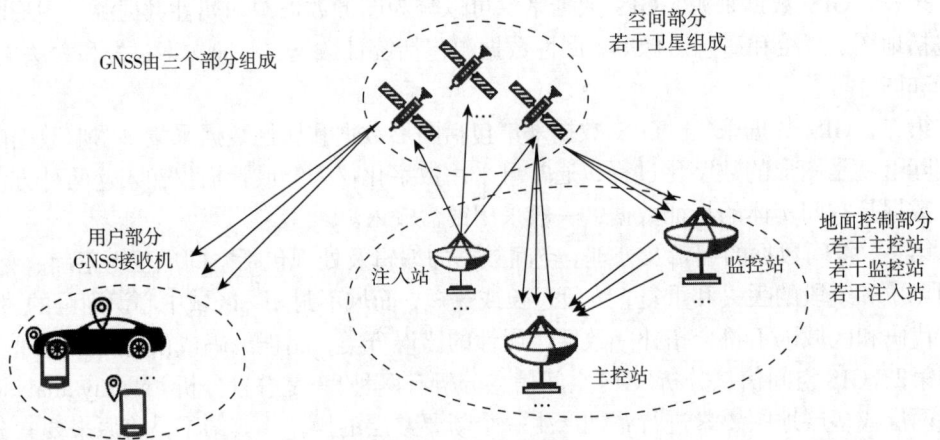

图 4-24　GNSS 的构成

1）GNSS 的构成

GNSS 包括以下三大部分：GNSS 卫星（空间部分）、地面支撑系统（地面控制部分）和 GNSS 接收机（用户部分）。

（1）GNSS 空间部分。以美国的 GPS（global positioning system，全球定位系统）为例，美国 GPS 由 21 颗工作卫星和 3 颗在轨备用卫星组成 GPS 卫星星座，记作（21+3）GPS 星座，卫星高度为 2×10^4 km，运行周期为 12h。24 颗卫星均匀分布在 6 个轨道平面上，轨道倾角为 55°，各个轨道平面之间相距 60°，即轨道的升交点赤经各相差 60°，每个轨道平面内各颗卫星之间的升交角距相差 90°。轨道平面的卫星数随着时间和地点的不同而不同，最少可见到 4 颗，最多可见到 11 颗。这样在全球任何地方、任何恶劣的气候条件下，都能为用户提供 24h 不间断的免费服务。

（2）GNSS 地面控制部分。对于导航定位来说，GNSS 卫星是一个动态已知点。卫星的位置是依据卫星发射的星历——描述卫星运动及其轨道的参数算得的。每颗 GNSS 卫星所播发的星历，是由地面监控系统提供的。卫星上的各种设备是否正常工作，以及卫星是否一直沿着预定轨道运行，都要由地面设备进行监测和控制。地面监控系统另一重要作用是保持各颗卫星处于同一时间标准——GNSS 时间系统。这就需要地面站监测各颗卫星的时间，求出钟差，然后由地面注入站发给卫星，卫星再由导航电文发给用户设备。监控站的主要任务是对每颗卫星进行观测，精确测定卫星在空间的位置，向主控站提供观测数据。每个监控站还配有 GNSS 接收机，对每颗卫星连续不断地进行观测，并采集与气象有关的数据。

（3）GNSS 接收机。GNSS 接收机是一种特制的无线电接收机，用来接收导航卫星发射的信号，并以此计算出定位数据。它能够捕获到按一定卫星高度截止角所选择的待测卫星的信号，并跟踪这些卫星的运行，对所接收到的 GNSS 信号进行变换、放大和处理，以便测量出 GNSS 信号从卫星到接收机天线的传播时间，解译出 GNSS 卫星所发送的导航电文，实时地计算出测站的三维位置，甚至三维速度和时间。接收机硬件和机内软件以及 GNSS 数据的后处理软件包，构成完整的 GNSS 用户设备。根据不同性质的用户和功能要求，要配置不同的 GNSS 接收机，其结构、尺寸、形状和价格也大相径庭。例如，航海和航空用的接收机，要具有与存有导航图等资料的存储卡相接的能力；测地用的接收机要求具有很高的精度，并能快速采集数据；军事上用的，要附加密码模块，并要求能高精度定位。

2）GNSS 的工作原理

简单地说，GNSS 的工作是利用了我们熟知的几何与物理上的一些基本原理。首先我们假定卫星的位置为已知，而我们又能准确测定我们所在地点 A 至卫星之间的距离，那么 A 点一定是位于以卫星为中心所测得距离为半径的圆球上。进一步，我们又测得点 A 至另一卫星的距离，则 A 点一定处在前后两个圆球相交的圆环上。我们还可测得与第三个卫星的距离，就可以确定 A 点只能是在三个圆球相交的两个点上。根据一些地理知识，可以很容易排除其中一个不合理的位置。当然也可以再测量 A 点至另一个卫星的距离，也能精确进行定位。

实现精确定位需要解决两个问题：①要确定卫星的准确位置。需要由监控站通过各种手段连续不断监测卫星的运行状态，适时发送控制指令，使卫星保持在正确的运行轨道。正确的运行轨迹被编成星历，注入卫星，且经由卫星发送给 GNSS 接收机。正确接收每个卫星的星历，就可确定卫星的准确位置。②要准确测定卫星至地球上我们所在地点的距离。我们知道：距离=时间×速度，并且电波传播的速度是 $30 \times 10^4 \text{km/s}$，只要知道卫星信号传到我们这里的时间，就能利用上述公式来求得距离。所以，问题就归结为测定信号传播的时间。而要准确测定信号传播时间，必须解决两方面的问题。一个是时间基准问题，就是说要有一个精确的时钟；另一个就是要解决测量的方法问题，限于篇幅，此处从略。

3）全球定位系统的现状

联合国全球卫星导航系统国际委员会已认定的 GNSS 共有四大系统，包括中国的北斗卫星导航系统（BeiDou Navigation Satellite System，BDS）、美国的 GPS、俄罗斯的格洛纳斯卫星导航系统（GLONASS）和欧洲的伽利略卫星导航系统（Galileo Satellite Navigation System）。下面简要介绍一下美国的 GPS 以及中国的北斗卫星导航系统。

（1）美国的 GPS 作为全球四大卫星导航系统之一，应用广泛，在全球占有重要地位。GPS 是由美国国防部的陆海空三军在 20 世纪 70 年代联合研制的新型卫星导航系统。

该系统是以卫星为基础的无线电导航定位系统,具有全能性(陆地、海洋、航空和航天)、全球性、全天候、连续性和实时性的导航定位和定时的功能,能为各类用户提供精密的三维坐标、速度和时间。GPS 的定位原理实质上就是测量学的空间测距定位,利用在平均 20 200 km 高空均匀分布在 6 个轨道上的 24 颗卫星,发射测距信号码和载波,用户通过接收机接收这些信号测量卫星到接收机的距离,通过一系列方程演算,便可知地面点位坐标。

美国的 GPS 全球覆盖率高达 98%。GPS 是全天候,不易受任何天气的影响,三维定点定速定时高精度,测站间无须进行通信,具有快速、省时、高效率的特点,应用广泛、多功能、可移动定位的系统。

(2)中国北斗卫星导航系统是中国自行研制的全球卫星导航系统,也是继 GPS、GLONASS 之后的第三个成熟的卫星导航系统。北斗卫星导航系统由空间段、地面段和用户段三部分组成,北斗卫星导航系统空间段由 5 颗静止轨道卫星和 30 颗非静止轨道卫星组成,包括 5 颗静止轨道卫星、27 颗中地球轨道卫星、3 颗倾斜同步轨道卫星。地面段由地面设置的主控站、注入站和监控站组成,主要功能是追踪及控制北斗导航卫星的运转、收集数据、计算导航信息、监视系统状态、调度卫星、修正与维护每颗卫星的各项参数数据等。用户段包括北斗系统用户终端以及与其他卫星导航系统兼容的终端,可以追踪北斗导航卫星,并实时地计算出接收机所在位置的坐标、移动速度及时间。接收机可分为袖珍式、背负式、车载、船载、机载等。

中国北斗卫星导航系统可在全球范围内全天候、全天时为各类用户提供高精度、高可靠的定位、导航、授时服务,并且具备短报文通信能力,已经初步具备区域导航、定位和授时能力,定位精度为 dm、cm 级别,测速精度 0.2m/s,授时精度 10ns(1ns=10^{-9}s)。2020 年 7 月 31 日上午,北斗三号全球卫星导航系统正式开通。北斗卫星导航系统的建设实践,实现了在区域快速形成服务能力、逐步扩展为全球服务的发展路径,丰富了世界卫星导航事业的发展模式。

4.3.3　无线感测网络技术

无线感测网络(wireless sensor network,WSN)近年来被广泛应用于环境监控、军事、医学及居家环境等领域,并越来越多地在移动商务和基于物联网的物流配送等方面得到应用。本节对 WSN 的机制及其相关应用简介如下。

1. WSN 简介

天花板安放烟雾侦测器在很多公共场所已极为常见,这种用于侦测火灾的装置其实就是一种典型的感测器。随着技术的发展,感测单元的功能也逐渐多样化,除了能感受到环境中的声音、光线、压力、电、磁、味、温度高低等变化外,还能通过无线传输技术将感测数据传送出去。由于目前已能生产出价格低廉、可携带、低耗电且具有简易运算功能的感测器装置,所以在布置时可以采用大量的感测器而形成一个 WSN。

1)WSN 的结构

WSN 节点的基本组成包括如下几个基本单元:传感单元(由传感器和 A/D 转换功

能模块组成)、处理单元(包括微处理系统、存储器、嵌入式操作系统等)、通信单元(由无线通信模块组成)及能量单元(图 4-25)。

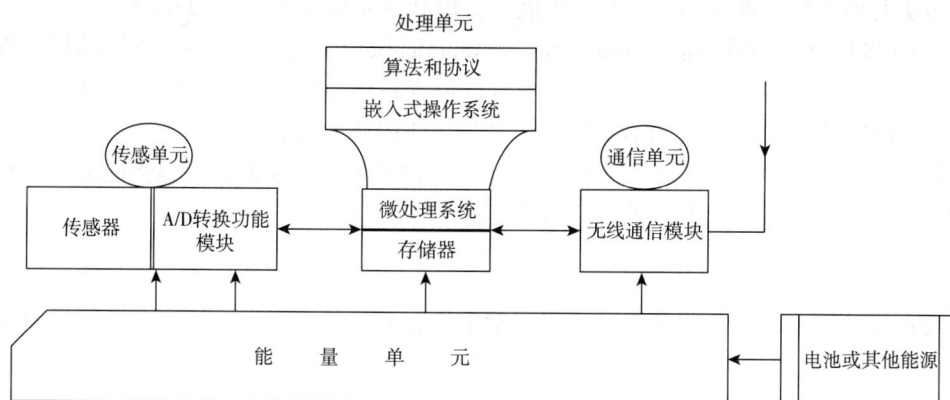

图 4-25　WSN 节点组成

按照分工的不同,传感器网络又可以细分为末梢节点层和接入层。末梢节点层由各种类型的采集和控制模块组成,如温度感应器、声音感应器、振动感应器、压力感应器、RFID 读写器、二维码识读器等,完成物联网应用的数据采集和设备控制功能。接入层由基站节点和接入网关组成,完成应用末梢各节点信息的组网控制和信息汇集,或完成向末梢节点下发信息的转发等功能。如果末梢节点需要上传数据,则将数据发送给基站节点,基站节点通过接入网关完成和承载网络的连接。而应用控制层需要下发控制数据时,由接入网关的基站节点将数据发送给末梢节点,实现信息转发和交互的功能。

2)WSN 特性

WSN 具有以下几种特性。

(1)无中心架构:WSN 上的每个节点地位平等,没有特定的处理中心节点负责此网络的运作,每个节点都可以随时加入或离开此网络。当有节点发生故障时,不会影响整个网络的运作。

(2)自我组织能力:WSN 的建立并不需要依赖任何的网络设定,各节点在开机后可通过分层协议及分布式算法自动地组成一个独立的网络。由于每个感测节点并不知道其他感测节点的位置,因此必须建立一套自我组织的协议,才能将收集的数据通过 WSN 传送到后端的用户。

(3)多层跳跃的数据交换:因每个感测器所能感测的范围有限,若某个节点要与范围以外的节点进行通信,需要通过一些中间节点的多层跳跃转达,也就是信号范围所及的节点可以直接传送,远距离的节点则靠中间的节点来传达信息。

(4)动态拓扑:WSN 是一个动态网络,每个网络节点都可随意移动或是随时开、关机,每一个感测节点也可能因环境的变化或敌人的破坏等因素而遭到毁坏,所以 WSN 的网络拓扑变化频率很高,这意味着网络拓扑结构会随时发生改变。

基于上述特性,一般有线网络的路由协议无法有效应用于 WSN 上。从现行 WSN 的路由协议来看,WSN 的路由方式大致可分为以下三种。

（1）点对点直接传输通信（direct communication）。

（2）群集式传输通信（clustering communication）。这种类型的网络架构可以减少数据在传送时所产生的能源消耗并具有扩展性，但缺点是网络架构较为复杂。

（3）多层跳跃传输通信（multi-hops communication）。每个在 WSN 里的感测器节点都可视为一个路由装置，各部分一起协力合作负责将感测信息封包转送到接收器节点。

但 WSN 在使用时会受到本身软硬件设备及使用环境的影响，在设计上也有许多因素需要考虑，包括感测器在硬件上的限制，WSN 的扩展性、实时性、容错能力，感测器的省电机制，感测器的成本，感测器的通信范围等。

2. WSN 的应用

在现实环境中，由于 WSN 结合了移动定位服务等技术，衍生出许多不同类型的感测网络应用。现就以下几种 WSN 的应用进行介绍。

（1）军事上的应用。每个士兵可在轻巧的手持装备上配备感测器，以了解目前战场的环境、战术与所在位置，并能将信息通过其他中间感测器传送给后端的指挥官，做战术整合。此外，也可以接收自卫星传来的指挥官指令等重要信息，大大提升战略上的灵活性。

（2）海洋探测上的应用。由于人类无法长时间待在海底下收集海洋的相关信息，因此可以将无线感测器大量地散布在海洋里，使其能针对海底环境进行侦测，如污染监控、航海辅助及灾难避免等应用，其架构如图 4-26 所示。先将海底感测器分成许多子群集，每个子群集里都有一个群集头节点（cluster head node）负责收集群集内所有海底感测器的数据，再将收集的信息统一通过群集头节点传送给水面上的站台或是船只，最后通过卫星将数据传送至陆地上的站台。

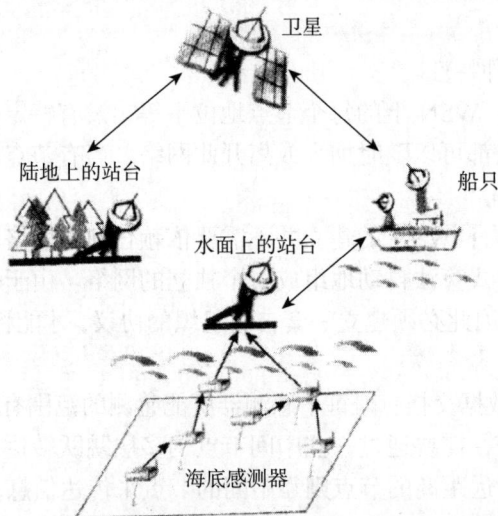

图 4-26　WSN 在海洋探测上的应用

（3）医疗服务上的应用。在病人身上装设感测器，一旦侦查到病人心跳停止或血压异常等状况，感测器就实时将感测到的信息传送给所在位置的节点接收器，再传送给后端的医护人员,并可结合移动定位服务以清楚地知道病患目前的所在位置,争取救护的时效。

4.3.4　M2M 技术

简单地说,M2M 是将数据从一台终端传送到另一台终端,也就是机器与机器(machine to machine)的对话。但从广义上讲,M2M 主要是指机器对机器、人对机器、机器对人、移动网络对机器之间的通信,它涵盖了所有在人、机器、系统之间建立通信连接的技术和手段。

1. M2M 协议基础

M2M 是一种以机器终端智能交互为核心的、网络化的应用与服务。它通过在机器内部嵌入无线通信模块,以无线通信等为接入手段,为客户提供综合的信息化解决方案,以满足客户在监控、指挥调度、数据采集和测量等方面的信息化需求。

通信网络技术的出现和发展,给社会生活面貌带来了极大的变化。人与人之间可以更加快捷地沟通,信息的交流更顺畅。不仅仅是计算机和其他一些 IT 类设备具备这种通信和网络能力,众多的普通机器设备也具备联网和通信能力,如家电、车辆、自动售货机、工厂设备等。M2M 技术的目标就是使所有机器设备都具备联网和通信能力,其核心理念就是网络一切(network everything)。

2. M2M 技术框架的构成

1)机器

实现 M2M 的第一步就是从机器或设备中获得数据,然后把它们通过网络发送出去。使机器具备"说话"(talk)能力的基本方法有两种:生产设备的时候嵌入 M2M 硬件;对已有机器进行改装,使其具备通信或联网能力。

2)M2M 硬件

M2M 硬件(M2M hardware)是使机器获得远程通信和联网能力的部件。现在的 M2M 硬件产品可分为五种。

(1)嵌入式硬件:嵌入机器里面,使其具备网络通信能力。常见的产品是支持 GSM/GPRS 或 CDMA 无线移动通信网络的无线嵌入数据模块。

(2)可组装硬件:在 M2M 的工业应用中,厂商拥有大量不具备 M2M 通信和联网能力的设备仪器,可组装硬件就是为满足这些机器的网络通信能力而设计的。实现形式也各不相同,包括:从传感器收集数据的 I/O(input/output,输入/输出)设备;完成协议转换功能,将数据发送到通信网络的连接终端(connectivity terminal);有些 M2M 硬件还具备回控功能。

(3)调制解调器:上面提到嵌入式模块将数据传送到移动通信网络上时,起的就是调制解调器的作用。如果要将数据通过公用电话网络或者以太网送出,分别需要相应的调制解调器。

(4)传感器:传感器可分成普通传感器和智能传感器两种。智能传感器(smart sensor)是指具有感知能力、计算能力和通信能力的微型传感器。由智能传感器组成的传感器网络（sensor network）是 M2M 技术的重要组成部分。一组具备通信能力的智能传感器以自组网模式构成无线网络，协作感知、采集和处理网络覆盖的地理区域中感知对象的信息，并发布给观察者，也可以通过 GSM 网络或卫星通信网络将信息传给远方的 IT 系统。

（5）识别标识：识别标识如同每台机器、每个商品的"身份证"，使机器之间可以相互识别和区分。常用的技术如条形码技术、RFID 技术等。

3）通信网络

通信网络（communication network）在整个 M2M 技术框架中处于核心地位，包括：广域网（无线移动通信网络、卫星通信网络、Internet、公众电话网）、局域网（以太网、WLAN）、个域网（蓝牙、紫蜂、红外线通信）。

在 M2M 技术框架中的通信网络中，有两个主要参与者，即网络运营商和网络集成商。尤其是移动通信网络运营商，在推动 M2M 技术应用方面起着至关重要的作用，它们是 M2M 技术应用的主要推动者。

4）中间件

中间件（middleware）包括两部分：M2M 网关、数据收集/集成部件。网关是 M2M 系统中的"翻译员"，它获取来自通信网络的数据，将数据传送给信息处理系统，主要的功能是完成不同通信协议之间的转换。

3. M2M 技术的应用

M2M 的应用主要包括交通领域、电力领域、农业领域、城市管理、安全领域、环保、企业管理和智能家居等。具体应用示例列举如下。

（1）电力抄表应用。电力抄表是 M2M 技术最主要也是需求量最大的典型应用之一。目前，电力抄表主要通过 GPRS 集抄器上插入 SIM 卡来实现数据采集和通信功能。

（2）车载调度和监控管理。当前，物流运输管理和定位导航是 M2M 技术的另一个发展较为广泛的应用，很多企业开始通过安装车载 M2M 设备来实现车辆调度和物流监控管理。

（3）数据采集和监控领域。如用于农业灌溉、城市照明、电梯监控和工业控制等。

（4）智能家居应用。我们可以在下班之前就将家里的空调制冷、热水器开启、按照当前的菜谱来预订各种食品，并且通过手机监控系统可以看到家里老人和小孩的安全状态。

■ 4.4　多媒体技术

多媒体技术指的是能够获取、处理、存储和展示不同类型信息媒体的计算机信息处理技术。

4.4.1 多媒体技术及其特性

1. 概述

多媒体技术是一种发展迅速的综合性电子信息技术，它改善了人类信息的交流，缩短了人类传递信息的途径，给人们的工作、生活和娱乐带来了深刻的革命。

媒体在计算机领域有两种含义：一是存储信息的实体，如磁盘、光盘、磁带、半导体存储器等，中文常译为媒质；二是传递信息的载体，如数字、文字、声音、图形和图像等，中文译作媒介，多媒体技术中的媒体是指后者。通常，媒体被分为以下五种类型：感觉媒体、表示媒体、显示媒体、存储媒体和传输媒体。

一般认为，多媒体是指能够同时获取、处理、存储和展示两个以上不同类型信息媒体的技术，这些信息媒体包括文字、声音、图形、图像、动画、视频等。因此，我们常说的"多媒体"最终要归结为一种"技术"，而不是指多种媒体本身。多媒体技术往往与计算机联系起来，通常可以把多媒体看作先进的计算机技术与视频、音频和通信等技术融为一体而形成的技术或新产品。因此多媒体计算机技术的定义是：计算机综合处理多种媒体信息，使多种信息建立逻辑连接，集成为一个具有交互性的系统。图 4-27 展示了媒体的类型。

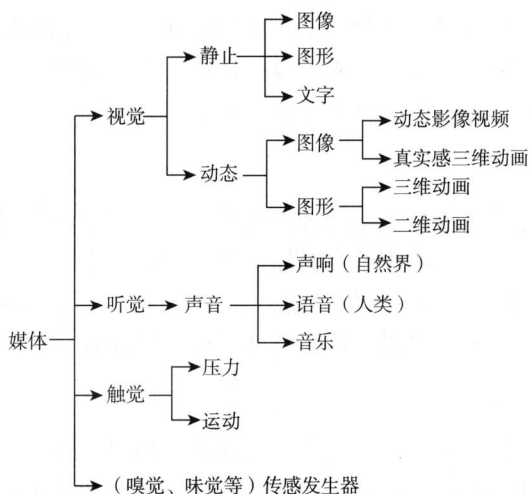

图 4-27　媒体的类型

2. 多媒体技术的特性

多媒体技术的特性主要包括以下五个方面。

（1）多样化。多媒体就是要把机器处理的信息多样化或多维化，使之在信息交互的过程中，具有更加广阔和更加自由的空间。多媒体的信息多维化不仅仅是指输入，而且还指输出，目前主要包括视觉和听觉两个方面。通过对多维化的信息进行变换、组合和加工，可以大大丰富信息的表现力和增强效果。

（2）集成性。多媒体的集成性是在系统级的一次飞跃。它主要表现在多媒体信息媒体的集成和处理这些媒体的设备的集成。

（3）交互性。多媒体的交互性将向用户提供更加有效地控制和使用信息的手段，同时也为应用开辟了更加广阔的领域。交互可以增加对信息的注意力和理解，延长信息保留的时间。因此，交互性一旦被赋予了多媒体信息空间，便可带来很大的作用。

（4）非循序性。非循序性是多媒体的另一个特性。一般而言，使用者对非循序性的信息存取需求要比对循序性存取的需求大得多。以前的查询系统都是按线性方式检索信息，不符合人类的联想记忆方式。多媒体系统克服了这个缺点，它用非线性的结构构成表达特定内容的信息网络，使得人们可以有选择地查询自己感兴趣的多媒体信息。

（5）非纸张输出形式。非纸张输出形式是多媒体系统应用有别于传统的出版模式的一个特点。多媒体系统的出版模式中强调的是非纸张输出形式，以光盘为主要的输出载体。

4.4.2   多媒体的关键技术

1. 视频、音频数据压缩和解压缩技术

这是多媒体系统的关键技术。多媒体系统具有综合处理声、文、图的能力，要求面向三维图形、立体声音、真彩色高保真全屏幕运动画面。为了达到满意的视听效果，要求实时地处理大量数字化视频、音频信息。而数字化的声音和图像数据量是非常大的。此外，在未压缩的情况下，实现动态视频及立体声的实时处理，对目前的微机来说是无法实现的。因此，必须对多媒体信息进行实时压缩和解压缩。

2. 多媒体存储技术

数字化的媒体信息虽然经过压缩处理，仍然包含了大量的数据，而且硬磁盘存储器的存储介质是不可交换的，不能用于多媒体信息和软件的发行。大容量只读光盘存储器（CD-ROM、CD、DVD）以存储量大、密度高、介质可换、数据保存寿命长、价格低廉以及应用多样化等特点，成为多媒体计算机必不可少的设备。

3. 多媒体同步技术

多媒体技术需要同时处理声音、文字、图像等多种媒体信息，在多媒体系统所处理的信息中，各个媒体都与时间有着或多或少的依从关系，这就需要支持对多媒体信息进行实时处理的操作系统。同时，在多媒体应用中，通常要对某些媒体执行加速、放慢、重复等交互性处理。多媒体系统不允许用户改变事件的顺序并修改多媒体信息的表现。系统中各媒体在不同的通信路径上传输，将分别产生不同的延迟和损耗，造成媒体之间协同性的破坏，因此，媒体同步也是一个关键问题（图 4-28）。

4. 多媒体网络和通信技术

多媒体通信技术包含语音压缩、图像压缩及多媒体的混合传输技术。为了只用一根电话线同时传输语音、图像、文件等信号，必须要用复杂的多路混合传输技术，而且要采用特殊的约定来完成。这种语音、数据同时传输技术在美国被命名为语音数据同时传输（simultaneous voice and data，SVD）技术。

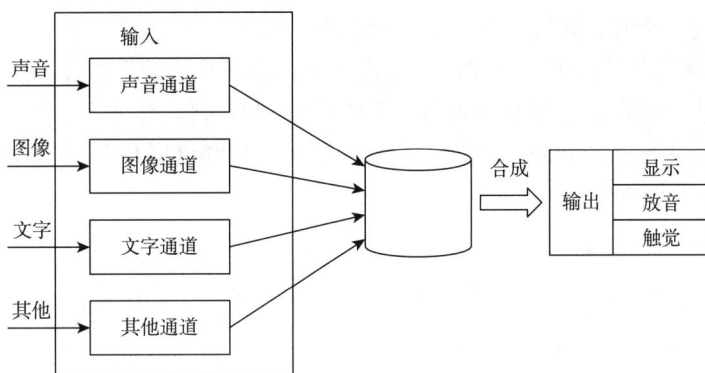

图 4-28　多媒体的同步合成

现有的通信网大都不太适应数字化的多媒体数据的传输。宽带综合业务数字网（broadband integrated service digital network，B-ISDN）是解决这个问题的一个比较完整的方法，其中异步转移模式是近年来在研究和开发上的一个重要成果。

5. 多媒体输入/输出技术

多媒体输入/输出技术包括：①媒体变换技术，是指改变媒体的表现形式，视频卡、音频卡都属于媒体变换设备。②媒体识别技术，是对信息进行一对一的映像过程，如语音识别和触摸屏等。③媒体理解技术，是对信息进行更进一步的分析处理和理解信息内容，如自然语音理解、图像理解、模式识别技术。④媒体综合技术，是把低维信息表示映像成高维的模式空间的过程，如语音合成器就可以把语音的内部表示综合为声音输出。

6. 多媒体软件技术

多媒体软件技术主要包括多媒体操作系统、多媒体素材采集与制作技术、多媒体编辑与创作技术、多媒体应用开发技术、多媒体数据库管理技术等。

4.4.3　非计算机系统信息收集处理技术

信息管理包括信息的收集、组织、存储、检索、加工、处理等环节，信息收集过程中可以采用一些非计算机系统信息收集处理技术。

1. 摄影、声像技术

摄影、声像技术是近代声学、电影和电视技术的综合性运用，通过画面和音响来表达内在含义的方法和设备。它涉及对语言、音响和画面加工处理，电影胶片制作和电视录像制作等技术。

（1）语言和音响加工处理技术，是指把语言和声信号转换成电信号，重现声音时，再把电信号转换成声信号的技术。

（2）画面加工处理技术，是指把光信号转换成电信号，重现画面时，再把电信号转换成光信号的技术。

（3）电影胶片制作技术，是利用电影摄影机拍摄底片，经冲洗、样片印刷、套底、声画合成、翻正、翻底、拷贝等加工处理后，制成电影片的过程。

（4）电视录像制作技术，是利用录像设备制作录像片，录像拍片后，将各种素材经选取编辑、特技、配音、配乐和声画合成等加工处理的过程。

还可利用胶片转磁带、磁带转胶片技术使录像节目和电影片节目互相转换，为情报技术服务提供方便的条件。

2. 激光信息处理技术

激光信息处理技术是利用光进行记录、记忆、信息采集和处理以及机器的控制，借以对人的视觉、听觉和头脑提供帮助的一种工程技术。激光具有空间相干性好、时间相干性强、能量密度高、可实现超短脉冲等普通光所没有的各种特性，这使激光信息处理的应用研究获得了飞速发展。激光信息处理包括激光印刷、全息照相、光学存储和光计算等。

3. 复印与传真技术

复印和传真是在日常信息处理过程中比较常用的办公管理设备和技术。

（1）复印技术。复印主要实现的是图像文字资料的采集功能，可以对原稿进行放大或缩小复印，提供形成新的资料，也可以在复印的同时提供日常工作中人工裁剪、粘贴的操作，以达到对资料信息采集的目的。

（2）传真技术。传真技术指的是先经过它的扫描系统把文字变成光信号，再由内部的调制解调器转换为电信号，然后经过电话线传输到其他地方另一台传真机上，接收方的传真机接到信号后，会将信号复原，再打印出相应文字的处理技术。

阅读材料 4.1　社交网站的代表——Facebook

社交网站（或社会网络服务）——SNS 是英文 social network site 或 social networking service 的缩写，最早的 SNS 网站为 1997 年创立的 Sixdegrees.com，随后各种 SNS 迅速发展，Friendster、Myspace 和 Bebo 成为 2002 年至 2004 年世界上三大最受欢迎的社会网络服务类网站，2004 年 2 月以社交游戏和实名制交友见长的 Facebook 创立后，SNS 才真正兴起，直到 2006 年 SNS 的完整定义才开始出现，其中被学术界和企业界引用最多的定义为密歇根州立大学博伊德（Boyd）和埃利森（Ellison）的定义："SNS 是一种网络服务，这种服务允许网民在一个受限制的系统上构建一个公开或半公开的个人空间，在空间里面明确列出友情链接用户名单，并且在这个系统里，网民可以查看自己的链接和关联用户的链接"。在 Facebook 等社交网站的影响下，全球网络社区掀起了 SNS 化运动。

Facebook 创立于 2004 年，是全球领先的在线社交媒体和社会网络服务提供商。其告别了点对点线性交流（书信、邮件）和交互式平面交流（计算机、手机），进而帮助世界各地的人们实现空间链接交流，并以照片和视频等形式分享自己的观点。公司面向全球市场，系统平台支持多种语言，数据中心也遍布多个国家。

20 世纪末，PC 的普及驱动了互联网浪潮，各类互联网公司如雨后春笋，纳斯达克在 2000 年 3 月触及顶峰；随后就是长达多年的低位盘整，互联网企业受到巨大冲击，其中包括 Friendster 和 Myspace 两家社交网络龙头。在余波中的 2004 年，大二学生扎克伯格在哈佛大学宿舍内创建了 Facebook。

2004～2005 年，Facebook 从高校到全民：Facebook 于 2004 年成立之初仅针对哈佛大学学生开放，用户需实名注册，上传照片及个人简介组成社交地图，界面非常简洁。后来逐渐推广到斯坦福大学、哥伦比亚大学等高校。在攻占各所高校的过程中，扎克伯格推出照片识别功能，将照片与社交完美结合，由此逐步渗透美国各年龄段用户层。

2006～2007 年，Facebook 从网络到平台：在获得第一批忠实用户后，2006 年 Facebook 推出信息流，即用户可在主页上看到好友的所有信息动态，黏性得到进一步提高。2007 年基于用户社交关系链的展示广告上线，并以 API 作为流量入口，开放性平台生态系统初步建立。通过 API，第三方软件开发者可以开发在 Facebook 网站运行的应用程序，这被称为 Facebook 开放平台。此外，Facebook 并没有盲目跟随设计潮流在主页做大调整，而是根据用户需求推出新功能，避免用户流失风险。

2008～2011 年，Facebook 从美国到全球：Facebook 并不满足于美国市场，而意在成为全球的社交平台，公司的全球化战略布局随即全面铺开。2009 年，Facebook 全球独立访问用户首次超过了竞争对手 Myspace，达到 1.24 亿人。这段时间内，Facebook 上线更多功能，并整合短信、电子邮件等聊天渠道，使好友聊天功能更强大，同时与 Bing 合作推出社交搜索功能。2011 年，Facebook 允许用户之间单一订阅对方公开动态，无须双向关注，用户关系结构更多元化，并将其聊天应用 Messenger 做成独立应用。

公司于 2012 年 5 月在纳斯达克上市，市值约为 1047 亿美元，超过亚马逊公司、惠普公司、戴尔公司等行业龙头。作为当时全球最大互联网公司 IPO（initial public offering，首次公开募股），公司融资额高达 160 亿美元，通过一系列大手笔并购，公司的全产品社交网络初具规模。

公司借助 Instagram 由图片向视频转型：Instagram 主打图片与短视频分享，最初因精美的滤镜受到全球用户的喜爱，公司随即借助图片和视频同属的视觉感知，逐渐由图片向视频化发展转型。由于 Instagram 产品特性更受年轻人欢迎，更吸引网红和广告商实现变现，其用户数也从 2014 年初的 2 亿人增至 2018 年 6 月的 10 亿人。

公司借助 WhatsApp 完善即时通信功能：WhatsApp 主攻打电话和发信息功能，纯粹走通信工具路线，以简洁的特点深受用户欢迎。2016 年 1 月，WhatsApp 宣布不再收取用户订阅费，将允许企业账户和用户直接沟通，与基于朋友间社交网络的 Messenger 形成优势互补，两者月活跃用户数均突破 10 亿人。

公司借助 Oculus 展开 VR（virtual reality，虚拟现实）领域布局：Facebook 是最早布局 VR 应用的社交平台，其 VR 布局以 Oculus 为核心，覆盖硬件、视频、社交、资本、应用等领域。其中视频领域以 Facebook 360 为代表，该应用能展示来自 Facebook 平台的 VR 内容。公司投入研发 360 度视频技术，并于 2016 年公布了研发的 Surround 360 全景相机硬件+后期渲染拼接系统，该设备拍摄出的全景视频可在 VR 头盔及 Facebook 应用上观看。

向"社交网络+产品"战略转变：2012～2016 年，Facebook 先后收购 Instagram、WhatsApp、Oculus 等公司，以产品构建社交网络生态，即"产品+社交网络"。2017 年，公司向"社交网络+产品"战略转变，以社交网络为核心，贴合用户实际需求，进一步提高用户黏性,主要包含以下几个方面。

(1)社交网络+AR(augmented reality,增强现实):2017年Facebook发布基于手机摄像头的AR特效平台Camera Effects Platform,可绘制图像作为滤镜添加至Facebook相机,并根据相机的取景画面添加动态效果。而用户只需一部智能手机即可制作AR滤镜及分享AR体验。

(2)社交网络+VR:Facebook于2017年F8大会推出基于虚拟现实的社交应用Facebook Spaces,该应用基于社交链,在虚拟现实情景中将真人虚拟为卡通形象进行交流,借助Oculus推出的配套硬件,用户可以快速变换使用场景,实现空中涂鸦等功能。无需计算机、手机即可体验VR的Oculus Go更以亲民的价格得到迅速普及。

(3)社交网络+原创剧集:Facebook在2017年6月上线24档原创节目,该节目有两种表现形式,一种是类似于美剧的视频栏目,另一种为5～30min的短视频,这些节目将出现在Facebook中每24h更新。年轻用户并不希望与长辈同处一个社交平台,而自制剧集和购买成片都将有利于增强用户在社交平台的黏性。

(4)社交网络+智能音箱:与市面上常见的智能音箱不同,Facebook的智能音箱Portal还配备镜头和触摸屏,以便于用户之间进行视频社交,而不是播放音乐或控制智能家居。除此之外,该设备可通过摄像头扫描房间、锁定人们的面部表情,传输到智能终端,实现远程交互、智能安防等功能。

(5)社交网络+约会:Facebook推出相亲婚恋应用Date,针对在Facebook上已建立弱联系的用户,以线下聚会方式形成强联系。Date用户可选择资料是否对特定的活动和聊天群开放,而对于在Facebook上标注"已婚"或者"恋爱中"的用户则无法使用该程序。

2021年10月28日,在Facebook举行的虚拟现实和增强现实会议上,扎克伯格正式宣布把公司名称改为"Meta",该词取"metaverse"(元宇宙)之意,公司目标全面元宇宙化,开辟新的成长空间。

思考练习题

1. 阐述计算机网络概念及主要功能。
2. 阐述Internet和Intranet的区别和联系。
3. 常见的自动识别技术有哪几种?
4. 条码符号由哪几部分构成?
5. 全球定位系统的工作原理是什么?

第5章 数据管理

数据是信息在计算机世界的具体表现形式，借助现代信息处理技术进行信息管理也就是数据管理。现代信息管理技术的发展为数据管理提供了新的管理手段。本章将介绍数据管理概念、数据库技术、数据仓库与数据挖掘、大数据管理、云数据管理等相关知识。

5.1 数据管理概述

5.1.1 数据与信息

在信息处理中，信息载体上反映信息内容且可被接收者（人或机器）识别的物理符号称为数据。可见，数据的意义并不限于数字，文字、声音、图像等均是数据的不同形式（表 5-1）。

表 5-1 数据的类型

数据	表现
文字和数字数据	数字、字母和其他字符
图像数据	图形、图像和图片
音频数据	声音、噪声和音质
视频数据	动态的图片和图像

一般来说，数据是信息的具体表现形式，它更加形象、具体。数据的效用在于它反映信息的内容并可为接收者所识别。同时，数据的具体形式又与其载体的性质密切相关，不同载体上反映同一信息内容的物理符号（即数据）可以是完全不同的。而信息则与载体性质无关，它更本质地反映现实世界，因此它更加抽象、概念化，信息是数据的含义。然而，任何信息只有"表现出来"（分析加工）才能让人感知和理解，信息一经表现出来就会以具体的物理符号形式出现，因此就有了数据（图 5-1）。

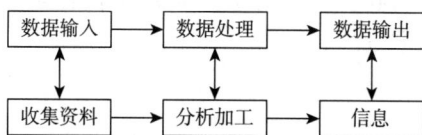

图 5-1 数据与信息的关系

信息和数据是"形影不离"的，信息系统中大量信息处理工作均要面对多种多样的数据，在不需严格区别时，常将"信息"与"数据"不加区别地使用，同时信息处理也与数据处理同理使用。

5.1.2 数据的组织层次

像其他许多系统，如军队、学校、工厂的组织方法一样，数据的组织也采用"分层"的思想来进行。在以计算机为主要手段的信息处理中，数据的组织一般分为数据项、记录、文件和数据库四个层次（图5-2）。下面分别对它们进行简要说明。

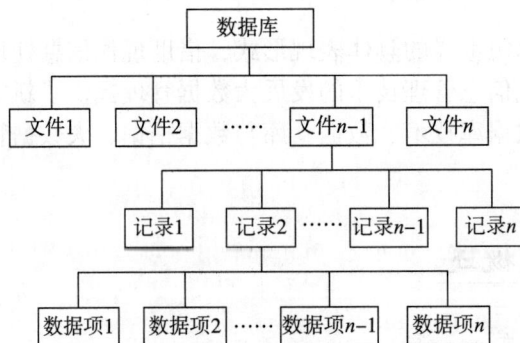

图 5-2 数据组织的四个层次

1. 数据项

数据项是具有确定逻辑意义（即可描述信息内容）的数据的最小单位。它是不可再分的数据单位。一般数据项用于说明事物的某方面性质。例如，有关某产品销售的数据，其中"产品代号"是一个数据项，它说明了某种产品，并可与其他产品相区别。同样"单价""销售数量""销售金额"也为数据项，表示了产品销售中某一方面的特性。同理，对于学生的数据中，"学号""姓名""性别""班级"等也都是数据项，它们用于描述学生某些方面的特性，有时也称为属性。

2. 记录

记录是具有一定关系的数据项的一个集合。将描述某事物有关性质的数据项按一定的方式组织起来就形成了记录。记录常用于说明一个客观存在的事物（或事物之间的联系）。例如，将上述产品销售的有关数据项排列在一起就可形成产品销售记录（产品代号、单价、销售数量、销售金额）。关于学生的记录则可记为，学生（学号、姓名、性别、入学日期等）。在记录中当某个或某几个数据项的值被确定时，这条记录就唯一被确定了，此时称这个或这几个数据项的联合为关键字，即关键字是能唯一标识一条记录的数据项的最小集合，如产品代号、学号。

3. 文件

文件是同类记录的有序集合。例如，将某销售部销售的全部产品记录按产品代号顺序排列就形成了一个产品销售文件。

4. 数据库

数据库是存储起来的相关数据的集合。相关数据无论其记录类别是否相同，均可存储在一起形成一个数据的有机整体。因此数据库可以描述更加复杂的信息结构，可以充分地反映客观事物之间的相互关系。数据库是目前数据组织的最高形式，也是应用最广泛的数据组织的管理方法与技术。

5.1.3 数据管理技术的发展

在以计算机为主要手段的信息处理工作中，数据管理技术是随着计算机硬件、软件系统的发展以及信息处理的客观需要而不断发展起来的，它的发展大致经历了三个阶段。

1. 人工管理阶段

人工管理阶段始于 20 世纪 50 年代中期，该阶段计算机主要应用于科技计算；外存只有磁带、卡片、纸带等顺序存取设备；没有操作系统，更没有专门管理数据的软件；数据处理的方式是批处理。数据管理的主要特点是：①数据不在计算机中长期保存。进行科技计算时，只在计算该课题时输入，算完即撤走。②没有数据管理的软件系统。数据存储如有改变，就必须修改应用程序。③一组数据对应一个应用程序。程序与程序之间有大量数据需重复存储。

2. 文件系统阶段

20 世纪 50 年代后期，计算机有了像磁盘、磁鼓这类的直接存取的外存设备。软件方面有了对计算机资源进行有效管理的操作系统，有了专门管理数据的软件——文件系统，文件系统包含在操作系统之中。处理方式上，开始有了联机实时处理。文件系统阶段数据管理的特点是：①计算机大量用于管理领域的数据处理，数据按一定的规则组织成文件后，需对文件进行反复的查询、修改、插入、删除等操作。②由于有了软件进行数据管理，文件的逻辑结构与其存储结构不再强求一致，程序与数据之间有了一定的独立性。③数据仍然是面向应用的，每个文件本身基本上是对应一个或几个应用程序；文件不易扩充，修改维护比较费时；数据共享有限，冗余度仍然较大，空间浪费严重等。

3. 数据库系统阶段

20 世纪 60 年代后期，随着管理规模越来越庞大，需要管理和处理的数据量剧增，共享性要求更高，需要多种应用、多种语言甚至不同硬件环境互相覆盖地共享同一数据集合。这一时期已有了大容量的磁盘。从应用上看，联机实时处理更加广泛，并开始出现分布式处理。软件价格上升，硬件价格下降，编制尤其是维护软件的成本增加。在这种背景下，数据库管理技术便应运而生，并迅速发展起来。数据库在数据管理方面具有如下特点。

（1）在数据库中，不仅可以描述数据元素本身，而且能够描述各元素间、数据集合间的关系，因而可以描述复杂的信息结构。这有助于将整个组织的数据结构化，形成一个有机整体，使数据面向整体系统而不是面向某个应用。

（2）具有最小的数据冗余，节省存储空间，减少重复。

（3）具有较好的数据共享性。允许多用户并发地使用数据库中的数据。可将数据的调用需求组织成若干组合，以最好的方式去满足多用户的需要。

（4）较好的数据独立性。当数据的存放方式或逻辑结构发生变化时，无须改动应用程序。

（5）对数据进行统一的管理和控制。数据库为用户提供了存储、检索、更新数据的手段。数据库管理系统还提供了为保证数据共享而进行数据的安全性、完整性和并发控制功能。

综上所述，数据库是一个通用化的、综合性的数据集合，它可以提供许多用户多个应用程序共享数据，并发地使用数据库，而且具有最小的冗余度和较高的数据与程序的独立性，所以说，数据库是数据处理中一种较理想的数据组织和管理方式。

5.2 数据库技术及其应用

5.2.1 数据库概述

1. 什么是数据库

维基百科上是这样定义的：数据库是以一定方式储存在一起、能与多个用户共享、具有尽可能小的冗余度、与应用程序彼此独立的数据集合。简而言之，可视为电子化的文件柜——存储电子文件的处所，用户可以对文件中的数据运行新增、截取、更新、删除等操作。

2. 信息的三种世界

在信息管理中，要对大量的数据进行处理，首先就要弄清现实世界中事物及事物间的联系是怎样的，然后再逐步分析、变换，得到计算机系统可以处理的表现形式。因此对客观世界的认识、描述是一个逐步的过程。

（1）现实世界。它是客观存在的事物及其相互联系，客观存在的事物分为对象和性质两个方面，同时事物之间有广泛的联系。

（2）信息世界。它是客观存在的现实世界在人们头脑中的反映。人们对客观世界经过一定的认识过程，进入到信息世界形成关于客观事物及其相互联系的信息模型，在信息模型中，客观对象用实体表示，而客观对象的性质用属性表示。

（3）数据世界（计算机世界）。信息世界中的有关信息经过加工、编码、格式化等具体处理，便进入了数据世界（计算机世界）。数据世界中的数据既能代表和体现信息模型，同时又向机器世界前进了一步，便于用机器来进行处理。

现实世界、信息世界和数据世界这三个领域是由客观事物到认识、由认识到使用管理的三个层次，后一领域是前一领域的抽象描述。关于三个领域间的关系可用图 5-3 表示。

```
┌──────────┐  系统分析  ┌──────────┐ 数据库设计 ┌──────────┐
│ 现实世界  │ ────────▶ │ 信息世界  │ ────────▶ │ 数据世界  │
│事物及联系 │           │信息模型   │           │数据模型   │
└──────────┘  信息化    └──────────┘  数据化    └──────────┘
```

图 5-3 信息的三个世界的联系和转换过程

由此可以看出，客观事物及其联系是信息之源，是组织和管理数据的出发点。信息模型和数据模型是对客观世界的两级抽象描述。

5.2.2 信息模型

信息模型也称为概念模型，是现实世界到信息世界的抽象。信息模型不依赖计算机及数据库管理系统，它是对现实世界的真实、全面的描述。

1. 信息模型的要素

（1）实体（entity）。任何客观存在的事物均可以是实体，这个事物可以是人，也可以是物；可以指实际的东西，也可以指概念性的东西，如学生、学校、工厂、工作过程、操作步骤等均可以是实体。实体分为两个层次：个体和实体集。个体是指能相互区分的、特定的单个实体。实体集是同类个体的集合。

（2）属性（attribute）。属性是实体（事物）的某一方面的性质或特性。例如，学生的学号，学校的名称、工厂的性质等均可以是有关实体的属性。属性由属性名和属性值来描述。属性名表示实体的性质的类型。属性值描述特定实体（个体）的具体性质。特定的实体是由若干具体属性值排列起来进行描述的。实体与属性的区分是相对的。在某个问题中可以看作实体的事物，在另一个问题中可能作为属性。例如，考察交通工具的性能时，汽车、火车、马车等都是以交通工具名称这一属性的值出现的，而汽车本身又可作为一个实体来考察它的各种属性。

（3）联系（relationship）。联系是指客观存在的事物之间的相互关系，通常是指实体集与实体集之间的关系。两个实体集之间可以存在联系，多个实体之间也可以存在联系，实体集内部也可能存在联系。

2. 实体集之间联系的方式

两个实体集之间的联系是信息模型中最基本的联系，这种联系分为以下几种方式。

（1）一对一联系。设有两个实体集分别以 A 和 B 表示。A 与 B 一对一的联系是指 A 中任一个体至多与 B 中一个个体有联系，B 中的任一个体也至多与 A 中的一个个体有联系，一对一联系简示为 $1:1$。这类联系在实际生活中的例子是很多的，如工业企业中车间这一实体集与车间主任这一实体集是一对一联系，乘车旅客与车票之间、住院病人与病床之间也都是一对一联系。

（2）一对多联系。如果实体集 A 中至少有一个个体与 B 中一个以上个体有联系，且实体集 B 中任一个体至多与 A 中一个个体有联系，则称实体集 A 与 B 是一对多联系，简记为 $1:N$。例如，车间对职工、产品对零件、学校对教师等都是一对多联系。

（3）多对多联系。若实体集 A 中至少有一个个体与 B 中两个或以上个体有联系，

实体集 B 中也至少有一个个体与 A 中两个或以上个体有联系,则称 A 与 B 是多对多联系,记为 $N:M$。零件与加工车间、商店与顾客、学生与课程等都是多对多联系的例子。

3. 信息模型的表示方法

利用信息模型来描述现实世界,实际上是对现实世界进行抽象。找出其实体集、实体的属性、实体集内部和外部的联系,是信息系统中数据库设计的第一步。Peter Chen (陈品山)于 1979 年提出了建立信息模型的一种方法:实体联系方法(entity-ralationship approach),简称 E-R 方法,应用此法建立的信息模型也就称为 E-R 模型。E-R 模型中使用的图形符号,通常实体用矩形表示,属性用椭圆形表示,联系用菱形表示。两个实体集之间的联系如图 5-4 所示。某实体集及其属性的表示方法如图 5-5 所示。

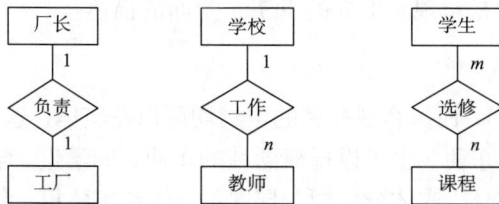

图 5-4　两个实体集联系

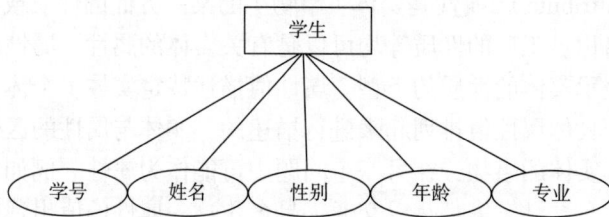

图 5-5　实体集与属性

多个实体之间也可以存在联系。以供应商向各工程项目供应各种零部件之间的联系为例,供应商是一个实体集,各项目、各种零部件也分别组成两个实体集。供应商可以供应多种零部件给各种不同工程项目。每个工程项目从不同供应商得到各种零部件,每种零部件可来自不同的供应商。因此这三个实体集两两之间均为多对多联系,如图 5-6 所示。实体集内部也可存在联系,如工厂领导联系,领导的人也为职工,领导的对象也为职工,如图 5-7 所示。

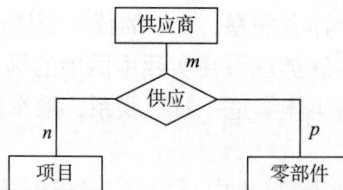

图 5-6　三个实体集间联系

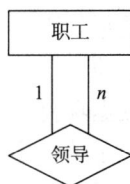

图 5-7　实体集内部联系

信息模型是建立数据库的数据模型的基础。在管理信息处理中，必须根据管理问题的性质，对复杂事物的表现、性质及内部和外部联系进行深入分析，合理地定义实体、属性及实体间的联系。

5.2.3　数据模型

数据模型是面向数据库中数据的逻辑结构的，按照著名的数据库专家 Edgar Frank Codd（埃德加·弗兰克·科德）的解释，一个数据模型实质上是一组向用户提供的规则。这组规则规定了数据是如何组织的，其结构怎样以及相应地允许进行哪些操作。

1. 数据类型的三要素

一个数据库的数据模型应包含以下三个要素。

（1）用于构造数据库的基本数据结构类型。这是数据模型中最基本的部分，它规定如何把基本数据项组织成更大的数据单位，并通过这种结构来表达数据项之间的关系。由于数据模型是现实世界与机器世界的中介，因此，它的基本数据结构类型应是简单且易于理解的；同时，这种基本数据结构类型还应有很强的表达能力，可以有效地表达数据之间各种复杂的关系。

（2）数据操作或推导规则。这些操作能实现对上述数据结构按任意方式组合起来所得数据库的任何部分进行检索、推导和修改等。数据结构只规定了数据的静态结构，而数据操作的定义则说明了数据的动态特性。同样的静态结构，由于定义在其上的操作的不同，可以形成的数据模型也不同。

（3）完整性约束规则。它用于给出不破坏数据库完整性、数据相容性等数据关系的限定。为了避免对数据执行某些操作时破坏数据的正常关系，将那些有普遍性的问题归纳起来，形成一组通用的约束规则，只允许在满足该组规则的条件下对数据库进行插入、删除、更新等操作。

综上所述，数据模型实际上给出了一个通用的在计算机上可实现的现实世界的信息结构，并且可以动态地模拟这种结构的变化。因此它是一种抽象方法，可以通过相应的软件数据库管理系统在计算机上实现。

2. 数据模型与信息模型的关系

数据是信息的具体表现形式，是信息载体上反映的信息内容、接收者可以识别的符号。信息与数据具有一一对应的关系，计算机中的数据组织必须与客观世界中的信息结构相适应。数据模型就是数据组织中各层次内部、外部之间的联系的描述。

信息模型和数据模型要素的对应关系如下：实体—记录；实体型—记录型；实体集—文件；个体—特定记录；属性—数据项；属性名—数据项型；属性值—数据项值。

每个记录型为数据项型的组合。数据项型是指数据项的名称和数据类型、所占存储空间。数据项值的组合构成记录值，记录值确定一个特定记录，文件则是记录型和记录值的总和。这里记录型是文件的一个框架，记录值是文件的内容。由于记录型确定了文件的框架，所以常常用一个记录型代表一个文件。

在文件这个组织层次中，记录型与记录型之间是没有联系的。数据从整体上来看是无结构的，只在一个文件内部记录之间、一个记录数据项之间的关系是结构化的。数据库不但要描述数据项、记录之间的联系，而且要描述记录型之间，也就是各种文件之间的联系。要反映客观世界复杂的信息结构，一个实用的数据库即使很小，也包含十几个至几十个记录型。

一个记录型包含一组数据项型，其中必有一个或几个是关键字。由于关键字是能唯一标识一条记录的数据项的最小集合，所以往往用关键字来代表一个记录型。如职工记录型和部门记录型的关系，实际上反映职工姓名和部门名称为代表的两个实体集之间的联系。在数据模型中职工姓名数据项和部门名称数据项就可作为两个记录型的关键字。当一个关键字不能充分表达这种联系的内容和意义时，可用若干个数据项型联合代表一个记录型。

3. 常见数据模型概述

数据库领域当前最常用的数据模型是层次模型、网状模型、关系模型和面向对象模型。

1）层次模型

层次模型（hierarchical model）的数据结构是一种树型结构（图 5-8）。树的节点就是记录型（代表实体集合）。我们这样来定义层次模型，有且仅有一个节点（实体集）无双亲节点，这个节点即为树根，而其他节点有且仅有一个双亲节点。满足这两个条件的模型，即称为层次模型。层次模型的各层记录型间均具有一对多的联系，即一个父记录对应多个子记录，而一个子记录只能对应一个父记录。在现实世界中存在着许多具有这种性质的事物，如军队、学校等社会中各种组织机构一般均具有这种结构。

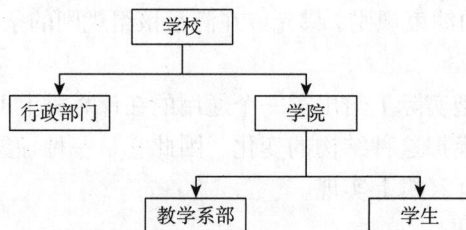

图 5-8　层次模型的数据结构实例

层次模型能够反映客观世界较广泛一类事物的信息结构。这种模型的缺点是处理效率较低，如果层次间是 $N:M$ 的联系，就难以用上述层次模型直接描述。

2）网状模型

网状模型（network model）是用网状图结构来表示各类实体集及实体集的关系。网状图结构中节点表示实体集，节点无父子节点区别，节点与节点之间不仅是一对多或一对一联系，而是可存在多种复杂交叉的联系（图 5-9）。在现实生活中，事物之间普遍存在的是具有网状结构的信息联系。虽然网状模型较为直观地描述现实世界，但数据结构较复杂，不易使用，数据独立性差，处理效率低下。

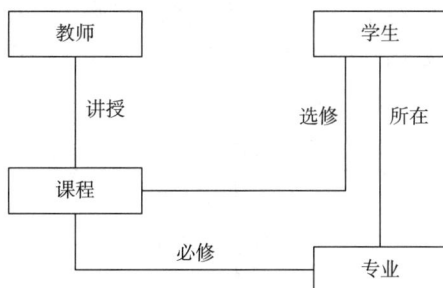

图 5-9　网状模型的数据结构实例

3）关系模型

关系模型（relational model）是最重要的一种基本类型。美国 IBM 公司的研究员 Codd 于 1970 年首次提出数据库系统的关系模型。关系模型的建立是数据库历史发展中最重要的事件。过去几十年中大量的数据库研究都是围绕着关系模型进行的。关系数据模型是目前应用最广泛的数据模型。简单地说，关系就是一张二维表，它由行和列组成。关系模型就是将数据模型组织成表格的形式。在关系模型中实体及实体之间的联系都用关系也就是二维表来表示。如表 5-2 所示，用关系表表示学生实体。

表 5-2　学生实体表

学号	姓名	性别	所在系	入学年份
20200701	王平	男	计算机系	2020
20200702	李丽	女	计算机系	2020
20200901	李大鹏	男	数学系	2020
⋮	⋮	⋮	⋮	⋮

自 20 世纪 80 年代以来，计算机厂商推出的数据库管理系统几乎都支持关系模型，使得基于关系模型的数据库管理系统得到了广泛的应用，占据了数据库市场的主导地位。

4）面向对象模型

尽管关系模型简单灵活，但还是不能表达现实世界中存在的许多复杂的数据结构，如 CAD（computer aided design，计算机辅助设计）数据、图形数据、嵌套递归的数据等。人们迫切需要语义表达更强的数据模型。面向对象模型（object-oriented model）是近些年出现的一种新的数据模型，它是用面向对象的观点来描述现实世界中的事物（对象）的逻辑结构和对象间的联系等的数据模型，与人类的思维方式更接近。对象是对现实世界中的事物的高度抽象，每个对象是状态和行为的封装。对象的状态是属性的集合，行为是在该对象上操作方法的集合。因此，面向对象的模型不仅可以处理各种复杂多样的数据结构，而且具有数据和行为相结合的特点。面向对象的方法已经成为系统开发、设计的主要思路。

5.2.4　数据库的体系结构

从本质上来讲，数据库是存储介质上的相关数据的集合。这些数据是高度组织化的，能够反映客观世界复杂的信息结构，同时便于处理和使用。在数据库技术中，为了便于设计、使用和管理，提高数据与应用程序之间的独立性，采用分级的方法，数据模式由外模式、逻辑模式和内模式构成，如图 5-10 所示。

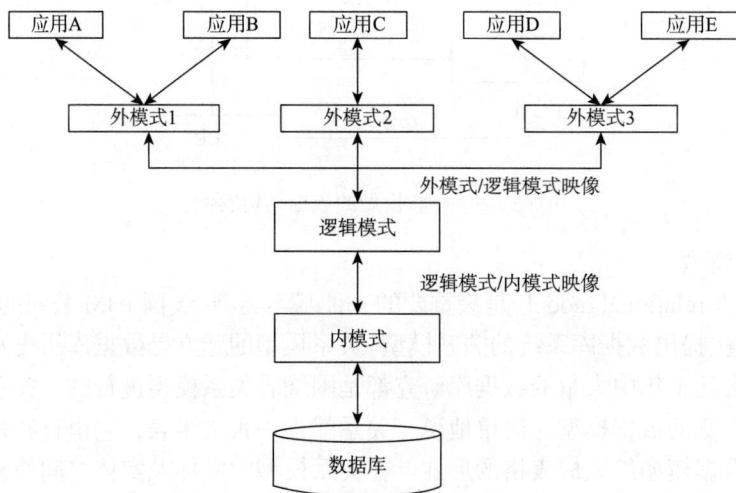

图 5-10　数据库系统的三级模式结构

1. 逻辑模式及概念数据库

逻辑模式（logical schema）也常称为模式（schema），它是对数据库中数据的整体逻辑结构和特征的描述。逻辑模式使用逻辑模式数据描述语言进行定义，其定义的内容不仅包括对数据库的记录型、数据项的型、记录间的联系等的描述，同时也包括对数据的安全性定义（保密方式、保密级别和数据使用权）、数据应满足的完整性条件和数据寻址方式的说明。

逻辑模式是系统为了减小数据冗余、实现数据共享的目标并对所有用户的数据进行综合抽象而得到的统一的全局数据视图。一个数据库系统只能有一个逻辑模式，以逻辑模式为框架的数据库为概念数据库。

2. 外模式及用户数据库

外模式（external schema）也称子模式，它是对各个用户或程序所涉及的数据的逻辑结构和数据特征的描述。外模式使用外模式数据描述语言进行定义，该定义主要涉及对外模式的数据结构、数据域、数据构造规则及数据的安全性和完整性等属性的描述。外模式可以在数据组成（数据项的个数及内容）、数据间的联系、数据项的型（数据类型和数据宽度）、数据名称上与逻辑模式不同，也可以在数据的安全性和完整性方面与逻辑模式不同。

外模式是完全按用户自己对数据的需要、站在局部的角度进行设计的。由于一个数据库系统有多个用户，所以就可能有多个数据外模式。由于外模式是面向用户或程序设计的，所以它被称为用户数据视图。从逻辑关系上看，外模式是逻辑模式的一个逻辑子集，从一个逻辑模式可以推导出多个不同的外模式。以外模式为框架的数据库为用户数据库。显然，某个用户数据库是概念数据库的部分抽取。

使用外模式具有三项优点。

（1）由于使用外模式，用户不必考虑那些与自己无关的数据，也无须了解数据的存储结构，使得用户使用数据的工作和程序设计的工作都得到了简化。

（2）由于用户使用的是外模式，用户只能对自己需要的数据进行操作，数据库的其他数据与用户是隔离的，这样有利于数据的安全和保密。

（3）由于用户可以使用外模式，而同一模式又可派生出多个外模式，所以有利于数据的独立性和共享性。

3. 内模式及物理数据库

内模式（internal schema）也叫存储模式或物理模式。内模式是对数据的内部表示或底层描述。内模式使用内模式数据描述语言定义。内模式数据描述语言不仅定义包括数据的数据项、记录、数据集、索引和存取路径在内的一切物理组织方式属性，同时还要规定数据的优化性能、响应时间和存储空间需求，以及数据的记录位置、块的大小与数据溢出区等。内模式的设计目标是将系统的模式（全局逻辑模式）组织成最优的内模式，以提高数据的存取效率，改善系统的性能指标。

以内模式为框架的数据库为物理数据库。在数据库系统中，只有物理数据库才是真正存在的，它是存放在外存的实际数据文件；而概念数据库和用户数据库在计算机外存上是不存在的。用户数据库、概念数据库和物理数据库三者的关系是：概念数据库是物理数据库的逻辑抽象形式；物理数据库是概念数据库的具体实现；用户数据库是概念数据库的子集，也是物理数据库子集的逻辑描述。

5.2.5 数据库系统的构成及功能

数据库系统是指带有数据库并利用数据库技术进行数据管理的计算机系统。下面主要介绍数据库系统的构成、数据库管理系统的功能。

1. 数据库系统的构成

数据库系统的体系中由支持系统的计算机硬件设备、数据库及相关的计算机软件系统、开发管理数据库系统的人员三部分组成。

1）数据库系统需要的硬件资源及对硬件的要求

计算机设备配置情况是影响数据库运行的重要因素。支持数据库系统的计算机硬件资源包括 CPU、内存、外存及其他外部设备（包括数据通信设备和数据输入输出设备）。数据库系统数据量大、数据结构复杂、软件内容多，因而要求其硬件设备能够处理和快速传输它的数据。因此，在进行数据库系统的硬件配置时，应注意以下三个方面的问题。

（1）计算机内存要尽量大。其目的是建立较多、较大的程序工作区或数据缓冲区，管理更多的数据文件和控制更多的程序过程，进行比较复杂的数据管理和更快地进行数据操作。每种数据库系统对计算机内存都有最低要求，如果内存达不到其最小要求，系统将不能正常工作。

（2）计算机外存要尽量大。计算机外存主要有磁带、硬盘和光盘，其中硬盘是最主要的外存设备。对于数据库系统而言，硬盘大具有以下优点：首先，硬盘大可以为数据文件和数据库软件提供足够的空间，满足数据和程序的存储需要；其次，硬盘大可以为系统的临时文件提供存储空间，保证系统能正常运行；最后，硬盘越大数据搜索时间就会越短，从而加快数据存取速度。

（3）计算机的数据传输速度要快。虽然计算机的运行速度由 CPU 计算速度和数据 I/O 的传输速度两者决定，但是对于数据库系统来说，加快数据 I/O 的传输速度是提高运行速度的关键问题，提高数据传输速度是提高数据库系统效率的重要指标。

2）数据库系统的软件组成

数据库系统体系结构中的硬件及软件关系如图 5-11 所示。数据库系统的软件中包括操作系统（operating system，OS）、数据库管理系统、主语言编译系统、应用开发工具软件和应用系统及数据库。

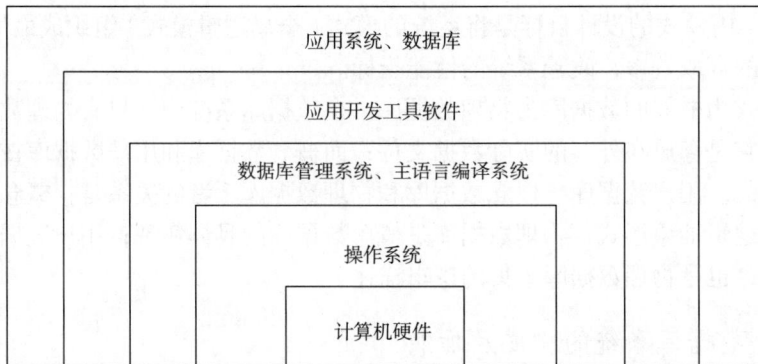

图 5-11　数据库系统的系统结构

（1）操作系统。操作系统是所有计算机软件的基础，在数据库系统中它起着支持数据库管理系统及主语言编译系统工作的作用。如果管理的信息中有汉字，则需要中文操作系统的支持，以提供汉字的输入、输出方法和汉字信息的处理方法。

（2）数据库管理系统和主语言编译系统。数据库管理系统是为定义、建立、维护、使用及控制数据库而提供的有关数据管理的系统软件。主语言编译系统是为应用程序提供的诸如程序控制、数据输入输出、功能函数、图形处理、计算方法等数据处理功能的系统软件。由于数据库的应用涉及的领域很多，其功能数据库管理系统不可能全部提供。因而，应用系统的设计与实现，需要数据库管理系统和主语言编译系统配合才能完成。

（3）应用开发工具软件。应用开发工具软件是数据库管理系统为应用开发人员和最终用户提供的高效率、多功能的应用生成器、第四代计算机语言等各种软件工具，如报表生成器、表单生成器、查询和视图设计器等，它们为数据库系统的开发和使用提供了良好的环境和帮助。

（4）应用系统及数据库。它包括为特定应用环境建立的数据库、开发的各类应用程序及编写的文档资料，它们是一个有机整体。数据库应用系统涉及各个方面，如信息管理系统、人工智能、计算机控制和计算机图形处理等。通过运行数据库应用系统，可以实现对数据库中数据的维护、查询、管理和处理操作。

3）数据库系统的人员组成及数据库管理员的职责

数据库系统的人员由软件开发人员、软件使用人员及软件管理人员组成。其中软件开发人员包括系统分析员、系统设计员及程序设计员；软件使用人员即数据库最终用户，他们利用功能选单、表格及图形用户界面等实现数据查询及数据管理工作；软件管理人员称为数据库管理员（data base administrator，DBA），他们负责全面地管理和控制数据库系统。

2. 数据库管理系统的功能

数据库管理系统的目标是使用户能够科学地组织和存储数据，能够从数据库中高效地获得需要的数据，能够方便地处理数据。数据库管理系统能够提供以下四个方面的主要功能。

1）数据定义功能

数据库管理系统能够提供数据定义语言（data definition language，DDL），并提供相应的建库机制。用户利用 DDL 可以方便地建立数据库。当需要时，用户将系统的数据及结构情况用 DDL 描述，数据库管理系统能够根据其描述执行建库操作。

2）数据操纵功能

实现数据的插入、修改、删除、查询、统计等数据存取操作的功能称为数据操纵功能。数据操纵功能是数据库的基本操作功能，数据库管理系统通过提供数据操纵语言（data manipulation language，DML）实现其数据操纵功能。DML 有两种形式：一是宿主型 DML，只能嵌入在其他高级语言中使用，而不能单独使用。被 DML 嵌入的计算机语言称为主语言，常用的主语言有 C、Java、FORTRAN 等。二是自主型 DML，既可以嵌入到主语言中使用，也可以单独使用。自主型 DML 可以作为交互式命令与用户对话，执行其独立的单条语句功能。

3）数据库的建立和维护功能

数据库的建立功能是指数据的载入、转储、重组织功能及数据库的恢复功能。数据库的维护功能指数据库结构的修改、变更及扩充功能。

4）数据库的运行管理功能

数据库的运行管理功能包括并发控制、数据的存取控制、数据完整性条件的检查和执行、数据库内部的维护等。

5.2.6 关系型数据库

关系型数据库是指采用了关系模型来组织数据的数据库。支持关系型数据库的管理系统称为关系型数据库管理系统（relational database management system，RDBMS）。三十多年来，关系型数据库管理系统占据数据库市场的主导地位，目前在市场上能见到的关系型数据库产品比较多，常见有 Oracle、Sybase、Informix、SQL Server、DB2、MySQL、Access 和 Visual FoxPro 等，下面对常用产品进行简要介绍。

1. Visual FoxPro

Visual FoxPro 简称 VFP，源于美国 Fox Software 公司推出的在 DOS（disk operating system，磁盘操作系统）上运行的数据库产品 FoxBASE。FoxPro 原来是 FoxBASE 的加强版，最高版本曾出过 2.6，之后，Fox Software 被微软收购，经过发展，FoxPro 可以在 Windows 上运行，并更名为 Visual FoxPro。Visual FoxPro 主要适用于小型应用系统的开发，也可以作为中型数据库应用系统的前端开发工具。

2. SQL Server

SQL Server 是微软公司推出的关系型数据库管理系统。微软公司的数据库产品 SQL Server 最早是 Sybase 数据库管理系统在 OS/2 上移植的产品，现在 SQL Server 只在 Windows 操作系统上运行。经过多年的发展演进，2022 年微软的 SQL Server 已经推出 2022 版。

3. Oracle

Oracle 是 Oracle 公司的一款关系型数据库管理系统，到目前仍在数据库市场上占有主要份额。从 1979 年首先推出基于 SQL 标准的关系型数据库产品，到 2007 年推出 Oracle 11g，Oracle 系统备受用户青睐。Oracle 具有很强的可移植性、可兼容性和可连接性，可以在各种不同类型的计算机系统上运行（包括微机、工作站、小型机、中型机和大型机），支持很多种操作系统（PC 上的 Windows、OS/2 和 Macintosh，以及 Sun、IBM、MIPS 等很多以 UNIX 为基础的大、中、小型系统）。Oracle7 自发布以来，就已超出了客户/服务器范围，被看作"协服务器"数据库，已发展到了分布式数据管理，使关系型数据库技术迈上了新台阶。通过网络连接的计算环境，Oracle 将存放在多台计算机上的数据组合成一个逻辑数据库，可被全部网络用户存取，而且它像集中式系统一样具有用户透明性和数据的一致性，支持多用户、大型数据库的高性能事务处理。

4. MySQL

MySQL 是一个关系型数据库管理系统，由瑞典 MySQL AB 公司开发，属于 Oracle 旗下产品。MySQL 是最流行的关系型数据库管理系统之一，在 Web 应用方面，MySQL 是最好的关系型数据库管理系统应用软件之一。关系型数据库将数据保存在不同的表中，而不是将所有数据放在一个大仓库内，这样就增加了速度并提高了灵活性。MySQL 所使用的 SQL 语言是用于访问数据库的最常用标准化语言。MySQL 软件采用了双授权政策，分为社区版和商业版，由于其体积小、速度快、总体拥有成本低，尤其是开放源码，一般中小型网站的开发都选择 MySQL 作为网站数据库。

5. Sybase

Sybase 公司是数据库管理系统厂商中的后起之秀，Sybase 是一种典型的 UNIX 或 Windows NT 平台上客户机/服务器环境下的大型数据库系统。Sybase 提供了一套应用程序编程接口和库，可以与非 Sybase 数据源及服务器集成，允许在多个数据库之间复制数据，适于创建多层应用。系统具有完备的触发器、存储过程、规则以及完整性定义，支持优化查询，具有较好的数据安全性。Sybase 通常与 Sybase SQL Anywhere 用于客户机/服务器环境，前者作为服务器数据库，后者为客户机数据库，采用该公司研制的 PowerBuilder 为开发工具，曾在我国大中型系统中具有广泛的应用。2010 年被 SAP（思爱普）公司收购整合。

6. Informix

20 世纪 80 年代以前 Informix 一直扮演一个小角色，但是随着 UNIX 和 SQL 的流行，其命运随之改变。在 1986 年，Informix Software 公司发布了一系列的在 UNIX 系统下运行的关系型数据库产品，其范围从以 UNIX 为基础的 PC 到运行 UNIX 的大型机，以及 MS-DOS（Microsoft Disk Operating System，微软磁盘操作系统）、Windows、Netware 和 Windows.NET 下运行的 PC 都有相应的产品支持。2001 年至 2005 年，IBM 逐步接管了 Informix 公司，将 Informix 纳入 IBM 的关系型数据库管理系统家族，作为 IBM 联机事务处理（on-line transaction processing，OLTP）旗舰级数据服务系统。IBM 在 2005 年推出了 Informix Dynamic Server（IDS）第 10 版，在 2008 年推出 IDS11（v11.50，代码名为"Cheetah 2"）。

5.2.7 非关系型数据库

随着大数据的兴起，非关系型（NoSQL）数据库也成为一个极其热门的新领域。"NoSQL"不是"No SQL"的缩写。它是"Not Only SQL"的缩写。它的意义是：适合关系型数据库的时候就用关系型数据库，不适用的时候也没有必要非使用关系型数据库不可，可以考虑使用更加合适的数据存储方式。为弥补关系型数据库的不足，各种各样的 NoSQL 数据库应运而生。

1. NoSQL 数据库的类型

典型的 NoSQL 数据库划分为 4 种类型，分别是键值（key-value）数据库、文档（document-oriented）数据库、列存储（wide column store/column-family）数据库和图（graph-oriented）数据库。

1）键值数据库

键值数据库起源于亚马逊开发的 Dynamo 系统，可以把它理解为一个分布式的 HashMap，支持 set/get 元操作。它使用一个哈希表，表中的 key（键）用来定位 value（值），即存储和检索具体的 value。数据库不能对 value 进行索引和查询，只能通过 key 进行查询。value 可以用来存储任意类型的数据，包括整型、字符型、数组、对象等。

键值存储的值也可以是比较复杂的结构，如一个新的键值对封装成的一个对象。一个完整的分布式键值数据库会将 key 按策略尽量均匀地散列在不同的节点上，其中，一致性哈希函数是比较优雅的散列策略，它可以保证当某个节点挂掉时，只有该节点的数据需要重新散列。在存在大量写操作的情况下，键值数据库可以比关系型数据库有明显的性能优势，这是因为关系型数据库需要建立索引来加速查询，当存在大量写操作时，索引会发生频繁更新，从而会产生高昂的索引维护代价。键值数据库具有良好的伸缩性，理论上讲可以实现数据量的无限扩容。Redis、Memcached、Dynamo、Project Voldemort 属于这种类型。

2）文档数据库

文档数据库是 NoSQL 数据库类型中出现得最自然的类型，因为它们是按照日常文档的存储来设计的，并且允许对这些数据进行复杂的查询和计算。文档数据库既可以根据键来构建索引，也可以基于文档内容来构建索引。基于文档内容的索引和查询能力是文档数据库不同于键值数据库的主要方面，因为在键值数据库中，值对数据库是透明不可见的，不能基于值构建索引。文档数据库主要用于存储和检索文档数据，非常适合那些把输入数据表示成文档的应用。从关系型数据库存储方式的角度来看，每一个事物都应该存储一次，并且通过外键进行连接，而文件存储不关心规范化，只要数据存储在一个有意义的结构中就可以。文档格式包括 XML、YAML、JSON 和 BSON 等，也可以使用二进制格式，如 PDF、Microsoft Office 文档等。一个文档可以包含复杂的数据结构，并且不需要采用特定的数据模式，每个文档可以具有完全不同的结构。MongoDB、CouchDB、RavenDB 属于这种类型。

3）列存储数据库

普通的关系型数据库都是以行为单位存储数据的，擅长进行以行为单位的数据库处理。面向列的数据库是以列为单位来存储数据的，擅长以列为单位处理数据。列存储数据库可以分别存储每个列，从而在列数较少的情况下更快速地进行扫描。列存储数据库能够在其他列不受影响的情况下，轻松添加一列。列存储数据库更适合执行分析操作，如进行汇总或计数。实际交易的事务，如销售类，通常会选择行式数据库。列存储数据库采用高级查询执行技术，以简化的方法处理列块（称为批处理），从而减少了 CPU 使用率。Cassandra、HBase 和 Hypertable 属于这种类型。

4）图数据库

图数据库以图论为基础，用图来表示一个对象集合，包括顶点及连接顶点的边。图数据库使用图作为数据模型来存储数据，可以高效地存储不同顶点之间的关系。图数据库是 NoSQL 数据库类型中最复杂的一个，旨在以高效的方式存储实体之间的关系。图数据库适用于高度相互关联的数据，可以高效地处理实体间的关系，尤其适合于社交网络、依赖分析、模式识别、推荐系统、路径寻找、科学论文引用，以及资本资产集群等场景。图数据库在处理实体间的关系时具有很好的性能，但是在其他应用领域，其性能不如其他 NoSQL 数据库。典型的图数据库有 Neo4j、OrientDB、InfoGrid、InfiniteGraph 和 GraphDB 等。

2. 主流 NoSQL 数据库

1）HBase

HBase 是 Apache Hadoop 中的一个子项目，属于 BigTable 的开源版本，所实现的语言为 Java。HBase 是一个高可靠性、高性能、面向列、可伸缩的分布式存储系统，我们可以利用 HBase 技术在计算机上搭建起大规模结构化存储集群。HBase 利用 HDFS（Hadoop distribute file system，Hadoop 分布式文件系统）作为其文件存储系统，提供了分布式数据存储服务，利用 MapReduce 来处理 HBase 中的海量数据，利用 ZooKeeper 作为协调工具。HBase 为海量数据的及时查询提供了一个很好的开源解决方案。

2）Redis

Redis 是一个开源的使用 ANSI C 语言编写、支持网络、可基于内存也可持久化的日志型键值数据库，并提供多种语言的 API。目前由 VMware 主持开发工作，适用于数据变化快且数据库大小可以预见的应用程序。

3）MongoDB

MongoDB 是一个高性能、开源、无模式的文档数据库，开发语言是 C++。它在许多场景下可用于替代传统的关系型数据库或键/值存储方式。

MongoDB 的应用场景如下。①MongoDB 适用于实时的插入、更新与查询的需求，并具备应用程序实时数据存储所需的复制及高度伸缩性。②MongoDB 非常适合文档化格式的存储及查询。③高伸缩性的场景：MongoDB 非常适合由数十或者数百台服务器组成的数据库。④MongoDB 对性能的关注超过对功能的要求。

4）Couchbase

Couchbase 可以说是集合众家之长，目前应该是最先进的 cache 系统，其开发语言是 C/C++。Couchbase Server 是个文档数据库（其所用的技术来自 Apache CouchDB 项目），能够实现水平伸缩，并且对于数据的读写来说都能提供低延迟的访问。

Couchbase 适用于对读写速度要求较高但服务器负荷和内存花销有限的环境；Couchbase 需要支持 Memcached 协议的需求。

5）LevelDB

LevelDB 是由谷歌工程师杰夫·迪恩（Jeff Dean）和桑杰·格玛沃特（Sanjay Ghemawat）开发的开源项目，它是能处理十亿级别规模键值型数据持久性存储的程序库，开发语言是 C++。除了持久性存储，LevelDB 还有一个特点是写性能远高于读性能（当然读性能也不差）。

LevelDB 适用于对写入需求远大于读取需求的场景。

5.3 数据仓库与数据挖掘

5.3.1 数据仓库的产生

随着计算机技术的飞速发展和企业界不断提出新的需求，数据仓库（data warehouse）

技术应运而生，主要有以下两方面的需求促成了数据仓库的建立和使用。

1. 全局应用需求

计算机系统的应用发展非常迅速，国外许多企业在其发展过程中逐渐形成了多种独立的应用（子）系统；另外，一些公司由地点上分布的多个子公司或部门组成，子公司或部门独立地使用着各自的业务处理系统，而这些子系统往往是异质的，有文件系统、层次或网状数据库，以及关系型数据库等。当企业或公司需要企业范围内的全局应用时，直接在繁杂的多个子系统上实施是很困难或不可能的。而数据仓库中存储的是经过集成的信息，具有公司范围内的全局模式。通过集成，来自各数据源的相关数据被转换成统一格式，以便进行全局应用。

2. 复杂分析需求

在信息技术不断发展的今天，人们对信息的使用也越来越复杂。企业中除了对业务数据进行增、删、改等事务处理操作和简单的统计汇总以外，高层管理者还要使用数据（历史的、现在的）进行各种复杂分析以支持决策。从大量的历史数据中获取信息，要求系统保存大量的历史数据，而且还要进行复杂的分析处理（每次处理涉及大量数据）。这些功能对用于频繁操作性处理的数据库系统而言，将成为沉重的负担。

数据仓库的建立使企业的信息环境划分为两大部分：操作环境和信息提供环境（或分析环境）。操作性数据库负责数据的日常操作性应用，当数据在操作环境中不再使用时，若它对分析有用，就将其归到数据仓库中。数据仓库存储旧的、历史数据，留作分析性应用。在分析环境中，数据很少变动，因而数据仓库没有日常的增删改等操作，只有存取和装入操作，专用于各种复杂分析，为高层决策者服务。

由此可见，数据仓库集成了企业范围内的数据，数据仓库的建立便于进行支持高层决策用的复杂分析。

5.3.2　数据仓库的概念和特点

20世纪80年代中期，威廉·H.英蒙（William H. Inmon）在其《建立数据仓库》一书中定义了数据仓库的概念：数据仓库是支持管理决策过程的、面向主题的、集成的、随时间而变的、持久的数据集合。随后许多人又给出了关于数据仓库的其他定义，其中较为精准的是：数据仓库是在企业管理和决策中面向主题的、集成的、与时间相关的、不可修改的数据集合。与其他数据库应用不同的是，数据仓库是一种观点，而不是可以直接购买的产品。它包括电子邮件文档、语音邮件文档、CD-ROM、多媒体信息以及还未考虑到的数据，而且这些数据并非最新的、专有的，而是来源于其他数据库。

数据仓库的建立并不是要取代数据库，它建立在一个较全面和完善的信息应用基础之上，用于支持高层决策的分析。它存储的数据在量和质上都与操作性数据库有所不同（表5-3）。数据仓库的特点包括以下几个方面。

表 5-3　操作型与分析型数据之间的对比

属性	操作型数据	分析型数据
数据性质	细节的	综合的或可提炼的
时间性	在存取瞬间是准确的	代表过去的数据
加工性	可更新的	不更新
可知性	操作需求事先可知道	操作需求事先不知道
性能要求	较高	宽松
操作情况	一个时刻操作一个单元	一个时刻操作一个集合
驱动因素	事务驱动	分析驱动
应用目的	面向应用	面向分析
操作领域	支持日常操作	支持管理需求

1. 数据仓库的数据是面向主题的

与传统数据库面向应用进行数据组织的特点相对应，数据仓库中的数据是面向主题进行组织的。主题是一个抽象的概念，是较高层次上企业信息系统中的数据综合、归类并进行分析利用的抽象。在逻辑意义上，它是对应企业中某一分析领域所涉及的分析对象。面向主题的数据组织方式，通过对分析对象的数据的一个完整、一致的描述，能完整、统一地刻画各个分析对象所涉及的企业中的各项数据，以及数据之间的联系。较高层次是相对面向应用的数据组织方式而言的，这种数据组织方式具有更高的数据抽象级别。

2. 数据仓库的数据是集成的

数据仓库的数据是从原有的分散的数据库数据抽取来的。操作型数据与管理决策中的分析型数据之间差别很大。第一，数据仓库的每一个主题所对应的源数据分散在原有的各数据库中，有许多重复和不一致的地方，且来源于不同的联机系统的数据都和不同的应用逻辑捆绑在一起。第二，数据仓库中的综合数据不能从原有的数据库系统直接得到。因此在数据进入数据仓库之前，必然要经过统一与综合，这一步是数据仓库建设中最关键、最复杂的一步，所要完成的工作有：①统一源数据中所有矛盾之处。如字段的同名异义、异名同义、单位不统一、字长不一致等。②进行数据综合和计算。数据仓库中的综合数据可以在从原有数据库抽取数据时生成，但更多的是在进入数据仓库以后进行综合生成的。

3. 数据仓库的数据是不可更新的

数据仓库的数据主要供企业决策分析之用，所涉及的数据操作主要是数据查询，一般情况下并不进行修改操作。其中的数据反映的是一段相当长的时间内历史数据的内容，是不同时点的数据库快照的集合，以及基于这些快照进行统计、综合和重组的导出数据，而不是联机处理的数据。由于数据仓库的查询数据量往往很大，所以就对数据查询提出了更高的要求，比如采用各种复杂的索引技术；同时由于数据仓库面向的是商业企业的高层管理者，他们会对数据查询的界面友好性和数据表示提出更高的要求。

4. 数据仓库的数据是随时间不断变化的

数据仓库中的数据不可更新是针对应用来说的，也就是说，数据仓库的用户进行分析处理时是不进行数据更新操作的。但并不是说，在从数据集成输入数据仓库开始到最终被删除的整个数据生存周期中，所有的数据仓库数据都是永远不变的。数据仓库的数据是随时间的变化而不断变化的，它表现在以下方面：数据仓库随时间变化不断增加新的数据和不断删去旧的数据。数据仓库的数据也有存储期限，一旦超过了这一期限，过期数据就要被删除。数据仓库中包含大量的综合数据，这些综合数据中很多跟时间有关，如数据经常按照时间段进行综合，或隔一定的时间片进行抽样等。因此，数据仓库的数据特征都包含时间项，以标明数据的历史时期。

5.3.3 数据仓库的体系结构

IBM、Oracle、Sybase、Informix、SAS Institute、Prism Software 等厂商都提出了自己的数据仓库解决方案和结构。图 5-12 是在斯坦福大学数据仓库研究小组建立的基本模型基础上提出的一个较为复杂的数据仓库体系结构。下面对各组成部分进行简要介绍。

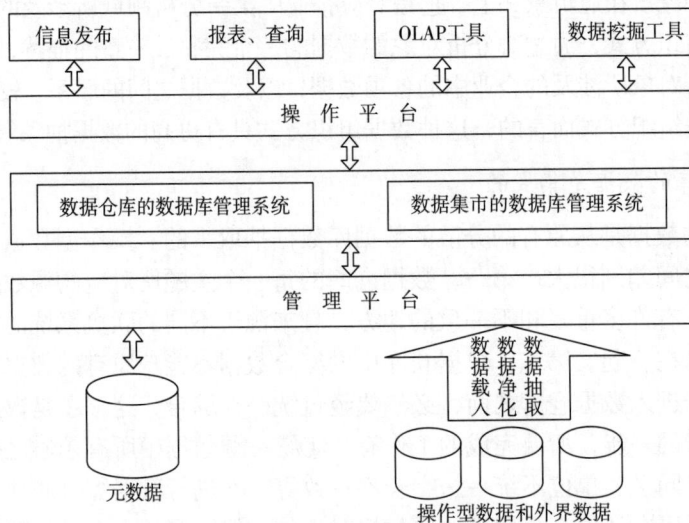

图 5-12 数据仓库的体系结构

（1）数据源：指为数据仓库提供最底层数据的运作数据库系统及外部数据。

（2）监视器：负责感知数据源发生的变化，并按数据仓库的需求提取数据。

（3）集成器：将从运作数据库中提取的数据经过转换、计算、综合等操作，并集成到数据仓库中。

（4）数据仓库：存储已经按企业级视图转换的数据，供分析处理用。根据不同的分析要求，数据按不同的综合程度存储，此外，数据仓库中还应存储元数据，记录数据的结构和数据仓库的所有变化，以支持数据仓库的开发和使用。

（5）客户应用：供用户对数据仓库中的数据进行访问查询，并以直观的方式表示分析结果的工具。包括报表和数据查询工具、联机分析处理（on-line analytical processing，OLAP）工具、数据挖掘工具等。

在整个体系结构中，数据仓库的数据库是整个数据仓库环境的核心，它存放数据并提供对数据检索的支持。相对于操纵型数据库来说，其突出的特点是对海量数据的支持和快速的检索技术。

5.3.4　数据挖掘

在数据仓库的应用中，要对大量的数据进行分析，从中提取数据中隐含的某些事物的发展规律和事物之间的联系，这需要用到一些统计、建模、分析的技术和工具。数据挖掘（data mining）就是新兴的一种从大量数据中提取有用信息以支持管理决策的技术。数据挖掘也可称为数据库中的知识发现（knowledge discovery in database，KDD），是从大量数据中提取出可信、新颖、有效并能被人理解的模式的高级处理过程。图 5-13 给出了数据挖掘的过程：源数据集成得到数据集，数据集经过选择得到目标数据，目标数据经过处理后得到预处理后数据，然后数据经过挖掘得到各种模式的数据，各种模式的数据经过解释就是知识。

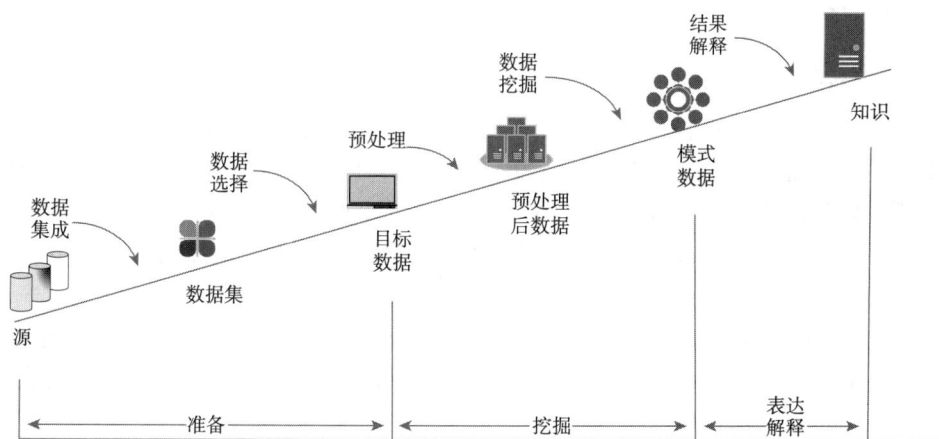

图 5-13　数据挖掘的概念

数据挖掘的重要性就来源于数据仓库中巨大的数据量。数据仓库组合许多不同来源的信息，创建一个具有比任何单个数据源有更多列或属性的数据实例。尽管这会增加数据挖掘工具的精确度，但是也会使得人们很难对大量的信息进行排序并寻找其中的趋势；而且，因为数据仓库中信息太多，从而无法完全利用每一条信息。所有这些因素，都促使人们对数据仓库使用数据挖掘工具。数据挖掘的结果可以增加收入、降低费用，甚至二者兼而有之。

数据挖掘所涉及的学科领域和方法很多，举例如下。

（1）数据总结：其目的是对数据进行浓缩，给出它的紧凑描述。

（2）数据分类：其目的是学会一个分类函数或分类模型（也称作分类器），该模型能把数据库的数据项映射到给定类别中的某一个。

（3）数据聚类：把一组个体按照相似性归成若干类别，使属于同一类别的个体之间的距离尽可能地小，而不同类别的个体间的距离尽可能地大。

数据挖掘技术从一开始就是面向应用的。它不仅是面向特定数据库的简单检索查询调用，而且要对这些数据进行统计、分析、综合和推理，以指导实际问题的求解，发现事物间的相互关联，甚至利用已有的数据对未来的活动进行预测。为了实现数据挖掘，现在已经开发出许多软件工具，并且形成了若干产品。

数据挖掘的用途很多。在客户关系管理中，可以使用数据挖掘来发现使客户盈利的因素或促使客户转向竞争对手的因素；在医学领域中，可以使用数据挖掘来确定哪些过程更为有效，哪些病人最适合做外科手术；在市场营销领域中，可以使用数据挖掘来确定哪些客户更感兴趣于哪些特定商品或增加销售收入的方法；在制造领域中，可以使用数据挖掘来确定哪些过程参数最能影响产品的质量。

5.4 大数据管理

5.4.1 大数据的产生

1. 大数据时代的背景

随着物联网、云计算、移动互联网等技术的成熟，以及智能移动终端的普及，全社会的数据量呈指数型增长。互联网（社交、搜索、电商）、移动互联网（微博）、物联网（传感器、智慧地球）、车联网、GPS、医学影像、安全监控、金融（银行、股市、保险）、电信（通话、短信）都在疯狂产生着数据。全球已经进入以数据为核心的大数据时代。

信息技术发展的每一个阶段都会遇到数据处理的问题，人类需要不停地面对来自数据的挑战。为满足商业结构化数据存储的需求而产生了关系型数据库，为满足互联网时代非结构化数据存储需求而产生了 NoSQL 技术，而大数据技术的产生是为了解决大型数据集分析的问题。

少量的数据看似杂乱无章，但是当数据累积到一定程度时，就会呈现出一种规律和秩序。大数据的价值就在于数据分析，利用大数据分析技术，从海量数据中总结经验、发现规律、预测趋势，最终为辅助决策服务。《大数据时代》的作者维克托·迈尔-舍恩伯格认为，"大数据开启了一次重大的时代转型"，他指出大数据将带来巨大的变革，改变人们的生活、工作和思维方式，改变人们的商业模式，影响人们的经济、政治、科技和社会等各个层面。

2011 年 5 月，在"云计算相遇大数据"为主题的 EMC World 2011 会议中，EMC 抛出了大数据概念。

正如《纽约时报》2012 年 2 月的一篇专栏中所称，大数据时代已经降临，在商业、经济及其他领域中，决策将日益基于数据和分析而做出，而并非基于经验和直觉。哈佛大学社会学教授加里·金说:"这是一场革命,庞大的数据资源使得各个领域开始了量化进程,无论学术界、商界还是政府,所有领域都将开始这种进程。"

2. 大数据的发展

1)萌芽阶段

20 世纪 90 年代,"大数据"这个术语开始出现。1998 年美国硅图公司(Silicon Graphics)首席科学家 John R. Mashey(约翰·R. 马歇)在美国高级计算机系统协会大会上提出大数据的概念,他当时发表了一篇名为"Big data and the next wave of infrastress"(《大数据与下一代基础架构》)的论文,使用了大数据来描述数据爆炸的现象。但是那时的大数据只表示"大量的数据或数据集"这样的字面含义,还没有涵盖相关的采集、存储、分析挖掘、应用等技术方法与特征内涵。

2)发展阶段

20 世纪末到 21 世纪初是大数据的发展期,在这一阶段中大数据逐渐为学术界的研究者所关注,相关的定义、内涵、特性也得到了进一步的丰富。2003~2006 年,谷歌发布的关于 GFS(Google file system,谷歌文件系统)、MapReduce 和 BigTable 的设计模型,对大数据的发展起到重要作用。GFS 是一个可扩展的分布式文件系统,用于大型的、分布式的、对大量数据进行访问的应用。MapReduce 是分布式计算框架,描述了大数据的分布式计算方式,主要思想是将任务分解然后在多台处理能力较弱的计算节点中同时处理,之后将结果合并从而完成大数据处理。BigTable 是建立在 GFS 和 MapReduce 之上的,实现 Table 的存储处理及负载均衡处理机制。2006~2009 年,大数据技术形成并行运算与分布式系统。2009 年,杰夫·迪恩在 BigTable 基础上开发了 Spanner 数据库。随着数据挖掘理论和数据库技术的逐步成熟,一批商业智能(business intelligence,BI)工具和知识管理技术如数据仓库、专家系统、知识管理系统等开始被应用。

3)成熟阶段

2011 年至今,是大数据发展的成熟阶段,越来越多的研究者对大数据的认识从技术概念丰富到了信息资产与思维变革等多个维度,一些国家、社会组织、企业开始将大数据上升为重要战略。学术界及企业界纷纷开始将大数据研究由学术领域向应用领域扩展,大数据技术开始向商业、科技、医疗、政府、教育、经济、交通、物流等社会的各个领域渗透。

3. 大数据的现状

当前,许多国家都认识到了大数据的重要作用,纷纷将开发利用大数据作为争夺新一轮竞争制高点的重要举措,实施大数据战略,为大数据技术、产业的发展提供有利的条件。

1)国外发展状况

当前,大数据所蕴含的战略价值已经引起多数发达国家政府重视,各国相继出台大数据战略规划和配套法规促进大数据应用与发展。在各国政府大数据战略部署和政策推动下,政府部门、企业、高校及研究机构都开始积极探索大数据应用。

以美国为例,美国政府将大数据视为强化美国竞争力的关键因素之一,2012 年 3 月

29 日，美国发布《大数据研究与发展计划》，将大数据的研究和发展上升至国家战略层次。之后，12 个联邦部门启动开展了 82 个大数据相关项目，涵盖了国防、国土安全、国家安全、能源、医疗卫生、食品药物、航空航天、人文社会科学、地质勘查等众多领域，美国希望借助大数据技术实现这些领域的技术突破。企业也借助大数据政策的东风，强化对大数据的技术研发和创新应用。

以英国为例，2013 年 10 月 31 日，英国发布《把握数据带来的机遇：英国数据能力战略规划》，该战略旨在促进实现英国在数据挖掘和价值萃取中的世界领先地位。为实现上述目标，该战略从强化数据分析技术、加强国家基础设施建设、推动研究与产研合作、确保数据被安全存取和共享等几个方面做出了部署，并做出 11 项明确的行动承诺，确保战略目标真正得以落实。

2）国内发展状况

在政府层面，2014 年大数据首次写入国务院政府工作报告，我国大数据产业进入蓬勃发展时期。2015 年，国务院印发《促进大数据发展行动纲要》，大数据上升为国家战略。2016 年，国家大数据战略作为"十三五"十四大战略之一，首次被写进五年规划中，大数据创新应用向纵深发展。2017 年，工业和信息化部印发《大数据产业发展规划（2016—2020年）》，全面部署"十三五"时期大数据产业发展工作，推动大数据产业健康快速发展。

在学术研究方面，大数据研究机构、大数据学术组织纷纷成立，如中国计算机学会和中国通信学会都成立了大数据专家委员会，教育部在中国人民大学成立了"萨师煊大数据分析与管理国际研究中心"，北京市委市政府、北京大学、北京工业大学、中关村科技园区管理委员会、海淀区政府携手推动成立了北京大数据研究院，电子科技大学和国家信息中心共建了大数据研究中心（北京）等。大数据相关的学术活动也相继举行，如中国计算机学会（China Computer Federation，CCF）大数据学术会议、中国大数据技术大会和中国国际大数据大会等。

在产业层面，由于各级政府和企业大力推进，目前我国的大数据产业处于高速发展阶段，技术创新取得明显突破，大数据应用推进势头良好，产业体系初具雏形，支撑能力日益增强。另外，我国的数据资源量十分庞大，这些数据资源的积累也为大数据产业的发展提供了非常良好的机遇与环境。国内大数据产业发展格局已经形成了京津地区、长三角地区、珠三角地区、成渝地区四大聚集区域。北京、上海、广东是发展的核心地区，这些地区拥有知名互联网及技术企业、高端科技人才、国家强有力的政策支撑等良好的信息技术产业发展基础，形成了比较完整的产业业态，并且产业规模仍在不断扩大。以贵州、重庆为中心的大数据产业圈，虽然地处经济比较落后的西南地区，但是贵州、重庆等地依托政府对其大数据产业发展提供的政策引导，积极引进大数据相关企业及核心人才，实现了大数据产业在当地的快速发展。

5.4.2 大数据的概念及特征

1. 大数据的概念

目前对大数据的准确定义尚有一些争论，这就导致大数据的定义有多种。维基百科给出的定义是：大数据是利用常用软件工具捕获、管理和处理数据所耗时间超过可容忍时间的数据集。美国国家科学基金会（National Science Foundation，NSF）则将大数据定义为"由科学仪器、传感设备、互联网交易、电子邮件、音视频软件、网络点击流等多种数据源生成的大规模、多元化、复杂、长期的分布式数据集"。全球知名的咨询公司麦肯锡咨询公司认为，大数据是指无法在一定时间内用传统数据库软件工具对其内容进行采集、存储、管理和分析的数据集合，但它同时指出大数据并非有数百个 TB 才算得上。根据实际使用情况，有时候数百个 GB 的数据也可称为大数据，这主要要看它的第三个维度，也就是速度或者时间维度。IT 权威研究与顾问咨询公司 Gartner 则将大数据定义为"在一个或多个维度上超出传统信息技术的处理能力的极端信息管理和处理问题"。百度百科中大数据的定义：无法在一定时间范围内用常规软件工具进行捕捉、管理和处理的数据集合，所涉及的数据资料量规模巨大到无法通过人脑甚至主流软件工具，在合理时间内达到撷取、管理、处理并整理成为帮助企业经营决策的资讯等更积极的目的。可以简单理解为：大数据是一个体量特别大，数据类别特别大的数据集，并且这样的数据集无法用传统数据库工具对其内容进行抓取、管理和处理。进一步简单地说，大数据基本要具备以下三点要素。

（1）有海量的数据。

（2）有对海量数据进行挖掘的需求。

（3）有对海量数据进行挖掘的技术和工具（如常见的有 Hadoop、Spark 等）。

当前无论是企业在经营管理过程中还是政府组织在事务活动中都会产生大量的信息数据，产生的数据中蕴含大量有价值的信息，需要快捷提取用于辅助管理决策支持。虽然无法用传统设备及传统方式进行存储、加工和分析，但是可以通过水平扩展（即大磁盘大集群）、过垂直扩展（即大内存高效能）、新的数据挖掘技术工具等来提供存储分析等处理。

2. 大数据的 4V 特征

（1）数据量大（volume）。体量大是大数据区分于传统数据最显著的特征。大数据的计量单位可以是 PB（1000TB）、EB（100 万 TB）或 ZB（10 亿 TB）。

在 Map3 时代，一个小小的 MB 级别的 Map3 就可以满足很多人的需求，然而随着时间的推移，存储单位从过去的 GB 到 TB，乃至现在的 PB、EB 级别。随着信息技术的高速发展，数据开始爆发性增长。社交网络（微博、Twitter、Facebook）、移动网络、各种智能工具，服务工具等，都成为数据的来源。2021 年，淘宝、拼多多电商平台活跃用户数已达 8 亿级别，社交平台微信、WhatsApp、TikTok、Facebook 月活跃用户数超过 10 亿。每天都会产生海量的交易数据和操作日志，迫切需要智能的算法、强大的数据处理平台和新的数据处理技术，来统计、分析、预测和实时处理如此大规模的数据。

（2）类型繁多（variety）。数据包括网络日志、音频、视频、图片、地理位置信息等，多类型的数据对数据的处理能力提出了更高的要求。人们使用互联网搜索是形成数据多样性的原因之一，然而，数据多样性的增加主要是由新型多结构数据，以及网络日志、社交媒体、互联网搜索、手机通话记录及传感器网络等数据类型造成。其中，部分传感器安装在火车、汽车和飞机上，每个传感器都增加了数据的多样性。

（3）处理快速（velocity）。时效性要求高是大数据区分于传统数据挖掘最显著的特征。既有的技术架构和路线已经无法高效处理如此海量的数据。在高速网络时代，通过基于实现软件性能优化的高速计算机处理器和服务器，创建实时数据流已成为流行趋势。企业不仅需要了解如何快速创建数据，还必须知道如何快速处理、分析并返回给用户，以满足他们的实时需求。

（4）价值密度低（value）。存在大量的不相关信息，浪里淘沙却又弥足珍贵。数据价值密度相对较低，如随着物联网的广泛应用，信息感知无处不在，信息海量，但价值密度较低，如何通过强大的机器算法更迅速地完成数据的价值"提纯"，是大数据时代亟待解决的难题。

3. 大数据的优势

1）大数据计算提高数据处理效率，增加人类认知盈余

大数据技术就像其他的技术革命一样，是从效率提升入手的。通过大数据计算节省下来的时间，人们可以去消费、娱乐和创造。未来大数据计算将释放人类社会巨大的产能，增加人类认知盈余，帮助人类更好地改造世界。

2）大数据通过全局的数据让人类了解事物背后的真相

相对于过去的样本代替全体的统计方法，大数据将使用全局的数据，其统计出来的结果更为精确，更接近事物真相，帮助科学家了解事物背后的真相。大数据带来的统计结果将纠正过去人们对事物错误的认识，影响过去人类行为、社会行为的结论，带来全新的认知。

3）大数据有助于人们了解事物发展的客观规律，有利于科学决策

大数据收集了全局的数据、准确的数据，人们可通过大数据分析事物发展过程中的真相；通过数据分析出人类社会的发展规律、自然界发展规律；利用大数据提供的分析结果来归纳和演绎出事物的发展规律；通过掌握事物发展规律来进行科学决策。

4）大数据建立了与人类活动的关联，有助于客观了解人类行为

通过大数据将人类的行为数据收集起来，经过一定的分析后来统计人类行为，帮助我们了解人类的行为。

5）大数据改变过去的经验思维，帮助人们建立数据思维

出现大数据之后，我们会面对海量的数据、多种维度的数据、行为的数据、情绪的数据、实时的数据。通过大数据计算和分析技术，人们将会得到不同的事物真相，以及不同的事物发展规律。各国政府和企业将借助大数据来了解民众需求，抛弃过去的经验思维和惯性思维，掌握客观规律，跳出依据历史预测未来的困境。

4. 大数据的价值

大数据作为重要的基础性战略资源，被称为"未来的新石油"，其核心价值在于应用，在于其赋值和赋能作用，在于对大量数据的分析和挖掘后所带来的决策支撑，能够为我们的生产生活、经营管理、社会治理、民生服务等各方面带来高效、便捷、精准的服务。

从企业决策的角度来看,在任何行业、任何领域,实现企业决策和企业战略实施的是人的大脑。现在区别在于,从前主要依靠领导的丰富的企业经验和信息整合能力来决策,如今依靠高性能并行的计算机处理技术来处理海量的数据集,分布式地演算出最终的战略决策。利用这样的科技,可以大大提升领导决策的精准度和效率。

从商业角度来看,从繁杂庞大的数据中挖掘、分析用户的行为习惯和喜好,研发出更符合用户偏好的产品和服务,并结合用户需求有针对性地调整和优化产品,以优化用户体验,最终获得商业利益,就是大数据在商业社会的价值。除商业外,可利用大数据预测可能的灾难,可利用大数据分析癌症可能的引发原因并找出治疗方法等。

5.4.3 大数据技术

大数据技术就是从各种类型的数据中快速获得有价值信息的技术。大数据领域已经涌现出了大量新的技术,它们成为大数据采集、存储、处理和呈现的有力武器。大数据关键技术按照处理流程划分,包括大数据采集技术、大数据预处理技术、大数据存储及管理技术、大数据分析及挖掘技术、大数据展现与应用技术。

1. 大数据采集技术

大数据采集是指通过 RFID 数据、传感器数据、社交网络交互数据及移动互联网数据等方式获得各种类型的结构化、半结构化(或称为弱结构化)及非结构化的海量数据过程,是大数据知识服务模型的根本。大数据采集技术包括分布式高速高可靠数据爬取或采集、高速数据全映像等大数据收集技术;高速数据解析、转换与装载等大数据整合技术;设计质量评估模型、开发数据质量技术等。

大数据采集一般分为大数据智能感知层和基础支撑层。大数据智能感知层主要包括数据传感体系、网络通信体系、传感适配体系、智能识别体系及软硬件资源接入系统,实现对结构化、半结构化、非结构化的海量数据的智能化识别、定位、跟踪、接入、传输、信号转换、监控、初步处理和管理等。基础支撑层主要包括提供大数据服务平台所需的虚拟服务器,结构化、半结构化及非结构化数据的数据库及物联网络资源等基础支撑环境。

2. 大数据预处理技术

大数据预处理技术主要完成对已接收数据的辨析、抽取、清洗等操作。抽取:因获取的数据可能具有多种结构和类型,数据抽取过程可以帮助我们将这些复杂的数据转化为单一的或者便于处理的构型,以达到快速分析处理的目的。清洗:获取的数据并不全是有价值的,有些数据并不是我们所关心的内容,而另一些数据则是完全错误的干扰项,因此要对数据通过过滤"去噪"从而提取出有效数据。

3. 大数据存储及管理技术

大数据存储与管理要用存储器把采集到的数据存储起来,建立相应的数据库,并进行管理和调用。其重点解决复杂结构化、半结构化和非结构化大数据管理与处理技术,主要解决大数据的可存储、可表示、可处理、可靠性及有效传输等关键问题,可采用

Hadoop、MPP（massively parallel processing，大规模并行处理）架构的新型数据库集群、大数据一体机等。

4. 大数据分析及挖掘技术

数据分析及数据挖掘就是从大量的、不完全的、有噪声的、模糊的、随机的实际应用数据中，提取隐含在其中的、人们事先不知道的但又是潜在有用的信息和知识的过程。

大数据分析及挖掘技术的重点是数据模式和关系的识别算法。

5. 大数据展现与应用技术

大数据展现与应用包括大数据检索、大数据可视化、大数据应用、大数据安全等。通过对接一些商业智能数据分析平台，将分析得到的数据进行可视化，用于指导决策服务。

5.4.4　大数据的应用

1. 大数据的应用场景

大数据的应用对象可以简单地分为为人类提供辅助服务，以及为智能体提供决策服务。大数据不仅包括企业内部应用系统的数据分析，还包括与行业、产业的深度融合。具体场景包括：互联网行业、政府行业、金融行业，以及传统行业中的地产、医疗、能源、制造、电信行业等。通俗地讲"大数据就像互联网+，可以应用在各行各业"，如电信、金融、教育、医疗、军事、电子商务甚至政府决策等。

对企业而言，大数据可提高工作效率，降低企业成本，精准营销带来更多客户。

对政府而言，可以利用大数据进行统筹分析、提高管理效率、管理和抓获犯罪分子等。

对个人而言，可以利用大数据更了解自己等。

一些行业主要的应用举例如下。

（1）制造业：大数据可以帮助制造商减少成本和浪费，并在更短的时间内制造出高质量的产品。

（2）金融行业：大数据在高频交易、社交情绪分析和信贷风险分析三大金融创新领域发挥重大作用。

（3）零售餐饮行业：利用大数据实现餐饮 O2O（online to offline，线上到线下）模式，彻底改变传统餐饮经营方式。通过了解顾客的喜好，可以对营销方案进行改进、服务转型。

（4）医疗保健行业：改善治疗或向患者提供更好的医疗援助；提高行政管理、成本管理、人力资源/人员管理和供应管理的效率。

（5）能源行业：大数据能加速推进能源产业发展及商业模式创新等。

（6）教育行业：利用大数据来跟踪学生表现的变化、设计教育形式等。

2. 大数据的发展及趋势

随着大数据基础设施的不断完善，全球大数据产业呈现长足发展势头，数据分析和商业智能工具逐渐成为大数据的主力军。我国互联网大数据领域发展态势良好，市场化程度较高，一些互联网公司建成了具有国际领先水平的大数据存储与处理平台，并在移动支付、网络征信、电子商务等应用领域取得国际先进甚至领先的重要进展。

（1）开源大数据商业化进一步深化。随着闭源软件在数据分析领域的地盘不断缩小，老牌 IT 厂商正在改变商业模式，向开源靠拢，并加大专业服务和系统集成方面的力度，帮助客户向开源的、面向云的分析产品迁移。

（2）大数据行业分析应用得到极大拓展。大数据应用深入各个行业，基于行业的大数据分析应用需求日益增长，针对特定行业和业务流程的分析应用得到极大发展。

（3）大数据细分市场规模进一步扩大。大数据相关技术的发展将会创造出一些新的细分市场，如以数据分析和处理为主的高级数据服务、基于社交网络的社交大数据分析等。

（4）大数据分析的革命性方法出现。大数据分析出现革命性的新方法，机器学习继续成为大数据智能分析的核心技术；人工智能和脑科学相结合，成为大数据分析领域的热点。金融、互联网电子商务、健康医疗、城镇化智慧城市领域的应用令人瞩目。

（5）大数据与云计算将深度融合。云计算为大数据提供弹性可扩展的基础设施支撑环境以及数据服务的高效模式，大数据则为云计算提供新的商业价值，大数据技术与云计算技术必有更完美的结合。

▌**5.5 云计算与云数据管理**

5.5.1 云计算

1. 云计算产生背景

（1）随着企业信息化建设规模不断扩大，企业面临高成本的瓶颈，包括基础设施和相关软件购买维护、软件开发的人力投入、日常运维成本、设施环境和场所等。云计算带来的益处显而易见：用户不需要专门的 IT 团队，也不需要购买、维护、安放有形的硬件设备和软件制品，云计算服务提供商可以极大地提高计算资源的利用率和业务响应速度，用户按需使用提供商的各种服务。

（2）互联网的发展刺激了用户对深度计算与服务的需求。随着互联网应用领域不断扩大，企业和个人用户数量快速增长，人们的工作和生活方式不断翻新，对信息的需求也不断增加。云计算模式更能适应这种数据快速增长和用户对个性化信息服务的需求。

（3）随着企业发展和竞争加剧，考虑到成本和效率，只有让信息技术和信息服务实现社会化、集约化和专业化，才能优化整个社会的计算资源，减少重复建设，促进 IT 企业专业化分工协作、资源聚合和信息共享。

2. 云计算定义

云计算是并行计算、分布式计算和网格计算等计算机科学概念的商业实现。IBM 对云计算的定义是：云计算一词用来同时描述一个系统平台或者一种类型的应用程序。云计算是虚拟化、效用计算、IaaS（infrastructure as a service，基础设施即服务）、PaaS（platform as a service，平台即服务）、SaaS（software as a service，软件即服务）等概念混合演进并跃升的结果。

3. 云计算基本原理

云计算的基本原理是：通过使计算分布在大量的分布式计算机上，而非本地计算机或远程服务器中，企业数据中心的运行将更与互联网相似，这使得企业能够将资源切换到需要的应用上，根据需求访问计算机和存储系统。这就好比是早期的单个发电站模式转向了如今的国家电网集中供电的模式。分布在各地的分布式计算机组成"云"，计算能力也可以作为一种商品进行流通，就像煤气、水、电一样，取用方便，费用低廉。这个由分布在各地的分布式计算机组成的"超级计算机"——"云"连接上高速互联网，使用者通过网络就能获取运算结果。因此，任何有需求的单位甚至个人都能享受"云"所带来的便利。通过这项技术，网络服务提供者可以在数秒之内完成处理数以千万计甚至亿计的信息，达到和"超级计算机"同样强大效能的网络服务。

4. 云计算的特点

（1）超大规模。"云"系统有相当的规模，谷歌云计算拥有 100 多万台服务器，亚马逊、IBM、微软、雅虎等的"云"均拥有几十万台服务器。企业私有云一般拥有数百上千台服务器。"云"能赋予用户前所未有的计算能力。

（2）虚拟化。云计算支持用户在任意位置、使用各种终端获取应用服务。所请求的资源来自"云"，而不是固定的有形实体。用户只需要一台笔记本或者一部手机，就可以通过网络服务来实现用户需要的一切，甚至包括超级计算这样的任务。

（3）高可靠性。"云"使用了数据多副本容错、计算节点同构可互换等措施来保障服务的高可靠性，使用云计算比使用本地计算机可靠。

（4）通用性。云计算不针对特定的应用，在"云"的支撑下可以构造出千变万化的应用，同一个"云"可以同时支撑不同的应用运行。

（5）高可扩展性。"云"的规模可以动态伸缩，满足应用和用户规模增长的需要。

（6）按需服务。"云"是一个庞大的资源池，按需购买，像水、电、煤气那样计费。

（7）极其廉价。由于"云"的特殊容错措施，可以采用极其廉价的节点来构成"云"，"云"的自动化集中式管理使大量企业无须负担日益高昂的数据中心管理成本，"云"的通用性使资源的利用率较传统系统大幅提升。因此，用户可以充分享受"云"的低成本优势，经常只要花费几百美元、几天时间就能完成以前需要数万美元、数月时间才能完成的任务。

5. 云计算的体系结构

图 5-14 描述了云计算体系结构的五个主要组成部分及其关系。

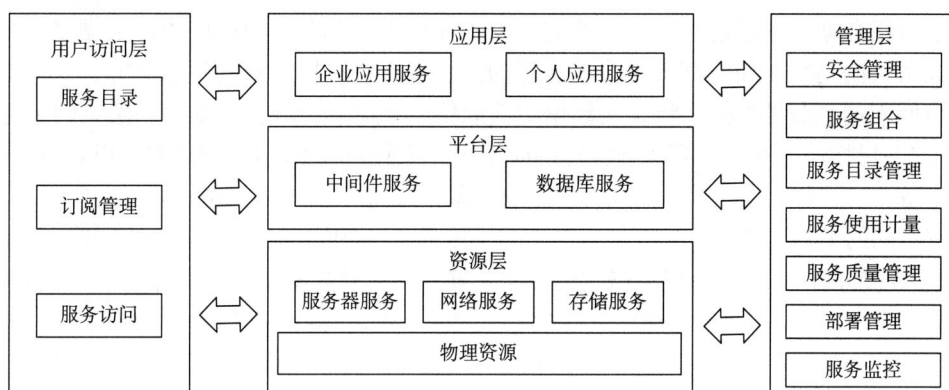

图 5-14　云计算体系结构

资源层是指基础架构层面的云计算服务，包括服务器、网络设备、存储设备等各种物理设备，以及设备运行所配置的系统软件如操作系统、防火墙等。这些服务通过虚拟化技术对外提供资源，用户基于这些基础服务搭建自己的应用，而不需要关心其内部的复杂性。

平台层为用户提供对资源层服务的封装，使得用户可以利用更高级的服务构建自己的应用。例如，数据库服务提供可扩展的数据库访问和处理能力，中间件服务提供可扩展的消息中间件或事务处理中间件等服务。

应用层提供具体的应用软件服务。应用软件服务可以是面向个人的，如电子邮箱、文本翻译、个人网络硬盘等服务；也可以是面向企业的，如客户关系管理、财务管理、电子病历等。

用户访问层是指方便用户使用不同层面的云计算服务所需的各种支撑服务。服务目录是服务的列表，以方便用户知道并选择所需的云计算服务。订阅管理提供给用户订阅服务、取消订阅和查看订阅服务等服务管理功能。服务访问是各层次的云计算服务的访问接口。

管理层提供对所有层次云计算服务的管理功能，包括安全管理、服务目录管理、服务使用计量等。

5.5.2　云数据管理概述

1. 云数据管理的基本概念

云数据（cloud data）是利用云计算环境的计算能力和可扩展性来提供数据管理服务的，是基于云计算模式应用的数据集成、数据分析、数据整合、数据分配、数据预警的技术与平台的总称。云计算需要对分布的、海量的数据进行处理、分析，因此，数据管理技术必须能够高效地管理大量的数据。云计算的数据具有海量、异构、非确定性的特点，需要采用有效的数据管理技术对海量数据和信息进行分析和处理，构建高度可用和可扩展的分布式数据存储系统，目前云计算系统中的数据管理技术主要是谷歌的 GFS、BigTable、MapReduce 数据管理技术和亚马逊的 Dynamo。

云计算中数据的特点主要表现在以下几个方面。

（1）海量性。近年来，随着物联网等应用的兴起，很多应用主要通过相当数量的传感器来采集数据。随着这种应用规模的扩大和在越来越多领域中的应用，数据量会呈现爆炸式增长的趋势。如何有效地改进已有的技术和方法或提出新的技术和方法来高效地管理与处理这些海量数据，将是从数据中提取信息并进一步融合、推理和决策的关键。

（2）异构性。在云计算各种各样的应用中，不同领域不同行业在数据获取阶段所采用的设备、手段和方式都千差万别，取得的数据在数据形态、数据结构上也各不相同。传感器有不同的类别，如 CO_2 浓度传感器、温度传感器、湿度传感器等，不同类别的传感器所捕获、传递的信息内容和信息格式会存在差异。以上因素导致了对数据访问、分析和处理的方式多种多样，数据多源性导致数据有不同的分类，不同的分类具有不同的数据格式，最终导致结构化数据、半结构化数据、非结构化数据并存，造成了数据资源的异构性。

（3）非确定性。云计算中的数据具有明显的不确定性特征，主要包括数据本身的不确定性、语义匹配的不确定性和查询分析的不确定性等。为了获得客观对象的准确信息，需要去粗取精、去伪存真，以便人们更全面地进行表达和推理。

2. 云数据管理技术

在新兴的云计算数据管理领域，谷歌的 BigTable、MapReduce 和亚马逊的 Dynamo 技术针对云计算海量数据的问题和应用特点有了很多创新，综合来看，未来云计算数据管理主要包括以下几个层次，其总体架构如图 5-15 所示。

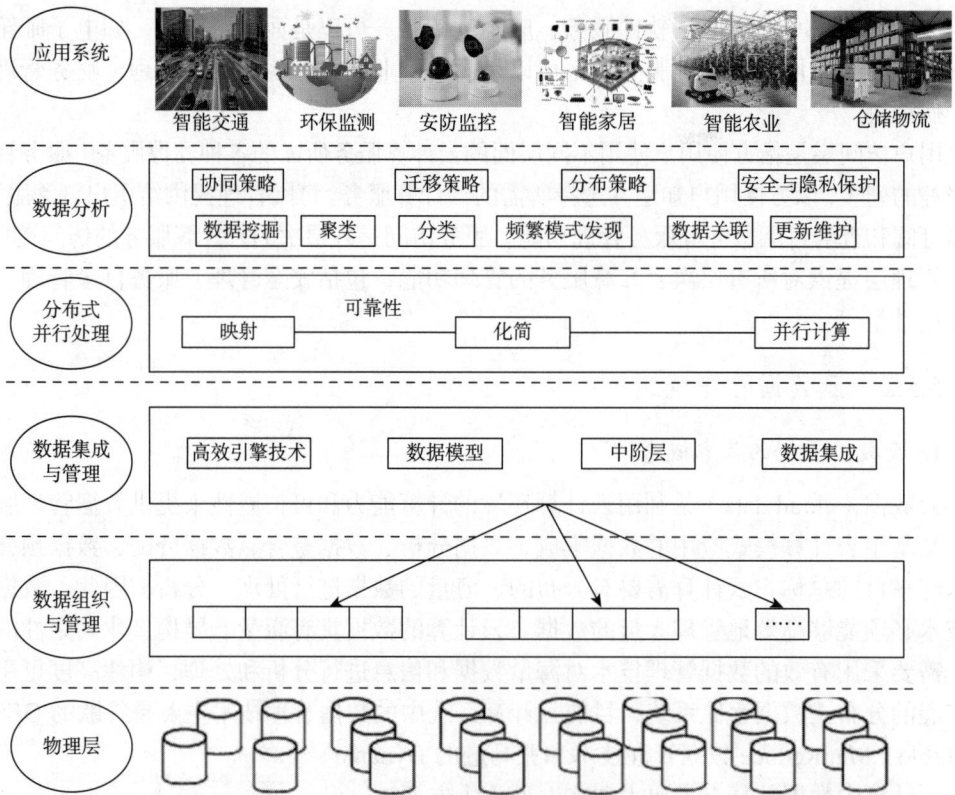

图 5-15　云计算数据管理

云计算数据管理层次分为四层，分别为数据组织与管理、数据集成与管理、分布式并行处理、数据分析。最终实现对非确定性数据的管理与集成，为用户提供高效的查询等服务。

（1）数据组织与管理：采用分布式的存储技术可用于大型的、分布式的、对大量数据进行访问的应用，类似 GFS。它运行于各种类似的普通硬件上，提供容错功能，为用户提供高可靠、高并发和高性能的数据并行存取访问。

（2）数据集成与管理：针对数据的非确定性、分布异构性、海量、动态变化等特点，采用分布式数据管理技术，通过采用 BigTabe、HBase 等分布式数据库技术对大数据集进行处理、分析，向用户提供高效的服务。

（3）分布式并行处理：为了高效地利用在分布式环境下的数据挖掘和处理，采用基于云计算的并行编程模式，如 MapReduce，将任务自动分成多个子任务，通过映射和化简两步实现任务在大规模计算节点中的调度与分配。后台复杂的并行执行和任务调度对用户和编程人员透明。

（4）数据分析：云计算的数据管理最终需要对数据进行分析和挖掘以提供给各种应用使用，通过采用不同的数据挖掘引擎及多引擎的调度策略，并通过基于浅层语义分析和深层语义分析的技术，以及在不确定知识条件下的高效的数据挖掘技术，从而从大量的结构化的关系型数据库中的数据，以及半结构化的文本、图形和图像数据中提取潜在的、事先未知的、有用的、能被人理解的数据。

3. 云数据安全存储框架

微软研究院的 Seny Kamara（塞尼·卡马拉）等提出了面向公有云的加密存储框架。在该框架中，数据处理器（data processor，DP）、数据验证器（data verifier，DV）、令牌生成器（token generator，TG）和凭证生成器（certificate generator，CG）是核心组件，这些组件工作在数据所有者的可信域中。数据处理组件负责在数据存储到云中前对数据进行分块、加密、编码等操作；数据验证组件负责验证存储在云中的数据块的完整性；令牌生成组件负责生成数据块访问令牌，云存储服务根据用户提供的令牌提取相应的密文数据；凭证生成组件负责为授权用户生成访问凭证。在访问授权时，数据所有者会将共享文件的令牌和凭证发往授权用户。

授权用户使用令牌从云中提取共享文件的密文，使用凭证解密文件。该框架的主要特点有两个：数据由所有者控制；数据的安全性由密码机制保证。该框架除了能解决数据存储的隐私问题和安全问题外，还能解决数据访问的合规性、法律诉讼、电子取证等问题。不过，该框架只是一个宏观的模型，并没有给出具体实现方法。

4. 云数据安全存储

1）同态加密技术

同态加密是一种加密技术，运用这种技术可以实现明文上执行指定的代数运算结果等同于在密文上的另一个（可能是不同运算）代数运算结果。同态加密这个特性使云计算面临的数据存储悖论迎刃而解。同态加密的思想起源于私密同态，它允许在不知道解密函数的前提下对加密数据进行计算。

2）基于 VMM 的数据保护技术

鉴于云环境下虚拟机工作在虚拟化平台之上并由虚拟机监控系统或监控器进行管控，提出了一种基于 VMM（virtual machine monitor，虚拟机监视程序）的云数据机密性保护方法，该方法基于 SSL（secure socket layer，安全套接字层）来保证数据传输的安全，利用虚拟监控系统保护数据存储的安全。数据在传输到云端前，用户客户端 SSL 模块会将数据加密。云端的操作系统接收到用户密文数据后，将密文数据提交给分布式文件系统。分布式文件系统的 SSL 模块会将数据解密以进行处理。如果用户要将数据保存到分布式文件系统，虚拟监控系统会在存储前对数据进行加密；反之，如果用户要从分布式文件系统中读取数据，虚拟监控系统会先将数据解密。该方法显著特点是将云端的操作系统和分布式文件系统进行了隔离，数据加解密由虚拟机监控系统来完成，实现了操作系统和用户数据的隔离。由于对于操作系统而言数据始终是加了密的密文，当虚拟机操作系统被攻破时，攻击者得到的都是加了密的密文数据，保证了内存数据和硬盘数据的安全性和机密性。该方案能保证多租户环境下隐私数据不会泄露给其他用户，但数据还是可能会泄露给云服务提供商。

3）基于加解密的数据安全存储技术

公有云中存储的数据一般属于外包数据，存在不少基于传统的加解密技术的研究来确保外包数据的安全，提出了基于代理重加密方法的数据分布式安全存储方案。数据所有者使用对称的内容加密密钥来加密文件内容，再使用主公钥加密所有的内容加密密钥，只有主私钥的所有者才能解密这些内容加密密钥。所有者使用其拥有的主私钥和用户的公钥来生成代理重加密密钥。半可信服务器能使用代理重加密密钥将密文转化成指定授权用户能解密的密文，进而实现访问控制。该方案的主要问题是存在恶意服务器和任意一个恶意用户勾结就能计算出所有密文数据的解密密钥的漏洞，严重威胁着数据的安全。除此之外，用户访问权限得不到保护也是该方案的明显不足。

阅读材料 5.1　云盘的由来和发展

云盘是一种专业的互联网存储工具，是互联网云技术的产物。它通过互联网为企业和个人提供信息的储存、读取、下载等服务，具有安全稳定、海量存储的特点。

1. 定义

云盘是云存储系统下的一项应用，而云存储本身又是云计算技术发展而来的一项应用。云存储的核心是数据的存储与管理，它在云计算系统的基础上配置了海量的存储空间。在集群系统、网格技术、分布式文件系统等技术的支持下，云存储系统可以实现跨地域的大规模存储设备的协同工作，共同对外提供服务。云存储系统各种 API 的存在，使得开发者可以通过开发不同的应用，不断扩展云存储系统能提供的服务种类。目前，云存储系统主要能提供的业务包括云盘、空间租赁服务和远程备份与容灾三大类。其中与普通网民关系最密切的就是云盘应用。

2. 特点

（1）超大的存储空间。U 盘相较于云盘而言，存储空间是固定的。

（2）视频和图片等资料可通过云盘实现共享。若用户需要把自己云盘中的文档、视频等分享给其他用户，只需通过提取码就可实现分享。

（3）云盘相对于其他的实体磁盘而言更便捷，具体表现在用户不需要时刻都将自己存储的重要资料、文件和数据等带在身上，而是直接通过互联网就可以将自己所存储的重要信息从云端下载，下载之后即可直接使用。

（4）云盘是一种新型、专业的网络存储工具，提供按需功能、灵活性较好的存储服务，有效防止成本失控的问题。

（5）云盘既支持文件或文件夹的直接上传，又支持将其文件或文件夹进行压缩再上传，两种上传方式均可实现。

3. 功能

1）同步与存储

同步功能是指用户在移动端和 PC 端安装相应的网络云盘软件后，可以将其手机中和计算机中的电话簿、通话记录、短信、文档、音频、视频等同步上传至网络云盘中，并且可以随着用户对电话簿、通话记录、短信等内容的更新而对网络云盘进行同步更新。存储功能顾名思义是用户可以将其资料保存在运营商的服务器中，是网络云盘最基本也是最重要的功能。通过同步与存储功能，用户不仅拥有了海量的存储空间，还可以在手机和计算机内容变化的同时对网络云盘进行更新，节省用户的时间，保障用户资料的安全。

2）分享

分享功能是指网络云盘的用户可以通过网络云盘自身的分享功能或者通过分享链接、网络云盘账号的方式使得特定或不特定的人获取其网络云盘内信息的功能。网络云盘一般都具有分享功能。例如 115 网盘的"礼包"功能，此功能是用户通过发送含有自己账号的链接，来使特定人或不特定人获取自己网络云盘中的信息。除此之外还有百度网盘的"共享群"功能等。

3）下载

下载功能是指网络云盘的用户可以将上传至网络云盘中的资料再保存到自己选定的空间。用户既可以下载自己网络云盘中的资料，也可以下载他人网络云盘中的资料；既可以将资料保存在手机或计算机中，也可以将别人的资料保存在自己的网络云盘中。

4）一键保存

一键保存功能是指网络云盘用户可以将磁链接、URL 或 BT（bit torrent，比特流）种子保存在自己的网络云盘中，在保存的同时也就将相应的音频、视频保存在自己的网络云盘中了。

5）在线播放

在线播放功能是指在连接互联网的状态下，网络云盘的用户可以通过云盘自带的播放器来播放云盘中的音频、视频，而不用跳转至移动端或者 PC 端中的播放器。但是，如果某些音频、视频只是保存在网络云盘中，那么只能通过网络云盘自带的播放器来播放。

6）搜索

搜索功能是指用户通过对关键词的检索来筛选某种网络云盘中所有用户分享的资料，来获取对自己有用的信息。

4. 安全问题

云盘的快速发展和庞大的用户规模导致云存储空间的管理问题日益突出，同时也存在许多安全问题，主要表现在以下几个方面。

（1）一些不法分子利用云盘的共享空间擅自传播他人的作品，不仅侵犯了他人的隐私，而且对社会造成了极大的影响，扰乱社会秩序。

（2）个人信息存储在网络云盘上，"技术贼"运用计算机专业基础知识破译密码后，可能将其账户里的存款直接盗取。

（3）云盘本身存在漏洞。云盘一般只需要网民用户用 QQ 号、电子邮箱、电话号码等信息进行注册账户，实名认证并不严格，也不需要提供联系方式、地址等相关信息。

（4）无线上网（Wi-Fi）钓鱼攻击可直接窃取云盘的资料。

5. 发展难点

1）信息监管压力

就如乐视云盘发布的官方通知中所言：为配合国家关于利用云盘传播淫秽色情信息专项整治行动，将暂停视频文件上传服务；公司将配合国家有关部门积极开展云盘上涉黄、涉盗版内容的清查工作，一经发现将自动清理，对于此类内容将无法提供备份下载服务。2016 年国家版权局版权管理司相关人员对 360 云盘关闭表示：360 公司出于防止部分不法分子利用 360 云盘进行侵权盗版等违法犯罪行为的目的，主动停止个人云盘服务，未来转型企业云服务，这种做法值得充分肯定，反映了 360 公司高度重视版权保护工作、积极落实企业主体责任的态度，为其他互联网公司强化版权保护树立了很好的榜样。

2）技术压力

云盘上存储的数据文件多数为图片、视频、音频等资料，而就我国现有的技术和监管手段，着实无法对其内容进行有效监控。如此一来，盗版、色情所导致的社会影响可能还算轻的；更有甚者，一些恐怖分子或者反对派人士借此平台传播煽动性、影响社会稳定的网络种子，其后果将不可设想，尤其在如今国际恐怖行为呈愈演愈烈之势的情况下。所以，在技术压力问题解决之前，个人云盘关闭只是一个迟早的时间问题。

3）经济压力

众所周知，云存储的生意难做。云盘业务的成本非常高，其中包括服务器硬件成本，网络带宽、各地服务器部署以及维护成本，产品的策划、技术实现等多方面成本。与此同时，互联网企业针对云盘服务的商业模式又不足以支撑盈利，以致无法较好地实现其商业价值。

思考练习题

1. 试说明信息与数据的区别与联系。
2. 数据组织分为哪几个层次？

3. 数据库管理技术经历了哪些发展阶段，各有何特点？

4. 试举例说明两个实体集联系的不同方式。

5. 数据模型的三要素是什么？

6. 数据类型与信息模型有何关系？常见的数据模型有哪些？

7. 数据库的体系结构是怎样的？

8. 数据库系统由哪几部分构成？数据库管理系统有哪些功能？

9. 阐述数据仓库的概念及特点。

10. 什么是大数据？大数据的特征有哪些？

11. 阐述云数据的定义及特点。

第 6 章 信息系统管理

信息系统是一个由人、计算机等组成的进行信息的收集、传递、存储、加工、维护和使用的系统。信息系统管理对于现代组织管理的发展具有重要的意义。

6.1 信息系统概述

6.1.1 信息系统概念

1. 信息系统的定义

信息系统（information system，IS）依据系统的观点，通过对信息进行采集、处理、存储、管理、检索和传输，向有关人员提供有用信息。基于对信息的采集、加工、使用等活动的手段不同，信息系统又分为人工信息系统和计算机信息系统。信息系统经历了简单的数据处理信息系统、孤立的业务管理信息系统、集成的智能信息系统三个发展阶段。

信息系统是任何组织中都有的一个子系统，是为生产和管理服务的。对于从事物质生产及具体工作的部门来说，它总是管理或控制系统中的一部分。信息系统有别于其他子系统，像人的神经系统分布于全身每一个器官一样，信息系统也渗透到组织中的每一个部门当中。信息系统的作用与其他系统有些不同，它不从事某一具体的实物性工作，而是关系全局的协调一致。因而组织越大，改进信息系统所带来的经济效益也就越大。

这里的组织泛指人及其相互关系组成的社会实体，如企业、政府机构、学校、社会团体等。

2. 信息系统的组成

通常所说的信息系统都是基于计算机、网络等现代化工具和设备，运用数学的方法，服务于管理领域的人–机结合的信息处理系统。

信息系统的组成元素包括计算机硬件、计算机软件、通信、操作流程、操作人员等（图 6-1）。

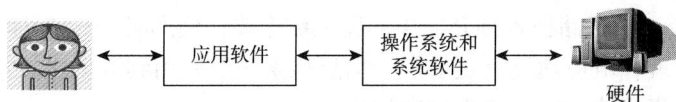

图 6-1　信息系统的工作原理

（1）计算机硬件。其包括服务器、PC、工作站、打印机以及其他附属设施，这是信息系统赖以生存的物质基础。

（2）计算机软件。其包括系统软件、数据库软件、业务软件、工具软件以及其他软件，这是计算机硬件发挥作用的基础，是信息处理工作自动化的载体。

（3）通信。其包括计算机网络、电话等多种沟通方式，这是关联信息系统各个组成元素、有效实现信息系统功能的手段。

（4）操作流程。其包括三个方面的含义：①对信息系统处理数据过程的规定和描述；②对操作人员操作信息系统的过程和方式的约定和描述；③定义计算机完成的功能和操作人员完成的功能的边界。

（5）操作人员。在信息系统中，无论是数据采集，还是信息使用，都离不开人员的参与，因此在信息系统中必须考虑操作人员的作用，为操作人员提供更加有效的信息。

6.1.2　信息系统的功能

从信息系统的功能来看，一个完善的信息系统的功能主要包括以下几个方面。

（1）信息采集。信息系统是把分布在各部门、各处、各点的有关信息收集起来，记录其数据，并转化成信息系统所需的形式。信息采集有许多方式和手段，如人工录入数据、网络获取数据、传感器自动采集等，对于不同时间、地点、类型的数据需要按照信息系统需要的格式进行转换，形成信息系统中可以交换和处理的形式。这是信息处理的基础，是整个信息系统能否发挥作用的关键。

（2）信息处理。对进入信息系统的数据进行加工处理，如对账务的统计、结算、预测分析等都需对大批采集录入的数据作数学运算，从而得到管理所需的各种综合指标。信息处理的数学含义是：排序、分类、归并、查询、统计、预测、模拟以及进行各种数学运算。现代化的信息系统都是依靠规模大小不同的计算机来处理数据，而且处理能力越来越强。对信息的加工处理是信息系统的核心功能。

（3）信息存储。数据被采集进入系统，经过加工后形成对管理有用的信息，然后由信息系统负责对这些信息进行存储保管。当组织相当庞大时，需存储的信息量很大，就必须依靠先进的存储技术。这时，有物理存储和数据的逻辑组织两个问题。物理存储是指将信息存储在适当的介质上；逻辑组织是指按信息的逻辑内在联系和使用方式把大批的信息组织成合理的结构，其常常依靠数据存储技术。

（4）信息管理。一个系统中要处理和运行的数据量很大，如果不管重要与否、有无用处，盲目地采集和存储，将成为数据垃圾箱。因此，对信息要加强管理。信息管理的主要内容是：规定应采集数据的类型、名称、代码等，规定应存储数据的存储介质、逻辑组织方式，规定数据传输方式、保存时间等。

（5）信息检索。存储在各种介质中的庞大数据要让使用者便于查询。这是指查询方法简便，易于掌握，响应速度满足要求。信息检索一般要用到数据库技术和方法，数据库组织方式和检索方法决定了检索速度的快慢。

（6）信息传输。从采集点采集到的数据要传送到处理中心，经加工处理后的信息要送到使用者手中以及部门要使用存储在中心的信息等情形，都涉及信息的传输问题，系统规模越大，传输问题越复杂。

6.1.3 信息系统的类型

1. 信息系统类型划分方法和依据

依据不同的划分方法，信息系统可以分成不同的类型。例如，按照处理事务或承担职能的不同，可以分为生产管理信息系统、财务管理信息系统、物流管理信息系统、人力资源管理信息系统等。按照组织中的管理层次划分，又可分为经理支持系统、决策支持系统、业务信息系统（图 6-2）。事实上，在组织发展过程中的不同时期，其管理信息系统可能对管理决策或管理业务功能的应用各有侧重，为此，可以把管理信息系统分成面向管理业务的系统和面向管理决策的系统两大类（图 6-3）。

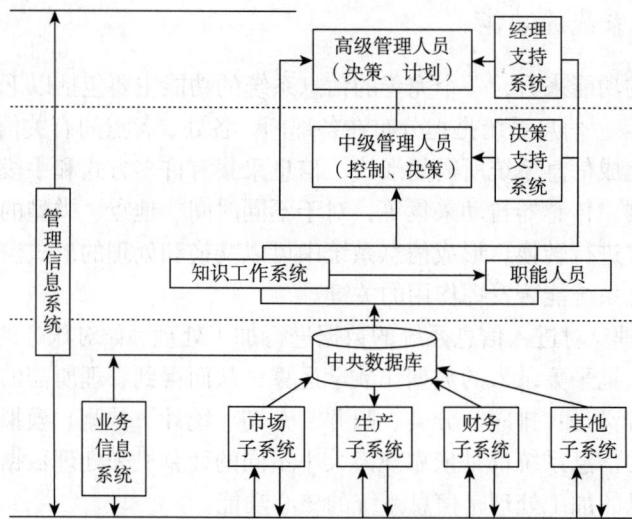

图 6-2 管理信息系统概念图

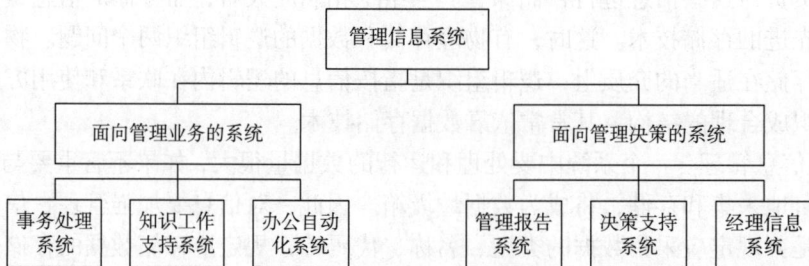

图 6-3 管理信息系统的类型

2. 信息系统的基本类型

基于在组织中扮演的角色和作用，信息系统可进一步分为下列六种类型。

1）事务处理系统

事务处理系统（transaction processing system，TPS）是操作层系统，主要处理有关组织基本业务记录更新所需的详细数据，如订单录入、存货控制、工资单生成、应收或应付账款处理等基本业务活动，需要完成数据的收集、编辑、修改、操作、存储、文档生成、打印等具体事项。超市的销售点（point of sale，POS）结账系统是典型的事务处理系统。超市的付款处一般配有扫描仪用来快速、准确地读入 UPC。POS 机在数据库中查询商品价格，并根据顾客的商品购买量在前台快速进行结账计算，当场给顾客制作付款清单；在后台可以生成库存报告，通知仓库管理人员哪一项商品库存量达到了订货下限，其销售数据可以用于详尽的销售分析。

所有的事务处理系统都具有相似的特征：能够迅速有效地处理大量的数据输入输出；能够进行严格的数据编辑，以保证数据的正确性和时效性；可以通过审计以保证所有输入数据、处理、程序和输出是完整、准确和有效的；能够提供有关安全处理的防护能力，可以同时支持多人进行处理工作。许多组织中的事务处理系统成为支持组织业务进行的基本手段，系统如发生故障便会导致业务中断等严重后果。

2）知识工作支持系统

知识工作支持系统（knowledge work support system，KWSS）是帮助组织中的知识工作者建立和集成新的知识的信息系统。知识工作支持系统依据所支持任务的不同、应用领域的不同而有很大差异。例如，工程设计人员需要的是图形处理能力强、能处理三维图形的 CAD 系统，而财务分析专家则需要能快速存取大量内外部数据的数据库系统。因此，现实中有多种多样的知识工作支持系统。

CAD 系统是利用计算机和能处理复杂图形的软件自动进行工程设计的一种知识工作系统。采用 CAD 系统，设计员通常能做出比用人工方法做得更复杂的、功能更强的设计。例如，香港国际机场设计和建设工程就使用了 CAD 系统，该项工程耗资超过 200 亿美元，是世界上最大的机场建设项目之一。毫无疑问，香港国际机场的设计是一个庞大的任务，如果不采用 CAD 技术，很难想象在这么短的时间内完成任务。

除上述 CAD 系统，如三维动画制作系统、投资组合咨询系统、律师办案辅助系统等都是知识工作支持系统。

3）办公自动化系统

办公自动化系统主要面向组织中的业务管理层，对各种类型的文案工作提供支持。从事这些工作的主要有秘书、会计、文档管理员及其他管理人员，他们的工作性质主要不是创造信息，而是应用和处理信息，因此他们往往被称为数据工作者（data worker）。办公自动化系统的主要目的是通过应用信息技术，支持办公室的各项信息处理工作，协调不同地理分布区域之间、各职能之间和各信息工作者之间的信息联系，提高办公活动的工作效率和质量。

办公自动化系统具体任务包括：通过文字处理、桌面印刷、电子化文档进行文件管理；通过数字化日历、备忘录进行计划和日程安排；通过桌面型数据库（desktop database）软件进行数据管理；通过基于计算机网络的电子邮件、语音信箱、数字化传真和电视会议等进行信息联络与沟通等。知识工作者创造和生产知识，也往往使用办公自动化系统予以安排协助。

4）管理报告系统

管理报告系统（management reporting system，MRS）主要面向组织中的管理控制层，为组织的计划、控制和决策等职能提供规范化的综合信息报告，同时提供对组织当前运行状态和历史记录信息的检索与查询功能。相对于事务处理系统来讲，管理报告系统中的信息具有综合性和周期性的特征，综合性体现在它的信息不是单纯地来源于某一个事务处理系统，而往往是对组织内的各个职能或所有运行环节的信息进行浓缩、汇总和综合，以反映组织内部的综合业务情况；而周期性体现为，它并不像事务处理系统那样注重每日每时的实时信息，而是从管理控制目标出发，以周、旬、月、年为周期对组织内部的全面信息进行处理，把握组织的基本运行状况，服务于业务分析和管理控制。这类信息的基本表现形式往往是周期性数据报表或分析报告，因此管理这类信息的系统被称为管理报告系统。典型的管理报告系统有销售统计分析系统、库存控制系统、年度预算系统、投资分析评价系统等。

5）决策支持系统

决策支持系统也是面向组织的管理控制层和战略决策层，但它侧重于应用模型化的数量分析方法进行数据处理，以支持管理者就半结构化或非结构化的问题进行决策。决策支持系统不仅要应用来自事务处理系统和管理报告系统等内部信息源的数据，同时还要应用来自组织外部环境各种数据源的数据信息，如国家宏观经济政策与法规、行业统计信息、竞争对手相关信息和股票市场信息等，这些外部信息是组织进行决策的重要依据。由于决策支持系统的用户是进行各级决策的中高级管理人员，因此其人机交互方式应更加友好，操作更加简便，更易于非专业人员理解和应用。典型的决策支持系统应用有销售分析与预测、生产计划管理、成本分析、定价决策分析、收益率预测和风险分析系统等。

6）经理信息系统

经理信息系统（executive information system，EIS）面向组织的战略决策层，它是为组织的高级主管人员建立一个通用的信息应用平台，借助于功能强大的数据通信能力和综合性的信息检索和处理能力，为高级行政主管人员提供一个面向随机性、非规范性、非结构化信息需求和决策问题的支持手段。经理信息系统能够从组织内外部的各种信息渠道获得所需的数据，并对这些数据进行组合、筛选和聚合操作，运用先进的通信技术和多媒体技术将数据处理结果快速而准确地展示在董事会会议室或高级主管的办公桌上。同时，经理信息系统通过与其他信息系统或信息源相连的通信网络，可以"追溯"数据的处理过程、产生根源和收集渠道等，从而满足用户追究数据信息细节的要求。

由于高级主管人员往往对计算机系统不是很熟悉，而他们的信息需求常常又具有很强的随机性和不确定性，因此系统对人-机交互界面和交互方式有更高的要求，往往采用图形用户界面、图形化数据信息表达和更为先进而简单的命令输入方式。典型的经理信息系统有企业绩效及行业排名分析系统、竞争者动向和市场趋势分析系统、企业战略计划支持系统等。

6.1.4　组织信息系统的任务及目标

在信息时代，所有组织都需要信息技术作为处理信息的工具。信息技术在组织中的任务和目标有以下六个方面（表 6-1）。

表 6-1　组织应用信息技术的任务和目标

任务／目标	IT 工具示例	企业利益示例
提高生产力	联机事务处理	缩短时间
	事务处理系统	减少错误
	客户集成系统	减少开支，顾客处理自己的事务
加速决策过程	联机分析处理	产生可选择的方案
	决策支持系统	建议解决方案
	GIS	通过信息训练，提高决策的效率和效能
	经理信息系统	
	人工智能	
	数据仓库	
加强团队协作	协作系统	管理组织中的知识
	群件	支持地理上分散的团队，促进交流沟通，快速开发应用
建立企业伙伴关系与企业联盟	IOIS	管理供应链
	电子数据交换	共享专长和智慧，实现 B2B（business to business，企业对企业）电子商务
实现全球化	Internet，翻译电话	利用更廉价、更多的劳动力，本地广告，引进全球化智慧专长
推动组织变革	依赖于所有人们能想到的技术的运用	保持竞争优势，提供新的用户界面，进入新的市场

1. 提高生产力

信息技术的初衷也是最基本的任务就是提高生产力。能够提高组织生产力的 IT 工具有：①联机事务处理——具有准确存储及处理大量信息的高速度和能力，因而能够大量缩短时间；②事务处理系统能实时地处理组织中所发生的事务，减少错误，减少各种与处理信息相关的成本；③客户集成系统（customer integration system，CIS）可将技术送到其客户端，让他们自己处理其自身的事务，自动柜员机就是客户集成系统的一个最普通的例子。

2. 加速决策过程

支持组织决策的技术可以分为两类。

（1）帮助决策者分析情况，然后全权让决策者进行决策的技术。其中首推联机分析处理，其次是决策支持系统、经理信息系统和 GIS 等。经理信息系统是一种高度交互性的系统，它会向客户提示潜在的问题或机会，大大加快企业处理信息、建立可选方案和从不同角度查看信息的速度。

（2）为决策者提供一些建议方案的技术。其包括人工智能领域的技术，如神经网络是一种能发现并区分不同模式的人工智能。一个信用卡公司可能运用神经网络来监视用户的信用卡使用情况，如果有人偷走了用户的信用卡并试图使用它，神经网络可以对这种潜在的欺诈行为进行识别，当发生了一笔不符合你的模式特征的交易时，神经网络将发出用户信用卡已被盗用的警报。

3. 加强团队协作

"三个臭皮匠，顶个诸葛亮"。协作系统就是专为通过支持信息共享和信息沟通来改善团队工作而设计的系统。协作系统的基础都是群件，群件由支持以下三种功能的软件组成：①团队动态交流。相关软件包括小组日程安排软件、电子会议软件、视频会议软件和白板软件。②文档管理。负责组织和管理与特定小组相关的所有文档，支持多级安全权限，允许小组获取其他小组的信息。③应用开发。允许小组快速开发一个应用程序，甚至在小组成员所处地理位置比较分散时都可以更有效地工作。流行的群件包括 Lotus Domino/Notes、Microsoft Exchange、Novell Groupwise 和 NetSysWebWare。

4. 建立企业伙伴关系与企业联盟

每个企业都可能拥有唯一的战略敏感专长和才智。假如两家公司希望通过建立企业伙伴关系实现强强联合，就需要由 IOIS 来实现。IOIS 使组织间的信息自动流动，用于支持产品和服务的计划、设计、开发、生产和交付。典型的 IOIS 包括：电子数据交换和电子资金转账（electronic funds transfer，EFT）。电子数据交换用计算机数字记录交换取代了纸张文档传递。电子资金转账允许组织不经过物理传输任何东西完成包括付款在内的全部事务。

5. 实现全球化

在经济全球化环境下，企业依靠 IT 有能力将自己的产品和服务销往全世界，并与全球各地的企业发展伙伴关系和联盟。企业可以运用技术实现全球化以取得重要优势。它可以利用更多、更廉价的劳动力。许多美国软件发行商实际上是在印度和巴基斯坦等国家编写和生产它们的大部分软件产品的。三星想成为韩国第一家著名的受人敬仰的全球化公司，为了实现这个目标，它必须打败它的竞争对手，但它更需要向美国公众证明自己的实力。通过与戴尔、惠普和 IBM 等美国公司建立伙伴关系，三星似乎进展得很顺利。

6. 推动组织变革

信息技术在推动组织变革中可以发挥重要作用。当今的企业可以通过简单地改变它们提交的产品和服务的方式来实现变革。以 Blockbuster 为例，它与许多有线电视服务商建立了伙伴关系，通过有线电视服务器提供按次计费的电影。人们无须去 Blockbuster 公司租录像，就可以在家中以同样的价格订购它。不仅如此，一旦订购了一部电影，便可以在 24h 内多次观看。Blockbuster 的这种变革在于改变了提交产品的方式。最重要的是，Blockbuster 意识到按次计费电影是未来的新潮流，去商店租录像带将成为过去。当然，如果没有数字化存储视频的网络技术和大型服务器，Blockbuster 将无法提供按次计费电影。

今天，每个企业都将面临变革，有些是以不太明显的方式发生着改变，但许多企业都是采取业务流程重组（business process reengineering，BPR）的运作来响应市场的多变需求。

6.2 信息系统工程与建设

信息系统工程是 20 世纪 80 年代出现的以建立信息系统为目标的新兴学科，主要研究各级各类信息系统建设和管理中的规律性问题。

6.2.1 信息系统工程概述

信息系统工程是信息系统研制和应用的科学方法。这里用工程这一术语作为信息系统建立所进行的一系列活动的总称，其核心问题是如何进行系统的分析、设计和实现。

1. 信息系统工程的特点

信息系统工程具有系统工程的共同特点，其中，最基本的特点是研究方法的整体性、技术应用上的综合性和管理上的科学化。

（1）整体性。整体性就是应用系统学中关于整体大于部分之和的思想，不仅把研究对象看成一个整体，而且把研究过程也看成一个整体，把系统看成由若干个子系统有机结合的整体来分析与设计。对各子系统的技术要求首先是从实现整个系统技术协调的观点来考虑，从总体协调的需求来制订方案。此外，还要求把所研究的系统放在更大的系统空间或系统环境中去，作为从属于更大系统的组成部分来考虑。对它的所有技术要求，都尽可能从实现与这个更大系统技术协调或适应系统环境的观点来考虑。

（2）综合性。技术应用上的综合性就是系统学中的最优化原则，综合应用各种学科和技术领域内所取得的成就，构筑合理的技术结构，使各种技术相互配合从而达到系统整体的最优化。对信息系统而言，它是信息科学、系统科学、管理科学、计算机科学、控制理论及通信科学等各领域技术的综合体。在技术使用上，并非每个子系统或部件都要有最好的性能才能获得系统的最佳性能。只要技术结构合理，用廉价的一般部件也可能组合出系统的最佳性能。综合不是各种技术的堆砌，而是以最优化为原则，注重各种技术的协调和结构合理。

（3）科学化。管理的科学化是系统工程的关键。一个复杂的信息系统工程客观上总存在两个并行进程，一个是工程技术进程，另一个是对工程技术进程的管理控制进程。后者包括工程的规划、组织、控制、进度安排，对各种方案进行分析、比较和决策，评价选定方案的技术效果等。这些内容称为工程管理。在研制信息系统时，强调依照系统工程的方法，明确划分各个工作阶段，保证每个阶段的工作都得到有效的控制管理，对各阶段的工作成果有明确的审查评价标准，最终实现系统的目标。

目前信息系统工程中很重要的一部分是软件的研制。但就基于计算机的信息系统而言，其技术构成和研制过程除了软件及软件工程外，还包括硬件、管理及其研制、控制过程等。因此，信息系统工程有别于软件工程，它包括硬件工程、软件工程以及管理工程。

2. 信息系统工程的分类

按照 2002 年信息产业部颁布的《信息系统工程监理暂行规定》，信息系统工程可分为信息网络系统、信息资源系统和信息应用系统。信息网络系统是指以信息技术为主要手段建立的信息处理、传输、交换和分发的计算机网络系统；信息资源系统是指以信息技术为主要手段建立的信息资源采集、存储、处理的资源系统；信息应用系统是指以信息技术为主要手段建立的各类业务管理的应用系统。

尽管我们人为地把信息系统工程分为三类，但纵观各行业的信息化项目，绝大多数信息系统工程均包含上述三类系统的建设。

3. 信息系统工程的研究范围

信息系统工程的目标是为以计算机和其他信息技术为手段的各类信息系统提供科学的方法、管理手段，以及有关的工具、标准、规范，通常不包括通信工程、信号处理等领域的技术。它的研究范围主要如下。

（1）信息系统的基本理论：信息系统的基本观点、认识论和方法论等。

（2）信息系统建模：信息系统概念模型、逻辑模型和物理模型的描述、观察、实验与验证等。

（3）信息系统开发：信息系统建设与管理的概念、方法、评价、规划、工具、标准等一系列相关技术问题和工程问题。

（4）信息系统支撑技术在信息系统中的应用：数据库、数据仓库、网络通信、人-机交互、分布计算、决策方法、人工智能等技术如何满足信息系统各层次用户的需求，实现业务管理、信息共享、决策分析等功能，并在组织和人的参与下最终达到信息系统的目标。

（5）信息系统集成：研究系统集成的原则、方法、技术、工具和有关的标准、规范，应用先进的相关技术，将支持各个信息"孤岛"的小环境，集成统一在大环境中，最终形成一体化的信息系统。

6.2.2　信息系统工程建设

1. 信息系统工程建设概述

一般来说，信息系统工程建设过程可以分为四个阶段，即信息系统规划、信息系统开发、信息系统管理和信息系统维护。阶段之间紧密相连而且互相影响，每个阶段都有其特殊的功能和意义。对于整个系统建设来讲，它们都是不可或缺的部分，其中一个过程处理不当，就可能会影响其他阶段的实施和整个信息系统工程建设的顺利进行。

针对信息系统工程建设中存在的技术问题，美国学者马丁提出了以数据为中心的开发思想。信息系统都是以数据库为基础实现的，我们把分类组织到数据库中的数据称为数据平台。数据平台实际上是信息系统的核心，也是信息系统工程建设的本质问题。信息系统工程建设的根本性任务就是将人工方式下的零乱的数据组织成统一的数据平台。

在信息系统工程建设实施过程中，必须注意下列问题。

（1）结合企业实际。有些企业以为凭着高新的计算机技术或设备就可以解决信息系统工程建设的一切问题，为上计算机而上计算机，结果导致大量不必要的开发或者系统规模过大无法完成，甚至造成巨大的浪费。在实际的信息系统工程建设过程中，一定要首先注意企业的实际情况，然后再着手进行信息系统工程建设。这样既节省了人力、物力，又可以使信息系统更能适应企业。

（2）制订建设规划。信息系统工程建设不可能通过一年半载大规模的开发工作就能完全办妥，而是需要随管理水平的不断提高进行多次的开发和完善。因此，要切实做好信息系统工程建设的中长期规划，在此基础上，才能把多次的开发成果有效地衔接起来，形成统一的大系统。

（3）明确开发内容。单纯追求先进性而不建立在实际需求之上的技术没有任何实际意义。采用了先进的设备，但在系统设计时未能提供完善的用户需求，系统不能很好地运行，甚至不能解决应用的实际问题，成为企业弃之可惜、用之不能的沉重包袱的例子并不罕见。信息系统工程建设究竟应包括哪些内容，达到怎样的效果，必须进行认真的分析。

（4）部署开发工作。信息系统工程建设的内容很多，也涉及了众多的用户和开发者，只有对整个工作进行合理的部署，才能使系统开发工作有序和有效。

（5）控制开发过程。系统开发过程中，需要对全局进行有效的控制，并使系统具有合理的结构。

（6）建立系统运行机制。这也就是建立用户使用系统以后新的工作模式。

2. 信息系统工程建设的特点

随着国家信息化建设的推进，各行各业的信息系统工程建设正处于日新月异的发展时期，信息系统工程建设有着显著的特点。

（1）新颖。信息系统工程建设是伴随着计算机技术的飞速发展和计算机在各行业的广泛应用而产生的。

（2）科技含量高。其本身就是高科技投入实际应用的具体表现，而且这种科技含量还随着信息科技的发展而增强。

（3）从业人员素质高，年轻化。信息系统工程集中了国内的大部分高科技人才。

（4）范围广。其包含的领域有计算机工程、网络工程、通信工程、结构化布线工程、智能大厦工程、软件工程、系统集成工程等，面对的行业可以是制造业、商业、交通运输业，也可以是教育行业、金融业等，几乎包罗万象。

6.2.3　信息系统工程开发方法

信息系统的开发是一个庞大的系统工程，它涉及组织的内部结构、管理模式、生产经营管理过程、数据的收集与处理过程、计算机软硬件系统的管理和应用、软件系统的开发等各个方面。这就增大了开发规模和难度，需要确定科学的方法和工程化的开发步骤，以确保整个开发工作能够顺利进行。下面简要介绍常见的三种信息系统工程开发方法。

1. 生命周期法

生命周期法是一种结构化系统开发方法，它是将自顶向下结构化方法、工程化的系统开发方法和生命周期方法结合起来开发信息系统的方法。生命周期法是信息系统开发方法中应用最普遍、最成熟的一种开发方法。

1）生命周期法的基本思想及主要特点

生命周期法的基本思想是采用结构化、模式化的方式，将系统开发的整个过程划分成若干个相对独立的阶段，在实际开发中，严格按照划分的工作阶段，一步步地展开工作，每个阶段都有明确的任务和目标，这样使每一步的工作都能够及时地得到总结，发现问题可以及时反馈和修正，从而避免了开发过程出现混乱状态。

生命周期法强调系统开发过程的整体性和全局性，具体实现过程采用自顶向下整体性的分析与设计和自底向上逐步实施的方法（图 6-4）。即系统开发过程中，在系统分析与设计时从整体考虑，自顶向下地工作，从全局到局部，从领导到普通管理者。在系统实现时，则根据设计的要求编制一个个具体的功能模块，然后自底向上逐步实现整个系统。

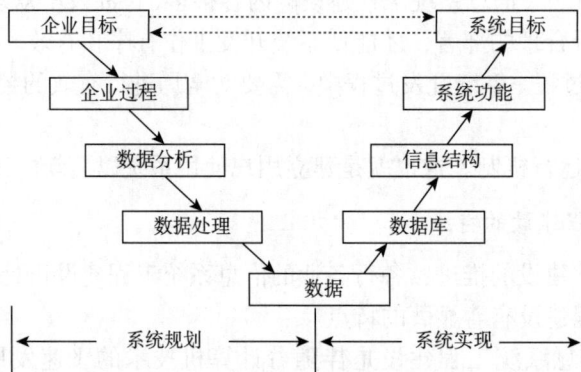

图 6-4　自顶向下的分析与设计和自底向上的实施

2）系统生命周期的阶段划分

用结构化方法开发一个系统，将整个开发过程划分为五个首尾相连接的阶段，一般称为系统开发的生命周期。系统开发生命周期各阶段及每个阶段的主要工作如表 6-2 所示。

表 6-2　管理信息系统生命周期的阶段划分

阶段		主要活动
系统规划		战略规划：根据组织的目标和发展战略确定管理信息系统的发展战略
		需求分析：对组织为实现目标的信息需求进行总体分析，根据应用需要与可能划分建设项目
		资源分配：估计系统所需硬件、软件、网络、资金、人员等各项资源
系统开发	系统分析	系统初步调查，开发项目的可行性研究，系统详细调查，开发项目范围内新系统逻辑模型的提出
	系统设计	系统总体结构设计、输入设计、输出设计、处理过程设计、数据存储设计、计算机处理方案选择
	系统实施	软件编程和软件包购置、计算机和通信设备的购置，系统的安装、调试与测试，新旧系统的转换
系统运行与维护		系统运行的组织与管理、系统评价、系统纠错性维护、适应性维护、完善性维护、预防性维护
系统更新		现行系统问题分析、新系统的建设

3）生命周期法的优缺点

生命周期法的优点是，开发出的系统具有结构合理、紧凑、各模块之间联系密切、功能完整等优点，适用于开发相对稳定的较大型的系统。生命周期法也存在一些缺点和不足，主要表现在：①由于生命周期法自始至终将系统作为一个整体考虑，其不仅对组织管理环境要求高，而且要求系统在技术、人员、资金等方面具有雄厚的实力，对组织来说开发信息系统负担很重，并且这样开发出的系统的灵活性和适应性比较差；②开发系统周期过长，会导致所开发出的系统相对滞后，甚至出现系统开发工作尚未完成而组织的管理模式和组织机构已完全发生了变化，不得不终止系统开发的情况，造成巨大的浪费；③在系统开发之初就要求开发者能够充分掌握用户需求也是不现实的，这增加了利用生命周期法开发系统的难度。

2. 原型法

与生命周期法相比，原型法（prototyping）放弃了对现行系统的全面、系统的详细调查与分析，而是根据系统开发人员对用户需求的理解，在强有力的软件环境支持下，快速开发出一个原型系统，并提供给用户，与用户一起反复协商修改，直至实现新系统。

1）原型法的基本思想及主要特点

原型法的基本思想：系统开发人员在初步了解用户需求的基础上，构造系统开发的初步模型——原型；然后，用户和开发人员共同探讨、改进和完善，直至用户完全满意为止。

原型法的特点：一是原型法开发过程循序渐进，符合人类认识事物的规律。比如，人们认识任何事物都不可能一次完全了解，人们总是在环境的启发下不断完善对事物的描述。二是原型法缩小了用户和系统开发人员的距离，容易清除歧义和取得共识。三是原型法开发周期较短，充分利用了最新的软件工具，丢弃了手工方法，使系统开发的时间、费用大大减少，效率和技术等大大提高。四是原型法在系统开发过程中存在着大量反复。因为系统开发人员提供原型的目的，就是让用户去积极改进现有系统，充分发挥用户的潜在能力，从而改善开发人员和用户之间的关系，实现用户和新系统间的良好匹配。

2）原型法开发的步骤

原型法系统开发过程可以归纳为以下四步（图 6-5）。

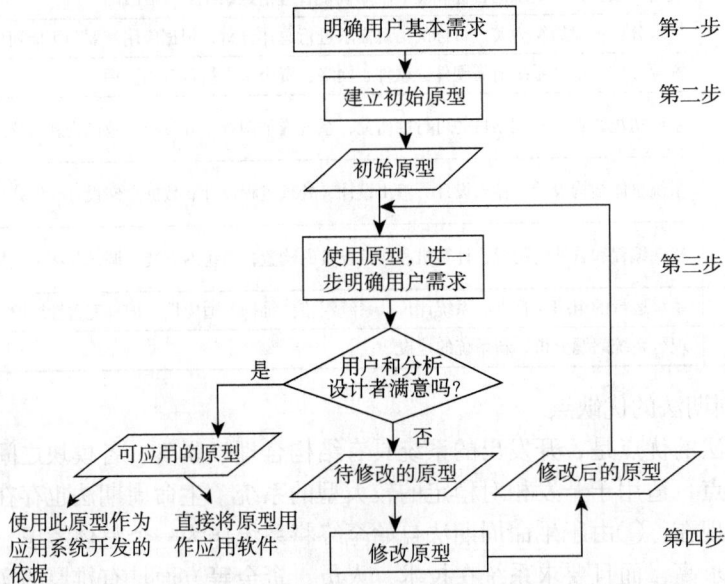

图 6-5   建立原型系统的步骤

（1）明确用户基本需求。集中力量弄清用户最基本、最主要的需求，如报表格式、屏幕"菜单"设计、主要问题处理程序等，估计建立原型系统的规模和成本。系统规模较大时，应准备一个初步需求文件。

（2）建立初始原型。系统开发人员根据和用户讨论的结果，应用第四代工具，尽快建立一个可以运行的、简单的功能模型作为初始原型，并交付用户使用。

（3）使用原型，进一步明确用户需求。用户使用原型系统，取得经验和加深对系统的理解，评价系统的优点和不足，进一步确定对系统的需求，提出对原型系统的变更与提高的具体意见。

（4）修改原型。根据用户的意见修改和完善原型系统，尽快完成并交付用户，然后又回到第三步，第三步和第四步反复进行，直到用户和系统其他建设人员均满意为止。

3）原型法的优缺点

原型法的优点是以用户为中心来开发系统，加强了用户的参与和决策，实现了早期的人-机结合测试，提供了良好的文档、项目说明和示范，增强了用户和开发人员的兴趣。缺点是不适合于开发大型管理信息系统，易导致人们认为最终系统过快产生，开发人员忽略彻底的测试，文档不够健全。

3. 面向对象法

面向对象法是从现实世界中客观存在的事物（即对象）出发来构造信息系统，并且在系统构造中尽可能运用人类的自然思维方式。

1）面向对象法的基本思想及特点

面向对象法认为，客观世界是由各种各样的对象组成的，每种对象都有各自的内部状态和运动规律，不同的对象之间的相互作用和联系就构成了各种不同的系统。系统分析人员首先根据用户的需求，对问题域（问题所涉及的范围）和系统功能（所开发的系统应具备的职能）进行分析，找出描述问题及系统功能所需要的对象，然后通过抽象、归类、整理等操作，建立解决问题的模型。通过不断地反复与改善，尽可能完整描述现实世界，满足用户的所有需求。

面向对象法是以对象为中心的一种开发方法。其主要特点如下。

（1）封装性。在面向对象法中，程序和数据是封装在一起的，对象作为一个实体，其操作隐藏在行为中，其状态由对象的"属性"来描述，并且只能通过对象中的"行为"来改变，外界一无所知。不难看出，封装性是一种信息隐蔽技术，是面向对象法的基础。因此，面向对象法的创始人 Coad（科德）认为面向对象就是"对象+属性+行为"。

（2）抽象性。在面向对象法中，把抽出实体的本质和内在属性而忽略一些无关紧要的属性称为抽象。类是抽象的产物，对象是类的一个实例。同类中的对象具有类中规定的属性和行为。

（3）继承性。继承性是指子类共享父类的属性与操作的一种方式，是类特有的性质。类可以派生出子类，子类自动继承父类的属性与方法。可见，继承大大提高了软件的可重用性。

（4）动态链接性。动态链接性是指各种对象间统一、方便、动态的消息传递机制。

2）面向对象法的步骤

（1）系统分析阶段。根据用户对系统开发的需求进行调查研究，在繁杂的问题领域中抽象地识别出对象及其行为、结构、属性等。

（2）系统设计阶段。根据系统分析文档资料，进行抽象、归类、整理，运用雏形法构造出系统的雏形。

（3）系统实现阶段。根据设计文档资料，运用面向对象的程序设计语言加以实现。

（4）系统运行维护阶段。进行系统的日常运行管理、维护与评价工作。

3）面向对象法的优缺点

面向对象法的优点：能更贴切地模拟现实世界的事物对象；允许自底向上分析系统成分；开发周期短、费用少、过程容易控制；可重用性好；支持图形化界面；具有很好的可修改性和可靠性，且市场上有大量的应用开发工具。缺点是需要一定的软件支撑，并且在大型协同开发中不进行自顶向下的整体划分，而直接采用自底向上的开发，容易造成系统结构不合理、各部分关系失调等问题。

6.2.4　信息系统的运行管理

运行管理是系统开发工作的自然延续，重视运行管理是信息系统工程的一个基本思想。大量事实证明，没有科学的运行管理，信息系统不但不能有效地发挥作用，而且自己也会陷于混乱和崩溃。

1. 信息系统运行管理的目标

从企业验收启用信息系统时起，对系统进行管理和维护就成了企业信息化工作的主要任务。信息系统运行管理的目标就是对信息系统的运行进行实时控制，记录其运行状态，进行必要的修改与扩充，以便使信息系统真正符合管理决策的需要，为管理决策者服务。

信息系统能提供高质量的信息服务，需要科学的组织与管理。它的管理工作是以向企业或其他组织提供必要的信息为目标、以能够满足管理工作人员的信息需求为标准的。企业信息系统的运行管理与维护工作必须由了解系统功能及目标、能与企业管理人员直接接触的信息管理专业人员专职负责。

2. 信息系统运行管理的内容

信息系统的运行管理工作是系统研制工作的继续，是系统能否达到预期目标的根本，主要包括日常运行的管理、系统运行情况的记录、系统运行情况的检查与评价。

1）日常运行的管理

通过信息系统必须完成数据的收集、例行的信息处理及服务工作、计算机系统的运行与维护、系统的安全管理等四项任务。

（1）数据的收集。数据的收集一般包括数据收集、数据校验及数据录入三项子任务。

数据收集工作主要是由分散的各业务部门的工作人员完成的，数据主要源于两方面：一是已建立的资料源，如从企业的档案文件、账册、各种类型的票据中获得，称为来源性收集数据；二是从实际系统中获得，称为根源性收集数据。对于根源性数据收集，必须注意仪器的精确度、使用方法、技术和时间性等。

数据校验工作是一项关键性的工作，经校验通过后输入系统中的数据不能出现任何差错，否则损失不可估量，因此必须保证数据的及时、完整及准确。

数据录入工作的要求是迅速与准确。录入人员的责任在于把经过校验的数据送入计算机，他们应严格地把收到的数据及时、准确地录入计算机系统，录入人员并不对数据在逻辑上、具体业务中的含义进行考虑与承担责任，这一责任是由校验人员承担的，只需要保证送入计算机的数据与纸面上的数据严格一致。

（2）例行的信息处理及服务工作。常见的工作包括：例行的数据更新、统计分析、报表生成、数据的复制及保存、与外界的定期数据交流等。操作人员必须清楚地了解各项操作规则，了解各种情况的处理方法，按照在系统中设定的详细规程，完成这些例行的信息处理及信息服务工作。

（3）计算机系统的运行与维护。运行与维护的任务是保证系统的软、硬件系统始终处于正常运行的状态。这里所说的运行和维护工作主要包括设备的使用管理、定期检修、备品配件的准备及使用、各种消耗性材料（如软盘、打印纸等）的使用及管理、电源及工作环境的管理等。

（4）系统的安全管理。系统的安全管理是为了防止系统外部对系统资源不合法的使用和访问，保证系统的硬件、软件和数据不因偶然或人为的因素而遭受破坏、泄露、修改或复制，维护正当的信息活动，保证信息系统安全运行所采取的手段。

2）系统运行情况的记录

在信息系统的运行中，应该对系统的工作情况进行详细记录。在信息系统运行过程中，经常要收集和积累的资料如下。

（1）工作数量。例如，每天的开机时间、关机时间，每天、每周、每月新提供的报表数量，录入数据的数量，系统中积累的数据量，修改程序的数量，数据使用的频率，满足用户临时要求的数量等。这些数据反映了系统的工作负担，以及所提供的信息服务的规模，这是反映信息系统功能的最基本的数据。

（2）工作效率。工作效率是指系统为了完成所规定的工作，占用了多少人力、物力和时间。例如，完成一次年度报表的编制，用了多长时间，用了多少人力。

（3）信息服务质量。如果一个管理信息系统提供的报表并不是管理工作所需要的，那么这样的报表生成再多再快也无意义；同样使用者对于所提供的方式是否满意、所提供的信息的精确度是否符合要求、信息提供是否及时、临时提供的信息需求能否得到满足等，也都属于信息服务的质量范围。

（4）系统维护修改情况。系统中的数据和软、硬件都有一定的更新、维护和检修的工作规程。这些工作都要有详细的、及时的记载。这不仅是为了保证系统的安全和正常运行，而且有利于系统的评价和进一步扩充。

（5）系统故障的情况。无论大小故障，都应该及时地记录故障的发生时间、故障现象、故障发生的工作环境、处理方法、处理结果、处理人员、原因分析、故障排除时间等。这些记录下来的数据对于整个系统的扩充与发展有指导意义。

在以上各个方面中，对不正常或无法运行的情况会有详细的记录，而对正常情况下的运行数据是比较容易被忽视的。因为在发生故障时，人们往往比较重视，对有关情况都能加以及时记载，而在系统正常运行时，则不那么注意。要掌握全面情况，必须十分重视正常运行情况的记录。

3）系统运行情况的检查与评价

系统运行情况的记录能够反映出系统在大多数情况下的状态和工作效率，可以检查系统目标、功能及各项指标是否达到了设计要求，满足用户要求的程度如何；可以检查系统的质量是否达到要求；可以检查信息系统中各种资源的利用程度，包括人、财、物及硬件和软件资源等的使用情况；可以检查系统的使用效果。通过细致检查、评审和分析，找出系统的薄弱环节，提出改进意见。

■ 6.3　信息系统的典型应用

随着信息技术的发展，信息系统有各种不同的应用类型，它可以应用于管理控制，应用于具体的业务处理，甚至应用于战略决策。信息系统的应用没有一个固定的模式，它一般是根据用户的需求提供各种信息，完成某些活动的处理。目前，常见的信息系统应用可以包括以下几个方面。

6.3.1　事务处理系统

事务处理系统也称电子数据处理，是组织管理活动的基础活动，主要包括中层和高层管理所需要的原始数据的录入、处理和基本报表的产生等功能，这类信息系统的结构相对简单、功能单一，可以在单机环境下运行，也可以在网络环境下运行，主要是面向数据量大、操作规范、稳定的单项应用。事务处理系统提供的功能主要是替代原来的手工操作，提高处理效率，节约人力和物力。常见的事务处理系统有会计账务处理系统、民航售票系统、工资管理系统、学生成绩管理系统、库存管理系统、商品销售系统、图书借还管理系统、人事档案管理系统等。

6.3.2　管理控制信息系统

管理控制信息系统主要服务于企业的中层管理者，他们利用信息系统来完成有关的管理活动，如资源调配、计划、绩效评价、激励、确定控制行动等。这类系统依赖于事务处理系统提供的原始数据，需要对数据进行汇总、筛选、综合和概括、预测等处理，并在此基础上提出相应的管理方案。常见的管理控制信息系统有业绩评价系统、计划管理系统、进度管理系统、市场预测系统等。

6.3.3　战略决策信息系统

战略决策信息系统主要服务于高层管理者，典型的例子是经理信息系统，经理信息系统是企业信息系统的一个重要子系统，它可为高层管理人员提供决策所需的信息（信息来自中层管理控制信息系统经过加工后的数据及大量外部数据），并提供多种决策模型和数据处理方法来满足大量半结构化和非结构化决策的需要。

6.3.4　职能信息系统

对不同类型的企业来说，各企业职能的划分或内容有很大的差别。一般来说，企业职能主要包括生产管理、人力资源管理、财务管理、营销管理、采购管理等，这些管理又根据组织结构分为不同的层次。按照组织的不同职能构建的信息系统称为职能信息系统。常见的职能信息系统有财务信息系统、人力资源管理信息系统、制造信息系统等。

（1）财务信息系统一般包括账套管理子系统、基础信息录入子系统、总账子系统、应收应付子系统、现金管理子系统、工资子系统、报表子系统、固定资产核算子系统、成本核算子系统、财务分析子系统等。

（2）人力资源管理信息系统一般包括人事管理子系统、绩效管理子系统、薪酬管理子系统、考勤管理子系统、社保福利管理子系统、招聘选拔子系统、人力资源研究子系统、人力资源情报子系统、人力规划子系统、环境报告子系统。

（3）制造信息系统的主要任务是辅助制造企业完成与生产密切相关的产品开发、制造、运输业务过程和管理，制造信息系统一般包括主生产计划子系统、库存控制子系统、成本计划与控制子系统、直接劳动成本计划与控制子系统、材料成本计划与控制子系统、管理费用处理子系统。

6.3.5　决策信息系统

决策信息系统主要解决非结构化决策过程的自动化问题，辅助高层管理者运用信息做出科学的决策，决策信息系统需要较多的信息技术特别是数据模型和算法的支持，例如，人工智能技术、机器人技术、人工神经网络技术等的支持。常见的决策信息系统有决策支持系统、智能决策支持系统、专家系统等。

1）决策支持系统

决策支持系统由数据库、模型库和灵活方便的应用接口等组成，一般包括人机对话子系统、数据库系统、模型库系统、方法库系统、知识库系统五个子系统。它综合运用数据、模型和分析技术为使用者提供解决非结构化或半结构化的决策问题。

2）智能决策支持系统

智能决策支持系统（intelligent decision support system，IDSS）是在传统的决策支系统基础上增加了一些深度知识库，增强决策支持系统解决复杂的非结构化问题的能力。智能决策支持系统一般由以下几部分组成：①传统 DSS 的用户接口、数据库、模型库；②存储管理科学、运筹学及多领域决策知识应用方法的深度知识库；③学习和获取知识的深度知识库；④基本决策和信息价值的深度知识库，包括有关决策最基本规律的知识、常识。

3）专家系统

专家系统（expert system，ES）是实现知识共享的一种途径，是帮助使用者解决某一领域问题的决策信息系统。专家系统由知识库、推理机、解释工具、知识获取工具、用户界面五大部分组成。构建专家系统的关键是如何获取专家的知识，并将这些知识表达出来供其他用户使用。因此专家系统应具备以下特征。第一，求解问题：能进行某一领域问题的求解工作。第二，知识表示：以规则或框架的形式表示知识。第三，人机接口：能实现人和系统的交互。第四，输出：提供多种假设供使用者选择。

6.3.6　电子商务系统

电子商务是建立在 Internet 或移动平台上的商务活动，其核心是商务活动的信息化、数字化。电子商务系统实质上是一个非常复杂的大型信息系统，它一般由以下部分组成。

1. 电子商务网站系统

电子商务网站是企业的网上门户，起着连接企业内外信息的作用，它也是企业从事网络营销的主要平台，一般来说，电子商务网站系统可以分为两大部分：电子商务前台系统和电子商务后台系统。

1）电子商务前台系统

电子商务前台系统是客户与企业网上交互的平台，网站内容是吸引客户的关键因素，所以在设计电子商务前台系统时要从客户的角度和企业的特色考虑其功能结构和实现。电子商务前台系统的主要功能包括：展示企业形象、企业介绍；客户（会员）注册、登录；商品展示、销售信息（包括购物车、订单、支付、配送信息等）；促销策略（包括广告、有奖销售、热卖商品排行榜、友情链接等）；联系信息（如电子邮箱、投诉、评论等）；商品搜索等。

2）电子商务后台系统

电子商务后台系统是前台系统的支持平台，它负责为电子商务交易、网站维护等提供服务。一般来说，具有交易功能的网站的后台系统应具有以下功能：网页文件、数据、各种资源的管理；电子商务交易过程管理（销售、支付、安全等）；客户资料管理（客户登录、注册信息、购买信息等）；管理人员管理（管理员设置、密码修改、权限管理等）；其他管理功能（如网站安全、配送信息、访问记录、信息查询等）。

2. 电子支付系统

电子支付系统是由网上交易主体（买卖双方）、金融机构、认证机构等联合运作构成的为电子商务提供交易信息处理和数字资金流动的复杂系统。这个系统的关键是安全，要有设计合理的在线安全系统，确保交易信息及信用卡等电子支付工具的安全，同时要提供可靠的支付工具，如信用卡、电子现金、电子支票等。

3. 物流系统

物流系统由物流仓储系统、物流配送系统、物流运输网络系统、物流客户服务系统和物流信息系统等子系统构成，其中物流信息系统是整个物流系统的核心和神经。

（1）物流信息系统。物流信息系统是整个物流系统管理和调度的信息平台，是物流系统的信息基础设施。所有的管理信息、物流信息和客户服务信息都是通过数据通信网络平台传输和管理的，物流信息系统应与上下游企业或其他合作伙伴、物流企业之间实现通信连接。

（2）物流配送系统。物流配送系统是融商流、物流、信息流为一体，集存储保管、集散转运、流通加工、商品配送、信息传递等多功能于一体的现代物流管理中心，所有的物流信息在物流配送系统汇总、分析，并在此基础上执行物流方案的决策和控制。

（3）物流仓储系统。现代物流仓储系统为了实现存储空间的高效利用和货物的快速分拣，需要立体的存储货架、现代化的存取货物的机械设备以及智能化仓储管理信息系统。

（4）物流运输网络系统。物流运输网络系统是由分布在不同地域的各种运输工具和相应的管理系统及工作人员组成的，承担将货物由物流配送系统（或生产厂家）运送到指定目的地的任务。物流运输网络系统是在物流信息系统的统一管理下运行，这需要利用计算机和网络通信的支持以实现对整个系统的监控和管理。

（5）物流客户服务系统。它是电子商务的最后一个环节，是电子商务最终完成的保证。快速、便捷、透明的物流服务是使客户满意的重要条件，因此，一个功能完善的物流系统应该包括完善的客户服务系统，为客户提供物流信息跟踪、客户投诉、信息反馈等功能。

6.3.7　客户关系管理系统

客户关系管理系统使企业可以迅速收集、追踪和分析与客户相关的各种资料和信息，帮助公司业务员了解、掌握重要客户情况，增强与客户的联系，提高客户对企业的忠诚度。客户关系管理软件的基本功能包括客户管理、联系人管理、时间管理、潜在客户管理、销售管理、电话销售、营销管理、客户服务等。其主要功能模块如下。

（1）销售模块。销售模块用来帮助决策者管理销售业务，其目标是提高销售过程的自动化程度和销售效果。它的主要功能包括现场销售管理、额度管理、销售能力管理和地域管理。

（2）营销模块。营销模块对市场营销活动加以计划、执行、监督和分析，使得营销部门实时地跟踪活动的效果，执行和管理多样的、多渠道的营销活动。

（3）客户服务模块。客户服务模块的目标是提高与客户支持、现场服务和仓库管理相关的业务流程的自动化并提供优质服务。客户服务模块的主要功能包括现场服务分配、现有客户管理、客户产品全生命周期管理、服务技术人员档案、客户地域管理等。

（4）呼叫中心模块。该模块是利用电话与计算机系统的连接来促进销售、营销和服务。

6.3.8　电子政务系统

电子政务系统是政府利用信息及通信技术通过网络来管理其管辖的公共事务，使人们可以从不同渠道获取政府的信息及服务。我国的电子政务系统采用三层网络应用体系，各层网络之间采取隔离措施，必需的数据转接采用安全数据网关，确保不存在信息泄露的可能性。

1）外网

外网与 Internet 相连，面向社会提供一般应用服务及信息发布。其主要应用包括：基于网站的信息发布及查询；面向社会的各类信访、建议、反馈及数据收集统计系统；面向社会的各类项目计划的申报、申请；相关文件、法规的发布及查询；各类公共服务性业务的信息发布和实施，如工商管理、税务管理等。

2）专网

专网是政府部门内部以及部门之间的各类非公开的应用系统，其中涉及的信息应在政务专网上传输，主要包括各类公文、一般涉密数据及政府部门之间的各类交换信息。这些信息必须依据政府内部的各类管理权限传输，防止来自内部或外部的非法入侵。其主要应用包括：从中央政府到地方各级政府间的公文信息的审核、传递系统；从中央政府到地方各级政府间的多媒体信息的应用平台，如视频会议等；同级政府之间的公文传递和信息交换。

3）内网

内网是指政府部门内部的各类业务管理信息系统及核心数据应用系统。其主要应用包括：各种个人办公自动化辅助工具，如文字处理、网络应用等；政府内部的公文流转、审核、处理系统；政府内部的各类专项业务管理系统；政府内部的各类事务管理系统；政府内部的面向不同管理层的统计、分析系统；政府内部不同应用业务的数据库系统以及统一的数据资源平台。

6.3.9 ERP 系统

ERP 系统是建立在最新信息技术基础上，以系统化的管理思想整合企业管理理念、业务流程、基础数据、人力、物力和财力，集计算机硬件和软件于一体的企业资源管理系统，是现代企业的运行模式。ERP 系统的核心管理思想在于：以计算机为工具，将企业各方面的资源进行管理，合理调配，使企业在激烈的市场竞争中获得更大的竞争力。

ERP 系统突破了只管理企业内部资源的传统方式，实现了企业内部资源和相关外部资源的高度集成，把客户需求和企业内部运营活动以及供应商的资源结合起来，运用 IT，把采购、生产、库存、计划、销售、财务管理、人事管理、投资管理、决策管理、订单处理等各个环节统筹考虑，以求企业效益和效率最大化。随着互联网技术的发展，Gartner Group 公司提出了 ERPⅡ 的概念。ERPⅡ 集成了协同电子商务，允许多个地理位置不同的合作伙伴以基于电子商务的形式交换信息，让企业向自己的供应商、客户等合作伙伴开放自己的核心系统，集成了客户关系管理、供应链管理等管理功能，为企业提供全面的客户、项目、产品、库存及供应链管理等管理功能，用户界面更加人性化，具备内容管理功能，实现企业前端到后端的一体化管理，使共同利益群体中企业与企业之间可以共享信息资源。

阅读材料 6.1　金蝶云·星空——企业管理服务开放云平台

1. 概述

互联网、云计算、大数据、物联网、人工智能等新技术的快速发展，使社会经济和人类生活都发生了颠覆性的变化。自 2015 年 G20（Group of 20，二十国集团）大会将数字化转型作为大会议题以来，数字化转型已经成为新经济时代即数字经济时代政府及产业界关注的重大课题。数字经济意味着数字化已经成为经济发展的新动能，数字化转型则是各类社会经济实体进入数字经济的主要途径。

企业数字化转型就是企业借助数字化解决方案，将物联网，云计算，大数据，移动化、智能化技术应用于企业，通过规划及实施商业模式转型、管理运营转型，为客户、企业和员工带来全新的数字化价值提升，不断提升企业数字经济环境下的新型核心竞争能力。

金蝶云·星空在金蝶集团新模式、新金蝶的战略指导下，秉承"帮助客户成功"的宗旨，基于对上述变化的深刻洞察，利用云计算、大数据、移动互联网、人工智能等技术，打造了面向数字经济时代的企业管理服务开放云平台，为企业提供财务云服务、供应链云服务、全渠道营销云服务，以及智能制造云服务，并联手生态伙伴资源，帮助企业从新模式、新业态、新生态方面进行全面转型与升级，帮助企业落地实现数字化营销新生态的重构、面向价值网络的供应协同以及管理的重构，确保企业数字化能力的全面提升。

金蝶云・星空是数字经济时代的新型 ERP，是基于 Web 2.0 与云计算、大数据、物联网、人工智能技术的新时代企业管理服务平台。整个产品采用面向服务架构（service oriented architecture，SOA），完全基于商业操作系统（business operating system，BOS）平台组建而成，业务架构上贯穿流程驱动与角色驱动思想，结合中国管理模式与中国管理实践积累，精细化支持企业数字化管理重构，涵盖企业财务管理、供应链管理、生产管理、S-HR 管理等核心云服务。技术架构上该产品采用平台化构建，支持跨数据应用，支持公有云及私有云部署方式，同时还在公有云上开放中国第一款基于 ERP 的协同开发云平台。任何一家使用金蝶云・星空产品的企业，其拥有的是包含金蝶在内的众多基于同一个平台提供服务的 IT 服务伙伴。

2. 系统特性

金蝶云・星空旨在通过开放的 ERP 云平台，为企业构建以人为本的协同应用、开放的产业生态链，以及个性化的协同开发云平台；从管理方法、流程控制、管理对象、应用模式等方面，引导企业从常规管理迈向深入应用，使企业在激烈的竞争环境中不断提升边际利润，实现企业的卓越价值和基业长青。

金蝶云・星空具有以下突出的特性。

1）社交化的 ERP 系统

与金蝶云之家深度集成，并与微信账号对接，基于社交网络技术，借助企业员工网络、客户网络、供应商网络，实现企业内、外部业务协作，突破组织边界、资源与时空限制。

2）多组织运营协同

顺应中国企业管理创新理念，从组织、角色、数据、业务流程等多角度出发，构建多地点、多工厂、多事业部的动态业务模型，实现企业内部多业务单元的运营与考核。

通过简约的组织间业务关系定义与隶属关系定义，支持多组织企业内各公司或事业部之间的协同作业，尤其是上下级组织间的战略协同以及业务汇总。通过组织角色授权方式，灵活处理企业内部多组织下的用户权限体系，全面升级用户体验。

3）业务流程驱动

通过流程管理实现企业业务管理流程的固化及优化；通过基于角色的全流程业务驱动，实现企业业务的规范化运转；通过以事找人的工作方式，加之移动审批轻应用，用户可以通过任务处理的方式完成业务全过程的处理，提升工作效率。

4）多维管理考核体系

通过建立多个核算体系，支持法人账、利润中心账并行核算，解决多工厂、多法人经营下，多角度利润核算与分析体系，解决多层次会计主体直接式财务核算。通过阿米巴报表，实现了基于业务信息的阿米巴经营考核的报表输出。

5）智能会计平台

提供开放的记账平台，支持用户自行设置记账的规则与维度；提供开放的成本核算配置平台：支持用户自行配置核算维度、业务范围、核算方法；通过弹性域技术方案，支持多维度核算，满足多角度核算与考核分析要求。

6）全程协同供应链

单据类型与弹性域结合，业务流程与业务维度可自由扩充，构建灵活的供应链平台。简约一屏式录入，正常情况无须翻屏，无须切换页签即可完成数据录入，相关信息系统自动分类展示。提供标准接口，可与各种外部系统轻松对接，实现外部供应、营销、服务三大体系业务协同。

7）协同制造，精细制造

以产品创新设计为核心的全生命周期管理。实现与 PLM（product lifecycle management，产品生命周期管理）云的对接，打通从产品研发到生产的全过程管理。多版本多用途 BOM（bill of material，物料清单）设计，灵活易用；支持多种业务模式的组合替代；支持阶梯用量、辅助属性、联副产品管理；能够很好地支撑行业特性扩展。提供基于多工厂、精细化的生产管理解决方案，协同生产、委外加工。提供生产领退料、倒冲、在制品管控的精细化生产管理。

8）助力企业全球资源配置的国际化平台

通过会计要素与核算规则，满足不同国家、地区会计制度与准则的要求。易于扩展的税制框架，以及通用的税规则处理，既满足全球各地的应用，又可方便地进行本地化配置。

一个数据中心可同时支持业务信息多种语言的应用，方便不同国籍人员的沟通与协作；一键式的多语言启用，方便按需配置，以快速跟随企业全球化布局的步伐。支持跨时区应用，满足企业全球资源配置的运作协同。国际化设置可方便按需设置不同国家、地区的应用习惯。基于互联网的翻译平台，轻松完成本地化产品翻译工作。

9）开放的产业生态链

通过公有云应用，聚合产业链上下游合作方；通过云协同开发平台，整合随需应用的开发商资源。

10）个性化的云开发平台

以 BOS 为核心的协同云开发平台，快速获得个性化应用；一键式开发环境部署，在线的成果体验，方便二次开发；基于客户需求的应用商城（App Store），随需选用应用项。

3. 系统提供服务

金蝶云·星空结合当今先进管理理论和数十万家国内客户最佳应用实践，面向事业部制、多地点、多工厂等运营协同与管控型企业及集团公司，提供一个通用的 ERP 服务平台。金蝶云·星空支持的协同应用包括集中/分散销售、集中/分散采购、B2B 电商管理、B2C 电商中心、供应商协同、多工厂计划、跨工厂领料、跨工厂加工、工厂间调拨、内部交易及结算等应用。

金蝶云·星空提供的服务包括"财务云服务""供应链云服务""全渠道营销云服务""全渠道云零售""制造云服务""智慧工厂云服务""PLM 云服务"七大云服务专业应用领域，各项云服务包含相关明细应用。表 6-3 和表 6-4 简要列出了云服务及详细应用和应用平台及详细应用。

表 6-3　云服务及详细应用

云类别	详细应用
财务云	总账、智能会计平台、报表、合并报表、阿米巴报表、固定资产、费用报销、应收款管理、应付款管理、发票管理、出纳管理、资金管理、网上银行、存货核算、产品成本核算、标准成本分析、即时成本、预算管理、经营会计、财务共享、发票云-开票云服务、发票云-收票云服务、智能扫描记账
供应链云	采购管理、销售管理、信用管理、库存管理、组织间结算、供应商协同平台、条码管理、VMI 管理
全渠道营销云	BBC 业务中心、BBC 分销门户、BBC 门店门户、B2B 电商中心、补货管理、促销管理、返利管理、B2C 电商中心、全网会员、掌上 BBC、掌上分销、掌上门店
全渠道云零售	连锁档案、价格促销、会员管理、门店协同、礼券管理、商品返利（特性）、门店收银（特性）、报表中心、零售交易中间件、多端 POS 系统
制造云	工程数据管理、计划管理、生产管理、委外管理、车间管理、生产线生产、质量管理、质量追溯、工程变更管理、模型配置
智慧工厂云	智慧车间、设备联网、OEE 分析
PLM 云	系统建模、研发物料管理、物料标准化、设计 BOM 管理、文档管理、SolidWorks 集成、AutoCAD 集成、Creo 集成、设计变更管理、UG NX 集成、中望 CAD 集成、CAXA 集成、Cadence 集成、Altium Designer 集成

注：VMI（vendor managed inventory）指的是供应商管理库存；BBC（business-bank-customer）指的是电子商务的一种商业模式，即企业–银行–客户；OEE（overall equipment effectiveness）指的是设备综合效率

表 6-4　平台应用及详细应用

平台	详细应用
基础平台	基础资料、公共设置、业务初始化、业务监控、实施平台、系统管理、门户管理、数据中心管理、许可管理、集成平台
BOS 平台	工作流、业务流程、信息中心、共享服务中心、BOS 集成开发平台、套打设计平台、万能报表平台、移动平台
协同开发平台	云协同开发平台
国际化平台	多语言翻译平台

思考练习题

1. 什么叫信息系统？信息系统有哪些功能？
2. 信息系统有哪几种基本类型？
3. 怎样认识信息系统对组织的影响？
4. 什么叫信息系统工程？信息系统工程有何特点？
5. 信息系统工程开发的方法有哪几种？
6. 阐述信息系统运行管理的目标和内容。

第7章 知识管理

7.1 知识管理概述

7.1.1 知识的识别和运用

1. 知识的识别

知识是通过学习、实践或探索所获得的认识、判断或技能，是客观世界规律性的总结。当今最为流行的注释是：知识就是认知，知识就是信息。但是，对企业界来说，光有认知、信息还不可能形成企业竞争的优势。认知和信息只是知识的组成部分，它们不是企业最终需要的产品。真正构成企业所需要的知识，必定离不开实际操作能力，即能够提供令客户满意的产品和服务。以股票技术分析为例来说明，投资人不会把行情表、行情资料当成知识；唯有一些操盘铁律才是知识，可借以判断买卖点来投资获利。

真正能够使企业活动富有活力并取得成功的知识，应该具备下列两方面的特性：一是财产特性。它是可以被开发利用的、有价值的认知和信息，能够不断积累、保存、筛选和完善，并能够最大限度地为企业成员和部门所利用。二是实践特性。能够根据掌握的认知和信息，开展发明、建造、编纂、组织、改造、转让、共享、应用和保护等一系列活动，并能够将其转化为有价值的商品和服务。

2. 知识的类型

知识的类型不同，其管理方式和共享途径相应地有所不同。我们可以从下列两个角度对知识进行类型划分。

1）从知识的可明述性和共享成本的角度划分

（1）隐性知识（tacit knowledge）。隐性知识指的是高度个体化、难以形式化或沟通、难以与他人共享的知识。它常常来源于个人的不同经验、直觉和洞察力。对于组织而言，由于缄默知识具有共享成本高和难以形式化的特点，因此它常常被视为组织获取长期竞争优势的基础。

（2）显性知识（articulable knowledge）。显性知识是一种能以系统方式传达的规范化知识，通常是以编码化和成文的方式进行传递和保存，如一些技术文档和技术报告中的知识就是典型的显性知识。

2）从知识描述的对象角度划分

（1）关于事实的知识。其也称为元知识（meta knowledge），此类知识具有良好的结构性和可编码化特点，通常可以以标准化的格式进行知识处理。

（2）关于规则的知识。其包括技术规则和组织规则。英特尔公司在加速新产品开发过程中，发现 60%以上的技术问题其实在其他小组的开发经验中早就遇到过并得到了解决。

（3）链接性知识。它并不是对知识的直接描述，但它给出了知识的地址。比如，当研究人员在对有关一种药品的副作用进行查询时，公司的数据库只能提供给他很少的相关文档。但通过电子技术论坛，研究人员可以找到其他一些具有相关经验和研究兴趣的研究者姓名及联系方式，由此，他们可以很方便地共享相关的知识和经验。

3. 知识的运用

1）正确地评价和积累知识

对一个人的知识进行评判，主要应该从知识积累和知识应用能力两方面进行。在知识积累方面需要考察的是其知识结构的合理性，包括与社会性需求的契合程度，另外也要考虑其深度与广度的平衡；在知识应用方面，则需要考察面对实际问题时，其解决的方法是否能综合应用，是否能把不同学科的知识动态地组合应用。现在所倡导的终身教育应更多地强调一个人对知识的不断汲取，而不是进入课堂。

在个人知识管理方面，还需要对知识动态的积累过程进行管理。知识积累方法的好坏，反映在一定时间里知识积累的有效性方面。横向观察自己的知识结构，纵向规划自己的知识结构，是知识增值的最重要之处。个人知识的增值管理可以用"木桶原理"来考虑，个人知识吸纳的应该是知识结构方面的短项，其实知识积累过程中对于个人最大的贡献是思维能力的提升，知识的有效应用也是思维能力的表现，不同专业往往有不同的视点来观察同样的问题。

2）知识运用方法

知识积累的价值最终要体现在运用之上，就正如企业实现价值的最后一个环节是销售一样。在个人知识管理上，我们不能只关注知识积累，而不关注知识能量的释放。"成功一定有方法"，在产品设计、方案设计、经营决策、采购管理中都可以找到知识应用的环节，如果进行周密的计划，便能发现应用知识可以遵循的规律。首先是进行知识收集，把与问题有关的知识找到，然后进行消化吸收，也就是阅读有关资料，包括向专家请教；接着建立可比较的模型；以专业知识为基础，设计出比较及评价方案；在这些模型中挑选出支持决策或得出结论的评估方案，便是完成了知识应用。

学习知识的最终目的是要把知识变为我们自身拥有的常识，因为常识更能被我们自觉地运用，其效能更高，一个人的知识体系其实是可能转化为常识体系的，不断运用知识的过程就能帮助我们实现这一点。在知识管理中，就是要判断哪些知识已经成为我们的常识，不需要再翻书本就能得到正确的解答。常识越多，运用能力也就越强。

3）保持思考能力与创造能力的形成

知识是静态的，需要与人结合起来才能创出价值，知识的运用条件是具备创造力。

创造力所实现的不仅仅是知识的传播，更是知识的增值。在个人知识管理中，需要关注知识应用能力的提升，综合知识结构的静态分析和动态增长来处理个人知识管理的问题。个人知识管理的动态方面的一个重要管理目标是思考能力的提升，许多益智的脑力活动能帮助我们认识到这方面的能力。许多其他领域的思考分析方法，对于深刻理解专业上的问题都是很有帮助的。创新能力可以从思维能力的管理入手，并且对创新方案进行分析，总结其思维过程。这样具体的管理过程，将使拥有的适应生存的能力得以增长。

7.1.2　知识管理的基本内涵

彼得·德鲁克（Peter Drucker）指出：知识已成为今天唯一的最有意义的资源。随着知识的应用越来越广泛，知识管理作为一种管理理念和工具就在这个背景下产生了，并在企业实践中得到了广泛的应用。

1. 知识管理的概念

在知识经济到来的今天，企业已经开始认识到它们最宝贵的资产和资源是知识，即知识作为资源不但是生产的要素，而且是推动经济增长的动力，知识就是力量被充分理解。企业经营的主攻目标由"融资"变为"融智"，企业的管理方式从原来的以控制物流和资金流为主转变为以控制信息流和知识流为主。

美国生产力和质量中心（American Productivity and Quality Center，APQC）对知识管理的定义为：知识管理是指为了提高企业竞争力而对知识进行识别、获取和充分发挥其作用的过程。雪佛龙前执行副总裁彼得·罗伯逊（Peter Robertson）指出：知识管理和最佳实践的共享对于业务运作而言是有益的。更快以及更有效地分享我们的思想，可以更好地提供我们的产品，更好地服务于我们的顾客……更好地为我们的股东获取利润。美国德尔福集团创始人之一卡尔·弗拉保罗认为：知识管理就是运用集体智慧提高企业的应变能力和创新能力，是为企业实现显性知识和隐性知识共享提供新的途径。

以上几种对知识管理的描述虽然有所不同，但都认为知识是知识经济时代企业的重要资源，知识管理能有效地提高企业的竞争能力。归纳起来说，知识管理是指以企业知识为基础和核心的管理，是对企业生产和经营所依赖的知识及其收集、组织、创新、扩散、使用和开发等一系列过程的管理，也是对知识连续过程的管理，以满足企业现有和未来的需要，确认和利用已有的和获取的知识资产，开拓新的机会。

2. 知识管理的作用

（1）提高企业的创新能力。知识管理中的协作技术有助于发现和培育新的想法和思维，将人们头脑中的创造性思维充分地加以利用，从而产生新的技术、产品和服务。

（2）提高企业的应变能力。在激烈的竞争环境中，企业不可避免地会遇到各种各样的突发事件和机会，需要企业迅速而准确地做出判决。知识管理技术让企业迅速得到所需要的帮助，并通过确定各种因素来迅速协调各种资源，做出相应正确的反应。

（3）提高企业的运作效率。运作效率取决于把创造的知识加以收集和综合供企业内部和外部其他人再利用的程度。提高效率要求共享所需要的知识，缩短查找知识的时间和避免重复劳动所引起的知识浪费。

（4）提高企业员工的技能素质。企业要保持竞争能力，就必须提高新员工和现有员工的知识水平和工作技能。

3. 知识管理与信息管理的区别与联系

1）信息管理与知识管理的区别

首先，产生的背景不同。信息管理是为解决社会信息现象的复杂多样性和社会信息的无序性与人类需求的特定性之间的矛盾而产生的。信息管理经历了以图书馆为主要阵地，重在文献信息的收集、整理、保存与传播的传统信息管理时期，第二次世界大战后以信息系统为特征的面向技术的信息管理时期，20世纪70年代以来以信息资源管理为特征的面向战略的信息管理时期。知识管理则是基于知识在当今社会经济发展中的特殊重要地位而提出来的。它的出现大致有以下三个方面的原因：知识成为社会经济发展的重要资本和动力是促使知识管理产生的外部因素；经济的全球一体化是知识管理出现的直接原因；信息技术的发展为知识管理提供了技术保障。

其次，内容范围不同。一般认为，信息管理就是研究社会信息现象的科学，研究社会信息现象与规律、信息组织与管理、信息服务与用户、信息政策与法律等。知识管理的研究内容范围包括理论和应用两部分，理论研究包括知识的特性和运动规律的研究、知识组织管理研究、知识信息管理研究、知识管理方法体系的研究；应用研究则主要是各行业、各学科领域的知识创新和管理在本领域的应用。

2）信息管理与知识管理的联系

知识管理是信息管理的延伸和发展。知识管理在历史上曾被视为信息管理的一个阶段，由于经济发展和管理实践的需要，知识管理开始从信息管理中孵化出来，正在逐步形成一个新的管理领域。同时，知识管理又是对信息管理的批判性继承，表现在以下方面。

（1）传统的信息管理以提供一次、二次文献为主，而知识管理是对用户的需求系统分析，向用户提供全面、完善的解决方案，提高知识的获取效率。

（2）传统的信息管理仅局限于对信息本身的管理，而忽视对人的管理，而知识管理认为对人的管理既可以提供广泛的知识来源，又可以建立良好的组织方式，用以促进知识的传播。

（3）知识管理抛弃了信息管理中被动处理信息资源的工作模式，它与企业知识交流、共享、创新和应用的全过程融合，实现企业业务流程的重组，使知识管理成为企业知识创新的核心推动力，给企业带来新的活力。

综上所述不难看出，知识管理需要以信息管理为基础，同时，知识管理对信息管理提出了更高的要求。在知识经济时代，信息管理工作十分重要，但更要注重知识管理，弄清楚它们之间的关系，无疑对满足社会、经济发展的需要，做好企业管理工作有着积极的推动作用。

7.1.3　知识管理的职能

知识管理是一种跨越职能的综合性管理。它涉及企业战略管理、人力资源管理、信息管理和技术管理等多种职能管理的形式和内容，最终目标是以思考的速度经营企业，构筑数字神经系统，在未来的竞争中抢占先机。

知识管理主要有以下职能。

1. 实现知识的交流和共享

知识管理平台是企业或组织知识的载体和流转通道，如企业的知识库和共享规则等。知识交流和知识共享只有在公共的平台上才能得到发展，通过知识交流和知识共享产生新的知识和实现创新。企业需要建立内部信息网以便于员工进行知识交流，利用各种知识数据库、专利数据库存放和积累信息，营造有利于员工生成、交流和验证知识的宽松环境。

2. 管理知识的来源渠道和知识的更新与生产

在知识经济时代，企业要想在竞争中立于不败之地，就必须拥有比别人领先一步的产品、技术或管理优势，而这些优势必然是来源于企业以创新为目的的知识生产。无论是信息或知识，只要是先人一步掌握，就可能给企业创新带来极大的便利与可能，进而给企业带来巨大的利润。将信息和知识提交，进行多渠道、多来源的集中存放管理，创造适宜的环境与条件，充分开发和有效利用企业的知识资源，进行以创新为目的的知识生产，是知识管理的重要内容。

3. 增强消化吸收外界知识的能力

知识是企业创新的源泉，企业必须注重从外部获取相应的知识，并进行消化吸收，成为企业自己的资源。供应商、用户和竞争对手等利益相关者的动态报告，专家、顾客的意见，员工情报报告系统的信息，行业领先者的最佳实践调查都可以成为企业外部知识的来源。在现代企业中，信息的传递、利用比收集更加重要。通过有效的知识管理，使企业的知识资源更加合理地在知识链上形成畅通无阻的知识流，确保每个员工在最大限度地贡献出知识的同时，也能共享他人的知识，并最大限度地将获得的知识进行消化，转化为企业的利润。

4. 有效结合企业产品或生产经营管理过程

企业的创新离不开知识资源与企业产品或服务及其生产管理过程的融合。企业需要明确在一段时间内所需的知识以及开发的方式和途径，贯彻相应的开发和利用战略，保证企业的知识生产和知识资源的积累与扩大同企业的产品、服务、生产管理过程紧密结合，最大限度地发挥知识的力量。另外，知识管理要与企业的客户关系管理结合起来，知识才能够为企业所用、为企业员工所用、为企业的客户所用，以达到"把最恰当的知识在最恰当的时候传递给最恰当的人"的目的，帮助企业诊断自身问题，洞察竞争对手情况，以便做出最佳决策，不断建立和提高客户的忠诚度，使企业赢得持久竞争力。

5. 管理知识的处理过程

企业知识管理的业务流程是知识被采集、被分发、被利用、被完善的过程。实质上，企业知识管理"不是知识的管理，而是知识处理过程的管理"。依靠该处理过程能促进新知识的产生和综合，从而带来创新和更好的组织绩效。因此，企业实施知识管理，并不是简单地建立几个数据库、对数据归类，关键是如何处理好"收集—提炼—分发—利用—再提炼—再利用"的循环过程，让死的东西变活，不断积淀企业精华，使知识真正完整地为企业所用，为员工带来便利，为企业带来效益，为客户带来满意。

7.2 知识管理战略与策略

7.2.1 知识管理战略

1. 知识管理战略概念

知识管理战略是知识管理目标与知识管理手段的结合体。一般意义上的知识管理战略是指组织将内外部有价值的知识视为最重要的资源，通过一系列策略和方法来实现有效管理，从而提高组织知识创新能力，形成并保持组织的核心竞争力。

如果把战略决策作为战略管理过程的产出，那么它有特定的投入。由于对战略管理过程中不同投入要素的重要性认识不同，因此形成了两大战略管理的理论观点：资源基础理论和核心能力理论。由于知识管理战略与战略管理研究存在着天然的内在联系，资源基础理论和核心能力理论都应视为知识管理战略研究的理论来源。

2. 知识管理战略的选择

企业的知识管理战略应该反映其总体竞争战略。比如，企业如何为顾客创造价值，如何把该价值放入一种经济模式，企业员工如何实现这种价值和经济模式。可供选择的两种不同的战略模式是编码战略和个人化战略。

（1）编码战略。对一些企业而言，知识管理战略的核心是计算机。经过精心编码的知识存储在数据库中，企业员工都可方便地调用，我们称此为知识管理的编码战略。安永会计师事务所在知识管理方面遵循的就是编码战略，采用了多种精妙的方法来进行知识的编码、存储和调用。知识的编码是通过"人员到文档"的方式实现的，即知识首先从开发者那里提取出来，使之与开发者分离，再被广泛用于各种用途。这种做法让许多人能搜寻并调用经编码的知识，而无须接触该知识的最初开发者。这样，我们就有可能通过知识再用实现规模效应，并由此使企业得以发展。

（2）个人化战略。在另一些企业，知识跟开发知识的人员密不可分，知识主要通过人员之间的直接接触实现共享。在这类企业中，计算机的主要作用是帮助人们交流，而非存储知识，我们称之为知识管理的个人化战略。贝恩公司、波士顿咨询公司、麦肯锡咨询公司等战略咨询公司采用的就是个人化战略。它们注重人员间的直接交流，而不是数据库里的知识对象。未经编码，可能也无法编码的知识通过脑力激荡和一对一交谈得以传播。这些公司投入巨资来构建人员网络，使知识的共享不仅可以通过面对面的形式实现，而且可以通过电话、电子邮件和视频会议实现。企业还建立了电子文档系统，目的不是提供知识对象，而是让咨询师通过查询相关文档，迅速掌握特定领域的相关知识，了解公司内部谁曾从事过某一课题，然后直接与其联系。

采取何种战略，应根据企业的具体实际确定。对于生产标准产品的企业而言，采用基于知识再用的知识管理战略较为合适。提供定制产品或服务的企业，其工作重点在于满足特定顾客的独特需求，由于这些需求存在较大差异，编码知识的作用对它们很有限，而应该考虑个人化的知识管理战略模式。

7.2.2 知识管理策略

策略是在战略确定之后需要采取的战略实现措施，归纳起来，组织在知识管理中可以采用以下策略。

1. 设立知识主管

我们对 CIO 这一名称已经不陌生了，CIO 是顺应企业实行信息管理而设立的。企业要实施知识管理，有必要设立 CIO 或首席知识官（chief knowledge officer，CKO）这一高级职位。CKO 的主要任务是指导企业建立完善的知识管理体系，将企业的知识资源转化为最大的收益，激励员工进行知识共享和创新，提高企业的竞争力。美国施乐公司于 20 世纪 90 年代就开始实施知识管理，并设立了 CKO。另外，在很多著名咨询公司中，例如，麦肯锡咨询公司、安达信咨询公司、安永会计师事务所和普华永道会计师事务所全都拥有知识主管；惠普公司在产品程序部和电脑系统销售部内分别建立了知识管理小组。国外的这种发展趋势使我们看到，设立 CKO 对企业知识实现专人、专门化的管理，是企业适应知识经济时代的一个新举措。国内企业应该积极地借鉴这种管理上的新思维、新方法。

2. 建立富有弹性的网络型组织

工业经济时代的按职能划分部门、按职位分配、以规则和制度为主体的管理方式缺乏灵活性，阻碍了人与人之间的交往与沟通。因此必须建立易于发挥人的个性与创造力的网络型组织结构。由于网络型组织是等级分层组织与灵活、多技能工作团队结合的组织形式，因此当遇到某一问题时，可以将不同部门、不同领域内具有不同知识和技能的工作人员集结在一起，快速有效地制订出解决方案。网络型组织结构缩短了知识传递的时间与空间，有利于发挥人的主动性和创造性。

3. 改造组织结构

对企业组织结构进行改造的原因包括：①提高企业的信息交流速度。传统的金字塔等级型企业组织结构，管理层过多，信息流通速度慢，反馈不及时，容易发生信息失真。②减少企业的知识传递成本。办法是引入分权机制，使拥有专门知识的人员具有相应的决策权，从而使其知识及时发挥最大的效益。③增强企业的灵活应变能力。美国一些超大型企业（如美国杜邦公司），将企业分为若干规模较小、自主经营权较大的分公司（模块），使企业既有"航空母舰"的抗风浪优势，又有分散经营的"快掉头"能力，获得了巨大成功。

4. 建立完备的激励制度

由于知识来自每个职工的学习、发明和创造，实施不同的奖励制度会对员工起到不同的作用。只有奖励制度安排得当有效，才能激励员工把主要精力投入到知识的学习、发明与创新当中，否则只能适得其反。"计时工资制"在今天已失去了其应有的激励作用，谁拥有更多的知识，谁就能获得更大的财富，高风险必然要求高收益，高收益势必成为创新的原动力。

5. 营造良好的环境

企业实施知识管理，关键在于营造一个利于促进知识共享、鼓励知识创新的工作环境。在这种环境内，人们相互信任，关系融洽，畅所欲言，气氛轻松，思想活跃。其中信任尤为重要，要想达到企业内的知识共享，每个员工的想法、点子、建议、意见，都应受组织和其他员工所尊重和理解。进行知识创新，轻松活跃的气氛也是十分重要的。轻松活跃的工作氛围使员工心情舒畅，可以尽情构思，无限想象，从而新想法、新点子、新思维层出不穷，知识创新潜能得到极大发挥。

6. 树立全新的思想观念

知识管理要收到最佳效果必须建立健全企业文化。企业文化有聚合、导向、共识、规范、激励、传播、应变等功能，其核心是企业内部具有明确统一的思想、意识、精神和价值观。企业文化所蕴含的管理哲学和核心价值所形成的企业人格，对企业的经营行为起着至关重要的作用。因此，要摒弃将知识和信息当成一种权利的观念，管理者要充分保护和激励员工参与管理和创新的积极性，最终在组织内形成崇尚创新、学习先进、敬业助人的文化氛围。

7. 培训知识要素

企业要赢得长远的竞争优势，需要不断培育知识要素，生产新知识。培育知识要素，其中最重要的就是开发新技术。据统计，20 世纪 80 年代以来，西方发达国家的生产力增长有 65%～80%是靠科学技术进步取得的。企业必须根据市场需求变化，选准技术攻关项目，加大科研投入力度，掌握一批具有自主知识产权的技术。例如，2020 年，华为研发总费用为 1418.93 亿元，较前一年进一步增加，占销售收入的比重为 15.9%；全球从事研究与开发的人员约 10.5 万名，约占公司总人数的 53.4%。

8. 充分利用 Internet

充分利用 Internet，对有条件的企业的数据库、产品研究开发、产品设计、工艺流程、管理方式、市场营销、售后服务、信息反馈等方面能产生不可估量的影响。其具体内容包括：建立工作空间；发布有关知识管理的新闻、报告、演讲和各种活动的通知，存储有关知识管理的会议、研讨、演讲等方面的信息；收集和存储有关知识管理方面的研究资料、发展趋势和各种成功方案；介绍相关产品的技术知识和服务信息。

世界上许多大公司都建立了内部网络系统——Intranet。例如，沃尔玛早在 1987 年就建立了世界上最大的私人卫星系统，这个系统与世界上 3800 家供应商实现了计算机联网，做到及时销售，及时生产，大大压缩了产品的时间成本。该系统也连接着沃尔玛所有商店及设施，通过商店付款柜台激光扫描器输出的每一件货物，都会自动记入计算机，当某货品库存减少到一定数量时就会发出信号，商店可及时向发货中心要求供货，提高了管理效率。

9. 建立企业内部知识库

为实现企业内部知识共享，还必须在企业内部网络上建立企业内部的知识库。内容主要包括：企业的人力资源状况；企业内部各部门资料；企业历史上发生的重大事件等历史资料；企业客户的所有信息；企业主要竞争对手及合作伙伴的详细资料；企业内部各部门、各职位所需技能和评价方法；企业员工的合理化建议及解决某项技术或经营难题的最佳方法。

10. 注重人力资源开发

企业要想在知识经济时代有所作为，必须从价值的源头做起，将"人"作为资源来开发。人力资源开发必须与企业发展战略相结合，在选拔招聘员工时，不仅要看员工的知识素养，更要看所招聘人员的能力是否有利于企业战略目标的实现。人力资源开发要与员工素质的培养紧密结合，通过加大对人才的培育，提高人才资本的素质以及改善整个组织工作的绩效，最终在提高员工岗位技能的同时开发人的能力，培养出具备潜在能力的高级管理人才。

7.2.3 知识创新

1. 知识创新的含义

简单来说，知识创新就是指通过科学研究，获得新的基础科学和技术科学知识的过程，其目的是追求新发展、探索新规律、创立新学说、积累新知识，并应用到产品和服务中去，以促使用权企业获得成功，国家经济活力得到增强，社会取得进步。

创新并不是简单地指创造新东西，而是具有特定的经济学内涵。它与发现和发明不同，发现是知识的新的增加，是发明和创新的重要知识来源；而发明是一个新的人造装置或工序，发明可申请专利，但不一定在事实上为经济和社会带来利益；创新是创造和执行一个新的方案，以达到更好的社会效果。一般来说，要使一项发明带来利润就需要创新，但创新并不一定要基于发明。从知识经济的角度来看，发现和发明活动是一种知识生产，而创新表现为知识创新。

为了达到创新的目的，首先要明确几个与创新有关的问题，即创新过程、创新特征、创新的切入点。

1）实现创新的步骤

在知识管理领域，创新过程被描述为创造、分享和运用。艾米顿为实施创新战略拟定了以下步骤。

第一步，为创新（即把思想推向市场）制定一个明晰的广泛联系的战略。

第二步，任命某人负责公司范围内的创新过程。

第三步，客观评价自己的创新能力——创造新思想，使其市场化的能力。

第四步，组织协作行动，把包括所有利益相关者（如供应商、客户、竞争对手等）在内的整个企业联合在一起。

第五步，跟踪观察采取背离本企业文化的情况下所取得的进步，并实践设计艺术。

2）创新过程的特点

无论是技术创新、工艺创新、产品创新，还是管理创新和制度创新，都有以下几个特点。

（1）创新过程是不确定的。创新的来源与创新机会的发生可能是不可预测的。希望其有一个时间表是不现实的，而且创新的失败率是很高的，十分之九的"卓越想法"都可能会变得毫无意义。此外，预期的成本可能超支，而且最终的结果是高度不确定的。

（2）创新过程是知识密集的。创新过程集中地产生新的知识，依赖于个体的智慧和创造力及"互相作用的学习"。对任何参与创新过程的人员来说，学习是一个永续的过程。所有介于其中的人在创新过程的每一个点上，都需要有紧密的联系和迅速的信息交流，否则知识就会损失掉。

（3）创新过程是有争议的。创新活动总是包含着可选方案之间的竞争。有时一个有潜力的创新会对既定的利益构成威胁。

（4）创新需要有一个独立于原有组织之外的组织。一个班子难以既要顾及当前又要设计未来，因为它们是两项不同的工作，所以最好把创新放到专门的独立组织中去进行。

（5）创新过程是跨边界的。有证据表明，许多最佳创意从起源上来说，是跨学科的或者是跨职能部门的，仅在一个单位内的创新过程是非常少见的。部门间的合作是必需的，有时候为了支持主要产品创新，其他职能部门在其他领域可能产生预料不到的创新。

3）创新的切入：不断构思新点子

创新靠不断构思新点子，出新点子靠创造性思维。成功的企业总是鼓励员工出点子。例如，3M公司有一条15%的规则，即公司鼓励员工拿出自己15%的时间考虑新点子，而且是任何项目的新点子都行，这在一定程度上保证了3M公司长盛不衰。

创造性思维方式是实现创新的灵魂。可以从以下几个方面自觉培养创造性思维能力，促进创新成果的获得：①善于观察、善于提问、善于分析是创造性思维的基础；②克服心理定式是开展创造性思维的前提；③整体把握创造对象的一般性质，才有可能实现创造；④合理的实验设计与分析是科学研究的重要环节。

2. 知识创新的主要内容

1）文化创新

企业文化创新为其他类型的创新培植了良好的土壤。企业文化创新主要包括观念创新和行为规范创新。

（1）观念创新。价值观念是企业文化的根本，知识经济时代的文化创新应以企业家精神为核心，执着追求开拓、变革、高效和卓越的文化。对于一个企业来说，只有进行观念的创新，能够跟上或者领先于潮流才能使企业不断改进，立于不败之地。

（2）行为规范创新。开拓精神、创业精神、冒险精神、团队精神等都是文化创新行为的特征。亨利·福特为了让所有人都能买得起汽车发明了流水线，开创了一种新型生产方式；比尔·盖茨为了不放弃 PC 发展的机会，毅然中断了在哈佛大学的学业，由此诞生了对整个信息技术发展都具有重大影响的微软公司。

文化创新已经成为企业文化的根本特征，文化创新是现代企业创新的根本动力。

2）制度创新

制度创新是知识创新的前提，只有具有了完善的企业制度创新机制，才能保证技术创新和管理创新的有效进行。企业制度创新就是实现企业制度的变革，通过调整和优化企业所有者、经营者和劳动者三者之间的关系，使各个方面的权利和利益得到充分的体现；不断调整企业的组织结构和修正完善企业内部的各项规章制度，使企业内部各个要素合理配置，并发挥最大限度的效能。

制度创新还是有效和持久地实现企业其他创新活动的保障，这突出表现在：①适时的制度创新能够使企业站在发展的前沿；②制度创新是搞好企业各种管理的基础；③制度创新是技术创新、市场创新、产品创新的基础；④知识经济时代，关键是人才的竞争，而发挥人才积极性的关键是制度创新。

3）管理创新

管理创新在知识创新当中具有重要的地位，其他任何形式的创新都需要经过企业管理职能逐步实施，都要经过管理的各个层次具体执行，因此，管理创新在企业创新中处于综合统筹、指导协调的地位。在这方面目前已经有了不少成熟的经验，也有了很多管理创新方式，如适时管理、柔性管理、理念管理、危机管理、项目导向管理、软件管理等。

4）技术创新

熊彼特（Schumpeter）于 20 世纪初就提出了技术创新的概念，并将其定义为"企业家对生产要素的重新组合"。之后，人们继续对技术创新做出了种种不同的解释。归结起来说，技术创新是指新的技术（包括新产品和新的生产方法）在生产等领域里的成功应用，包括对现有技术要素进行重新组合形成新的生产能力的活动。全面地讲，技术创新是一个全过程的概念，既包括新发明、新创造的研究和形成过程，也包括新发明的应用和实施过程；还包括新技术商品化、产业化的扩散过程，也就是新技术成果商业化的全过程。

7.3 知识管理技术与知识管理系统

7.3.1 知识管理技术及分类

知识管理技术是一个技术体系，它是多种信息技术的集成，在这些技术的支撑下形成了企业的知识管理系统，为企业提供知识管理服务。作为一个技术体系，知识管理技术包括许多内容，如数据挖掘、决策支持、分词、RSS、商业智能等。

对知识管理技术的分类通常有两种，一种是按照知识螺旋模型中显性和隐性知识的转化过程中用到的技术分类，另一种就是按照知识的生命周期中的技术进行分类。

1. 按知识转化过程的知识管理技术分类

按照知识螺旋模型中显性和隐性知识的转化过程的技术分类如表 7-1 所示。例如，在显性知识到显性知识的转化过程中，通过搜索引擎，一个人可以自动地找到他需要的知识文档。但许多时候，员工并不一定知道他需要什么，这时如果系统能够自动对文档进行分类，那么这个员工可能通过找到自己需要的知识文档类别，进一步找到他真正需要的知识。又如，在隐性知识之间互相转化的群化过程中，通过视频会议技术的帮助，远隔万里的人可以就同一个问题进行讨论，这样通过观察不同人发言时的表情、姿态、手势等，不同的人就可以实现对这个人、对会议讨论的事情的重要性和解决问题的办法的隐性认识。

表 7-1　按知识的转化过程的知识管理技术分类

知识的转化过程	举例	知识管理技术
隐性知识转化为隐性知识（群化）	如团队会议、讨论等	视频会议、协同、即时通信
隐性知识转化为显性知识（外化）	如团队谈话、提问与回答	自动解答、评注、注解
显性知识转化为隐性知识（内化）	如通过一份报告学习	可视化、浏览技术
显性知识转化为显性知识（融合）	如通过电子邮件传递一份报告	文本搜索、文档自动分类

2. 按知识生命周期的知识管理技术分类

一般而言，知识的生命周期要经历以下过程：获取（收集形成知识的数据、信息等素材）—整理（对素材进行加工形成初步知识）—审核（对初步的知识进行评估、判断、审核与完善）—发布（通过各种渠道把知识发布出去）—利用（知识被人访问并在组织中利用）—更新（知识在使用过程中不断改进、补充完善和更新）—淘汰（过时的知识被逐渐淘汰）。按照知识的生命周期可以将知识管理技术进行如表 7-2 所示的分类。

表 7-2　按知识生命周期的知识管理技术分类

知识类型	获取	整理	审核	发布	利用	更新	淘汰
显性知识	搜索引擎技术	自然语言处理等	语义网络等	HTML、XML、Blog		数据库人工智能代理技术	技术问题不多
隐性知识	社会网络			BBS 虚拟社区		eLearning	

注：表中空白部分表明技术在这个环节的作用比较小或者不明显

从表 7-2 中不难看出，知识管理技术对显性知识的管理作用较大，包括显性知识的获取、整理、审核、发布和更新，可以促进效率更大程度地提升。对于隐性知识的整理、审核、利用等环节，知识管理技术的作用不大，隐性知识的管理更多地依靠社会化的方式，如人与人的信任、充分沟通等。

关于知识管理技术的研究，目前国内更多地集中在内容管理、协同技术等比较低层次的方面，而对商业智能、数据挖掘、自然语言处理、人工智能、神经网络的研究尚处于起步阶段。当前知识管理技术的发展方式是，通过门户技术，构建知识管理门户作为组织知识管理的平台，在门户中集成相关的技术解决方案，即内容管理技术、人工智能技术、发布技术、群件技术等。

7.3.2　知识管理工具及分类

1. 知识管理工具概述

知识管理工具是实现知识的生成、编码和转移技术的集合。从功能上看，知识管理工具和数据、信息管理工具有很大区别。数据管理工具处理的重点是支持企业运营的"原材料"，如销售数据、库存记录等基本数据，它通过数据图表的方式，使组织能够生成、访问、存储和分析数据。数据管理工具包括数据库、数据仓库、搜索引擎和数据建模工具。信息管理工具主要用于信息处理，如自动化的信息搜索代理、决策支持技术、经理信息系统和文档管理系统。数据、信息管理工具不能捕捉复杂语境信息和知识内涵的多样性，不能有效地支持知识管理。例如，如果人们没有相应的历史知识，那么世界名画《蒙娜丽莎》对于观赏者来说仅仅是一幅肖像画，但这幅画所要表达的绝不仅仅如此。知识工具不仅能帮助我们完整地保存这幅画像，更重要的是它能够帮助我们理解这幅名画。因此，数据、信息管理工具与知识管理工具最大的区别在于能否为使用者提供理解信息的语境，以及各种信息之间的相互关系。

2. 知识管理工具的分类

从企业中知识的生命周期来看，知识处理可以分为知识的生成、知识的编码和知识的转移。相应地，可以将知识管理工具分为以下三类。

1）知识获取工具

最具代表性的知识获取工具就是搜索引擎。搜索引擎虽然不能直接给人们带来知识，但是提供了知识的存放位置。Internet 上的搜索引擎是企业获取外部知识的重要工具，现在已经有不少成熟的软件支持企业内部知识的获取。IBM Notes 提供的早期版本搜索器，就已经能够在 Notes 文档中实现高效率的全文检索，并且能够实现检索条件的任意组合，使用户能够迅速地查找需要的资料。在 IBM Notes 8 以后的版本中，搜索已经不再仅限于 Notes 应用程序的范围，用户可以选择使用 Notes 样式搜索或 Web 样式搜索。Notes 8 内置了基于 Yahoo 和 Google 的 Internet 搜索，在搜索框中输入搜索词汇，选择 Yahoo 或者 Google 搜索，便可以在 Notes 当中轻松进行 Internet 搜索了。

另一种常用知识获取工具是数据挖掘。通过数据挖掘工具，企业可以在凌乱的数据中，找到有用的知识。数据挖掘主要实现以下四种功能：①数据总结（对数据进行浓缩，给出它的紧凑描述）；②数据分类（通过一个分类函数或分类模型把数据库的数据项映射到给定类别中的某一个）；③数据聚类（把一组个体按照相似性归成若干类别）；④关联规则〔规则形式如"在购买面包和黄油的顾客中，有90%的人同时也买了牛奶"（面包+黄油+牛奶）；关联规则还可用于序列模式发现，如用户在购买物品时，还有时间或序列

上的规律]。

2）知识合成工具

常规的搜索引擎的缺陷就在于不能搜索与人脑中想法相关的知识。现在有一些工具，如 IdeaFisher 等，能够将相关的词句组合起来，帮助人们将分散的创新观点整合起来。另一个称为 Inspiration 的工具，能够帮助用户形成一种概念图，从而提高使用者对知识进行合成的能力。

3）知识创新工具

就目前的技术水平而言，虽然人们可以通过搜索引擎大大提高搜索的效率，通过人工智能实现简单的知识推理，但实现自动化的知识创新还十分困难，或者只能实现辅助性的知识创新。例如，名为 Idea Generator 和 MindLink 的工具通过引导人们突破思维定式来提高创新能力。知识的创新是人类最复杂的思维活动，要求机器具有像人类一样的思维是不可能的，但人类可以设计出一些软件模拟人类思维。即使这样，人们还要等待很长的时间。

7.3.3　知识管理系统

1. 知识管理系统概念及作用

知识管理系统没有统一的定义。根据组织状况的不同，每个组织都需要建立适合自己的知识管理系统。我们讨论知识管理系统时，一般集中在那些能够有效存储信息，同时能够实现高效的知识流转、共享、发现的系统。例如，一种能够按照索引访问那些关键的商业资料（如销售概况）的文档管理系统；一个专业技能发现工具，使用它可以发现在整个组织或者企业中哪些人在特定的领域中具备了较高的专业的技能，并探讨如何分享这些技能。目前常见的知识管理系统有 HOLA 企业内容管理系统、3Hmis 综合知识管理系统、HollyKM 知识管理系统、edoc2 知识管理平台、蓝凌知识管理专家等。

组织建立知识管理系统的主要用途如下。

（1）构建企业知识库，对知识内容（方案、策划、制度等）和格式分门别类管理。

（2）充分发动每个部门、员工，贡献自己所掌握的企业知识，积少成多，聚沙成塔。

（3）重视企业原有知识数据，进行批量导入，纳入管理范畴。

（4）帮助企业评估知识资产量、使用率、增长率。

（5）创建企业知识地图，清晰了解企业知识分布状况，提供管理决策依据。

（6）建立权限体系，对不同角色的员工开放不同级别的知识库，保证企业知识安全。

（7）注重版本管理，文件资料从初稿到最后一版，均有版本记录保存并可查。

（8）让知识查询调用更加简单，充分利用知识成果，提高工作效率，减少重复劳动。

（9）依据知识库构建部门或岗位的学习培训计划，随时自我充电，成为"学习型团队"。

（10）提供知识问答模式，将一些知识库中缺少的经验性知识，从员工头脑中挖掘出来。

（11）支持异地协同，通过互联网获取知识库内容，为异地办公提供知识支持。

（12）企业不断有人进入，有人离开，他们创造的知识应该成为企业的资产。

（13）积累知识资产，支撑"企业常青"和"人才成长"的基础平台。

2. 知识管理系统的基本结构

一个成熟的知识管理系统主要由核心数据库、维度分类管理系统、智能搜索引擎、办公流引擎，以及前、后台应用功能组成（图 7-1）。

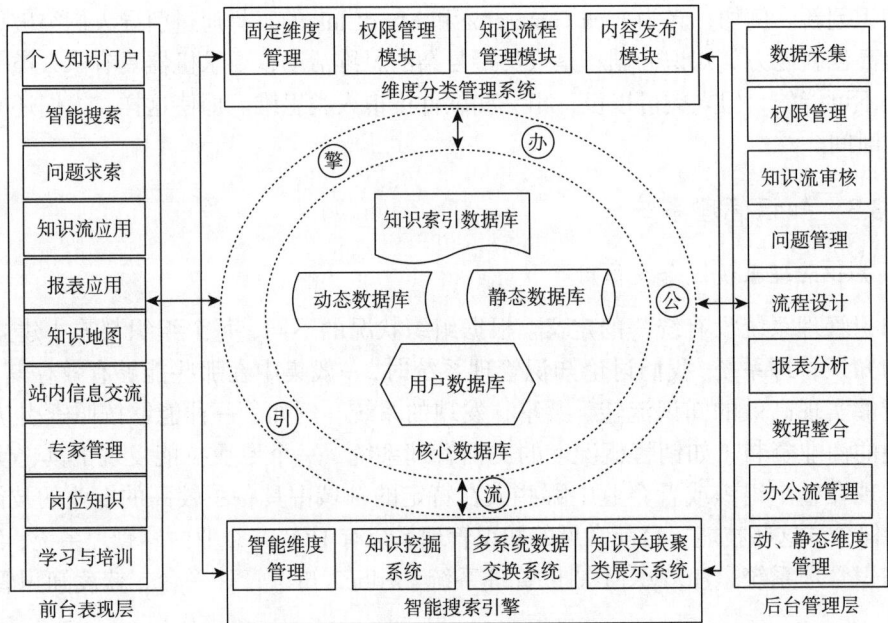

图 7-1　知识管理系统的基本结构

（1）核心数据库：解决不同数据标准的索引和获取问题，主要是不同数据库、不同数据介质的统一索引与数据获取。

（2）维度分类管理系统：实现知识积累、整理、共享与重用的核心服务，通过固定维度管理、权限管理模块、知识流程管理模块、内容发布模块实现知识的高效应用，起到百宝箱分类处理的作用。

（3）智能搜索引擎：实现用户海量知识搜索、分析及挖掘的应用，起到处理知识垃圾堆的作用。

（4）办公流引擎：是知识流转功能的核心服务器，办公流引擎实现各项应用功能的流转服务，并荆轮式调用智能搜索引擎与维度分类管理系统服务，是应用功能与数据处理间的桥梁。

（5）前、后台应用功能：实现知识管理系统的知识积累、日常运转、知识维护、业务应用等功能。

3. 知识管理系统实施

知识管理在实施过程中涉及信息技术、组织文化、工作流程与业务流程之间的整合。企业在知识管理系统的实施中需要做好以下几方面的工作。

（1）知识管理基础设施建设。基础设施是知识管理的支持部分，如知识库、关系型数据库、多媒体数据库、网络等基本技术手段和知识链上人与人之间各种联系渠道等。

（2）企业业务流程的重组。大量实践证明企业应用 ERP 只有在 BPR 的基础上才能取得最佳效益。在知识应用中，也需要将企业的知识资源合理地在业务流上形成畅通无阻的知识流，尤其是那些和业务过程结合紧密的知识管理项目，一定要首先进行企业业务流程的优化和重组，才能获得好的效果。

（3）企业领导能力及其意识。知识管理的成功实施依赖于有效的变革管理，要求企业最高领导层认识到知识战略的重要性，要求领导层具有识势能力（企业分析与建设）、借势能力（借助外脑提升知识）以及造势能力（战略前瞻，知识整合）。

（4）企业文化建设。要说服员工把原本属于自己的知识贡献出来与大家共享并不是一件容易的事，知识创新就更难。因此，企业应当建立起有效的激励机制，采取多种方式来鼓励和吸引员工参与知识共享，形成鼓励合作与共享的文化氛围，使员工乐于共享知识、创新知识和应用知识。

（5）知识核心活动的管理。知识核心过程主要包括知识生产过程、知识学习过程以及知识应用过程。这些活动需要一定的信息技术支撑，如知识的生产需要相关的知识工程技术，如知识库构造技术、事例推理技术等；知识的共享和应用则需要多智能客体获取和检索、多策略多层次获取、网络搜索工具等；知识的传递需要建立知识分布图、电子文档、光盘等。

（6）知识管理的评测。知识管理的评测是要建立知识产生效益的测评条例。知识管理是企业的一项创新工程，需要对知识管理的过程及其结果进行绩效考评，这可视为一种对知识管理的"管理"。

综上所述，实施知识管理要重视企业环境的建设，不仅强调技术支撑环境建设，也要注意企业文化、业务流程、绩效评测，以及领导能力等各种要素的有机整合，从而提高企业应变和创新能力，增强组织的竞争力。

7.4 个人知识管理

7.4.1 个人知识管理的内涵

1. 个人知识管理的含义

个人知识管理（personal knowledge management，PKM）是一种新的知识管理的理念和方法，能将个人拥有的各种资料、随手可得的信息变成更具价值的知识，最终利于自己的工作、学习和生活。美国保罗·A. 多尔西（Paul A. Dorsey）教授认为，个人知识管理应该被看作既有逻辑概念层面又有实际操作层面的一套解决问题的技巧与方法。

通俗来讲，个人知识管理就是个人在日常活动中搜索、收集、存储、整理和创造共享知识，并支持个人的工作、生活和学习的过程。通过对个人知识的管理，养成良好的终身学习习惯，增强信息素养，完善自己的知识结构，提高自己的能力和核心竞争力，为实现个人价值和可持续发展打下坚实基础。

有学者认为个人知识管理包括以下三层含义。

（1）对个人已经获得的知识进行管理。

（2）通过各种途径学习新知识，吸取和借鉴别人的经验、优点和长处，弥补自身的思维和知识缺陷，不断建构自己的知识特色。

（3）利用自己所掌握的知识以及长期以来形成的观点和思想，再加上别人的思想精华，实现隐性知识的显性化，激发新知识的创造和共享。

从总体上看，个人知识管理通过有针对性地积累和完善个人知识，避免知识因遗忘而流失；挖掘隐性知识，促进与显性知识间转化，减少个人时间与精力的耗费，提高工作效率，展现个人的学习能力；通过参与知识创新、知识交流，谋求更多的发展机会，持续性地学习并更新个人专业知识，从而提高工作技能，提升个人价值和核心竞争力。个人知识管理的过程是一个通过不断地进行知识的获取与整理、存储与更新、创造与应用、交流与分享而建立自身知识体系和做出决策的过程。

2. 个人知识管理的重要性

随着智能手机和移动互联技术的普及，人们越来越多的时间被耗费在互联网上。很多人看似忙碌地在互联网上浏览网页，刷微信朋友圈，而实质只是看到大量的信息，并没为自己积累知识，更别提能力的提升和知识结构的完善。联合国教科文组织的统计显示，人类近 30 年来所积累的科学知识占有史以来积累的科学知识总量的 90%，而在此之前的几千年中所积累的科学知识只占 10%。在信息爆炸的社会中，一个人穷尽一生，所看到的也只是沧海一粟。

每个人在学校学习期间都积累了一定的知识量，但这些知识不可能完全解决当前的问题，更不可能一劳永逸地解决一辈子碰到的问题。学校的学习只是让学生储备了从事某种职业的基本能力，需要个人在这基础上，紧跟社会的需求和变化，有目的性地学习知识、整理知识，创造性地使用知识和共享知识。这个过程就是个人知识管理，也是保持竞争力和自我提升的过程，通过个人知识管理提升个人的核心竞争力。

7.4.2 个人知识管理的原则

信息爆炸、知识碎片化、知识类型和存在环境的多样化态势，为知识管理带来了挑战，需要掌握基本的个人知识管理原则和技巧，提高效率，使知识变得活跃和流动。

（1）目标驱动原则。了解自己的知识资产，建立自己的知识负债表，在知识海洋中聚焦自己核心竞争力的提升。目标驱动来源于外驱和内驱，内外结合，以个人发展动机的内需为主，兼顾社会和工作等外驱需求，围绕着个人的核心竞争力和知识储备，有目的地持续改进，专注于个人的核心知识体系，积累广度，向深度发展，形成金字塔状的知识结构系统。

（2）理解消化原则。一味地复制粘贴是没有用的，需要定期整理和学习，理解消化并融入自己的知识系统中。

（3）持续坚持原则。"活到老学到老"，知识在不断地发展，不存在一劳永逸的知识结构。个人知识管理是伴随终身的学习过程和行动，通过持续改进和反复迭代，在已有的知识结构中不断地淘汰旧知识、叠加新知识，不断重复显性知识和隐性知识相互转化的螺旋上升过程，从量变到质变，让个人知识管理成为自然而然的习惯。

7.4.3　个人知识管理的过程

个人知识管理是在不断明确自身知识需求和已建立的个人知识的基础上，在学习和实践的过程中实现对知识的获取与整理、应用与创新、共享与传播的知识管理过程，如图 7-2 所示。这一过程不断循环，周而复始地在一个个知识开发应用的生命周期中实现知识和知识管理能力的螺旋上升。

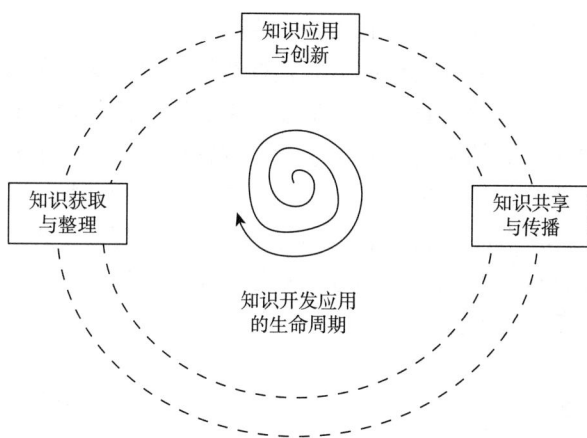

图 7-2　知识管理生命周期图

从活动流程上看，个人知识管理活动可简化并归结为以下三个环节。

1. 知识获取与整理

知识获取与整理是知识管理的第一个环节，是对外部来源的知识进行收集、分类和存储，增进已有知识的适用性和注入新的知识。上网时我们所看到的只是大量的信息，而不是知识，需要通过知识的整理把获取的知识按学习者的知识结构重新归整和融合，使知识结构化、书面化、格式化，并建立便利的存取、查询和扩散机制，为知识的应用与创造、共享与传播提供条件，这一过程是显性知识的内化和系统化。

2. 知识应用与创新

史蒂芬·柯维在《高效能人士的七个习惯》中提出：任何事物都是两次创造而成的。我们做任何事都是先在头脑中构思，即智力上的或第一次的创造，然后付诸实践，即体力上的或第二次的创造。知识应用与创新是利用知识解决问题，并在知识的获取、存储、传播和应用过程中，追求新的发现，探索新的规律，积累新的知识；在知识的评价与反思中显性化隐性知识，扩充个人知识库和知识网络。让知识在应用中增值，是避免成为"两脚书橱"的最好方法，把个人知识的应用与自己的学习和工作相结合，发挥自己的长处和知识的价值，服务社会。

3. 知识共享与传播

在知识获取环节中，学习者多属于信息消费者，应尽可能多地聚集来自不同信息源的多种信息，经过标注和加工创造后，学习者角色转化为信息发布者/供应者。知识共享与传播是对知识的扩散，利用数字化学习工具把知识尽可能传播得更广，通过协作交流外化显性知识。

在这个已经充斥着大量信息的互联网时代中，人们对知识共享的抗拒程度已经大大减弱，但仍然有相当一部分人不愿意进行知识共享，抱着"教会徒弟，饿死师傅"的想法，忽视在充分保护个人知识产权情况下的知识应用和知识共享的价值，不愿意进行知识分享，闭门造车。既无法让周边的人、组织发现自己的能力，更无法吸纳在共享过程中的人与人交流所产生的火花和他人的意见、建议。

通过知识共享建立个人品牌已经成为品牌打造的常用方法，很多个人和团体通过建立和运营自己的微信公众号等自媒体，分享和传播见解，让其他人和组织看到自己的核心竞争力，并遇见更多更好的机会。罗振宇的"罗辑思维"微信公众号就是一个利用自媒体打造个人品牌的典范，每天早上 6：30 坚持推送 60s 的音频，让大家看到他日积月累的坚持，以知识共享服务于社会的意识和行为，为个人打造了极具信任力和持续影响力的个人品牌。简单来说，知识管理的过程就是知识的收集、整理、学习、应用、创新和共享的过程，如图 7-3 所示。

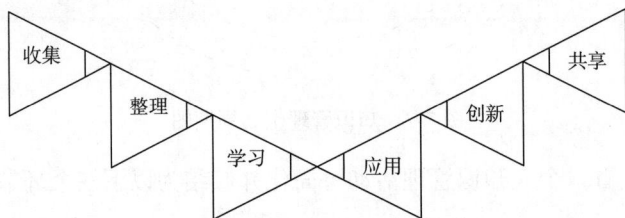

图 7-3　知识管理过程

通过学习、存储、加工，内化知识，通过应用和分享实现知识的显性化，从而形成自己独特的个人知识体系。

7.4.4　个人知识管理与个人知识网络

个人知识管理是将个人拥有的各种资料、随手可得的信息变成更具价值的知识，最终利于自己的工作、学习和生活。通过对个人知识的管理，人们可以养成良好的学习习惯，提高信息素养，完善自己的专业知识体系，提高自己的能力和竞争力，为实现个人价值和可持续发展打下坚实基础。

这里的专业知识体系就是个人知识网络。个人知识管理通过集成相关的外部显性知识，梳理自己的隐性知识，完善自己的隐性知识网络，建立个人的显性知识网络，以便在创新或工作时，可以快速整理出所需要的知识。

1. 个人显性知识网络

个人显性知识网络是一种面向个人的、由知识构成的知识库，是一种个人的知识体系，包括知识及其评价、知识的相互关系、谁有相关知识、如何利用知识等。

个人显性知识网络的特点主要包括以下几个方面。

（1）个性化。如果说过去的学习是以学科知识为中心，那么未来的学习应该以问题解决为中心，以个人需求为中心。学生不再需要按照前人规定的知识体系来建构自己的知识网络，而应该根据个人需求和解决问题的需要来建构自己的知识网络，这有助于创新。

（2）结构化。知识网络是把知识按照一定的规律有序排列，将其结构化，使得人们能够快速找到所需要的知识，有助于知识的学习、存储和利用。

（3）显性化。个人的显性知识网络对于知识的学习、存储和利用也是有很大价值的。"好记性不如烂笔头"就是将知识显性化，在知识爆炸、知识迅速发展的今天，更需要建立个人的显性知识网络。信息技术的发展为建立个人的显性知识网络提供了很好的条件。

（4）全息化。对于某一知识点，显性知识网络应尽可能提供完整的相关知识，形成所谓的知识包，而不是支离破碎的知识，这样能够提高知识的利用效率。

（5）可重构优化。显性知识网络需要与时俱进，不断优化。通过自己建构个人的显性知识网络，可以改变学习方式，激发学习兴趣，提高个人的知识管理能力、学习效率和协作能力，养成善于利用 Web 知识库和知识管理工具，勤动手、勤思考、勤总结的好习惯。

基于个人的显性知识网络可以帮助人们快速搜索知识，得到想要的知识，进行知识应用；可以进行基于非相关文献的知识发现；可以进行基于知识网络的知识融合，促进创新；可以发现知识结构漏洞，帮助确定创新方向。

2. 个人隐性知识网络

隐性知识网络有助于隐性知识的学习、存储和利用。例如，特斯拉 CEO 马斯克曾分享了一条自己的经验：在学习的过程中，最重要的一件事就是将知识看作"语义树"，确保自己理解了基本的原理，即主干和大的分枝，然后再去琢磨树叶这样的细枝末节，否则，它们会无处依附。马斯克也提到了知识之间的联系与迁移，人们往往记不住那些自己无法联系在一起的知识。如果没有一个"挂钩"来捕捉新知识，那它往往会一只耳朵进，另一只耳朵出。掌握知识就在于获取这些"挂钩"。

所以，要建构个人的隐性知识网络，不断向自己的知识网络中增加所需要的内容，融会贯通，这样学习才会具有明确的方向和较好的效果。

个人隐性知识网络特点如表 7-3 所示。

表 7-3　个人隐性知识网络特点

隐性知识类型	应对策略	怎么学
"知道自己知道"的知识	不需要重新去学习	只需要对这些知识进行整理并进行合适的存储,以便需要这些知识的时候能够找到它们
"知道自己不知道"的知识	把这部分知识作为学习知识的重点	根据需要有选择地学习。可以通过传统的上课或自学掌握,可以通过网络搜索引擎、图书馆找到相关的资料
"不知道自己知道"的知识	需要从自己内部发现	需要对自己进行知识盘点,将这些知识整理出来将其转化为"知道自己知道"的知识
"不知道自己不知道"的知识	必须想办法掌握的知识,这是对我们的个人和组织最重要的知识	多交朋友、多看、多听、多思考

3. 个人的隐性知识网络和显性知识网络的融合发展

个人的隐性知识网络与显性知识网络的融合发展强调利用"群脑"(群体思想库)与电脑(知识库),实现学习者的主脑与"群脑"、人脑与电脑相结合的多"脑"协同工作,这实际上是隐性知识网络和显性知识网络的协同工作。

个人的显性知识网络与其隐性知识网络需要集成,相互促进。一方面,显性知识网络是在隐性知识网络的指导下建立的,它是隐性知识网络的映射和延伸。另一方面,显性知识网络又能够帮助隐性知识网络有序化和不断完善,有助于将头脑中的碎片化知识有机组织起来,提高知识的利用效率。具体方法是要多读、多写、多思考,要善于利用互联网上的资源。可以利用微信、博客、网络社区等,将自己的所见、所闻和所想记录下来,并与人共享,扩大自己的交流范围。

古人说过:学而不思则罔,思而不学则殆。思是隐性知识网络的构建和整理,学是隐性知识的获取,要结合显性知识网络,形成新的学习模式,如图 7-4 所示。要读、思考和写一起进行,否则学习效率不会高。

图 7-4　个人的显性知识网络与其隐性知识网络集成模式

掌握隐性知识网络和显性知识网络的互动关系,不断完善隐性知识网络和显性知识网络。有一个伴随终身的显性知识网络,掌握一种隐性知识网络和显性知识网络协同发展的学习方式,将使自己终身获益。

阅读材料 7.1　知识管理系统——以西门子公司为例

西门子在知识管理领域所获得的巨大成功主要归因于其在全球最大的事业部——信息和通信网络(Information and Communication Network, ICN)公司成功实施了社区知识管理系统 ShareNet。

ShareNet 是一个全球知识共享网络,原先是为了西门子全球销售和营销社区而建立的,于 1998 年开始生成。由于营销环境在不断地变化,西门子意识到,必须提供大量具有弹性的产品和服务,这些产品和服务能够根据各个客户进行灵活的调整。为了实现这个目标,公司决定必须加强对于相关知识、相关信息的认识和交换。于是,西门子开始了社区知识管理系统的开发，并将其命名为 ShareNet。对于显性知识，ShareNet 系统目标是以项目描述、功能和技术解决方案、客户、竞争者和市场的形式提供架构性的知识客体。对于隐性知识，ShareNet 系统将提供各种功能，如新闻组、论坛和聊天室等。

与其他公司不同的是，西门子在实施知识管理的时候，充分认识到了知识管理的复杂性和在全球范围内实施的种种困难，因此西门子制订了环环相扣、层层递进的阶段计划，通过一系列的激励手段，最终使 ShareNet 系统在西门子全球获得了成功。

从 1998 年开始，西门子公司最大的事业部——ICN 开始在其内部建立知识共享系统 ShareNet，通过三个精心设计的知识管理推进阶段，ICN 最终成功地实现了全球性的知识共享。

1. 第一阶段：理清需求，快速见效

西门子在 ShareNet 的概念形成阶段，就收集了所有将要使用 ShareNet 的国家的经理和员工的意见。这一做法使该系统能够考虑到不同地域公司的文化差异，并为随后该方案的全球推广直接铺平了道路。ICN 要创建一个不仅能够处理显性知识，而且能够帮助员工将他们个人的隐性知识也贡献出来的系统。为此，ICN 将 ShareNet 设计成互动的知识管理平台，其中的互动功能主要包括知识图书馆、为回复"紧急求助"而开设的论坛，以及用于知识共享的平台。此外，选择一个合适领域作为切入口也是知识共享系统成功的关键之一，ICN 的 ShareNet 团队选择了首先为销售人员和营销团队建立一个知识共享系统，因为他们通过知识共享所得到结果是立竿见影的。ShareNet 系统在销售人员和营销团队中所取得的巨大成功，给 ShareNet 在西门子的其他部门实施起到了很好的宣传和带动作用。

2. 第二阶段：全球推广

要成功地让 ShareNet 网络获取全球员工所拥有的隐性知识，西门子采取了一种既能够把全球的知识资源聚集到一起，又可以保留跨文化差异的方法——"全球本土化"的解决方案：当总部和各地的分公司共同制定 ShareNet 的战略方向时，系统的维护工作主要在慕尼黑总部进行。然后，共同制定出的战略方向以及系统的主要战略性维护会落实到各地分公司。

为了把这个架构落到实处，西门子分别在各个国家和地区的当地公司里选出 ShareNet 经理，还分别设立了共享委员会、全球编辑、IT 支持人员和用户热线，他们和全球各地的投稿者一起组成了一个既注重全球总体战略，又关注各地分公司文化的"全球本土化"组织。在这个组织中，ShareNet 经理们尤其起到了一个跨文化"黏合剂"的作用。在全球推广的早期，"上级奖励制度"这个激励系统的引入更多地强调了高层管理的支持。在 2000 年，曾有个推广计划把分享知识与经济利益联系在一起，当时，本地 ICN 分公司的领导人能因实质性的国际知识交流创造跨国生意而受到奖赏。

3. 第三阶段：持续推动和激励

为了保证知识管理系统在 ICN 内部持续使用下去，ShareNet 团队必须持续不断地给 ShareNet 系统注入动力，并激励员工们向 ShareNet 提供和获取解决方案，一开始，西门子推出了一个上级奖励制度，作为知识共享的一种短期推动力。但这种制度虽然在初期能在一定程度上刺激 ShareNet 的推广，但由于它没有真正地奖励那些知识贡献者，从而难以发挥长期持续的激励作用。于是，ShareNet 经理们决定把重点更多地放在参与者身上，并推出了网上奖励制度。参与者会因为质量高的投稿获得 ShareNet 股份。

事实上，直接把股份换成实物奖励的用户一直较少，投稿的数量和质量等资料的公开化使投稿者可以获得人所共知的"专家地位"，这一点日渐成为员工积极利用 ShareNet 的内在动力。

通过这种方式，西门子 ICN 部门的 ShareNet 项目团队成功地将知识管理理念、信息化系统和作为知识管理主体的人形成"三位一体"。大多数西门子的员工认为：借助 ShareNet 平台，在绝大多数人员之间可以自由地分享知识，更确切地说，他们被捆绑在一个全球化的公司网络内，在相同的行业里工作，并且有着共同的行为守则，在 ShareNet 系统中获取和分享知识已经成为一种习惯。

思考练习题

1. 如何识别和运用知识？
2. 知识管理的主要职能有哪些？企业如何进行知识管理？
3. 简述知识管理与信息管理的区别和联系。
4. 怎样培养创新思维？知识创新的内容有哪些？
5. 知识管理技术有哪几种分类？试举例说明其应用。
6. 简述知识管理工具的分类。
7. 个人如何进行知识管理？

第 8 章　信　息　安　全

8.1　信息安全概述

8.1.1　信息安全的内涵

互联网起源于美国，由美国国家科学基金会为其提供赞助，使之连接全美各大院校、科研机构，在 20 世纪 90 年代之前一直为军事、科研服务。进入 20 世纪 90 年代，随着计算机和通信技术的高速发展，互联网已发展成为全球性网络，极大地促进了世界各国的信息交流和科学进步。随着计算机网络的普及，计算机网络的应用向纵深不断发展。企业上网、政府上网、网上学校、网上购物等，一个网络化社会的雏形已经展现在我们面前。在网络给人们带来巨大便利的同时，也带来了一些不容忽视的问题，网络信息的安全保密问题就是其中之一。

1. 信息安全概念

信息安全既是传统通信保密的延续和发展，又是网络互联时代出现的新概念。信息安全概念随着信息技术的发展而不断拓展、不断深化，信息安全概念的外延不断扩大、内涵不断丰富，由单一的通信保密发展到计算机安全、信息系统安全，又扩展到对信息基础设施、应用服务和信息内容实施全面保护的信息安全保障；由单一的对通信信息的保密，扩展到对信息完整性、真实性的保护，再深化到对信息的保密性（也称机密性）、完整性、真实性、可控性，以及信息基础设施的可用性和交互行为的不可否认性的全面保护。

信息安全是指信息在存取、处理、存储、集散和传输过程中受到安全保护，不会遭到破坏、更改和泄露，保持机密性、真实性、完整性、可追溯性和抗抵赖性。其实质是信息系统的安全，它要求信息系统的各个组成部分都受到安全保护。

2. 信息安全基本属性

信息安全主要包括保密性、完整性、可用性、可控性和不可否认性五个方面的基本属性。

（1）保密性。保密性是指信息不被泄露给未经授权者的特性，即对抗被动攻击，以保证机密信息不会泄露给非法用户。

（2）完整性。完整性是指信息在存储或传输的过程中保持未经授权不能改变的特性，即对抗主动攻击，保证数据的一致性，防止数据被非法用户修改和破坏。对信息安全发动攻击的最终目的是破坏信息的完整性。

（3）可用性。可用性是指信息可被授权者访问并按需求使用的特性，即保证合法用户对信息和资源的使用不会被不合理地拒绝。对可用性的攻击就是阻断信息的合理使用，如破坏系统的正常运行就属于这种类型的攻击。

（4）可控性。可控性是指对信息的传播及内容具有控制能力的特性。授权机构可以随时控制信息的机密性，能够对信息实施安全监控。

（5）不可否认性。不可否认性也称为不可抵赖性，即所有参与者都不可能否认或抵赖曾经完成的操作或承诺。发送方不能否认已发送的信息，接收方也不能否认已收到的信息。

信息安全的任务就是要实现信息的上述五种安全属性。对于攻击者来说，就是要通过一切可能的方法和手段破坏信息的安全属性。

3. 信息系统安全

在网络环境下，信息系统安全是指组成信息系统的计算机软硬件、网络和通信设备、数据资源、信息用户等受到安全保护，不因偶然的操作或者恶意的攻击遭受到破坏、更改或泄露，系统连续可靠地运行，信息服务不中断，保证组织中各项活动的管理、调节和控制等业务的连续性和稳定性。

信息系统的安全包括四个层面的安全：设备安全、数据安全、内容安全、行为安全。

1）设备安全

设备安全主要包括设备的稳定性、设备的可靠性和设备的可用性三个方面。设备在一定时间内不会发生故障的概率为设备的稳定性。设备在一定时间内正常完成任务的概率为设备的可靠性。设备在任何时候都能正常使用的概率为设备的可用性。任何信息设备的损坏都会危及信息系统的安全。例如，人为破坏、火灾、洪水、雷电等可能导致信息系统设备的损坏。在信息安全行业中，"信息系统设备的安全是信息系统安全的物质基础"，用通俗易懂的语言，深刻地说明了信息系统设备安全的重要作用。

2）数据安全

数据安全是指采取措施确保数据不受未经授权的披露、更改和破坏。数据机密性是指数据不能被非授权者、实体或进程利用或泄露的特性。数据完整性包括数据正确、真实、不变、完整。数据可用性即数据通常可以在任何时候使用的属性。为确保数据安全，信息系统的设备安全还远远不够。由于危害数据安全的行为在许多情况下没有留下明显的痕迹，当数据安全受到威胁时，用户可能无法发现它。因此，保障数据安全也是非常有必要的。

3）内容安全

内容安全主要包括以下几点：信息的内容在政治上是健康的；信息的内容符合国家法律法规；信息内容符合中华民族的优良道德。数据是用来表达某种意义的，所以不足以保证数据不泄露和不变。同时，内容安全还要求数据的内容是健康、合法和合乎道德的。如果数据中充满了非法、不健康和负面的内容，即使是机密的、不被篡改的，也不能说是安全的。因为它会危及国家安全、社会稳定和精神文明。因此，在保证信息系统设备和数据安全的基础上，必须进一步保障信息内容的安全。

4）行为安全

行为体现在过程和结果之中，因此行为安全是一种动态安全。而信息系统的行为由硬件、软件和数据共同确定。在信息系统中除了硬件之外，还有软件和数据。软件在静态存储时也是一种数据，而软件在运行时表现为程序的执行序列。程序的执行序列和相应的硬件动作构成了系统的行为。数据可以影响程序的执行走向，从而可以影响系统的行为。所以，必须从硬件、软件和数据三个方面来确保系统的行为安全。

8.1.2　信息安全的目标

信息安全旨在确保信息的机密性、完整性和可用性，即 CIA（confidentiality、integrity、availability）。用户 A 想和用户 B 进行一次通信，下面以这两个用户的通信过程为例来介绍这几个性质。

（1）机密性。机密性是指确保未授权的用户不能获取信息的内容，即用户 A 发出的信息只有用户 B 能够收到，如果网络黑客 C 截获了该信息但无法理解信息的内容，则不能随意使用该信息。一旦网络黑客 C 了解了该信息的确切含义，则说明网络黑客 C 破坏了该信息的机密性。

（2）完整性。完整性也就是确保信息的真实性，即信息在生成、输入、存储和使用过程中不应被未授权用户篡改。如果网络黑客 C 截获了用户 A 发出的信息，并且篡改了信息的内容，则说明网络黑客 C 破坏了信息的完整性。

（3）可用性。可用性是指保证信息资源随时可以提供服务的特性，即授权用户可以根据需要随时获得所需的信息。也就是说要保证用户 A 能够顺利地发送信息，用户 B 能够顺利地接收信息。

以上三个目标中只要有一个被破坏，就表明信息的安全性受到了破坏。

信息安全旨在保证信息的这三个特性不被破坏。构建安全系统的难点之一就是在相互矛盾的三个特性中找到一个最佳的平衡点。例如，在安全系统中，只要禁止所有的用户读取一个特定的对象，就能够轻易地保护此对象的机密性。但是，这种方式使这个系统变得不安全，因为它不能够满足授权用户访问该对象的可用性要求。也就是说，有必要在机密性和可用性之间找到平衡点。

但是只找到平衡点是不够的，实际上这三个特性既相互独立，也相互重叠，如图 8-1所示，甚至彼此不相容，如机密性的保护会严重地限制可用性。

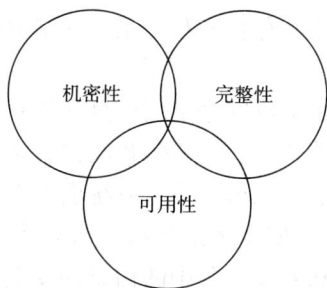

图 8-1　信息安全性质关系图

　　不同的信息系统承担着不同类型的业务，因此除了上面的三个基本特性以外，可能还会有更加详细的具体需求，而且由以下四个特性来保证。

　　（1）可靠性（reliability）。可靠性是指系统在规定条件下和规定时间内完成规定功能的可能性，它是网络安全最基本的要求之一。如果网络不可靠，事故不断，网络安全就无从谈起。目前，理论界侧重于从硬件设备方面研究网络的可靠性，研制高可靠性元器件设备，采取合理的冗余备份措施仍是最基本的可靠性对策。然而，单纯研究硬件可靠性是不够的，软件、人员和环境也会导致网络的故障，它们的可靠性也有待研究。

　　（2）不可抵赖性（non-repudiation）。不可抵赖性是针对通信双方（人、实体或进程）信息真实性的安全要求，它包括收、发信息双方均不可抵赖。一是源发证明，它给信息接收者提供证据，这样信息发送者就不能够否认发送该信息的行为和信息的内容；二是交付证明，它给信息发送者提供证据，这样信息接收者就不能够否认接收该信息的行为和信息的内容。

　　（3）可控性（controllability）。可控性就是监控信息及信息系统的安全性。管理机构监视、审计危害国家信息的传播，以及使用加密手段从事非法活动的通信，同时严格审查信息的传播及内容。

　　（4）可审查性（auditability）。可审查性是指使用一系列安全机制（审计、监控、防抵赖等），使得使用者（包括合法用户、攻击者、破坏者、抵赖者）的行为有据可查，并可以对网络暴露出的安全问题提供调查依据和手段。审计使用日志记载网络上发生的各种信息访问情况，并定期统计分析日志。网络管理人员利用审计的手段对网络资源的使用情况进行事后分析，同时也可以发现和追踪安全事件。审计的主要目标为用户、主机和节点，主要内容为访问的主体、客体、时间和成败情况等。

8.2　信息安全体系

8.2.1　信息安全体系概念

　　什么是体系结构？"体系结构"一词由英文单词"architecture"翻译而来，在英语中最常用的解释就是"建筑"。与建筑相类似，一个体系结构应该包括一组构件以及构件之间的联系。在《辞海》中，对于体系的解释为"若干有关事物互相联系、互相制约而构成的一个整体。如：理论体系；语法体系；工业体系"。由此可见，体系结构强调的是：系统由若干部分构成，各部分之间存在相互关系，并组成一个整体。常见的如计算机体系结构、网络体系结构等。

　　前面的信息安全概念，指出信息安全是对信息和信息系统的安全属性、功能、效率进行保障的动态行为过程。不能离开信息所依赖的信息系统环境，孤立和单纯地去寻求直接保护信息内容的方式。由于信息依赖信息系统而存在，所以本书中谈及的信息安全是针对信息系统而言的，研究信息安全体系结构实际上就是研究信息系统安全体系结构。换句话说，有了一个安全的信息系统，其中的信息的安全性就得到了保证，也就解决了信息安全的问题。

信息系统安全是一个多维、多层次、多因素、多目标的体系，是确保信息系统结构安全，与信息系统相关的元素安全，以及与此相关的各种安全技术、安全服务和安全管理的总和。只有信息系统安全体系结构才更具有体系性、可设计性、可实现性和可操作性。

8.2.2 信息安全体系构成

1. 物理安全体系

物理安全也称为实体安全，是指为了保证计算机系统安全、可靠地运行，确保系统在对信息进行采集、传输、存储、处理、显示、分发和利用的过程中，不会受到人为或自然因素的危害而使信息丢失、泄露和破坏，对计算机系统设备、通信与网络设备、存储媒体设备和人员所采取的安全技术措施。物理安全主要考虑的问题是环境、场地和设备的安全，以及物理访问控制和应急处置计划等，它在整个计算机网络信息系统安全中占有重要地位，主要包括环境安全、设备安全和媒体安全三个方面。

1）环境安全

环境安全是指对系统所处环境的安全保护，如设备的运行环境需要适当的温度和湿度、尽量少的烟尘、不间断电源保障等。计算机系统硬件由电子设备、机电设备和光磁材料组成，这些设备的可靠性和安全性与环境条件有着密切的关系。如果环境条件不能满足设备对环境的使用要求，物理设备的可靠性和安全性就会降低，轻则造成数据或程序出错、破坏，重则加速元器件老化、缩短机器寿命，或者发生故障使系统不能正常运行，严重时还会危害设备和人员的安全。环境安全技术是指确保物理设备安全、可靠运行的技术、要求、措施和规范的总和，主要包括机房安全设计和机房环境安全措施。

A. 机房安全设计

机房安全设计需要考虑机房安全等级、机房面积大小与机房干扰防护要求三个方面的内容。

a. 机房安全等级

计算机系统中的各种数据按其重要性等级，需要提供不同级别的保护。如果对高等级数据采取低水平的保护，就会造成不应有的损失；相反，如果对低等级的数据提供高水平的保护，又会造成不应有的浪费。因此，应根据计算机机房管理数据的重要程度规定不同的安全等级。各级计算机机房安全要求如表 8-1 所示。

表 8-1 计算机机房安全要求

安全项目	A 级机房	B 级机房	C 级机房
场地选择	+	+	−
防火	+	+	+
内部装修	*	+	−
供配电系统	*	+	+
空调系统	*	+	+

续表

安全项目	A 级机房	B 级机房	C 级机房
火灾报警及消防设施	*	+	+
防水	*	+	−
防静电	*	+	−
防雷击	*	+	−
防鼠害	*	+	−
电磁波的防护	*	+	−

注：*表示要求；+表示有要求或增加要求；−表示无需要求

b. 机房面积大小

机房面积的大小与需要安装的设备有关，另外还要考虑人在其中工作是否舒适。通常机房面积有以下两种估算方法。

（1）按机房设备总面积 M 计算，计算公式为：机房面积=(5 ~ 7)M（m²）。

这里的设备面积是指设备的最大外形尺寸，应把所有的设备都包括在内，如所有的计算机、网络设备、I/O 设备、电源设备、资料柜、耗材柜、空调设备等。系数 5 ~ 7 是根据我国现有机房的实际使用面积与设备所占面积之间关系的统计数据确定的，实际应用时要受到本单位具体情况的限制。

（2）根据机房内设备的总数进行机房面积的估算。假设设备的总数为 K，则估算公式为：机房面积=(4.5 ~ 5.5)K（m²）。

在这种计算方法中，估算的准确与否与各种设备的尺寸是否大致相同有密切关系，一般的参考标准是按台式计算机的尺寸为一台设备进行估算。如果一台设备占地面积太大，最好将它按两台或多台台式计算机来计算，这样可能会更准确。系数 4.5 ~ 5.5 也是根据我国具体情况的统计数据确定的。

c. 机房干扰防护要求

计算机系统实体是由电子设备、机电设备和光磁材料组成的复杂系统，较易受到环境的干扰。因此，机房设计需要减少各种干扰。干扰的来源主要有四个方面：噪声干扰、电气干扰、电磁干扰和气候干扰。

一般而言，微机房内的噪声应小于 65dB。防止电气干扰的根本办法是采用稳定、可靠的电源，并加滤波和隔离措施。在设计和建造机房时，必须考虑到振动和冲击的影响，如机房附近应尽量避免振源、冲击源，当存在一些振动较强的设备时，如大型锻压设备和冲床，应采取减振措施。抑制电磁干扰的方法有两种：一是采用屏蔽技术，二是采用接地技术。减少气候干扰的措施主要是保持合适的温度、湿度和洁净度，以满足设备的最佳运行状态的要求。机房的温度一般应控制为 21℃±3℃，湿度保持在 40% ~ 60%。机房的洁净度指标如表 8-2 所示。洁净度主要是指悬浮在空气中的灰尘与有害气体的含量，灰尘的直径一般为 0.25 ~ 60μm。

表 8-2 机房洁净度指标

洁净度等级	洁净度		气流速度或换气次数/（次/s）	正压值/Pa	温度/℃	相对湿度	噪声/dB
	>0.5μm	≥5μm					
3	3	—	≥0.25	对其他辅助房间保持≥5Pa；对室外保持≥10Pa	18～24	40%～60%	≤65
30	30	0.23	50～80				
300	300	6.3	20～40				
3 000	3 000	23	10～20				
30 000	30 000	230	10				

B. 机房环境安全措施

机房场地的选择应以能否保证计算机长期稳定、可靠、安全地工作为主要目标。在外部环境的选择上，应考虑环境安全性、地质可靠性、场地抗电磁干扰性，应避开强振动源和强噪声源，避免设在建筑物的高层及用水设备的下层或隔壁。同时，应尽量选择电力、水源充足，环境清洁，交通和通信方便的地方。对于机要部门信息系统的机房，还应考虑机房中的信息射频不易被泄露和窃取。为了防止计算机硬件辐射造成信息泄露，机房最好建设在单位的中央区域。

2）设备安全

广义的设备安全包括物理设备的防盗、防止自然灾害或设备本身原因导致的毁坏、防止电磁辐射导致的信息泄露、防止线路截获导致的信息毁坏和篡改、抗电磁干扰和电源保护等措施。狭义的设备安全是指用物理手段保障计算机系统或网络系统安全的各种技术。

A. 硬件设备的维护和管理

计算机网络系统的硬件设备一般价格昂贵，一旦被损坏而又不能及时修复时，可能会产生严重的后果。因此，必须加强对计算机网络系统硬件设备的使用管理，坚持做好硬件设备的日常维护和保养工作。

（1）硬件设备的使用管理。严格按硬件设备的操作使用规程进行操作；建立设备使用情况日志，并登记使用过程；建立硬件设备故障情况登记表；坚持对设备进行例行维护和保养，并指定专人负责。

（2）常用硬件设备的维护和保养。常用硬件设备的维护和保养包括主机、显示器、打印机、硬盘的维护保养；网络设备如集线器（hub）、交换机、路由器、调制解调器（modem）、RJ45 接头、网络线缆等的维护保养；还要定期检查供电系统的各种保护装置及地线是否正常。

B. 硬件防辐射技术

俗话说"明枪易躲，暗箭难防"，在考虑计算机信息安全问题时，往往也会出现这种情况。例如，一些用户常常仅会注意计算机内存、硬盘、软盘上的信息泄露问题，而忽视了计算机通过电磁辐射产生的信息泄露。一般把前一类信息泄露称为信息的"明"泄露，后一类信息泄露称为信息的"暗"泄露。

实验表明，普通计算机显示器辐射的屏幕信息可以在几百米到一千多米的范围内用测试设备清楚地再现出来。实际上，计算机的 CPU 芯片、键盘、磁盘驱动器和打印机在运行过程中都会向外辐射信息。要防止硬件向外辐射信息，必须了解计算机各个部件信息泄露的原因和程度，然后采取相应的防护措施。

对计算机与外部设备究竟要采取哪些防泄露措施，要根据计算机中信息的重要程度而定。下面是一些常用的防泄露措施。

（1）整体屏蔽。对于需要高度保密的信息，如军事部门、政府机关和驻外使馆的信息网络，应该将信息网络的机房整体屏蔽起来。具体的方法是采用金属网把整个房间屏蔽起来。整个房间屏蔽的费用比较高，如果用户承担不起，可以采用设备屏蔽的方法，把需要屏蔽的计算机和外部设备放在体积较小的屏蔽箱内。

（2）距离防护。让机房远离可能被侦测的地点，这是因为计算机辐射的距离有一定限制。对于一个单位而言，机房应尽量建在单位辖区的中央地区。若一个单位辖区的半径小于300m，距离防护的效果就很有限。

（3）使用干扰器。在计算机旁边放置一个辐射干扰器，不断地向外辐射干扰电磁波，该电磁波可以扰乱计算机发出的信息电磁波，使远处侦测设备无法还原计算机信号。挑选干扰器时要注意干扰器的带宽是否与计算机的辐射带宽相近，否则起不到干扰作用，这需要通过测试验证。

（4）利用铁氧体磁环。在屏蔽的电缆线两端套上铁氧体磁环可以进一步减少电缆的辐射强度。

C. 通信线路安全技术

如果所有的系统都固定在一个封闭的环境中，而且所有连接到系统的网络和连接到系统的终端都在这个封闭的环境中，那么该通信线路是安全的。但是，通信网络业的快速发展使得上述假设无法成为现实。因此，当系统的通信线路暴露在这个封闭的环境外时，问题便会随之而来。

用一种简单但很昂贵的新技术给电缆加压，可以获得通信的物理安全，这一技术是为美国电话的安全而开发的。将通信电缆密封在塑料中，深埋于地下，并在线的两端加压。线上连接了带有报警器的显示器，用来测量压力。如果压力下降，则意味着电缆可能被破坏，维修人员将被派去维修出现问题的电缆。

电缆加压技术提供了安全的通信线路。不是将电缆埋于地下，而是架线于整座楼中，每寸电缆都暴露在外。如果任何人企图割电缆，监视器会自动报警，通知安全保卫人员电缆有可能被破坏。如果有人成功地在电缆上接上了自己的通信设备，当安全人员定期检查电缆的总长度时，就会发现电缆的拼接处。加压电缆是屏蔽在波纹铝钢包皮中的，因此几乎没有电磁辐射，如果要用电磁感应窃密，势必会动用大量可见的设备，很容易被发现。

光纤通信线曾被认为是不可搭线窃听的，因为其断裂或破坏处会立即被检测到，拼接处的传输会缓慢得令人难以忍受。光纤没有电磁辐射，所以也不可能有电磁感应窃密，但光纤的最大长度是有限制的，超过一定长度的光纤系统必须对信号加以放大，这就需要将信号转换为电脉冲，然后再恢复为光脉冲，继续通过光纤传送。完成这一操作的设备（复制器）是光纤通信系统安全的薄弱环节，因为信号可能在这一环节被搭线窃听。有两个办法可以解决这个问题：在距离大于最大长度限制的系统间，不要用光纤通信（目前，网络覆盖范围半径约为 100km）；加强复制器的安全（如用加压电缆、警卫、报警系统等）。

3）媒体安全

媒体安全主要包括媒体数据的安全及媒体本身的安全，如预防删除文件、格式化硬盘、线路拆除、意外疏漏等操作失误导致的安全威胁。数据备份是实现媒体安全的主要技术。

A. 数据备份的概念

数据备份是把文件或数据库从原来存储的地方复制到其他地方的操作，其目的是在设备发生故障或发生其他威胁数据安全的灾害时保护数据，将数据遭受破坏的程度减到最小。数据备份通常是那些拥有大型机的大企业的日常事务之一，也是中小型企业系统管理员每天必做的工作之一。对于 PC 用户，数据备份也是非常必要的，只不过通常都被人们忽略了。取回原先备份的文件的过程称为恢复数据。

数据备份和数据压缩从信息论的观点来看是完全相反的两个概念。数据压缩通过减少数据的冗余度来减少数据在存储介质上所占用的存储空间，而数据备份则通过增加数据的冗余度来达到保护数据安全的目的。

虽然数据备份和数据压缩在信息论的观点上互不相同，但在实际应用中常常将它们结合起来使用。通常将所要备份的数据先进行压缩处理，然后再将压缩后的数据用备份手段进行保护。当原先的数据失效或受损需要恢复数据时，先将备份数据用备份手段相对应的恢复方法进行恢复，然后再将恢复后的数据解压缩。在现代计算机常用的备份工具中，绝大多数都结合了数据压缩和数据备份技术。

B. 优秀备份系统应满足的原则

不同的应用环境要求不同的解决方案来适应。一般来说，一个完善的备份系统需要满足以下七个原则。

（1）稳定性。备份产品的主要作用是为系统提供一个数据保护的方法，于是该产品本身的稳定性和可靠性就变成了最重要的一个方面。首先，备份软件一定要与操作系统100%兼容；其次，当事故发生时，能够快速、有效地恢复数据。

（2）全面性。在复杂的计算机网络环境中，可能会包括各种操作平台，如 UNIX、Linux、Windows、Mac 等，并安装有各种应用系统，如 ERP、数据库、集群系统等。选用的备份系统要支持各种操作系统、数据库和典型应用。

（3）自动化。很多单位由于工作性质，对何时备份、用多长时间备份都有一定的规定。在下班时间，系统负荷轻，适于备份，可是这会增加系统管理员的负担，由于精神状态等原因，还会给备份安全带来潜在的隐患。因此，备份方案应能提供定时的自动备份，并利用磁带库等技术进行自动换带。在自动备份过程中，还要有日志记录功能，并在出现异常情况时自动报警。

（4）高性能。随着业务的不断发展，数据越来越多，更新越来越快，在休息时间来不及备份如此多的内容，在工作时间备份又会影响系统性能。这就要求在设计备份时，尽量考虑到提高数据备份的速度，利用多个磁带机并行操作的方法。

（5）操作简单。数据备份应用于不同领域，进行数据备份的操作人员也处于不同的层次。这就需要一个直观的、操作简单的图形化用户界面，缩短操作人员的学习时间，减轻操作人员的工作压力，使备份工作能够轻松地设置和完成。

（6）实时性。有些关键性的任务是要 24h 不停机运行的，在备份时，有一些文件可能仍然处于打开的状态，那么在进行备份时，要采取措施，实时查看文件大小，进行事务跟踪，以保证正确地备份系统中的所有文件。

（7）容错性。数据是备份在磁带上的，对磁带进行保护，并确认备份磁带中数据的可靠性，也是一个至关重要的方面。如果引入 RAID 技术，对磁带进行镜像，就可以更好地保证数据安全可靠，给用户数据再加一把保险锁。

C. 数据备份计划

IT 专家指出，对于重要的数据来说，有一个清楚的数据备份计划非常重要，它能清楚地显示数据备份过程中所做的每一步重要工作。

数据备份计划分以下几步完成。

（1）确定数据将受到的安全威胁。完整考察整个系统所处的物理环境和软件环境，分析可能出现的破坏数据的因素。

（2）确定敏感数据。对系统中的数据进行挑选分类，按重要性和潜在的遭受破坏的可能性划分等级。

（3）对将要进行备份的数据进行评估。确定初始时采用不同的备份方式（完整备份、增量备份和系统备份）备份数据占据存储介质的容量大小，以及随着系统的运行备份数据的增长情况，以此确定将要采取的备份方式。

（4）确定备份所采取的方式及工具。根据上一步的评估结果，以及数据备份的财政预算和数据的重要性，选择一种备份方式和备份工具。

（5）配备相应的硬件设备，实施备份工作。

2. 网络安全体系

1）网络安全定义

网络安全是研究与计算机网络相关的安全问题的。具体地说，网络安全主要研究安全地存储、处理或传输信息资源的技术、体制和服务。假设 X 和 Y 要应用网络进行通信，并希望该网络及其通信过程是安全的。在这里，X 和 Y 可以是两台需要安全交换路由表的路由器，也可以是希望建立一个安全传输连接的客户机和服务器，或者是交换安全电子邮件的应用程序，因此可以把 X 和 Y 看作两个网络通信实体，即应用进程。X 和 Y 要进行网络通信并希望做到安全，那么此处的"安全"意味着什么呢？显然，这个"安全"的内涵是丰富多彩的，涉及多个方面。例如，X 和 Y 希望存储在客户机或服务器中的数据不被破坏、篡改、泄露；它们之间的通信内容对于窃听者是保密的，而且的确是在与真实的对方进行通信；它们还希望所传输的内容即使被窃听者窃取了，也不能理解其报文的含义；还要确保它们的通信内容在传输过程中没有被篡改，或者即使被篡改了，也能够检测出该信息已经被篡改、破坏。由此归纳起来，对网络安全的定义可以表述如下。

网络安全是在分布式网络环境中对信息载体（处理载体、存储载体、传输载体）和信息的处理、传输、存储、访问提供安全保护，以防止数据、信息内容遭到破坏、更改、泄露，或者网络服务被中断、拒绝或被非授权使用和篡改。网络安全具有信息安全的基本属性。从广义上说，凡是涉及网络上信息的保密性、完整性、可认证性、可用性、可靠性和不可否认性的相关理论和技术，都属于网络安全所要研究的范畴。网络的安全性包括网络安全目标、资产风险评估、安全策略和用户安全意识等多个方面。

在实际中，对网络安全内涵的理解会随着"角色"的变化而有所不同，而且还在不断地延伸和丰富。

（1）从用户（个人、企业等）的角度来看，他们希望涉及其个人隐私或商业利益的信息在网络上传输时受到机密性、完整性和真实性的保护，避免他人利用窃听、假冒、篡改、抵赖等手段侵犯其利益。

（2）从网络运营者的角度来看，他们希望对本地网络信息的访问、读写等操作受到保护和控制，避免出现陷门、病毒、非法存取、拒绝服务、网络资源非法占用和非法控制等威胁，制止和防御网络黑客的攻击。

（3）从安全保密部门的角度来看，他们希望对非法、有害的或者涉及国家机密的信息进行过滤和防堵，避免机要信息泄露，避免对社会产生危害，对国家造成巨大损失。

（4）从社会教育和意识形态的角度来看，网络上不健康的内容，会对社会的稳定和人类的发展造成阻碍，必须对其进行控制。

可见，网络安全的内涵与其保护的信息对象有关，但本质上都是在信息的安全期内保证在网络上传输或静态存放时允许授权用户访问，而不被未授权用户非法访问。网络安全除了以上这些技术问题之外，还涉及组织和法律方面的问题。显然，网络安全涵盖的内容很多，并不像初次接触网络安全技术的人想象得那么简单。

2）网络安全体系构成

黑客活动日益猖獗、病毒泛滥、Windows系统漏洞百出以及技术手段不完备，使人们将更多的精力放在网络的安全防范上。网络安全防范的重点主要有两个方面：一是计算机病毒；二是黑客犯罪。一个安全的计算机网络应该具有可靠性、可用性、完整性、保密性和真实性等特点。网络安全的体系架构不仅要保护计算机网络设备安全和计算机网络系统安全，还要保护数据安全等。

网络安全的体系涉及以下几个方面。

（1）物理安全：物理安全的目的是保护计算机系统、网络服务器、打印机等硬件实体和通信链路免受自然灾害、人为破坏和搭线攻击，包括安全地区的确定、物理安全边界、物理接口控制、设备安全、防电磁辐射等。

（2）网络安全：网络安全的目的是控制对特定信息的访问，保证网络资源不被非法使用和非法访问。通过网络安全产品（如防火墙、入侵检测、防病毒等）的部署，维护网络系统安全，保护网络资源。移动互联网和云计算的迅速发展，也使得网络安全面临新的挑战。

（3）操作系统安全：获得对操作系统的控制权是攻击者攻击的一个重要目的。而通过身份认证缺陷、系统漏洞等途径对操作系统的攻击是攻击者获得系统控制权常用的攻击手段。没有一个安全的操作系统，就难以保证网络安全。

（4）数据安全：数据安全是要保护信息的机密性、真实性和完整性。因此，应对敏感或机密数据进行加密，对数据的完整性进行鉴别和防抵赖，对数据进行备份和灾难恢复。大数据时代的到来更加凸显了数据安全的重要性。

（5）管理安全：管理安全是要确定安全管理等级和安全管理范围，制定有关网络操作使用规程和人员出入机房管理制度，制定网络系统的维护制度和应急措施等。

3. 系统安全体系

计算机系统是目前信息技术的基本物质基础，其本身的安全性问题是整个国家信息安全的基本问题。随着网络发展和网上业务的扩充，系统安全技术的内容也发生着巨大的变化，计算机系统由独立的个体发展为多个系统互联的开放网络，也对系统安全提出了新的挑战。传统计算机系统由于没有足够的安全保障措施，遭受入侵的可能性急剧增加。计算机系统的安全问题比过去任何时候都显得更为重要，如何增强其安全性成为亟待解决的问题。

计算机系统安全是一个涉及面很广的概念，至今也没有一个统一的定义，但其基本内容就是对计算机系统的硬件、软件和数据加以保护，不因偶然的或者恶意的原因而造成破坏、更改或泄露，使计算机系统得以连续正常地运行。

在当今计算机化、国际化、互联互通、相互依存的世界中，不同用户、不同行业、不同地点和不同社会制度下计算机系统的安全保障需求是不同的，如隐私保护、商业机密、防假冒、防篡改、可认证、可审计等。就目前来说，用户对计算机系统的安全需求主要包括以下几个方面。

（1）保密性需求。保密性是指防止信息被泄露给未授权的用户。系统中某些信息是非常重要的，如军事系统中的核武器数据、公司计算机中的财务信息、个人计算机中的银行信用卡账号等。这些信息一旦被未授权用户获取，将给国家、企业和个人带来不可估量的损失。系统必须确保授权用户能够访问哪些信息，防止未授权信息的泄露。

（2）完整性需求。完整性是指防止未授权用户对信息的修改。信息完整性是为了维护系统资源始终处于一个有效的、预期的状态，防止资源被非授权篡改。如病毒在未经授权情况下对系统中执行文件和关键数据的破坏就是系统完整性遭到损坏的鲜明实例。

（3）可用性需求。可用性是指保证授权用户对系统信息的可访问性。系统可用性可以描述为"授权用户根据需要可以随时访问所需信息"。可用性需求主要是针对系统的功能来说的，但有的时候，系统功能是否正常和安全与否密切相关。如拒绝服务攻击就是黑客破坏系统可用性的一种典型的方式。

（4）可审计性需求。可审计性是指防止用户对访问过某信息或执行过某操作予以否认。计算机系统应该对出现的各种安全问题提供事后调查的依据，当安全问题发生后，有必要知道用户执行了什么操作，对哪些资源进行了访问。因此，系统需要对有关安全的活动进行完整记录，以便系统管理者了解系统被破坏的程度，从而有针对性地采取恢复措施并追究其相关法律责任。

（5）可信性和可控性需求。可信性是确保系统中的程序能够代理用户完成各种既定的任务，并且完成任务的过程中依据用户授权仅仅执行了期望的操作。可控性指授权用户随时可以控制系统资源的访问权，如在必要的时候用户可以更改其授权，以控制系统的行为。

4. 应用安全体系

应用系统的安全是安全建设最主要的目的。因为信息总是通过应用系统来存取的，所以应用系统的安全是确保信息安全的根本。由于应用系统的复杂性，目前的各种信息安全技术和产品都是针对某种或某类具体的应用，这便导致了解决方案的多样性和局限性，且依赖于具体的应用环境，采用不透明的技术实现，使得实际应用中往往存在许多问题。

为了解决应用系统的安全问题，世界各国的科研人员长期以来一直不懈地研究，初步形成了一套完整的解决方案，即公钥基础设施（public key infrastructure，PKI）。公钥基础设施技术是基于公开密钥理论和技术建立起来的安全体系，是一个对具体应用透明，并且能够提供全面安全服务的安全平台。公钥基础设施与应用系统的逻辑关联如图 8-2 所示。

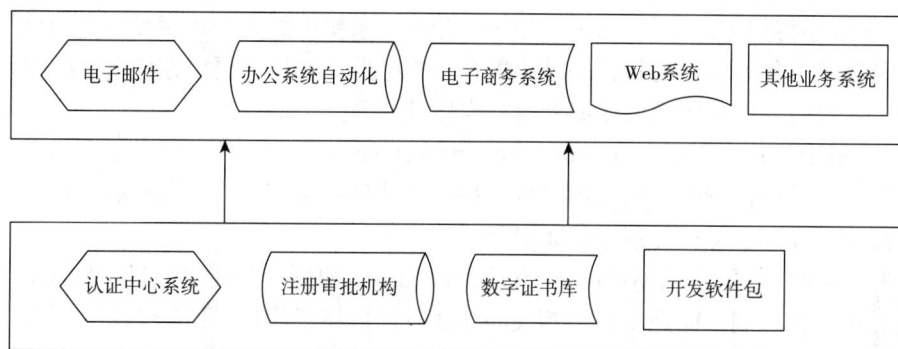

图 8-2　公钥基础设施与应用系统的逻辑关联图

公钥基础设施层通过标准的接口以便捷而灵活的方式完成应用系统需要的安全服务功能，包括实体鉴别、数据的保密性、数据的完整性和交易的不可否认性（抗抵赖）和底层安全服务功能接口等。各种应用在公钥基础设施所提供信息安全服务的基础上，增加各种应用的认证、数据保密性、完整性和不可否认性服务，保证各种应用的安全运转。

8.2.3　信息安全系统设计原则

本节阐述在安全体系结构设计中，应该遵守的基本原则和设计方法，它们都是在大量实践的基础上，通过分析和总结信息安全系统开发成败的经验而得出的。

1975 年，Saltzer（萨尔泽）和 Schroeder（施罗德）以安全保护机制的体系结构为中心，探讨了计算机系统的安全保护问题，给出了设计安全保护机制的八大原则。

（1）机制经济性（economy of mechanism）原则：安全保护机制应尽可能设计得简

单和短小。如果系统的规模太大，其中的程序错误或缺陷将很难排除，这就意味着系统总存在着不可预测的行为，或可被利用的缺陷，从而使系统产生一些难以预料的后果。而这些错误在常规使用中是察觉不出的，难免需要进行软件逐行排查等工作，简单而短小的设计是这类工作成功的关键。

（2）失败–安全（fail-safe）原则：访问判定应建立在显式授权而不是隐式授权的基础上，显式授权指定的是主体该有的权限，隐式授权指定的是主体不该有的权限。在默认情况下，没有明确授权的访问方式应该视为不允许的访问方式，如果主体欲以该方式进行访问，结果将是失败，这对于系统来说是保险的。

（3）完全仲裁（complete mediation）原则：对每一个客体的每一次访问都必须检查，以确认是否已经得到授权。

（4）开放设计（open design）原则：不应该把保护机制的抗攻击能力建立在设计的保密性的基础之上，应该在设计公开的环境中设法增强保护机制的防御能力。

（5）特权分离（separation of privilege）原则：为每项特权划分出多个决定因素，仅当所有决定因素均具备时，才能行使该项特权。正如一个保险箱设有两把钥匙，由两个人掌管，仅当两个人都提供钥匙时，才能打开保险箱。

（6）最小特权（least privilege）原则：分配给系统中的每个程序和每个用户的特权应该是其完成工作所必需的特权的最小集合。实施最小特权，要求在构造系统时必须按一定的技术进行，如采用模块化编程及结构化设计等。

（7）最少公共机制（least of common mechanism）原则：把由两个以上用户共用和被所有用户依赖的机制的数量减到最少。每一个共享机制都是一条潜在的用户间的信息通路，要谨慎设计，避免无意中破坏安全性。

（8）心理可接受性（psychological acceptability）原则：为使用户习以为常地、自动地正确运用保护机制，应把与安全相关的界面设计得易于使用，使安全机制不会对服从安全规则的用户造成功能影响。

此外，Matt Bishop（马特·毕晓普）在其经典著作 *Computer Security：Art and Science* （《计算机安全：艺术与科学》）中，还提出如下原则。

1. 从系统设计之初就考虑安全性

在设计一个系统时，可以达到系统要求的方法多种多样，有的对安全有利，有的则对安全不利。在这种情况下，如果没有一个安全体系结构来指导系统设计的早期决策，就完全有可能选择带有安全缺陷的设计思路，从而只能采取在系统设计完成后，再添加安全功能的补救手段，其结果是与安全相关的功能无法很好地集成到系统中，而为了获得所必需的安全性，不得不付出巨大的代价。已有的大系统开发实践经验表明，除非在系统设计的早期考虑了安全对系统的影响，否则最后设计出来的系统，很少会获得有意义的安全性。因此，在考虑系统体系结构的同时，就应该考虑相应的安全体系结构。

2. 尽量考虑未来的安全需求

安全体系结构除了要充分考虑当前的安全需求，还应着眼于未来，考虑一些当前未计划使用的潜在安全属性，如果在设计时考虑了这些潜在的安全需求，并预留了相关接口，那么未来在对系统实施安全增强时，所需付出的代价就会小得多。即便所预留的安全特性在系统的后续开发中从未使用，但为系统预留接口所造成的损失往往也是很小的。经验表明，许多系统的安全性是无法改进的，其根本原因在于，系统功能在本质上是基于系统的非安全属性来定义的，一旦改变系统这些属性，系统就不能再按用户期望的方式工作，因此就要求超前考虑安全需求。

在考虑未来安全需求时，要注意：①不能把潜在需求定得太特殊或太具体，否则会损害系统的灵活性；②要从适当的抽象层次来理解安全问题，而不是针对具体的问题；③要特别关注安全策略的定义，因为安全策略的改变会给系统带来灾难性的影响，在旧策略下运行良好的应用系统，在新策略下可能完全无法正常工作。

8.3 信息安全的实现

互联网毋庸置疑是 20 世纪人类最伟大的发明，它为人类社会开启了一个全新的空间——网络空间，在此空间中全球数十亿人的思想相互连接、实时交互，无数企业和个人共同生产、协作创新，人类经济、文化、社会活动空前活跃且日益便捷，这种曾经看似乌托邦式的社会发展形态因为网络空间的创建而变成现实。但与此同时，网络欺诈、网站钓鱼、信息泄露等信息安全问题也随着网络应用的深入而变得越来越严峻，如何维护信息安全，共同守护网络这个精神家园对于社会稳定具有重要意义。

8.3.1 信息安全威胁

信息安全威胁是指某些因素（人、物、事件、方法等）对信息系统的安全使用可能构成的危害。信息安全威胁来自方方面面，无处不在。一般来说，人们把可能威胁信息安全的行为称为攻击。在计算机网络中，常见的信息安全威胁有以下几类。

（1）信息泄露。信息泄露是指信息被泄露给未授权的实体，泄露的形式主要包括窃听截收、侧信道攻击和人员疏忽等。其中，窃听截收一般是指窃取保密通信的电波、网络信息等；侧信道攻击是指攻击者虽然不能直接取得保密数据，但是可以获得这些保密数据的相关信息，而这些信息有助于分析出保密数据的内容。

（2）篡改。篡改是指攻击者擅自更改原有信息的内容，但信息的使用者并没有意识到信息已经被更改的事实，在传统环境下，篡改者对纸质文件的篡改可以通过一些鉴定技术识别出来；但是在数字环境下，对电子内容的篡改不会留下明显的痕迹。

（3）重放。重放是指攻击者可能截获合法的通信信息，此后出于非法的目的重新发出已截获的信息，而接收者可能仍然按照正常的通信信息受理，从而被攻击者所欺骗。

（4）假冒。假冒是指某用户冒充其他的用户登录信息系统，但是信息系统可能并不能自动识别出冒充者，这就使冒充者获得本不该得到的权限。

（5）否认。否认是指参与某次数据通信或数据处理的一方事后拒绝承认本次数据通信或数据处理曾经发生过，这会导致这类数据通信或数据处理的参与者逃避应承担的责任。

（6）非授权使用。非授权使用是指信息资源被某些未授权的人或系统使用，当然也包括被越权使用的情形。

（7）网络与系统攻击。由于网络和主机系统在设计或实现上往往存在一些漏洞，攻击者可能利用这些漏洞来攻击主机系统；此外攻击者仅通过对某一信息服务资源进行长期占用，使系统不能够正常运转，这种攻击一般被称为拒绝服务攻击。

（8）恶意代码。恶意代码是指恶意破坏计算机系统、窃取机密信息或秘密地接受远程操控的程序，恶意代码由居心叵测的用户编写和传播，隐藏在受害方的计算机系统中，这些代码也可以进行自我复制和传播，恶意代码主要包括木马程序、计算机病毒、后门程序、蠕虫病毒及僵尸网络等。

（9）故障、灾害和人为破坏。管理信息系统也可能因硬件故障、自然灾害（水灾、火灾及地震等）或人为破坏而受到破坏。

上面提到的信息安全威胁直接危及信息安全的不同属性：信息泄露危及保密性；篡改危及完整性；重放、假冒和非授权使用危及可控性；否认危及不可否认性；网络与系统攻击以及故障、灾害和人为破坏危及可用性；恶意代码依照其意图可能分别危及可用性、保密性和可控性等。以上分析说明，可用性、保密性、完整性、不可否认性和可控性五个属性反映了信息安全的本质特征和基本需求。

互联网处于高速扩张的黄金年代，而与此同时，作为信息安全最常见的敌人——木马病毒也在不断演变进化，滋生在每一个阴暗角落，紧扼着网络经济的脉搏向人们的生活渗透、为非作歹。综合各大网络安全机构发布的木马病毒公告，表 8-3 简单介绍了 2007 年至 2020 年恶毒的木马。

表 8-3　2007 年至 2020 年恶毒木马一览

年份	木马名称	简要介绍
2007	机器狗	机器狗的主要任务是把各种游戏盗号木马输送到受害者计算机里，能够穿透网吧常用的还原体系
2008	蝗虫军团	蝗虫军团有着上百个分工明确、功能各异的子木马，该木马群还具有集体复活的本领，只要有一个子木马被漏杀，其他子木马很快都会被"召唤"重生，根除难度相当高
2009	魔兽密保克星	针对当时热门网游《魔兽世界》，魔兽密保克星会把真正的 wow.exe 改名后设置为隐藏文件。如果玩家不加注意运行了木马，即使账号绑定了密码保护卡，游戏角色仍然会被盗取
2010	Stuxnet（震网）	破坏伊朗核电站赋予它传奇色彩，更重要的是，Stuxnet 把各国之间的 APT（高级长期威胁）攻击曝光在公众视野里
2011	"鬼影"系列	"鬼影"系列是国内首个磁盘主引导区病毒，不仅做到了"三无"特性——无文件、无系统启动项、无进程模块，而且即使用户重装了系统，该病毒依然会再次感染新系统
2012	支付宝大盗	支付宝大盗木马会潜伏在系统里，监视浏览器的访问行踪。当浏览器进入网购支付页面时，支付宝大盗会篡改交易数据，使受害者的网购资金被拦路劫走
2013	主页劫匪	主页劫匪并不是某一款具体的木马，它是那个年代肆无忌惮篡改主页的恶意软件的统称

续表

年份	木马名称	简要介绍
2014	"瘟七"木马	"瘟七"木马驱动深入系统底层，能够在计算机开机时抢先运行，采用了挂钩 Windows 文件系统的"隐形"手段，具有较强的免杀能力
2015	CTB-Locker	CTB-Locker，又名比特币敲诈者，该病毒通过高强度加密计算机文件，向受害者勒索赎金
2016	Locky 敲诈者	Locky 敲诈者的传播途径更多元化。除了电子邮件以外，JS（JavaScript）挂马、动态链接库（dynamic link library，DLL）挂马等各种方式更是防不胜防
2017	WannaCry 勒索病毒	WannaCry 蠕虫感染计算机后会向计算机中植入敲诈者病毒，导致计算机大量文件被加密
2018	DTLMiner 挖矿木马病毒	DTLMiner 挖矿木马通过入侵某公司服务器，修改某款软件的升级配置文件，后又利用"永恒之蓝"漏洞在内网中快速传播
2019	"匿影"挖矿木马与 Sodinokibi 勒索病毒	"匿影"挖矿木马大肆利用功能网盘和图床隐藏自己，并携带美国国家安全局（National Security Agency，NSA）武器库从而具备在局域网横向传播的能力。Sodinokibi 勒索病毒伪装成税务单位、司法机构，使用钓鱼欺诈邮件来传播
2020	Egregor 勒索病毒	Egregor 勒索软件主要使用基于流密码 ChaCha 和非对称密码 RSA 的混合加密方案，在没有攻击者私钥的情况下暂不能解密

注：RSA 是一种非对称加密算法，它的名字是由它的三位开发者，即 Ronald Rivest（罗纳德·李维斯特）、Adi Shamir（阿迪·萨莫尔）和 Leonard Adleman（伦纳德·阿德曼）的姓氏的首字母组成的

从过去各类木马的兴衰也可以看到，木马攻击的门槛变得越来越高，即使是最先进的敲诈者病毒，也无法快速蔓延自动感染，曾经一个"冲击波蠕虫"或者"熊猫烧香"就能遍地成灾的景象已经成为历史，免费杀毒软件的普及让上网中毒真正成了小概率事件。但所谓道高一尺，魔高一丈，作为反派的木马病毒，其更新换代必然是冲在前头的，新的威胁随时可能出现，只要网络经济存在，我们与木马病毒的缠斗就永无止歇。

8.3.2　信息安全技术

信息安全技术具体涉及以下几个方面。

1. 信息加密

信息加密是指使有用的信息变为看上去无用的乱码，使攻击者无法读懂信息的内容从而保护信息。信息加密是保障信息安全的最基本、最核心的技术措施和理论基础，也是现代密码学的主要组成部分。信息加密过程由形形色色的加密算法来具体实施，它以很小的代价提供很大的安全保护。在多数情况下，信息加密是保证信息机密性的唯一方法，到目前为止，据不完全统计，已经公开发表的各种加密算法多达数百种。如果按照收发双方密钥是否相同来分类，可以将这些加密算法分为单钥密码算法和公钥密码算法。

当然在实际应用中，人们通常是将单钥密码和公钥密码结合在一起使用，比如，利用 DES（data encryption standard，数据加密标准）或者 IDEA（international data encryption algorithm，国际数据加密算法）来加密信息，采用 RSA 来传递会话密钥。如果按照每次加密所处理的比特数来分类，可以将加密算法分为序列密码和分组密码。前者每次只加

密 1bit，而后者则先将信息序列分组，每次处理一个组。

2. 数字签名

数字签名机制决定于以下两个过程。

（1）签名过程。签名过程是利用签名者的私有信息作为密钥，或对数据单元进行加密，或产生该数据单元的密码校验值。

（2）验证过程。验证过程是利用公开的规程和信息来确定签名是否是利用该签名者的私有信息产生的。数字签名是在数据单元上附加数据，或对数据单元进行密码变换。通过附加数据或密码变换，使数据单元的接收者证实数据单元的来源和完整性，同时对数据进行保护。验证过程利用公之于众的规程和信息，但并不能推出签名者的私有信息，数字签名与日常的手写签名效果一样，可以为仲裁者提供发信者对消息签名的证据，而且能使消息接收者确认消息是否来自合法方。

3. 数据完整性保护

数据完整性保护用于防止非法篡改，利用密码理论的完整性保护能够很好地对付非法篡改。完整性的另一用途是提供不可抵赖服务，当信息源的完整性可以被验证却无法模仿时，收到信息的一方可以认定信息的发送者，数字签名就可以提供这种手段。

4. 身份鉴别

鉴别是信息安全的基本机制，通信的双方之间应互相认证对方的身份，以保证赋予正确的操作权力和数据的存取控制。网络也必须认证用户的身份，以保证合法的用户进行正确的操作并进行正确的审计。通常有三种方法验证主体身份：一是只有该主体了解的秘密，如口令、密钥；二是主体携带的物品，如智能卡和令牌卡；三是只有该主体具有的独一无二的特征或能力，如指纹、声音、视网膜或签字等。

5. 访问控制

访问控制的目的是防止对信息资源的非授权访问和非授权使用。它允许用户对其常用的信息库进行一定权限的访问，限制其随意删除、修改或复制信息文件。访问控制技术还可以使系统管理员跟踪用户在网络中的活动，及时发现并拒绝黑客的入侵。访问控制采用最小特权原则，即在向用户分配权限时，根据每个用户的任务特点使其获得完成自身任务的最低权限，不向用户赋予其工作范围之外的任何权力。权力控制和存取控制是主机系统必备的安全手段，系统根据正确的认证，赋予某用户适当的操作权力，使其不能进行越权的操作。该机制一般采用角色管理办法，针对不同的用户，系统需要定义各种角色，然后赋予他们不同的操作权力。Kerberos 存取控制是访问控制技术的一个代表，它由数据库、验证服务器和票据授权服务器三部分组成。其中，数据库包括用户名称、口令和授权进行存取的区域；验证服务器验证要存取的人是否有此资格；票据授权服务器在验证之后发给票据允许用户进行存取。

6. 数据备份和灾难恢复

只要发生数据传输、数据存储和数据交换，就有可能产生数据故障，如果没有采取数据备份和灾难恢复手段与措施，就会导致数据的丢失。有时造成的损失是无法弥补和无法估量的。数据备份不仅仅是简单的文件复制，在多数情况下是指数据库备份。数据库备份是指制作数据库结构和数据的复制，以便在数据库遭到破坏时能够恢复数据库。备份的内容不但包括用户的数据库内容，而且包括系统的数据库内容。灾难恢复指的是在发生灾难性事故的时候，利用已备份的数据或其他手段，及时对原系统进行恢复，以保证数据安全性以及业务的连续性。

7. 网络控制技术

网络控制技术种类繁多，而且相互交叉。虽然没有完整统一的理论基础，但是在不同的场合下，为了不同的目的，许多网络控制技术确实能够发挥出色的功效。

（1）防火墙技术。防火墙技术是一种允许接入外部网络，但同时又能够识别和抵抗非授权访问的安全技术。防火墙扮演的是网络中"交通警察"的角色，指挥网上信息合理有序地安全流动，同时也处理网上的各类"交通事故"。防火墙可分为外部防火墙和内部防火墙。前者在内部网络和外部网络之间建立起一个保护层，从而防止黑客的侵袭，其方法是监听和限制所有进出通信，挡住外来非法信息并控制敏感信息被泄露；后者将内部网络分隔成多个局域网，从而限制外部攻击造成的损失。

（2）入侵检测技术。入侵检测系统作为一种积极主动的安全防护手段，在保护计算机网络和信息安全方面发挥着重要的作用。入侵检测是通过检测计算机网络和系统，以发现违反安全策略的事件的过程。入侵检测系统工作在计算机网络系统中的关键节点上，通过实时地收集和分析计算机网络或系统中的信息，来检查是否出现违反安全策略的行为和遭到袭击的迹象，进而达到防止攻击、预防攻击的目的。

（3）内网安全技术。商业间谍、黑客、不良员工对网络信息安全形成了巨大的威胁，而网络的普及和 USB（universal serial bus，通用串行总线）接口的大量使用在给各单位获取和交换信息带来巨大方便的同时，也给这些威胁大开方便之门。要保证计算机信息网络的安全，不能仅仅防范外部对计算机信息网络的入侵，还要保证计算机信息网络内部自身的安全。在内网的安全解决方案中，以数据安全为核心，以身份认证为基础，从信息的源头开始抓安全，对信息的交换通道进行全面保护，从而达到信息的全程安全。

（4）安全协议。整个网络系统的安全强度实际上取决于所使用的安全协议的安全性。安全协议的设计和改进有两种方式：一是对现有网络协议（如 TCP/IP）进行修改和补充；二是在网络应用层和传输层之间增加安全子层，如 SSL、安全超文本传输协议（secure hypertext transfer protocol，S-HTTP）和专用通信协议（private communication protocol，PCP）。安全协议实现身份鉴别、密钥分配、数据加密、防止信息重传和不可否认等安全机制。

8. 反病毒技术

由于计算机病毒具有传染的泛滥性、病毒侵害的主动性、病毒程序外形检测的难以确定性、病毒行为判定的难以确定性、非法性、隐蔽性、衍生性、衍生体的不等性和可激发性等特性，所以必须花大力气认真加以应对。实际上计算机病毒研究已经成为计算

258   / 信息管理概论 /

机安全学的一个极具挑战性的重要课题，作为普通的计算机用户，虽然没有必要去全面研究病毒及其防范和处置措施，但是养成"卫生"的工作习惯并在身边随时配备新近的杀毒工具软件是完全必要的。

9. 安全审计

安全审计是防止内部犯罪和事故后调查取证的基础，通过对一些重要的事件进行记录，从而在系统发现错误或受到攻击时能定位错误和找到攻击成功的原因。安全审计是一种很有价值的安全机制，可以通过事后的安全审计来检测和调查安全策略执行的情况以及安全遭到破坏的情况。安全审计需要记录与安全有关的信息，通过明确所记录的与安全有关的事件的类别，安全审计跟踪信息的收集可以适应各种安全需要。审计技术是信息系统自动记录下机器的使用时间、敏感操作和违纪操作等，所以审计类似于飞机上的飞行事故记录器（俗称黑匣子），为系统进行事故原因查询、定位，事故发生前的预测、报警，以及事故发生后的实时处理提供详细可靠的依据或支持。审计对用户的正常操作也有记载，因为往往有些"正常"操作（如修改数据等）恰恰是攻击系统的非法操作。安全审计信息应具有防止非法删除和修改的措施。安全审计跟踪对潜在的安全攻击源的攻击起到威慑作用。

10. 业务填充

业务填充是指在业务闲时发送无用的随机数据，增加攻击者通过通信流量获得信息的困难。它是一种制造假的通信、产生欺骗性数据单元或在数据单元中填充假数据的安全机制。该机制可用于应对各种等级的保护，用来防止攻击者对业务进行分析，同时也增加了密码通信的破译难度。发送的随机数据应具有良好的模拟性能，能够以假乱真。该机制只有在业务填充受到保密性服务时才有效。

11. 路由控制机制

路由控制机制可使信息发送者选择特殊的路由，以保证连接、传输的安全。其基本功能如下所示。

（1）路由选择。路由可以动态选择，也可以预定义，选择物理上安全的子网、中继或链路进行连接和/或传输。

（2）路由连接。在监测到持续的操作攻击时，端系统可能同意网络服务提供者另选路由，建立连接。

（3）安全策略。携带某些安全标签的数据可能被安全策略禁止通过某些子网、中继或链路。连接的发起者可以提出有关路由选择的警告，要求回避某些特定的子网、中继或链路进行连接和/或传输。

12. 公证机制

公证机制是对两个或多个实体间进行通信的数据的性能，如完整性、来源、时间和目的地等，由公证机构加以保证，这种保证由第三方公证者提供。公证者能够得到通信实体的信任并掌握必要的信息，用可以证实的方式提供所需要的保证。通信实体可以采用数字签名、加密和完整性机制以适应公证者提供的服务。在用到这样一个公证机制时，数据便经由受保护的通信实体和公证者，在各通信实体之间进行通信。公证机制主要支持抗抵赖服务。

8.3.3　信息安全与法律法规

2018 年 4 月习近平在全国网络安全和信息化工作会议上做出一重要论断："没有网络安全就没有国家安全，就没有经济社会稳定运行，广大人民群众利益也难以得到保障。要树立正确的网络安全观，加强信息基础设施网络安全防护，加强网络安全信息统筹机制、手段、平台建设，加强网络安全事件应急指挥能力建设，积极发展网络安全产业，做到关口前移，防患于未然。"[①]该论断把网络安全上升到了国家安全的层面，为推动我国网络安全体系的建立，树立正确的网络安全观指明了方向。网络空间已成为国家继陆、海、空、天四个疆域之后的第五疆域，与其他疆域一样，网络空间也必须体现国家主权，保障网络空间安全就是保障国家主权。

在实施信息安全的过程中，一方面，应用先进的安全技术及执行严格的管理制度建立的安全系统，不仅需要大量的资金，而且会给使用带来不便。安全性和效率是一对矛盾，增加安全性，必然要损失一定的效率。因此，要正确评估所面临的安全风险，在安全性与经济性、安全性与方便性、安全性与工作效率之间选取折中的方案。另一方面，没有绝对的安全，安全总是相对的。即使相当完善的安全机制也不可能完全杜绝非法攻击，由于破坏者的攻击手段在不断变化，而安全技术与安全管理又总是滞后于攻击手段的发展，信息系统存在一定的安全隐患是不可避免的。因此，为了保证信息的安全，除了运用技术手段和管理手段外，还要运用法律手段。对于发生的违法行为，只能依靠法律进行惩处，法律是保护信息安全的最终手段。同时，通过法律的威慑力，还可以使攻击者产生畏惧心理，达到惩一儆百、遏制犯罪的效果。

法律可以使人们了解在信息安全的管理和应用中什么是违法行为，从而自觉遵守法律而不进行违法活动。法律在保护信息安全中具有重要作用，可以说，法律是信息安全的第一道防线。信息安全的保护工作不仅包括加强行政管理、法律法规的制定和技术开发工作，还必须进行信息安全的法律与法规教育，提高人们的安全意识，创造一个良好的社会环境，保护信息安全。

我国历来重视信息安全法律法规的建设，经过多年的探索和实践，我国已经制定和颁布了涉及信息系统安全、信息内容安全、信息产品安全、网络犯罪、密码管理等方面的多项法律法规，构建了较为完善的信息安全法律框架。从发展过程来看，我国的信息安全法律法规建设是一个与一些关键信息安全技术和事件密切相关的动态发展过程。我国信息安全法律法规建设时间线如表 8-4 所示。

[①] 习近平出席全国网络安全和信息化工作会议并发表重要讲话，http://www.gov.cn/xinwen/2018-04/21/content_5284783.htm[2022-04-06]。

表 8-4   信息安全法律法规建设时间线

颁布年份	政策	内容
1994 年	《计算机信息系统安全保护条例》	该条例中首次使用了"信息系统安全"的表述,以该条例为起点,中国开始了信息安全领域的立法进程
2000 年	《全国人民代表大会常务委员会关于维护互联网安全的决定》	规定禁止利用互联网实施危害互联网安全运行、国家安全和社会稳定的行为,开启了我国在信息安全领域实施法治化的新纪元
2003 年	《国家信息化领导小组关于加强信息安全保障工作的意见》	明确要求加强信息安全法制建设和标准化建设,抓紧研究起草信息安全法。以此为标志,我国的信息安全立法工作进入了全面发展的阶段
2012 年	《全国人民代表大会常务委员会关于加强网络信息保护的决定》	全面涵盖了个人电子信息保护、网络服务提供者对国家有关主管部门的协助执法等重要制度,反映了我国信息安全立法开始加强对个人信息安全的关注
2016 年	《中华人民共和国网络安全法》	明确了网络空间主权的原则、网络产品和服务提供者的安全义务和网络运营者的安全义务,完善了个人信息保护规则,建立了关键信息基础设施安全保护制度
2019 年	《信息安全技术——网络安全等级保护基本要求》《信息安全技术——网络安全等级保护测评要求》《信息安全技术——网络安全等级保护安全设计技术要求》	扩大了保护对象的范围,丰富了保护方法,增加了技术标准;将网络基础设施、重要信息系统等全部纳入等级保护对象;将风险评估、安全监测、通报预警等工作措施全部纳入等级保护制度

要实现我国信息安全立法工作的有序进行,必须首先明确信息安全法制建设的基本原则。法律原则是法律的基础性原理,是立法主体进行立法活动的重要依据,体现着立法的内在精神。信息安全法制建设必须在基本原则的指导下进行,这样才能准确把握信息安全的客观规律,更好地发挥信息安全法律的保障作用。信息安全法制建设的基本原则包括通过保障安全促进发展的原则、积极预防原则、重点保护原则、谁主管谁负责和协同原则。

阅读材料 8.1   "滴滴出行"网络安全事件

2021 年 7 月 4 日,"网信中国"微信公众号披露:"滴滴出行"App 存在严重违法违规收集使用个人信息问题,国家互联网信息办公室依据《中华人民共和国网络安全法》相关规定,通知应用商店下架"滴滴出行"App,要求滴滴出行科技有限公司严格按照法律要求,参照国家有关标准,认真整改存在的问题,切实保障广大用户个人信息安全。2021 年 7 月 5 日,网络安全审查办公室发布网络安全审查报告,重点指向在美国上市的"运满满""货车帮""BOSS 直聘",与"滴滴出行"如出一辙,在审查期间,这三家公司被停止新用户注册。

1. 事件聚焦

2021 年 7 月 2 日,网络安全审查办公室发布公告,宣布将对"滴滴出行"实施网络安全审查,并要求为配合网络安全审查工作,防范风险扩大,审查期间"滴滴出行"停止新用户注册。2021 年 7 月 5 日,网络安全审查办公室宣布对"运满满""货车帮""BOSS直聘"实施网络安全审查,以上三款 App 也被要求停止新用户注册。

据悉,自 2020 年 4 月《网络安全审查办法》发布以来,"滴滴出行"触发网络安全审查程序属全国首例。2021 年 7 月 6 日，中共中央办公厅、国务院办公厅印发了《关于依法从严打击证券违法活动的意见》，对数据安全、跨境数据流动、涉密信息管理等相关法律法规的完善提出了要求，同时提出了抓紧修订关于压实境外上市公司信息安全主体保密责任、加强跨境信息提供机制与流程的规范管理的工作意见。由此可见，国家安全、网络安全、数据安全已成为数字经济时代国家的重要战略任务。同时境外上市公司信息安全主体保密责任也成为未来监管执法的新重点。

2. 网络安全审查的重点问题审视

国家安全是国家生存和发展的重要基石。网络安全恰恰是国家安全工作中重要且不可或缺的一环。《中华人民共和国国家安全法》《中华人民共和国网络安全法》均规定，国家应当建立安全审查制度，就影响国家安全的重大事项和活动进行审查。2020 年 4 月 13 日，多部委以《中华人民共和国国家安全法》《中华人民共和国网络安全法》等为依据，联合发布《网络安全审查办法》（已于 2020 年 6 月 1 日生效），对网络安全审查对象、程序、内容等进行了详细的规定。此次网络安全审查办公室按照《网络安全审查办法》对"滴滴出行""运满满""货车帮""BOSS 直聘"等企业开展网络安全审查是我国网络安全审查制度的具体实践。

1）审查对象：关系国家安全的关键信息基础设施运营者

网络安全审查针对关键信息基础设施运营者。根据《网络安全审查办法》的规定，关键信息基础设施运营者（简称运营者）采购网络产品和服务，影响或可能影响国家安全的，应当按照该办法进行网络安全审查。该办法还规定，关键信息基础设施运营者是指经关键信息基础设施保护工作部门认定的运营者。

国家互联网信息办公室相关负责人答记者问时指出，根据中共中央网络安全和信息化委员会《关于关键信息基础设施安全保护工作有关事项的通知》的精神，电信、广播电视、能源、金融、公路水路运输、铁路、民航、邮政、水利、应急管理、卫生健康、社会保障、国防科技工业等行业领域的重要网络和信息系统运营者在采购网络产品和服务时，应当按照该办法的要求考虑申报网络安全审查。

上述行业领域关乎国计民生、社会公共利益、国家安全，对此类运营者开展网络安全审查是维护国家安全的应有之义。"滴滴出行""运满满""货车帮"等网络平台，在提供相关服务时其网络系统不可避免地会收集、使用、传输交通运输数据和地图数据等重要数据。此次事件显示，相关网络平台已被纳入关键信息基础设施运营者的考察范畴。

2）审查内容：数据安全是审查重点之一

网络安全审查重点评估采购网络产品和服务可能带来的国家安全风险，主要包括关键信息基础设施的安全性、数据安全及业务中断可能性（供应链安全等）等多个方面。数据安全是重点方面之一，主要考虑产品和服务使用后带来的重要数据被窃取、泄露、毁损等方面可能存在的风险。

在数字经济时代，数据已然成为国家重要的战略资源，数据对于国家安全与发展的意义不言而喻，数据安全是国家安全保障工作的重要方面，其中重要数据的安全更是重中之重。随着网络科技的高速发展，互联网企业将掌握越来越多的个人信息、商业信息，甚至是国家核心数据等。随着企业手中掌握的数据类型和量级的不断积累和提升，其作为营利组织将具有公共机构的性质，与行政主体共性渐多，若不对其"权力"加以约束，企业将能影响个人、社会发展，甚至是整个国家的安全与稳定。在此种背景下，数据安全的地位更显得极为特殊。

"滴滴出行""运满满""货车帮"等在提供服务时，处理的数据多涉及交通运输、国家地图等，以上数据属于关系到国家安全、经济发展、社会公共利益的重要数据。根据《中华人民共和国数据安全法》（2021年9月1日生效）的规定，应当根据数据在经济社会发展中的重要程度，以及一旦遭到篡改、破坏、泄露或者非法获取、非法利用，对国家安全、公共利益或者个人、组织合法权益造成的危害程度，对数据实行分类分级保护。所以，针对重要数据，应当加以特别保护。

在数据出境方面，重要数据的安全性更为重要。《中华人民共和国网络安全法》第三十七条规定，"关键信息基础设施的运营者在中华人民共和国境内运营中收集和产生的个人信息和重要数据应当在境内存储。因业务需要，确需向境外提供的，应当按照国家网信部门会同国务院有关部门制定的办法进行安全评估；法律、行政法规另有规定的，依照其规定"。

3. 发展趋势

1）数据安全是国家未来安全治理的重点关注问题

近年来，数据资源日益成为世界各国争先抢占的战略要地，数据争夺战已经打响。在形势日益严峻的背景下，相关部门加快构建数据安全网络，数据安全成为国家安全治理的重点关注问题。

数据安全成为国家安全的重点，不仅仅是因为数据主权问题，还因为大数据时代海量的数据高度集中，加大了数据泄露的风险。而数据一旦泄露，将对经济社会、国家安全产生重要的影响。为此，保障数据安全成为维护国家安全的重要内容。未来，网络安全、数据安全审查态势将更加严格化。

2）数据本地化存储日益成为数据安全重要监管方向

数据本地化存储是数据主权的重要体现。如今，数据主权争夺战日益激烈，纵观全球，美国、欧盟等均将数据本地化作为立法与司法的重要考量。例如，美国《澄清合法域外使用数据法》（Clarifying Lawful Overseas Use of Data Act，CLOUD Act）授权美国监管、执法等部门通过国内法律程序调取美国公司存储在境外的数据，同时也允许其认可的"适格的外国政府"向美国公司调取数据用于侦查执法。但前提是这些国家必须放弃数据本地化的要求。这无疑体现了美国希冀于在数据主权领域率先控制话语权，试图通过设定标准控制外国企业将数据存储于美国。

欧盟也通过《通用数据保护条例》（General Data Protection Regulation，GDPR）设立了严格的数据出境限制。其特色规定"长臂管辖"，将管辖原则扩展为"影响主义原则"。这意味着在实践中任何向欧盟居民提供商品或服务的企业都将受制于GDPR，无论是否位于欧盟境内，是否使用境内设备。GDPR因而成为事实上的世界性法律，意图于欧盟市场的企业均需遵循相关标准。

面对激烈的数据主权争夺，赴美上市的相关企业更应牢牢守住"重要数据"红线，以国家安全为首位，同时创造自身经济利益。

3）数据合规是企业未来健康发展的重要赛道

从 2015 年《中华人民共和国国家安全法》颁布、施行到 2017 年《中华人民共和国网络安全法》生效，再到 2021 年《中华人民共和国数据安全法》公布，我国正在形成一个全面规范网络安全保护、数据安全保护、个人信息安全保护的基础法律体系。同时，网络安全、数据安全、个人信息安全规范、标准不断发布，保护体系持续完善细化。

4. 合规方向指引

1）个人信息出境告知义务

我国相关规定明令禁止个人信息未经个人信息主体同意即出境。企业应向个人信息主体说明数据出境的目的、范围、内容、接收方及接收方所在的国家或地区并经个人信息主体同意。同时企业还应将网络运营者的联系人及其联系方式等信息明确告知个人信息主体。

2）数据出境安全评估义务

《中华人民共和国网络安全法》明确要求，关键信息基础设施的运营者在中华人民共和国境内运营中收集和产生的个人信息和重要数据应当在境内存储。因业务需要，确需向境外提供的，应当按照国家网信部门会同国务院有关部门制定的办法进行安全评估；法律、行政法规另有规定的，依照其规定。

企业在收集个人信息时应针对需要出境的个人信息的数量、范围、类型、敏感程度，以及个人信息主体是否同意其个人信息出境等内容进行详细分类以应对数据出境安全评估的需要。同时，企业应及时了解本行业主管部门有关重要数据的规定及更新，对相关重要数据分类备案，一旦需要跨境传输，及时加工处理以满足安全评估的要求。

3）安全自评估报告保存义务

企业在完成数据安全自评估后，应形成安全自评估报告。内容包括评估对象的基本情况、安全自评估组织实施情况、评估结果、数据安全风险点、检查修正建议等，并根据法规标准，将安全自评估报告上报行业主管部门。行业主管部门不明确的，上报国家网信部门。若企业在数据出境之前未启动安全自评估，或者未保存至少两年的自评估报告并上交主管部门，则可能面临处罚。

4）数据信息收集符合合法正当必要原则

数据合法收集是近年来企业数据合规的首要问题。《民法典》采取了个人信息收集的择入机制，即对收集个人信息的前置程序做出了明确规定，要求在收集前充分告知相应自然人或者其监护人处理个人信息的一切事项，并取得自然人或者其监护人的同意。具体来说，收集个人信息必须经过自然人或者其监护人的同意，对外公开其处理个人信息的规则，同时也要明确告知处理个人信息的目的、方式和范围。

此外，企业在收集用户个人信息时应注意避免违规私自收集、过度收集、超范围收集用户数据信息。如未经用户同意自动开启收集地理位置、身份证号、人脸、指纹，读取通讯录，使用摄像头，启用录音等功能以及与服务无关的功能。网络运营者应在隐私政策中详细列举收集和使用个人信息的业务功能，以及所收集的个人信息类型。收集个人生物识别信息等敏感信息时，应在显著位置明示告知，专门提醒个人信息主体此次收集活动涉及的信息，并说明处理目的、处理规则。

5）其他数据安全保护义务

企业应建立健全全流程数据安全管理制度，组织开展数据安全教育培训，采取相应的技术措施和其他必要措施，保障数据安全。重要数据的处理者应当明确数据安全负责人和管理机构，落实数据安全保护责任。企业在开展数据处理活动中应当加强风险监测，发现数据安全缺陷、漏洞等风险时，应当立即采取补救措施。若发生数据安全事件时，应当立即采取处置措施，按照规定及时告知用户并向有关主管部门报告。根据法律、行政法规规定，提供数据处理相关服务应当取得电信增值业务经营许可等行政许可。

思考练习题

1. 信息安全的目标是什么？
2. 信息安全面临哪些威胁？
3. 信息安全系统在设计过程中要遵循哪些原则？
4. 什么是物理安全？其包括哪些内容？
5. 机房安全设计包括哪些内容？
6. 制定信息系统的安全策略通常采取哪些原则？
7. 你认为对信息安全进行立法有何作用？
8. 没用绝对安全的信息系统，为了保证信息系统的安全风险最小，我们应该怎样去做？

第9章 信息管理的现代化应用

信息化是当今时代发展的大趋势，代表着社会先进生产力，对信息资源开发利用是人类不断进化的必然行为。本章将结合物联网、智慧城市、智慧农业等实例，对信息管理的现代化应用及其对人们生活的多方面的影响进行讨论。

9.1 信息化与信息产业

9.1.1 信息化概述

随着经济全球化导致市场国际化，以及社会、经济、技术的不断进步，市场对企业的组织与管理提出了新的挑战，企业对市场信息和用户需求的变更反应灵敏、减少管理层次实现组织结构扁平化、加强横向联系形成企业网络化、企业规模小型化成为企业组织变革的主要趋向。为在竞争激烈的国际国内市场中求生存、求发展，企业必须具有强有力的信息采集、传输和处理能力。现代科学技术尤其是电子信息技术的迅速发展与广泛应用，使人们的工作、生活以及思维方式发生着重大的变革，为企业的生产与经营提供了日臻完善的手段。

1. 何谓信息化

信息化是相对于工业化而言的，它是飞速发展的现代信息技术与社会经济相互作用的结果。工业社会是有形产品创造新价值的社会。类似地，信息社会可以被定义为无形的信息创造价值的社会。一个社会的信息化就可以定义为从有形的物质产品创造价值的社会向无形的信息创造价值的社会阶段转变的过程。可见，信息化是向信息产业高度发达且在产业结构中占优势地位的社会——信息社会前进的动态过程。

1967 年，日本科学技术与经济协会首先使用了"信息化"一词，其认为，"信息社会"概念是在某种静态的意义上描述一个信息产业高度发达并占有主导地位的社会，而"信息化"则被用来描述向"社会信息化"阶段进行社会变动的过程。我国学者钟义信提出，信息化可以理解为：在每个经济领域和绝大多数社会行为领域中广泛、有效地采用先进的信息技术（信息网络或智能工具），从而全面地、极大地扩展和提高社会生产效率，管理、教育和创新的效率，以及生活质量的一个历史过程。通俗来讲，信息化就是指在人类社会活动中，通过普遍地采用信息技术，更加充分有效地开发利用信息资源，推动经济发展和社会进步的过程。

2. 信息化的内涵

信息化涉及社会生活的各个领域，其将引起产业结构、就业结构、社会组织和个人行为方式的重大改变。当今世界，由于物质生产活动中专业化程度和生产技术的提高，社会劳动生产率空前增长，要维持和发展这种高效率、高效益的生产活动，使之适应于不断发展与变化的社会需求，就需要有更大规模的现代化的信息活动和其他非物质生产活动（如服务等）的支持。在此时代背景下，信息的收集、传输、加工与利用等活动日益成为人们社会活动的重要组成部分。

以信息化对生产力的影响为例，据经济学家测算，对于现代化社会，物质生产部门每增加1人就业，非物质生产部门就要增加3~4人，以计算机和通信技术为代表的现代信息技术是信息化生产力的重要组成部分，推广应用现代信息技术是推动信息化工作的主要内容之一。但信息化不等于计算机化、通信网络化。信息资源的开发、管理与利用需要多方面的工作相互配合，计算机化、通信网络化只是其中的部分内容。值得注意的是，信息活动的主体是人而不是机器，人的素质和管理水平对信息活动的效率和有效性起着决定性的作用。大量事实表明：就是在当今信息化程度最高的国家中，社会生活中的大部分信息仍然由人直接处理；而机器处理信息量的增长，使人们有更多精力去从事创造性、决策性的活动，处理更高层次的信息。

9.1.2 信息产业

1. 第四产业——信息产业

人类进入现代社会以后，除了物质资源、人力资源和金融资源以外，以知识形态存在的信息资源构成了社会财富的主要来源。随着社会信息需要的不断增长，人类开发利用信息资源的规模不断扩大，必然要求出现一系列专门从事信息产品采集、加工、存储、流通、服务与利用等相关活动的产业部门——信息产业。

信息产业的兴起是社会生产力发展的必然结果，也是社会分工的合理体现。在人类社会的不同历史阶段，一种新兴的产业总是伴随着一些新技术的产生和发展而确立起来的。人类在经历了以农业为核心的第一产业、以工业为核心第二产业以及以服务业为主体的第三产业后，进入了以信息生产力为主的信息社会。当今信息技术正在改进普通的机器体系，多元化的新型能源结构正在革新单调、粗放的传统能源结构，以信息产业为核心的知识、智力、技术密集型产业结构正在取代原来的劳动、资本密集型产业结构。随着信息技术的进步和社会信息化水平的提高，信息产业逐渐从第三产业（包括部分第二产业）中分化出来，作为国民经济的独立产业（信息产业）正不断发展壮大。

2. 何谓信息产业

信息产业就是从事信息技术设备制造及信息产品生产开发与流通服务的新兴产业群体。信息产业化就是遵循经济规律和市场导向原则，从信息经济行为的角度将以往分散于各领域、各部门的与信息生产、流通、分配、消费直接相关的企事业单位及个人组合起来，把各种各样的信息活动逐步引上产业化的道路。微观而言，信息产业化形成了一个信息经济活动的产业集合；宏观而言，信息产业化形成了一个相对独立的产业部门群。

3. 信息产业的特征

信息产业与其他传统产业相比具有许多新的特征。

（1）信息产业是知识智力密集型产业。信息产业的其他特征大多是从这个本质特征引申出来的。

（2）信息产业是高创新型产业。信息产业的更新换代速度是其他任何产业所不能比拟的，这主要是由于科学技术的进步大大缩短了信息产品从开发研制到生产使用的周期。目前，信息产业已进入一个加速发展的新时期，它以科研、开发为先导的特点日益突出。

（3）信息产业是高渗透性产业。信息产业传播的广泛性和信息技术的高渗透性，决定了它是一个渗透性极强的产业。信息产业高度融合于社会经济各部门，广泛渗透于其他产业结构与形态之中。

（4）信息产业是高投入、高增值、高效益型产业。信息产业的技术、知识和智力密集性决定了它不仅需要较高的智力投入，而且需要大量的资金投入。在高投入和高风险的后面是信息产业产出的高效益，这不仅表现在其本身的高产值、高增值和高效益，而且可以通过信息产业渗透与服务于社会经济的各个领域时产生巨大的经济效益和社会效益。

（5）信息产业是高就业型产业。信息技术与信息产业的高智力特点，对就业者的知识水平要求很高，这在某种程度上会给社会带来结构性失业现象，但是信息产业的发展带动了文化、教育、服务产业的发展，可以开辟许多新的再就业门路，因而形成对新职业的更大需求。

（6）信息产业是省资源、省能源、低公害的社会公益性产业。由于信息资源具有低污染、低消耗的特点，所以其给社会各方面带来的不利因素少，发展信息产业有利于实现可持续发展战略。

4. 信息产业的作用

信息产业的形成和发展极大地推动了人类社会生产力的发展，其作用有以下几个方面。

（1）信息产业的形成与发展是工业经济向信息经济转变、工业社会向信息社会转变的核心内容。以信息产业为中坚所形成的信息经济是社会信息化的先决条件。对一个国家来说，没有足够发达的信息产业，就不可能有高水平的现代化经济，更谈不上信息社会的到来。

（2）信息产业是现代社会经济发展的动力和国家竞争实力的基础。在现代社会经济中，战略资源已不是资本，而是信息与知识。可以说，一个国家的信息产业力量是决定性的生产力和竞争力，是取得经济成就的关键因素，是推动社会经济持续发展的坚强后盾。

（3）信息产业对国民经济各部门的发展具有先导作用。这主要表现在两个方面：信息产业在其发展过程中，通过与传统产业相互融合、渗透，可以促进传统产业的改造与升级，使传统产业重新获得生机和活力，其与传统产业的关系就像是火车头与车厢的关系；信息产业还是促进其他高技术产业形成和发展的基础，其他许多高技术及其产业难以突破的障碍都只有在信息技术及其产业取得相应突破后才能消除。

（4）信息产业对国民经济结构具有软化作用。具体表现在：①产业结构软化，软产业在国民经济产业比重中上升，制造业等硬产业经济中软化的趋势日益明显。②就业结构软化，就业人口中从事经营管理、研究开发、咨询服务等"软职业"的白领工人所占比例越来越大。③消费结构软化，人们的消费重心转向美观、轻巧和质量等软性需求，文化娱乐、学习、旅游等精神生活在消费支出中占有越来越大的比重。④投资结构软化，现代经济活动的投资正由大工程、先进设备、基建项目等"硬投入"逐步转向人才、智力、信息、服务等"软投入"方面。⑤贸易结构软化，服务（特别是信息产品和信息服务）的贸易在全球经济贸易中所占的份额越来越大，还有大量的信息贸易活动隐含在技术转让、设备引进、人才交流等经济活动中，信息资源将成为未来的一种重要的贸易对象和贸易手段。

5. 信息产业的分类

从宏观角度上我们可以把信息产业划分为信息工业和信息服务业。如果从国民经济活动的独立行业来看，信息产业可包括信息基础设施业、信息生产开发业、信息报道分配业、信息传播流通业、信息提供服务业、信息技术服务业等六个组成部分（表9-1）。

表9-1　信息产业的分类

类型	涉及的行业
信息基础设施业	包括计算机、通信、记录设备制造，广播电视及其他传媒设备制造，信息建筑物建造装修等行业
信息生产开发业	包括研究开发、发明创新、数据库开发，以及气象、测绘、勘察、计量等行业
信息报道分配业	包括新闻报道、广播电视、报纸杂志、出版印刷，以及教育等行业
信息传播流通业	包括邮政、电信、计算机网络等行业
信息提供服务业	包括文献服务、报道服务、检索服务、咨询服务、网络内容提供服务等行业
信息技术服务业	包括软件开发、信息处理、系统集成、技术培训维护等行业

6. 信息消费

信息消费是消费的重要组成部分，信息技术与传统消费的深度融合推动各行业数字化转型进程不断加快，培育形成诸多新业态、新模式，加速了产业循环、市场循环和经济社会循环的联动性，持续增强经济内生动力。特别是在新冠肺炎疫情防控期间，实体零售、餐饮、酒店、旅游、文化娱乐等传统服务业基本停摆，大量线下服务性消费被抑制，衣、食、用、娱、教等传统行业企业纷纷将运营和销售等迁移到线上平台，在线办公、视频会议、云展览、云运动等线上消费亮点频出，网络购物、远程教育等在危机中展现较大潜力。

在公共服务方面，远程医疗、在线教育、智慧养老等新型信息服务的发展，有效促进基本公共服务均等化。以在线教育为例，它突破了传统教育的时空限制，具有学习时间灵活、教育内容多样化、个性化、低成本等优势，有效缓解了我国教育资源分布不均、部分地区素质教育水平有限的问题。

在信息扶贫方面，近年来，涉农电子商务、综合信息服务等应用快速推广，打通了农村地区信息流、资金流、物流、人流等方面瓶颈，深刻改变农村生活生产方式，让农产品通过互联网走出乡村，实现农产品供需精准对接，实现了精准扶贫、精准脱贫。

在扩大就业方面，线上线下结合的新兴业态快速发展，尤其是电商、O2O、分享经济等，以就业门槛低、就业时间灵活等优势，为社会创造了大量就业机会，为社会稳定提供了重要保障。以网约配送员为例，2020 年上半年，通过美团获得收入的骑手总数达295.2 万人。

目前来看，在未来的 3～4 年内，全场景下的融合消费将伴随新一代信息技术的进步，带给人们更多未知的新产业和新消费业态，引发全领域、全要素、全场景、全渠道的经济社会生产生活的全新变革。

9.2　信息管理前沿技术概述

9.2.1　物联网

顾名思义，物联网就是"物物相连的互联网"。物联网中非常重要的技术是 RFID，在本书 4.3.1 节中已有介绍。除了 RFID 以外，物联网技术还包括传感网、M2M 技术、云计算等领域。以 RFID 系统为基础，结合已有的网络技术、数据库技术、中间件技术等，构筑一个由大量联网的阅读器和无数移动的标签组成的、比 Internet 更为庞大的物联网成为国际上一个重要的发展趋势。

1. 物联网的概念及要素

1）物联网概念及内涵

随着通信时代的来临，世界上所有的物体从轮胎到牙刷、从房屋到纸巾都可以通过 Internet 主动进行交换。物联网概念的兴起在很大程度上得益于 ITU（International Telecommunication Union，国际电信联盟）2005 年以物联网为主题的年度互联网报告。根据 ITU 的描述，在物联网时代，通过在各种各样的日常用品上嵌入一种短距离的移动收发器，人类在信息与通信世界里将获得一个新的沟通维度，从任何时间、任何地点的人与人之间的沟通连接扩展到人与物和物与物之间的沟通连接。

欧盟对物联网的定义较具代表性：物联网是一个动态的全球网络基础设施，它具有基于标准和互操作通信协议的自组织能力，其中，物理的和虚拟的"物"具有身份标识、物理属性、虚拟的特性和智能的接口，并与信息网络无缝整合。物联网将与媒体互联网、服务互联网和企业互联网一起，构成未来互联网。

物联网的内涵可以从以下两个方面来理解。

（1）技术层面。物联网是指物体通过智能感应装置，经过传输网络，到达指定的信息处理中心，最终实现人和物、物与物之间的自动化信息交互与处理的智能网络。

（2）应用层面。物联网把世界上所有的物体都连接到一个网络中，形成物联网，然后物联网又与现有的互联网结合，实现人类社会与物理系统的整合，以更加精细和动态的方式管理生产和生活，实现任何时间、任何地点、任何人、任何事物充分互联。

物联网中的"物"要满足一些条件才能够被纳入其范围：①要有相应信息的接收器；②要有数据传输通路；③要有一定的存储功能；④要有 CPU；⑤要有操作系统；⑥要有专门的应用程序；⑦要有数据发送器；⑧遵循物联网的通信协议；⑨在世界网络中有可被识别的唯一编号。

智能传感器、RFID 标签、传统传感器、智能家居终端等都可以成为物联网的传感终端。现有的通信网络，如 2G 和 3G 网络、互联网、混合光纤同轴电缆网络（hybrid-fiber-coaxial network，HFC network）将成为信息的传递、汇总网络，它们的相应处理平台将成为 M2M 运营平台的组成部分，为具体的物联网应用业务提供服务。

2）物联网基本要素

物联网的两大特征是泛在化和智能化。首先是物联网的信息采集层部署的传感器的泛在化；其次是通信层面的泛在化，信息采集后要及时安全有效地传送到平台去做信息分类、整理和应用，需要有一个泛在化的有线通信网络，才能发挥物联网的效果。

物联网可以归纳为以下三个基本要素。

（1）信息感知。全面信息采集是实现物联网的基础。RFID 标签和读写器虽然可以感知物体的一些状态，但相对来说还是比较简单化的状态。要真正全面感知物体的一些特性、状态和属性及其变化的情况，还需要更全面、更敏感的感知技术（传感器，包括传感器网络）。这个层面要突破的问题主要是低功耗、小型化和低成本。

（2）传送网。无所不在、泛在化的无线通信网络是实现物联网的重要设施。物联网的传感器技术就是为了解决节电等问题，从而采用短距离通信的技术，这些技术泛在化的解决一定要在广域通信技术上。第三代通信网将为物联网提供安全有效的信息传递。

（3）信息处理。其中，最重要的就是如何低成本处理海量信息。物联网是一个巨大的、多样的、复杂的网络系统。利用云计算、模糊识别等各种智能计算技术，对海量数据和信息进行分析和处理，对物体实施智能化的控制，建立一个完善的物联网体系，实现"智慧地球"，这对人类是一个巨大的挑战。

2. 物联网体系架构简述

从物联网三个基本要素分析，可以得出物联网应该具备的三个功能：全面感知、可靠传递、智能处理。因此，物联网大致被公认为有三个层次：底层是用来感知数据的感知层，第二层是数据传输的网络层，最上层则是应用层（图 9-1）。它们与传统的基于 Internet 的电子商务系统的三层结构之间的对应关系是：感知层大体对应传统电子商务系统的数据层，区别是这些数据需要传输到信息中心的数据库中进行处理；而以云计算作为其核心技术的物联网网络层大致与逻辑层相对应；应用层相较于传统的电子商务系统的应用层（表达层），有了更大的扩展和延伸。

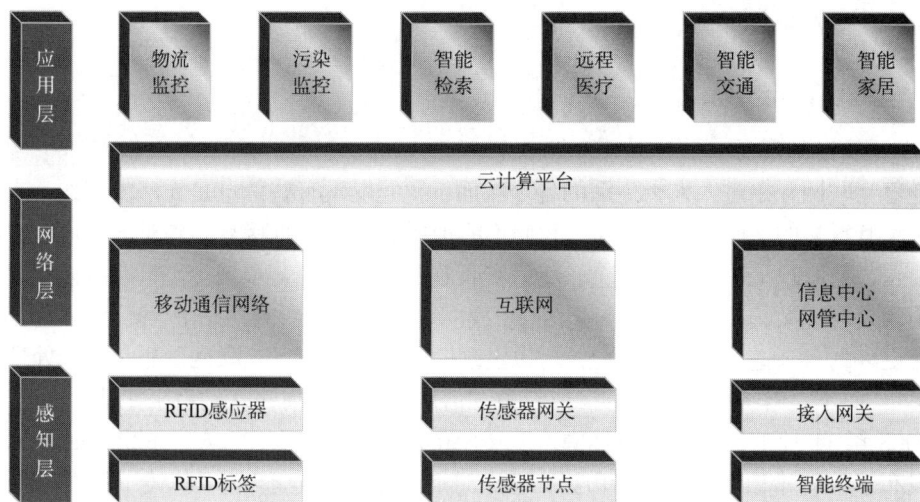

图 9-1　物联网体系架构

1）感知层

感知层包括传感器等数据采集设备和数据接入网关之前的传感器网络。感知层的主要技术包括 RFID 技术、传感和控制技术、短距离无线通信技术。其中又包括芯片研发、通信协议研究、RFID 材料、智能节点供电等细分技术。

2）网络层

网络层建立在现有的移动通信网和互联网基础上。物联网通过各种接入设备与移动通信网和互联网相连，如手机付费系统中，由刷卡设备将内置手机的 RFID 信息采集上传到互联网，网络层完成后台鉴权认证并从银行网络划账。网络层中的感知数据管理与处理技术是实现以数据为中心的物联网的核心技术，其包括传感网数据的存储、查询、分析、挖掘、理解及基于感知数据决策和行为的理论和技术。而正在高速发展的云计算平台将是物联网发展的又一助力。云计算平台作为海量感知数据的存储、分析平台，将是物联网网络层的重要组成部分，也是应用层众多应用的基础。

3）应用层

应用层是物联网发展的目的。物联网的应用层利用感知数据为用户提供丰富的特定服务，可分为监控型（物流监控、污染监控）、查询型（智能检索、远程抄表）、控制型（智能交通、智能家居、路灯控制）、扫描型（手机钱包、高速公路不停车收费）等。目前，已经有不少物联网范畴的应用。

例如，用于高速公路、大桥和隧道的电子不停车收费系统（electronic toll collection，ETC）已在我国大力发展并推广。在该系统中，待收费车辆的车身上需要安装一个该系统唯一识别的电子标签，电子标签内会存储有关车主的车牌号、车型号、身份证、用于缴费的银行账号等有关信息，在收费车道两旁安装有与电子标签相对应的射频读写器，两者利用微波短程通信方式进行数据交换。计算机联网系统和银行系统根据所得到的数据信息进行后台结算处理，从而达到在汽车经过收费站时不需要停车就能完成缴费的目的，电子不停车收费系统的推广会极大地缓解交通拥挤问题。

9.2.2　区块链

1. 区块链的概念

1）区块链的起源——比特币

随着互联网开始进入人类生活的各个层面，我们发现有些信息是无法复制的，或者说复制是没有意义的。比如货币支付，我们不能把要支付的钱直接复制到对方账户上，而是一定要在付款账户上减去若干资金，然后在收款账户上增加若干资金。只有这样，这个支付行为才是有意义的，而不像新闻类信息，我们复制一份到新的网站上，就有了两份信息，可以让更多的人来进行分享。因此，可以发现，我们的"信息互联网"非常善于处理"信息分享"，而不能解决"价值转移"或者说"信用"这件事情，直到后来比特币的诞生。

2008 年 11 月 1 日，一个自称中本聪（Satoshi Nakamoto）的人在 P2P Foundation 网站上发布了比特币白皮书《比特币：一种点对点的电子现金系统》，陈述了他对电子货币的新设想，比特币就此问世。

2009 年 1 月 3 日，中本聪在位于芬兰赫尔辛基的一个小型服务器上挖出了比特币的第一个区块——创世区块（genesis block），并获得了首批"挖矿"奖励——50 个比特币。

你可能会有些疑惑，"区块链""比特币""挖矿"有什么联系，"挖矿"就是按照设计者事先设计的流程，做类似猜数字的游戏，猜对了就会生成新的比特币。"挖矿"可以增减比特币供应，与此同时，还对比特币的系统安全起到了一个保护的作用，能够避免欺诈交易的产生。而区块链是一种记账方式，比特币支付系统是一个点对点的支付系统，它的核心就是交易，通俗点说就是，你给我发一笔交易，我给你发一笔交易，而这些交易是需要有人记账的，就比如银行会帮助客户记账一样。在比特币挖矿的过程中，就是由矿工来记账的。我们可以将比特币系统看成一个不断更新的庞大账本。账本中的每一页都是一个区块，将其按照时间顺序连接起来，就成了比特币的区块链。每一笔交易都将被完整地记录在这个账本里，比特币就是账本里记录的钱。

再来理解比特币的诞生，中本聪就是第一个矿工，而他在小型服务器上挖出的第一个区块也就理所当然地成为创世区块。

2）区块链定义及原理

区块链定义是在多个分布式节点间传递账本信息并通过一定的共识机制达成一致性，建立信任关系的技术。一般认为，区块链是一种融合多种现有技术的新型分布式计算和存储范式。它利用分布式共识算法生成和更新数据，并利用对等网络进行节点间的数据传输，结合密码学原理和时间戳等技术的分布式账本保证存储数据的不可篡改，利用自动化脚本代码或智能合约实现上层应用逻辑。如果说传统数据库实现数据的单方维护，那么区块链则实现多方维护相同数据，保证数据的安全性和业务的公平性。本质上来说，区块链就是一个去中心化的数据库，是一串使用密码学方法相关联产生的数据块，每一个数据块中包含了一批次网络交易的信息，用于验证其信息的有效性（防伪）和生成下一个区块。区块链的基本工作原理主要包含生成区块、共识验证、账本维护。

（1）生成区块。区块链节点收集广播在网络中的交易——需要记录的数据条目，然后将这些交易打包成区块——具有特定结构的数据集。

（2）共识验证。节点将区块广播至网络中，全网节点接收大量区块后进行顺序的共识和内容的验证，形成账本——具有特定结构的区块集。

（3）账本维护。节点长期存储验证通过的账本数据并提供回溯检验等功能，为上层应用提供账本访问接口。

3）区块链的特点

（1）去中心化。在区块链上的所有节点都是平等的，不存在传统供应链企业中核心企业管控的现象，同时所有的节点都有相同的权利并有相同的义务。此外，任何一个节点出现问题都不会对区块链系统造成影响，所以在稳定性方面具有极高的保证。

（2）开放性。系统是开放的，除了交易各方的私有信息被加密外，区块链的数据对所有人公开，任何人都可以通过公开的接口查询区块链数据和开发相关应用，因此整个系统信息高度透明。

（3）防篡改性。一旦信息经过验证并添加至区块链，就会永久地存储起来，除非能够同时控制住系统中超过51%的节点，否则单个节点上对数据库的修改是无效的，因此区块链的数据稳定性和可靠性极高。

（4）去信任性。系统中所有节点之间无须信任也可以进行交易，因为数据库和整个系统的运作是公开透明的，在系统的规则和时间范围内，节点之间无法欺骗彼此。

（5）自治性。区块链采用基于协商一致的规范和协议（如一套公开透明的算法）使得整个系统中的所有节点能够在去信任性的环境自由安全地交换数据，使得对人的信任改成了对机器的信任，任何人为的干预不起作用。

（6）可溯源性。区块链通过区块数据结构存储了创世区块后的所有历史数据，区块链上的任意一条数据皆可通过链式结构追溯其本源。

（7）匿名性。由于节点之间的交换遵循固定的算法，其数据交互是无须信任的（区块链中的程序规则会自行判断活动是否有效），因此交易对手无须通过公开身份的方式让对方对自己产生信任，对信用的累积非常有帮助。

（8）高可信性。区块链是一个高可信性的数据库，参与者无须相互信任，无需可信中介即可点对点地直接完成交易。区块链的每笔交易操作都需发送者签名，必须经过全网达成共识之后，才被记录到区块链上。交易一旦写入，任何人都不可篡改、不可否认。

（9）高可用性。传统分布式数据库采用主备模式来保障系统高可用性，主数据库运行在高配服务器上，备份数据库从主数据库不断同步数据；如果主数据库出现问题，备份数据库就及时切换作为主数据库。这种架构方案配置复杂、维护烦琐且造价昂贵。在区块链系统中，没有主备节点之分，任何节点都是一个异地多活节点。少部分节点故障不会影响整个系统的正确运行，且故障修复后能自动从全网节点同步数据。

（10）安全性。比特币、以太坊等公有链允许任意节点加入网络，允许任何用户参与交易，全部账本数据公开透明且由多方共同维护。这些有别于传统数据库的特性，使得区块链系统无法直接应用传统数据库的安全机制。为了保障数据的安全性，传统数据库系统都设计了完善的用户管理和存取控制。用户管理通常需要运行在中心化的节点上，这就和区块链所强调的去中心化相矛盾；另外，存取控制也与公有链所强调的数据公开性和透明性相矛盾。目前，区块链系统主要基于数字签名与验证来确保数字货币的所有权以及交易的不可伪造、不可否认的特性；依靠每次交易使用不同的数字证书和账户地址来保障交易的隐私性。

4）区块链的类型

区块链的分类随着各方面的应用而越来越清晰，本书将区块链分为公有链、联盟链、私有链三类。

（1）公有链。公有链是指全世界任何人在任何时候、任何地方都可以加入并且可以任意读取数据、发送交易、获得有效确认与认可的区块链，所有人都能参与共识过程。公有区块链是最早的区块链，也是目前应用最广泛的区块链。

（2）联盟链。联盟链是由某个群体内部指定多个预选的节点为记账人，每个块的生成由所有的预选节点共同决定（预选节点参与共识过程），其他接入节点可以参与交易，但不过问记账过程。联盟链一般用于明确的结构之间，节点的数量和状态是可控的，通常也采用更加节约能效的共识机制。

（3）私有链。私有链是指其写入权限由某个组织或机构控制的区块链，其读取权限或者对外开放，或者被进行了任意程度的限制。与联盟链一样，节点的数量和状态是可控的。

2. 区块链的架构模型

本节给出如图 9-2 所示的区块链通用层次化技术结构，自下而上分别为网络层、数据层、共识层、控制层和应用层。

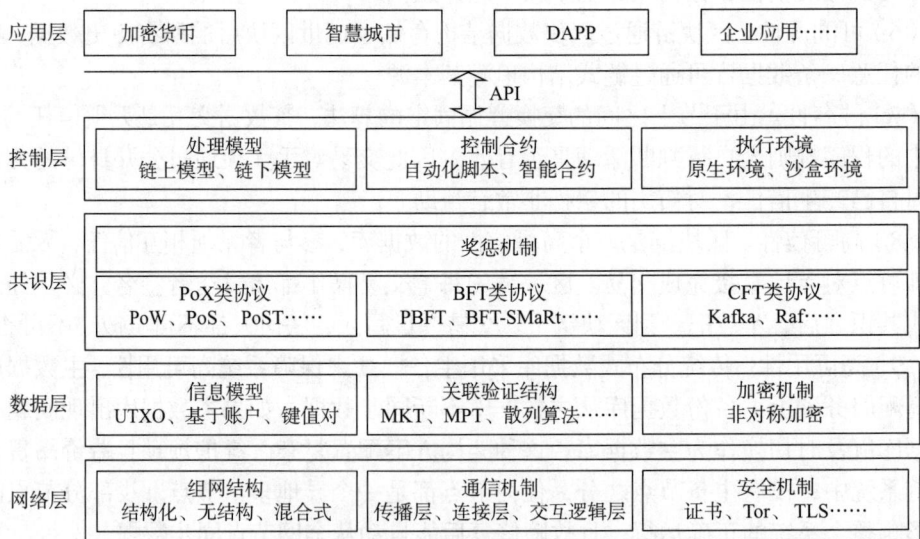

图 9-2 区块链层次结构

DAPP 即 decentralized application，去中心化应用；PoX 即 proof of transfer，传输证明；PoW 即 proof of work，工作量证明；PoS 即 proof of stake，权益证明；PoST 即 proof of space time，时空证明；BFT 即 Byzantine fault tolerance，拜占庭容错；PBFT 即 practical Byzantine fault tolerance，实用拜占庭容错；BFT-SMaRt 即 Byzantine fault-tolerant state machine replication，拜占庭容错状态机复制；CFT 即 crash fault tolerance，故障容错；UTXO 即 unspent transaction outputs，未花费交易输出；MKT 即 Merkle tree，默克尔树；MPT 即 Merkle Patricia tree，默克尔帕特里夏树；Tor 即 The Onion Router，"洋葱"路由器；TLS 即 transport layer security，传输层安全

（1）网络层是区块链信息交互的基础，承载节点间的共识过程和数据传输，主要包括建立在基础网络之上的对等网络及其安全机制。

（2）数据层包括区块链基本数据结构及其原理。

（3）共识层保证节点数据的一致性，封装各类共识算法和驱动节点共识行为的奖惩机制。

（4）控制层包括沙盒环境、自动化脚本、智能合约和权限管理等，提供区块链可编程特性，实现对区块数据、业务数据、组织结构的控制。

（5）应用层包括区块链的相关应用场景和实践案例，通过调用控制合约提供的接口进行数据交互。

3. 区块链的核心技术

区块链技术虽然是随着比特币的诞生开始被人们广泛关注并使用，但该技术的首次提出是 1990 年，斯科特·斯托尔内塔（Scott Stornetta）与他的伙伴斯图尔特·哈伯（Stuart Haber）共同撰写的论文提出了一种数字体系结构系统。该系统在进行商业交易时利用到了"数字时间戳"，这个分布时间戳功能就是现在的区块链技术，但当时该技术并未得到及时应用，直到中本聪很好地将此技术作为底层技术开发出比特币金融系统，并将此技术形象地称作区块链技术，才开创了一个区块链新时代。区块链发展过程中，其核心技术被认为主要有四个方面，分别是密码学、分布式账本、共识机制和智能合约。

1）密码学

区块链主要应用的密码学知识有加密、哈希算法和哈希树。

A. 加密

密码学中的加密解密方式主要分成两类，分别是对称加密和非对称加密。

（1）对称加密。对称加密就是加密密钥和解密密钥相同的加密算法。一般加密和解密的算法是公开的，需要保持隐秘的是密钥 K。对称加密是最快速、最简单的一种加密方式。但存在两点明显不足：一是发送方和接收方都提前知道这个共同的密钥才能通信，怎样安全地共享这个密钥本身就牵扯到了安全问题；二是密钥的管理比较复杂，因为每和一个信息接收方通信，就得设置一个密钥，如果和多方通信就得设置多个密钥。

（2）非对称加密。非对称加密过程中加密密钥和解密密钥是不同的。加密的密钥是公开的，叫作公钥；解密的密钥是保密的，叫作私钥。非对称加解密的过程如下：加密一方利用公钥对明文进行加密得到密文，并将此密文发送给对方，接收方接收到密文后，用私钥进行解密，得到明文。用公钥加密的密文只有拥有私钥的一方才能解密，这样就可以实现加密的各方可以统一使用一个公钥。

著名的非对称加密算法 RSA 于 1977 年由 Ronald Rivest（罗纳德·李维斯特）、Adi Shamir（阿迪·萨莫尔）和 Leonard Adleman（伦纳德·阿德曼）共同提出。该算法安全性依赖于大数据分解，是研究面最广、公认最优秀的非对称加密算法之一。然而为提高保密强度，RSA 密钥至少为 500 位长，一般推荐使用 1024 位，这就使 RSA

加密的计算量很大，在实际应用中颇受限制。由 Neal Koblitz（尼尔·科布利茨）和 Victor Miller（维克托·米勒）于 1985 年分别提出的椭圆曲线密码学（elliptic curve cryptography，ECC）是一种基于椭圆曲线数学建立公开密钥加密的算法，它可以使用比 RSA 加密算法更小的密钥提供相当或更高等级的安全，使非对称加密体系的实际应用成为现实。区块链技术使用的主要就是非对称加密 ECC 算法。

B. 哈希算法

哈希函数又称散列算法。散列函数把数据或消息经过运算压缩形成摘要，把形成的这个消息摘要叫作散列值的"指纹"或哈希值的"指纹"。散列值通常是一个长度固定且较短的字符串，由随机字母及数字组成。哈希算法有三个特点，分别是单向性、抗篡改能力和抗碰撞能力。

（1）单向性。单向性是指在哈希函数中，由输入可以得到输出，但通过输出却几乎不可能反推回输入。比如，输入已知字符串 X，得到哈希值是 $F(X)$，但是通过这个哈希值 $F(X)$，却没有办法反推回来得到输入的数据。区块链在数据打包时都会经过哈希算法进行处理。正是由于哈希算法的单向性，才有效保护了信息的安全。

（2）抗篡改能力。抗篡改能力是指对于任意一个输入，哪怕是很小的改动，如一个标点符号，其哈希值的变化也会非常大。它的这个特性在区块与区块的连接中，就起到了关键性的作用。区块链的每一个区块，都会以上一个区块的哈希值作为标识，通过哈希算法再加工，这样后面区块不仅可以查找到前面的所有区块，也可以验证前面区块数据有没有被篡改。除非有人能破解整条链上的所有哈希值，这在技术层面难度太大，基本不会实现。

（3）抗碰撞能力。如果输入的是两个不同数据，而输出结果最后却是相同的，这就称为碰撞。抗碰撞就是对于大部分的输入，都能得到一个独一无二的输出。抗碰撞主要应用在区块链的账户地址中，在区块链的世界中，任何一笔交易或者账户的地址都是完全依托于哈希算法生成的，这样做的目的就是保证交易或者账户地址在区块链网络中的唯一性。现存的任何一种哈希算法在概率学上都无法证明不会发生碰撞，只能说出现碰撞的概率极低，但不意味着不存在碰撞。一旦产生碰撞，就要进行碰撞处理。

区块链所采用的 SHA256 算法，是密码哈希算法家族中的一员，是一种常见的单向加密算法，是被联邦信息处理标准所认证的安全哈希算法。对于任意长度的消息，SHA256 算法都会产生一个长度为 256 位的哈希值，也就是消息摘要。

C. 哈希树

哈希树是一种树形的数据结构，其中每一个叶子节点都以数据块的哈希值作为标签，其他非叶子节点则是以该节点的子节点标签的加密哈希作为标签。哈希树能够高效、安全地验证大型数据结构的内容。哈希树的概念由拉尔夫·默克尔于 1979 年申请专利，故也称默克尔树（Merkle tree），一个典型的哈希树如图 9-3 所示。

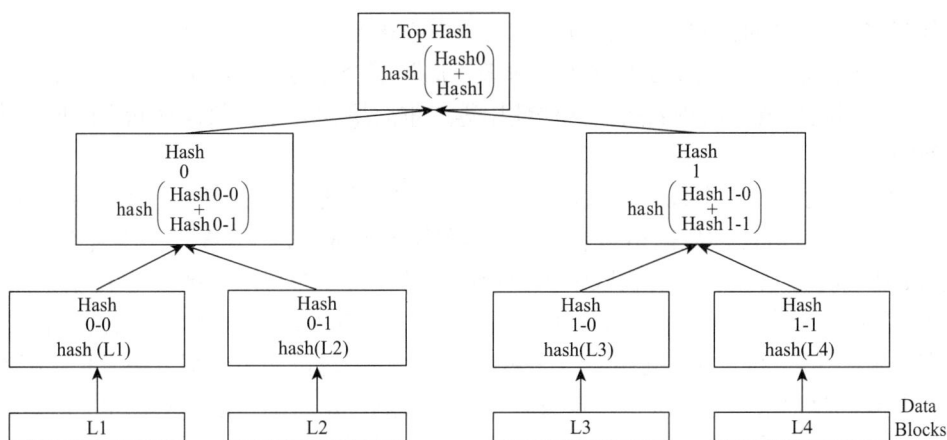

图 9-3　哈希树

哈希树的顶部为顶部哈希（Top Hash），也称根哈希（Root Hash）或主哈希（Master Hash）。只要任一叶节点有变化，根哈希都会变。在比特币区块里，所有交易都按照哈希树的格式组织起来，再与区块头里的根节点哈希值对应起来，就可以保证本区块交易信息的不可篡改。

非对称密码、哈希算法、哈希树等密码学技术的各种特点不仅保障了整个区块链体系的安全，更为很多交易提供了过程证明。密码学是区块链核心技术中最重要的一部分，因为密码学保护区块链体系的安全，它可以说是区块链的基石，其他技术正是以此为基础，才形成了整个区块链体系。或许随着量子计算等新技术的出现，有人会质疑它的安全，但是密码学也在随时代而进步，要是真的到了量子计算商用的那天，区块链密码学也一定会成为更加安全的存在。

2）分布式账本

如果说密码学是区块链的基石，那么分布式账本就是区块链的骨架。分布式账本是一个去中心化的分布式数据库，其结构如图 9-4 所示。

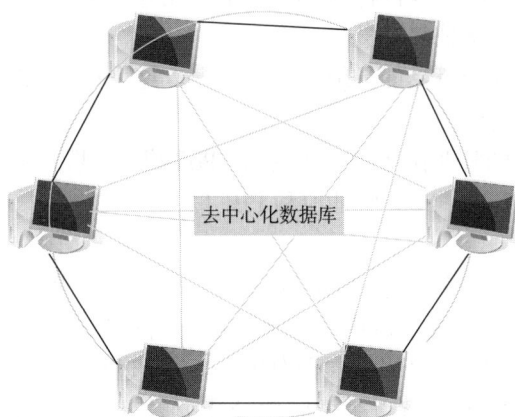

图 9-4　去中心化数据库

分布式账本主要有两个特点：分布式、去中心化。

（1）分布式。分布式主要指将数据分散存储到多个地方。早期集中式的数据库一旦数据库发生问题，就会出现宕机、无法使用等严重后果，分布式数据存储很好地解决了这一问题。

（2）去中心化。现在几乎所有传统公司都采用了分布式数据存储方式，但却是"中心化"数据库。分散储存数据相当于这个账本有很多个备份，但重要的是不管有多分散，所有的数据都是核心人员才有权限维护和管理，其他人没有权限。区块链采用分布式账本，也就是所有节点互相备份来保障网络的绝对安全，让网络实现最大化的公平和对等，不再有"中心化"，即"去中心化"。去中心化数据库的每位参与者都有一份真实账本的副本，大家一起记录每笔交易，一起维护数据，每隔一定时间一起核对账本，一旦有谁篡改历史记录，立马就能被发现。此外，这个账本对每个人都完全开放，如果想参与进来，只要通过区块链网络的许可，就可以成为其中的一个节点。

在今天这样一个大数据时代，分布式账本就像是区块链的灵魂，不仅避免了单点故障，防止数据黑客攻击、信息丢失、中心化巨头数据作恶等现象，并且使用户"自己控制自己的数据，自己决定数据的用途"成为现实。

3）共识机制

区块链实际上就是一个大的分布式计算网络。在区块链中，没有中央权威，"去中心化"可以让每位参与者都记账，如果都记录下来数据量太大，选用谁的数据或者由谁作为代表来记是一个非常重要的问题。另外，整个网络是完全分散的，要依靠点对点交换信息、达成共识，才能统一行动。如果有节点发送了错误的信息，干扰网络正常运行或是参与者们产生了分歧互不妥协，会导致分布式系统出现不一致性问题。

1982年，Lamport（兰波特）提出"拜占庭将军问题"，其解决办法就是信息的伪造或错误并不重要，只要诚实的将军数量大于总数的三分之二，即使有少部分不诚实的将军存在，整个系统也可以达成一致。在此基础上，产生了一系列新兴技术，这些技术依赖某种方式，确定谁取得区块链中的记账权，谁取得了记账权，整个网络就用谁处理好的数据，并且这个人还可以获取打包区块的奖励，此外，谁如果意图危害网络，也会受到一定的惩罚。这个技术就是共识机制。

共识机制就是一种每个节点都必须遵守的规则，这个规则保障和协调了区块链网络中所有节点的账目保持一致性。

目前常见区块链的共识机制有：PoW机制、PoS机制、股份授权证明（deposit-based proof of stake，DPoS）机制、Pool验证池和PBFT。

A. PoW机制

中本聪在比特币系统中就采用PoW机制来生产新的比特币，PoW机制即对于工作量的证明，是生成要加入到区块链中的一笔新的交易信息（即新区块）时必须满足的要求。在基于PoW机制构建的区块链网络中，节点通过计算随机哈希函数的数值解来争夺记账权，求得正确的数值解以生成区块的能力是节点算力的具体表现。然而，由于PoW机制在比特币网络中的应用已经吸引了全球计算机大部分的算力，其他想尝试使用该机制的区块链应用很难获得同样规模的算力来维持自身的安全。另外，基于PoW

的挖矿行为，大家都在同时重复做同一件事，造成了非常大的资源浪费。而且大量人参与，使得达成共识的周期变长。该机制较差的扩展性和较低的效率使其在商业领域难以落地。

B. PoS 机制

2012 年，化名 Sunny King 的网友推出了点点币（Peercoin），该加密电子货币采用 PoW 机制发行新币，采用 PoS 机制维护网络安全，这是 PoS 机制在加密电子货币中的首次应用。与要求证明人执行一定量的计算工作不同，PoS 使用内置代币来分配权重，赋予一个人决策权的大小与持有代币金额的大小成比例，也称为权益。由于仅通过拥有代币量分配权重，而不是需要经过大量计算来获取记账资格，大大缩短了达成共识的时间，但实质上并没有脱离挖矿运算，因此，PoS 机制并没有从根本上解决 PoW 机制难以应用于商业领域的问题。

C. DPoS 机制

DPoS 机制是一种新的保障网络安全的共识机制。它在尝试解决传统的 PoW 机制和 PoS 机制问题的同时，通过实施科技式的民主抵消中心化所带来的负面效应。DPoS 机制与董事会投票类似，该机制拥有一个内置的实时股权人投票系统，就像系统随时都在召开一个永不散场的股东大会，所有股东都在这里投票决定公司决策。基于 DPoS 机制建立的区块链的去中心化依赖于一定数量的代表，而非全体用户。在这样的区块链中，全体节点投票选举出一定数量的节点代表，由其来代理全体节点确认区块、维持系统有序运行。同时，区块链中的全体节点具有随时罢免和任命代表的权力。如果必要，全体节点可以通过投票让现任节点代表失去代表资格，重新选举新的代表，实现实时的民主。

DPoS 机制可以大大减少参与验证和记账节点的数量，从而达到秒级的共识验证。然而，该共识机制仍然不能完美解决区块链在商业中的应用问题，因为该共识机制无法摆脱对于代币的依赖，而在很多商业应用中并不需要代币的存在。

D. Pool 验证池

Pool 验证池基于传统的分布式一致性技术建立，并辅之以数据验证机制，是目前区块链中广泛使用的一种共识机制。Pool 验证池不需要依赖代币就可以工作，在成熟的分布式一致性算法（Paxos、Raft）基础之上，可以实现秒级共识验证，更适合有多方参与的多中心商业模式。

算法（Paxos、Raft）将区块链节点分为两类：协调者（coordinator）和参与者（participant）。协调者只有一个，参与者可以有多个，共识达成分为以下两步。

步骤 1：准备阶段，协调者询问参与者事务是否执行成功。

步骤 2：提交阶段，如果事务在每个参与者上都执行成功，协调者发送通知让参与者提交事务；否则，协调者发送通知让参与者回滚事务。

这个算法中可能会出现参与者发生故障和协调者发生故障。可以给事务设置一个超时时间，如果某个参与者一直不响应，那么认为事务执行失败。如果协调者发生故障，可以将操作日志同步到备用协调者，让备用协调者接替后续工作。可以从工作机制中看出，Pool 验证池分布程度大大下降。

E. PBFT

PBFT 算法由 Miguel Castro（米格尔·卡斯特罗）和 Barbara Liskov（芭芭拉·利斯科夫）在 1999 年提出，该算法可以容许网络中存在网络拥塞或中断、硬件错误、恶意攻击等引起的异常行为。

PBFT 算法过程包括请求、分配、交互、确认及回复这五个阶段，其中序号分配、交互、确认是最主要的。在一个有 N 个节点的网络中，五个阶段具体如下。

步骤 1：请求。客户端向主节点发送请求，激活主节点的服务操作。

步骤 2：分配。主节点给请求分配一个序列号，广播序号分配消息和客户端的请求消息，并将构造的预准备消息发送给各个节点。

步骤 3：交互。节点从其他节点接收预准备消息，当有 $2f+1$ 个不同副本节点收到的准备消息和预准备消息相同时，向其他服务节点广播准备消息。

步骤 4：确认。节点向其他节点广播确认消息，当有 $2f+1$ 个不同副本节点收到的确认消息和预准备消息相同时，则确认阶段完成。

步骤 5：回复。客户端收到不少于 $f+1$ 个不同节点的回复响应，则表明请求得到正确执行。

简单来说，PBFT 算法的核心理论是 $N \geqslant 3f+1$，其中 N 是系统中的总节点数，f 是允许出现故障的节点数。换句话说，只要网络中的异常节点少于三分之一即可在正常的节点间达成共识。

不同的共识机制在安全性、可扩展性、能源消耗、去中心化程度及效率上各有千秋，只能根据需要进行取舍。采用不同的共识机制，对系统整体性能也会产生不同的影响。总的来说，共识机制约束着区块链网络中的每一个分散的节点，维护系统的运作顺序与公平性，使每一个互不相干的节点能够验证、确认网络中的数据，进而产生信任，达成共识。

4）智能合约

智能合约（smart contract）是由数字形式定义的一系列合约，合约参与方可以在上面执行承诺的协议。智能合约是 1995 年由多产的跨领域法律学者、密码学家 Nick Szabo（尼克·萨博）首次提出的。智能合约中的"智能"（smart）表示非常灵活，并不是指人工智能。智能合约一旦设立指定后无需中介的参与自动执行，并且没有人可以阻止它的运行。

2013 年末，程序员维塔利克·布特林（Vitalik Buterin）受比特币启发，发布了白皮书《以太坊：下一代智能合约和去中心化应用平台》，经过 2014 年的发展，智能合约开始被人们聚焦。维塔利克·布特林在以太坊提供了一个内部的图灵完备的脚本语言以供用户来构建任何可以精确定义的智能合约或交易类型，为在区块链上搭建各种应用提供了一个广阔的平台。

区块链为智能合约提供了可信执行环境，智能合约为区块链扩展了应用。业内人士将以中本聪的比特币为代表的虚拟货币时代称为区块链 1.0，将以太坊为代表的智能合约称为区块链 2.0，智能合约已经成了区块链的核心技术之一。

总的来说，区块链是一个数据传输的应用模型，密码学、分布式账本、共识机制以及智能合约，它们在区块链中分别起到了数据安全、数据存储、数据处理以及数据应用的作用，它们共同构建了区块链的基础，奠定了区块链蓬勃发展的基础。

9.2.3　人工智能技术

人工智能，英文缩写为 AI，它是一门研究和开发用于模拟和拓展人类智能的理论方法和技术手段的新兴科学技术。尼尔逊教授对人工智能下了这样一个定义：人工智能是关于知识的学科——怎样表示知识以及怎样获得知识并使用知识的科学。美国麻省理工学院的温斯顿教授认为：人工智能就是研究如何使计算机去做过去只有人才能做的智能工作。这些说法反映了人工智能学科的基本思想和基本内容，即人工智能是研究人类智能活动的规律，构造具有一定智能的人工系统，研究如何让计算机去完成以往需要人的智力才能胜任的工作，也就是研究如何应用计算机的软硬件来模拟人类某些智能行为的基本理论、方法和技术。人工智能正是一门研究、理解、模拟人类智能，并发现其规律的学科。

人工智能是计算机科学的一个分支，它企图了解智能的实质，并生产出一种新的能以人类智能相似的方式做出反应的智能机器，该领域的研究包括机器人、语言识别、图像识别、自然语言处理和专家系统等。人工智能从诞生以来，理论和技术日益成熟，应用领域也不断扩大，可以设想，未来人工智能带来的科技产品，将会是人类智慧的"容器"，势必承载着人类科技的发展进步。

人工智能是对人的意识、思维的信息过程的模拟。人工智能不是人类智能，但能像人那样思考，更有可能超过人类智能。人工智能是一门极富挑战性的科学，从事这项工作的人必须懂得计算机知识、心理学和哲学。总的说来，人工智能研究的一个主要目标是使机器能够胜任一些通常需要人类智能才能完成的复杂工作。

1. 人工智能技术的产生

自人类诞生以来，就力图根据当时的认识水平和技术条件，企图用机器来代替人的部分脑力劳动，以提高人类智能的能力。经过科技漫长的发展，一直到进入 20 世纪后，人工智能才相继地出现一些开创性的工作。1936 年，年仅 24 岁的英国数学家图灵就在他的一篇名为《论数字计算在决断难题中的应用》的论文中提出了著名的图灵机模型，1950 年他又在《机器能思考吗？》一文中提出了机器能够思维的论述，可以说正是他的大胆设想和研究为人工智能技术的发展方向和模式奠定了深厚的思想基础。

1956 年在美国达特茅斯学院一次历史性的聚会被认为是人工智能科学正式诞生的标志，从此在美国开始了以人工智能为研究目标的几个研究组。其中最著名的当属被称为"人工智能之父"的麦卡锡（McCartney），人工智能的概念正是由他和几位来自不同学科的专家提出来的，这门技术当时涉及数学、计算机、神经生理学、心理学等多门学科。至此，人工智能技术作为一门成型的新兴学科开始茁壮成长。

2. 人工智能技术的发展

20 世纪 60 年代以来，人工智能的研究活动越来越受到重视。为了解释智能的相关原理，研究者相继对问题求解、博弈、定理证明、程序设计等领域的可能性进行了深入的研究。几十年来，不仅使研究课题有所扩张和深入，而且逐渐搞清楚了这些课题共同的基本核心问题，以及它们和其他学科间的相互关系。

而正如社会发展的规律一样，一件新鲜事物的出现也必将经历它的低谷期，在接下来的十多年里，人工智能也不可避免地进入了自己的低谷期，直到 20 世纪 80 年代中期，有关人工神经元网络的研究取得了突破性的进展才带领人工智能走进全新的发展领域。1986 年 Rumelhart（鲁梅尔哈特）提出了反向传播（back propagation，BP）学习算法，解决了多层人工神经元网络的学习问题，掀起了新的人工神经元网络的研究热潮，人工智能广泛应用于模式识别、故障诊断、预测和智能控制等多个领域。

1997 年 5 月，IBM 公司研制的"深蓝"计算机，以 3.5∶2.5 的比分，首次在正式比赛中战胜了国际象棋世界冠军卡斯帕罗夫，在世界范围内引起了轰动。这标志着在某些领域，人工智能系统可以达到人类的最高水平。这也对人工智能的研究起到了一定的推动作用，世界各国开始大力发展人工智能技术，相继成立人工智能研究小组和研究委员会，并兴建人工智能重点实验室，在全世界范围内征集相关人才，这些举动无疑促进了人工智能的全面发展，使人工智能走上新的高度。

2016 年 3 月，谷歌的"阿尔法围棋"又以 4∶1 的比分战胜国际围棋大师李世石，人工智能再次用精湛的棋艺和惊艳的表现征服了世人，让身处大数据时代背景下的人类对人工智能的发展寄予了无限的希望，同时也陷入了无尽的反思。

3. 人工智能技术的分类

从目前情况来看，人工智能可以分为两大类：强人工智能和弱人工智能。我们目前所处的还是弱人工智能阶段，之所以称之为"弱"，是因为这样的人工智能不具备自我思考、自我推理和解决问题的能力，统筹地讲就是没有自主意识，所以并不能称之为真正意义上的智能。而强人工智能则恰好相反，若能配合合适的程序设计语言，理论上它们便可以有自主感知能力、自主思维能力和自主行动能力。目前关于强人工智能的类型又分为两种：一种是类人的人工智能，机器完全模仿人的思维方式和行为习惯；另一种是非类人的人工智能，机器有自我的推理方式，不按照人类的思维行动模式生产生活。强人工智能技术具有很大的自主意识，它们既可以按照人预先设定的指令具体去做什么，也可以根据具体环境需求自身决定怎么做、做什么，它们具有主动处理事务的能力，也就是说可以不根据人类事先做好的设定而机械地行动。就当下的技术手段和程序语言设计发展阶段而言，我们离实现强人工智能还有不小的距离，但是我们不排除在编程技术实现智能化后，人工智能会带来天翻地覆的变化，到那个时候它们所带来的伦理问题才会是困扰我们的难题。

4. 人工智能技术的主要应用领域

相当程度上，2014 年可谓"机器人"的元年，而 2015 年可称"人工智能"的元年。

一虚一实的智能热潮，加上时下风起云涌的智能无人车，2016 年可算是"新 IT"的元年。人类在经历了生机勃勃的"老 IT"工业技术（industrial technology）和万物通连的"旧 IT"信息技术（information technology）之后，终于迎来了以机器人和人工智能为核心的"新 IT"智能技术（intelligent technology）和智能产业的新时代。

从人类社会的发展进程来看，新 IT 时代是历史的必然。按照科学哲学家波普尔的观点，世界由三部分组成：物理世界、心理世界和人工世界。农业技术开发了物理世界的地面资源，使人类从追逐食物四处漂泊到安居乐业，确保了我们的生存与发展。科学的兴起，首先解放了我们的心理世界，工业技术随之涌现，极大地扩展了人类的体力和感知能力，使我们能够上天入地开发空间和矿藏资源，大大提高了人类的生活水平。今天，随着智能技术的逐渐成熟，人类面临着开发人工的"第三世界"的伟大任务，也就是说要解放智力，让数据资源、知识体系和社会智慧成为建设新 IT 时代的动力，进而把我们带入一个崭新的"智业"社会。

人工智能技术是在包括计算机科学、控制论、信息论、心理学、语言学、哲学在内的多种学科相互渗透的基础上发展起来的一门新型边缘学科，主要研究用机器（主要是计算机）来模仿和实现人类的智能行为，经过几十年的发展，人工智能在不少领域得到发展，在我们的日常生活和学习当中也有许多应用。

1）智能感知

智能感知包括模式识别和自然言语理解。人工智能所研究的模式识别是指用计算机代替人类或帮助人类感知的模式，是对人类感知外界功能的模拟，研究的是计算机模式识别系统，也就是使一个计算机系统具有模拟人类通过感官接收外界信息、识别和理解周围环境的感知能力。自然言语理解就是让计算机通过阅读文本资料建立内部数据库，可以将句子从一种语言转换为另一种语言，实现对给定的指令获取知识等。此类系统的目的就是建立一个可以生成和理解语言的软件环境。

2）智能推理

智能推理包括问题求解、逻辑推理与定理证明、专家系统、自动程序设计。人工智能的第一个主要成果是一个可以解决问题的国际象棋程序的发展。在象棋应用中的某些技术，如果再往前看几步，可以将很难的问题分为一些比较容易的问题，开发问题搜索和问题还原等人工智能技术。而基于此的逻辑推理也是人工智能研究中最持久的子领域之一。这就需要人工智能不仅有解决问题的能力，更要有一些假设推理和直觉技巧。在此两者的基础上出现的专家系统就是一个相对完整的智能计算机程序系统，应用大量的专家知识，解决相关领域的难题，经常要在不完全、不精确或不确定的信息基础上得出结论。而所有这三个功能的实现都是最终实现自动程序的基础，让计算机学会人类的编程理论并自行进行程序设计，而这一功能目前最大的贡献之一就是作为问题求解策略的调整概念。

3）智能学习

学习能力无疑是人工智能研究中最突出和最重要的方面之一。学习更是人类智力的主要标志，是获取知识的基本手段。近年来，人工智能技术在这方面的研究取得了一定的进展，包括机器学习、神经网络、计算智能和进化计算。而智能学习正是计算机获得智能的根本途径。此外，机器学习将有助于发现人类学习的机制，揭示人类大脑皮层的奥秘。所以这是一个一直受到关注的理论领域，思维和行动是创新的，方法也是近乎完美的，但目前的水平还距离理想状态有一定的距离。

4）智能行动

智能行动是人工智能应用最广泛的领域，也是最贴近生活的领域，包括机器人学、智能控制、智能检索、智能调度与指挥、分布式人工智能与 Agent（真体）、数据挖掘与知识发现、人工生命、机器视觉。智能行动就是对机器人操作程序的研究。从研究机器人手臂相关问题开始，进而达到最佳的规划方法，以获得完美的机器人移动序列为目标，最终成功产生人工生命。而将来智能人工生命的成功研制也必将会作为人工智能技术突破的标志。

5. 人工智能技术对人类社会的主要影响

1）取代重复简单劳动力

人工智能技术的崛起将导致"失业潮"的发生已基本成为行业的共识。世界经济论坛 2016 年年会基于对全球企业战略高管和个人的调查发布的报告称：未来五年，机器人和人工智能等技术的崛起，将导致全球 15 个主要国家的就业岗位减少 710 万个，2/3 将属于办公和行政人员。莱斯大学计算机工程教授摩西·瓦迪同样表示，未来计算机可以从事人类的所有工作，他预计，2045 年的人类失业率将超过 50%。

2）新成员进入社会

一方面，人们迫切希望人工智能能在各种各样的劳动中代替人类；另一方面，人们担心人工智能的发展会带来新的社会问题。事实上，近年来社会结构正在悄然地发生变化。社会结构正在悄然地由"人–机器"向"人–智能机器–机器"转变。因此，人们必须开始学习如何与智能机器和睦相处。

3）人类容易滋生惰性思维方式

人工智能对知识的掌握将会是动态的，是会不断增加和更新的，而且知识更新的速度远超人类的极限，这势必会影响到人类的思维方式，使得越来越多的人过度依赖人工智能的计算，从而导致自身的主动思维能力日渐下降。这会导致人们对于事物和是非的判断能力减弱，到最后只是一味地听取计算机给予的建议，认知能力越来越弱，并逐渐开始对社会产生错觉，并且在日常生活中失去对问题的求知责任感，这或许才是人工智能真正的威胁吧。

4）像核武器般技术失控

任何新技术最大的危险莫过于人类对它失去了控制，或者是它落入那些企图利用新技术反对人类的人的手中。就像我们现实生活中存在的核武器，在相当长的一段时间内有核国家确实对一些世界邪恶力量起到了震慑作用，可在这个和平年代，我们不得不随时担心核武器所带来的不可控的后果。人类发明了核武器，可越来越发现根本无法控制它带来的恐怖影响。如果人工智能技术发展继续遵循核武器的发展规律，也必将出现技术失控的现象，而这门技术未来带来的负面影响要远大于核武器，至于结果，从我们近些年的科幻电影中就能看得出。

■ 9.3 "信息管理+"农业：食材溯源、多维品控筑牢健康屏障

9.3.1 创新养殖：利用区块链全方位、全过程跟踪鸡苗成长

1. 应用背景

2008 年，区块链的概念在比特币白皮书中被首次提出，以其不可篡改、公开透明、去中心化的特性立刻引起了世界关注。作为信息管理的最新应用和重要补充，区块链中所蕴含的分布式存储、智能合约、拜占庭容错和共识算法等一系列技术具有非常重要的研究意义和价值。近年来，区块链的新应用更是层出不穷，各行各业都在积极开拓"区块链+"行业管理创新模式，使得区块链逐渐形成了一个在信息世界中自治理、可信赖、可溯源的系统。区块链作为一种全新的信息管理方式，在备受各行业青睐的同时，也在形成以区块链为中心的信息管理生态圈。目前，区块链在信息管理方面的发展早已不局限于比特币这一基础应用，还涵盖金融、教育、云存储、大数据、人工智能等多项领域。接下来将介绍区块链是如何助力"信息管理+"农业，方便人们生活的。

2. 应用概述

农产品的生产、供应是一个复杂的系统，依靠传统的溯源方式很难面面俱到，但凡一个环节出问题，这个农产品的安全就"归零"了，而这个"面面俱到"可以通过区块链来实现。众安信息技术服务有限公司携手上海连陌信息技术有限公司共同推出"步步鸡"项目，将区块链全面应用于养鸡，充分利用区块链特性，实现"信息管理+"农业的深度融合。区块链养鸡并不是一种虚拟养成游戏，而是一种将区块链技术应用于食品溯源的模式。这种模式可以让消费者更方便地了解食品的相关安全信息。

这是国内首个"信息管理+"农业防伪溯源项目的大胆尝试，它基于区块链不可篡改等特点，保证了每只鸡从鸡苗到成鸡、从鸡场到餐桌的过程中，所有产生的数据都被真实记录，真正实现每只鸡的防伪溯源。相比于传统的绿色生态养殖，上海连陌信息技术有限公司通过全方位、全过程的信息管理，结合物联网与传感设备并进一步应用，在应用区块链技术的养鸡场，每只鸡的鸡爪上都佩戴有一个脚环，相当于一个"身份证"。这个装置可以记录这只鸡"鸡生"中的一切，实时记录鸡的地理位置，上传的信息不仅包括鸡的年龄、养殖地、运动状况、饮用水的质量、屠宰时间等，同时，鸡的生活环境变化、鸡周围环境的空气污染指数也会被记录上传，这使鸡的整个成长过程都能够从源头被追溯。消费者在对自己面前这只鸡由生到熟的一生有了深入的了解之后，会吃得更加安心，也有益于食品质量的提升。

在整个生产链上，"信息管理+"农业的区块链模式打通了传统农业养殖的信息壁垒，所有信息通过区块链进行流转，并通过共识算法保证信息不可篡改，完全真实可靠。所呈现的过程中还采用了国际专利的防伪技术，带着防伪标识的鸡如果在送到用户手上之前标识被撕毁则信息立即无效，正是通过多种多样的信息管理与严格品控，有效防止了

信息的多次复制。

3. 应用成果

正所谓"民以食为天",食品安全是大家普遍关注的话题,食品溯源本身就具有较大的社会需求。在近年爆出的"假肉""镉大米""瘦肉精"等食品安全事件中,消费者迫切想知道自己入口的东西是怎么长起来的。在这样的环境下,企业使用区块链进行农产品溯源是有益于解决痛点的。

在技术层面,利用区块链信息的不可篡改性实现养鸡过程的全溯源、全记录。区块链的数据稳定性和可靠性很高,信息一旦经过验证并添加至区块链,就会被永久地存储。除非能够同时控制系统中超过 51%的节点,否则对单个节点上数据库的修改是无法实现的,充分保证了养鸡数据的准确记录与难以篡改。同时,区块链的分布式存储模式可以整合各个环节的信息,每一方广播与商品相关的数据和信息时,其他各方都会同步这一数据和信息,透明全面。这既有利于各层企业、商家进行品控,也便于执法部门调查。

在操作层面,区块链加持农产品溯源可以让数据传递更快、更全、更透明。区块链的应用让食品溯源拥有了更高的效率。沃尔玛食品安全协作中心执行主任严志农曾表示:过去通过纸质的方式、打电话,追溯到农场,需要 6 天这么长的时间。通过区块链技术,我们只需要 2.2 秒,便能把所有的追踪环节连接在一起。而这更加方便产品检测与品质把控。

虽然区块链在信息管理中的运用可以让食品溯源系统更加完善,区块链本身在市场上也是"自带流量"的明星,但"唯区块链论"会把一个项目带入歧途。对于食品溯源来说,区块链仅仅是一个更好的数据容器,其核心还是食品数据本身。而对于食品数据,区块链技术能够起到的作用是有限的。北京达邦食安科技有限公司董事长兼总经理杨明升认为:区块链技术是渠,是面子;食品安全数据是水,是里子。不能过度夸大区块链这个理念或者技术本身,最关键的是企业要练好内功,要有符合下游 B 端和 C 端需求的食品安全数据。最主要的是不断更迭信息管理手段,抓牢标准数据、过程控制数据、产品检测数据,广泛运用多元信息管理方式为产品保驾护航。

9.3.2 智慧农业:人工智能领航高科技农业时代

1. 应用背景

大数据时代下,中国的各个领域都发生了翻天覆地的变化,农业发展也由依靠资源投入的传统农业逐渐转向依靠高新科学技术的现代农业阶段,2016 年《全国农业现代化规划(2016—2020)》提出"智慧农业引领工程"的农业现代化实施战略。2017 年 6 月14 日,科学技术部、农业部等 16 个部委联合印发《"十三五"农业农村科技创新专项规划》,将农业的科技创新与产业发展提上了发展日程。2017 年 7 月 20 日,国务院印发的《新一代人工智能发展规划》明确指出了我国新一代人工智能发展的战略目标,着重强调人工智能在农业上的发展,要求建设智能农场、智能化植物工厂、智能牧场、智能渔场、智能果园、农产品加工智能车间、农产品绿色智能供应链等。人工智能在现代农业的应用主要体现在大田种植、设施农业、水产养殖、畜牧养殖、育种等方面。通过打造"信息管理+"农业互联网，推动传统农业向产业化、标准化、规模化、无害化、园区化方式转变。"信息管理+"农业互联网协同先进的管理办法，将人工智能技术与农业结合起来，通过智能传感器在线采集农业环境参数，并根据采集数据分析结果，远程控制相应设备，使种植环境达到理想状态，实现科学农业的目标。一方面，使牲畜的生长环境、作物的种植环境一直保持在最佳状态，保证其健康生长；另一方面，远程监控、自动化控制大大降低人工成本。将人工智能运用到"信息管理+"农业中，标志着农业已进入了现代化发展阶段。

2. 应用概述

由于我国发展农业人均耕地资源有限、农业劳动力老龄化趋势较快、区域降水不均等不利因素，采取以人工智能为主的"信息管理+"农业模式能在玻璃温室、植物工厂、微滴灌等设施中有效实现自动化控制和智能控制，能够克服农业发展不利的生产条件，生产出经济效益好、附加值高的农产品，为农业提质增效、实现集约高效发展增添新动力，是发展有竞争力的现代农业的现实路径，更是我国农业发展的重要方向。进入 21世纪后，特别是人工智能问世以来，我国的智慧农业有了跨越式的发展，采用互联网技术对温度、湿度、光照、CO_2浓度、水分、土壤等生产环境因素自动感知，对采集的环境数据进行预处理，利用人工智能的模糊控制、变结构模糊控制、人工神经网络等算法来设计控制器，结合园艺作物培育生长状况数据的测定分析，对温控、遮阳、灌溉等设备进行自动操控，有效控制作物各生长周期适宜的、最佳的环境状态，大大减轻劳动强度、降低成本，提升智能化管理水平和经济效益。同时，借助"信息管理+"农业模式，温室控制系统还能与农业专家系统结合，为种植业、养殖业用户提供技术咨询，帮助指导预防和控制作物病虫害与动物疫病。"人工智能+农业"通过智能监控、数据采集、远程传输、智能分析和自动化控制实现农业生产过程全程监控与管理，成为目前我国设施生产与标准化管理的有效路径，已经在大都市近郊区得到广泛应用，其中水肥一体化与环境监测控制应用最为广泛。天津市大顺国际花卉股份有限公司利用温室环控系统、潮汐式灌溉系统、自动分级系统和自动运输包装系统，实现了花卉生产的自动化、智能化、规模化和标准化。30 万 m^2 温室内部的日常管理人员由 450 人减至 90 人，年节约人力成本在 1000 万元以上，大大提高了效率。同时，基于人工智能的"信息管理+"农业的农业物联网智能监控系统集成了智能手机 App 端、云服务器平台、本地工控机数据采集系统、现场传感器以及智能控制器等部分，可以实现各种动植物养殖场的综合监控，包括养殖场内的温度、湿度、CO_2浓度、O_2浓度、光照强度、粉尘、风速，可以直接观看养殖区视频图像等，同时可对养殖场内的温度、湿度、有害气体浓度、光照强度进行自动或手动控制，以营造一个适于农业生长的舒适环境，大幅提高经济效益。图 9-5 为智慧农业示意图。

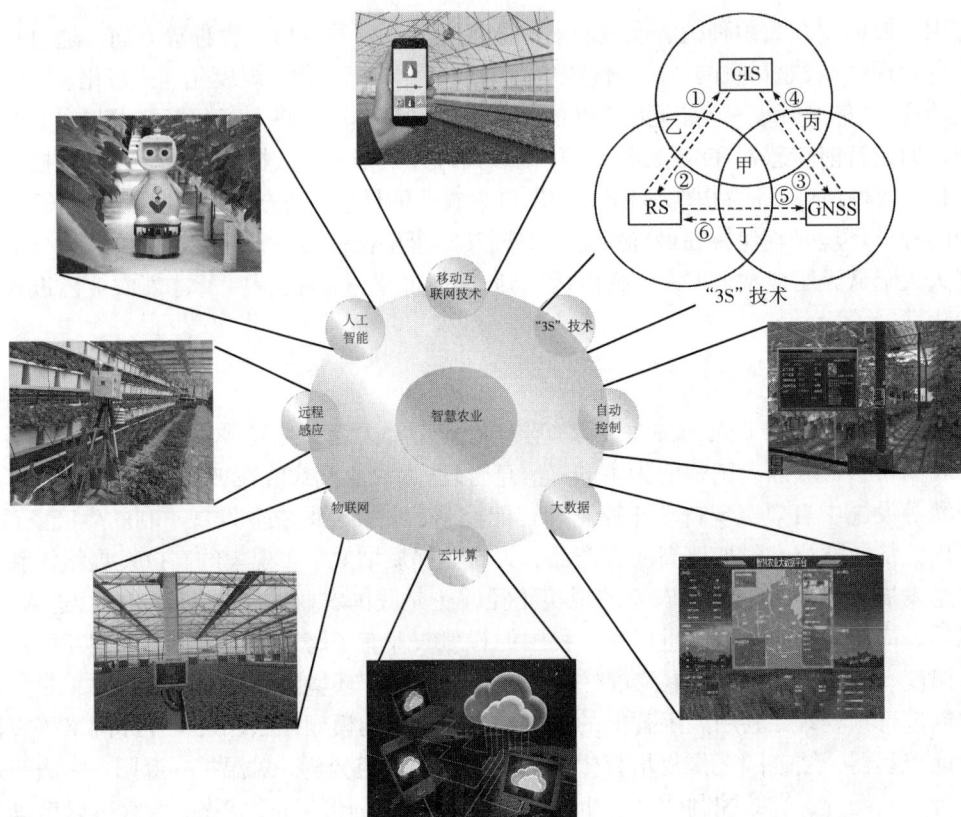

图 9-5 智慧农业

本图中 RS 表示遥感（remote sensing）

3. 应用成果

依托人工智能技术，农业互联网管理在"信息管理+"农业基础上实现各类信息的互联互通，遵循资源整合、系统集成的指导方针，重点围绕农业养殖标准化、自动化和质量安全体系建设要求，最终实现同农业生产所涉及的品种、繁育、饲料、饲养、防疫、设备、生长环境等生产、销售环节的有机结合。

在人工智能的加持下，各类农业信息管理系统能集成智能无线传感器、无线通信、智能控制系统和视频监控系统等技术，通过在养殖场安装 CO_2、NH_3、H_2S、温度、湿度等各种传感器构成监控网络，对养殖环境、生长状况等进行全方位监测管理，进行细致分析，根据养殖产品的生长过程，有针对性地投放饲料，实现精细化饲养，降低成本，达到省时、增产增收的目标。

使用基于人工智能的管理系统的养殖户可以从阅读器采集到农业生产的各种信息，利用人工智能通过对养殖过程的智能化的管理，可以帮助企业实现整个 RFID 养殖环节的信息化与自动化管理，提升养殖品质，提高整体竞争力。据测算，采用普通标准化养殖，出栏 1 万头猪需要 24 人，引进基于人工智能技术的物联网系统后，同样的饲养量，人员可减少 21 人，采用物联网技术饲养,母猪受孕率和产仔率均高于普通猪舍养殖 3%～4%，能繁母猪繁殖率提高 10%，有效胎次提高 1～2 胎，仔猪成活率能提高 5%，饲料利用率提高 6%，折算后的经济收益增幅约为 30%，每头猪可节约成本 90 元，每头母猪养殖效益增加 250 元。

基于人工智能的农业生产技术的应用实现了"信息管理+"农业的精细化管理，通过信息管理和智能化设备，实现数据采集、融合、处理，并通过操作终端，实现智能化识别和管理，同时产品质量也明显得到了提升，增强了市场供种能力，不仅如此，通过人工智能技术对农业信息的自动监测，积累了大量数据，结合生长性能测定，为农业智能化提供了大数据基础。

9.3.3　案例点评

在乡村振兴战略实施的背景下，第一产业迎来了更多机遇和挑战。传统的农业生产过程中，人为因素极重，这就意味着，一种农产品从种植到销售都会有不同程度的效率延迟，而基于人工智能的信息管理所创建的自动化流程，将大大加速农业现代化发展进程。"信息管理+"农业发展模式充分利用移动互联网、大数据、云计算、物联网等新一代信息技术与农业的跨界融合，创新基于互联网平台的现代农业新产品、新模式与新业态，不仅有利于第一产业发展，也在打通农业发展全过程，加速推进农产品电商发展和数字农业农村建设，努力打造"信息支撑、管理协同，产出高效、产品安全，资源节约、环境友好"的现代农业发展升级版。

■9.4　"信息管理+"工业：快速增材、智慧船舶制造助力行业发展

9.4.1　智能制造：快速增材制造助力制造业再上新台阶

1. 应用背景

传统工业制造都是基于减法进行的：工人们利用车床、磨床等，对一整块钢铁进行切削、打磨，进而制造出不同形状的零件。这种操作需要高度精准，一旦失误，原料便会报废。相比之下，增材制造是一种"用加法代替减法"的新技术：它以数字化模型文化为基础，通过信息管理与数控系统将制作材料层层叠加，制造出实体产品。打个简单的比方：减材制造是从一个完整的材料上切割掉多余的材料，而增材制造则相当于从无到有的制造。由于增材技术密切结合了信息管理技术与先进材料技术、数字制造技术，是先进制造业的重要组成部分，因此，各国政府对该产业的发展皆给予了高度重视。以我国为例，政府便将增材制造技术列为"中国制造 2025"的重点发展方向。

作为快速增材制造技术的一种，3D 打印技术以数字模型文件为基础，以信息管理为保障，通过逐层堆积制造的方式来构造物体，因为其所具备的爆破性张力而被誉为工业4.0 的支柱产业。目前，3D 打印技术早已在文化创意、教育教学、医疗等多个领域进行了多维度的应用。据不完全统计，在全球范围内，3D 打印企业产能极其庞大，但因为制造商与客户之间的数据互通受到了现有技术的限制，供需双方需求无法及时有效对接。用户没有渠道获取符合自身要求的 3D 打印制造商的相关信息，而制造商拥有的设备却

因为订单不足而无法满负荷运行，这使得整个 3D 行业都呈现出低迷的产值。

2. 应用概述

作为全球范围内设计、制造和精密运动控制类产品系统的集成商，穆格（Moog）公司涉足了工业机械、医疗设备、汽车制造等多个领域。为了进一步促进公司的业务发展，该公司一直在探索"信息管理+"3D 打印的新技术。其在全球多个国家和地区部署了 3D 打印机，综合运用多种信息管理手段，为制造流程、最终产品质量等关键信用环节做担保。

为促进客户对产品生产系统的了解，让信息管理贯穿生产制造的全过程，该公司开发出了立足于区块链技术的 VeriPart 系统。该系统能够在零部件打印过程中，直接将二维码与防伪标识打印到产品上，用户只需要通过手机扫描，便可以获得所有关于产品的信息。

在 VeriPart 系统上，与产品相关的订购、制造、流通、使用、维修、回收等多个环节的所有信息都会通过区块链技术被同步到各个节点，这使这些 3D 打印的零部件在其整个生命周期内都有迹可循。例如，身处中国的客户可以从德国慕尼黑的制造商那里获得汽车零配件的数字图纸，然后在中国本地的公司打印，从而省掉跨国仓储、物流等多项高额成本。由于对整个信息传输过程进行了实时监控管理，因此不需要担心产品质量问题。

与此同时，该公司也在积极探索更高阶的快速增材制造技术，作为 3D 的进阶版，5D 打印被提出来。相较于 3D 打印技术，5D 打印可运用的范围更广，在不同的材质上均表现出强大的适用性。它可以克服材料的界限，可打印规定厚度内的任意介质，完全克服了只能使用专用纸张和专用规格的传统打印方式，可以使用非常薄或非常厚的物件；同时，可以对打印物品进行高度调节及批量设定，可根据印刷物件调整高度，采用了水平移动式垂直喷射结构，可方便自由地使用各种原材料，轻松放置后都能自动升降到合适的打印高度，并可以随意设定批量化生产自动进料时间，省却了重复操作计算机的步骤。5D 打印还不受物体材质的影响，可以用丰富的色彩在原材料（金属、塑料、石材、皮革、木材、玻璃、水晶、亚克力、铜版纸）和半成品（小部件整理箱、钱包、皮包、商标、牌匾等）等软、硬质物体表面上进行图像的真彩图文印刷。由于喷印时喷头与介质面是非接触性，不会因热量和压力发生变形等现象，因此也可以在容易变形柔软的原材料（如皮革及纺织品）上印刷。

3. 项目应用

例如，A 公司需要穆格公司的零件，其可以在穆格的供应链中提出自己的具体需求，再由智能合约生成订单。一旦订单生成并进入了生产环节，区块链便会记录下与该零件制造相关的每一个环节，并依据智能合约中的设定应对有可能发生的问题。在该过程中，不管是客户、穆格公司还是以政府为代表的质量监督方，都可以随时审阅生产过程。一旦产品完成验收，智能合约也将强制执行付款交易。可以看到，这样的生产模式更新了增材制造的整个流程，同时也更有效地保障了制造商与客户的权益。

与此同时，穆格公司也在积极寻找"信息管理+"工业在更多领域中的应用。据《华尔街日报》消息，穆格公司还测试了全流程监测的信息管理技术与 3D 打印技术的深度结合，将更换缺陷飞机零件的速度从几天、几周缩短到几小时。报道表示，飞机零件市场受到严格监管，其销售需要获得美国联邦航空管理局和其他机构的认证。这意味着整个流程将会非常低效。穆格首席技术官乔治·斯莫尔（George Small）表示："我的想法是对这些零件进行全流程信息化管理把控，通过进行数字化库存，从而在需要时将其转变为实物。"他补充说："我们只是找到现有供应链中所有低效率的地方，然后利用先进信息管理手段提供改进机会。"

在测试中，新西兰航空公司使用穆格公司的区块链系统 Veripart，订购了其奥克兰—洛杉矶航线的一架波音 777-300 座椅内屏幕的保护部件。使用区块链流程，新西兰航空公司的维护团队从新加坡科技工程有限公司订购了一个包含零件设计的数字文件。该订单从托管在微软公司 Azure 上的穆格区块链系统得到验证，然后将零件在洛杉矶的穆格 3D 打印机上打印，最终发送到机场并安装在飞机上，极大提高了装配效率，缩短了装配时间。

高德纳咨询公司（Gartner Inc.）的副总裁兼分析师迈克尔·尚勒（Michael Shanler）表示，企业通过信息管理极大提高了企业效益，但使用 3D 打印来制造航空零件，并且将传统信息管理技术手段与区块链相结合是一个较新的概念，而这也是它们面临的主要挑战。未来，信息技术在图 9-6 所表现的三层空间中，将通过区块链改善它们之间的协同设计、数据安全、产权保护、制造控制等内容，实现增材制造业的全面革新（图 9-6）。

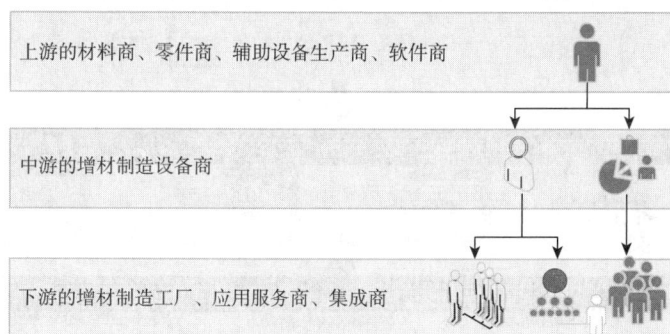

图 9-6　增材制造产业的上中下游

9.4.2　智慧船舶：信息携手船舶智造为航运保驾护航

1. 应用背景

在航运业持续低迷、运营成本居高不下的大背景下，"信息管理+"工业在智能船舶中的应用可以有效保障航行安全，提高运输效率，让船东"省钱、省力、省心"。针对当前航线规划、性能监控、主机监控、设备优化、能效管理和远程维护等功能系统相互独立，彼此缺乏信息流通的缺陷，"信息管理+"思想为船舶业提供了一个普适性智能信息服务平台，可以有效提高各系统设备、线路、空间复用性，解决资源利用率低、可扩展性差等问题。

在国外，韩国智能船、欧洲无人船等智能船舶计划逐渐兴起并均处于实施阶段，给我国船舶智能化的发展带来压力的同时也带来了难得的市场机遇与挑战，对于作为造船大国和航运大国的中国而言，如何在发挥船舶制造与信息管理方面的产业链优势，构建

"信息管理+"船舶智能一体化平台，制造出真正意义上的"无人自主船"，抢占工业智能的制高点，是中国船舶业由"大"变"强"的关键所在。

2. 应用概述

工业和信息化部依据《"十三五"国家科技创新规划》开展"智能船舶1.0"研发专项工程。海洋智能技术中心的"SOMS个体解决方案"①提出了基于CPS（cyber physical system，信息物理系统）的船舶智能化解决方案，并在军民领域同步开展了实船应用实践，受到了市场用户和该领域专家的高度认可，并在此基础上承担了工业和信息化部"智能船舶1.0"重大专项中"智能系统总体设计和船舶智能信息平台"和"设备运行与维护智能系统"的研制任务，作为智能系统总体牵头单位，打通各类船舶信息，设计船舶智能化解决方案，利用先进信息管理方式手段构建智能体，实现船舶智能化（图9-7）。

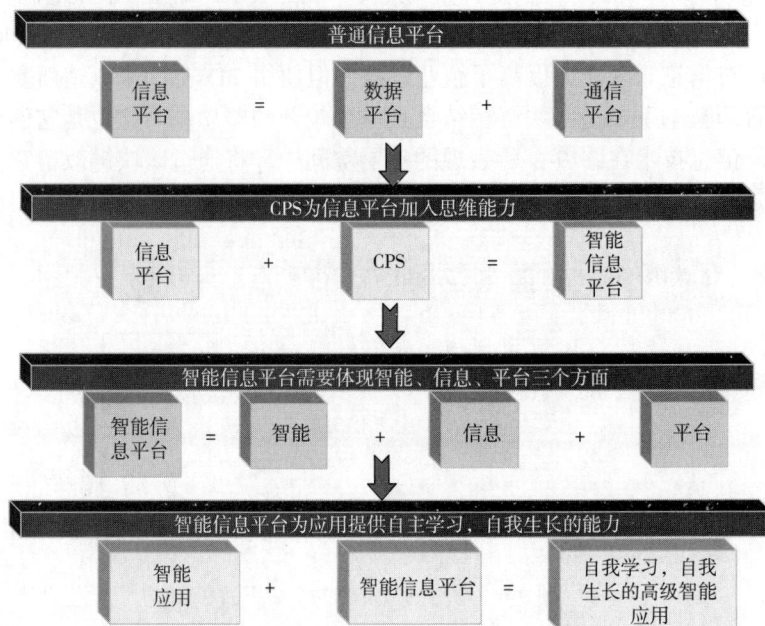

图 9-7 SOMS 智能体的平台能力构想

目前"SOMS群体解决方案"已在招商轮船VLOC（very large ore carrier，大型矿砂船）、VLCC（very large crude carrier，超大型油船）等主力船型上开展了实船试装与测试工作，并取得了阶段性成果。"SOMS群体解决方案"是从船东管理活动的角度出发，在船舶智能信息管理的基础上，利用多源监测、预诊断趋势预测、性能优化、精确运行、自主保障、供应链管理等多领域专业知识，采用CCDS（CPS cognition and decision system，CPS认知与决策系统）对船舶工业大数据进行挖掘与分析，对船舶当前及未来的状态进行定量化评估，并结合船队管理的决策活动需求，从而实现"精确设备"到"精确信息"的转变与应用，以智能信息服务平台为载体，以先进信息管理技术为手段，为船东用户的使用、维修、管理等活动提供科学的决策支持。

---

① SOMS 即 smart-vessel operation and maintenance system，智能船舶运行与维护系统。

通过以 CPS 信息管理系统为核心的智能化技术的体系性应用，将知识从核心生产要素转化为核心生产力，进而达成将产能优势转化为知识优势的能力，从价值链底端向顶端转移的能力，以及海洋领域军警民高效协同的能力，在海洋管控、海洋经济、海洋勘探、海洋执法等领域构建我国信息管理时代的重要保障，实现我国海洋领域寻找新经济增长点和军警民协同管控的双重任务。同时，"信息管理+"工业制造模式将进一步强化创新驱动，将实现海洋装备智能 Agent 改造、分布式数据中心建设、集中式的认知决策中心建设，以及定制化的智能运营服务，进一步做大做强海洋信息服务产业，实现海洋新兴产业突破性发展，推动现代海洋服务业大发展，加快海洋传统产业升级，完善现代海洋产业体系，打造海洋经济升级版。

3. 应用成果

经过四年的研发和实践，"SOMS 船队级解决方案"在以下方面取得了阶段性成果应用。

（1）在船舶智能化方面，整体实现了由概念设计到实船系统的巨大跨越，通过两型船舶的大胆尝试和不断完善，在智能船舶信息系统的设计与应用方面实现了国际上的引领。

（2）在船岸一体智能化方面，实现了工业大数据轻量化传输的国际先进技术突破及实船的应用验证，实现了岸海一体智能信息管理平台从架构到技术细节的工程化应用。

（3）在岸海信息服务系统方面，初步实现以定制化的船舶航行大数据分析为核心的信息服务模式与分析报告，实现了传统船队信息管理系统到数据驱动机器自主学习的 CPS 认知决策系统的升级。

在未来的规划中，"SOMS 社区 CPS 体系解决方案"还将结合船舶领域的应用需求，构建"装备端—CPS 云端—用户端"三位一体的船舶领域 CPS 系统知识体系，实现知识的挖掘、积累、组织、成长和应用。该体系主要由 CPS 云智能胶囊、CPS 数据分析与信息服务平台等核心部分组成（图 9-8）。

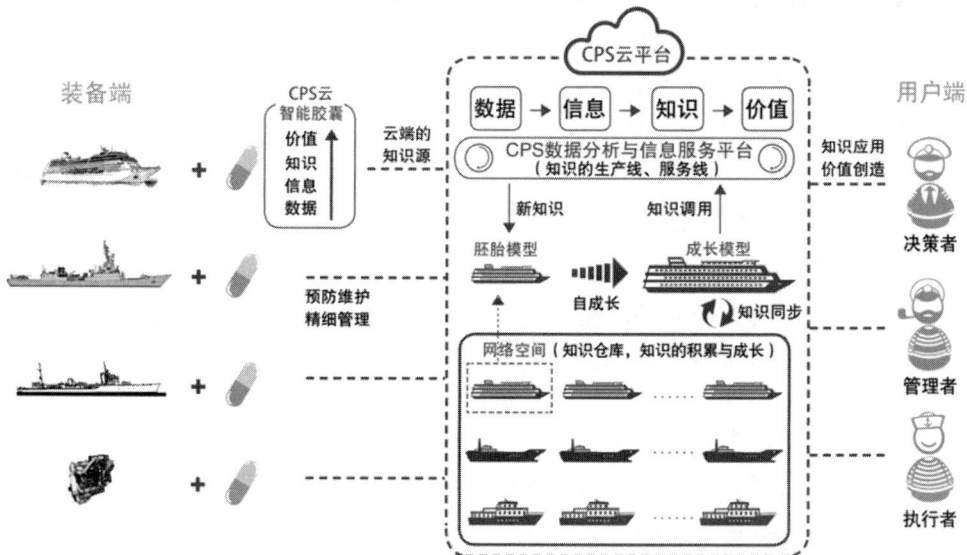

图 9-8　以 CPS 系统技术为核心的智慧海洋应用体系

9.4.3　案例点评

我国是全球唯一一个具备完整工业体系的国家，随着推动国内制造业全面智能化、数据化、信息化升级，借助信息管理技术手段解决产品质量管理难题，利用信息平台赋能质量提升，打破生产率瓶颈势在必行。其核心是围绕着"工业"这一中心，形成提升工业生产质量的闭环，纵向打通从企业端到消费端的产品供应链。作为全球第一大工业体，我国在工业的部分重点领域仍处于被"卡脖子"的境地，如工业软件领域，迫切需要发展自主工业信息管理系统和自主工业信息管理体系，把握好这一点，整个中国质量体系将会更加完善，有助于良性市场竞争环境的形成，更将大大提升中国产品在国际市场上的竞争力。

■9.5　"信息管理+"服务业：餐饮服务、车辆管理优享惬意生活

9.5.1　O2O 服务：多源信息助力餐饮服务一体化升级

1. 应用背景

O2O 是个信息化时代的热词，代表的是线下的商机和线上活动的结合。O2O 大致可以定义为利用互联网使线下商品或服务与线上相结合，线上生成订单，线下完成商品或服务的交付。

随着信息化时代的到来，智能手机和移动互联网基础设施逐步普及，O2O 市场也随之开始进入发展阶段。在中国广阔的 O2O 市场中，餐饮服务业是最早启动的，其市场模式比其他领域更加成熟，服务也日趋专业和精致。除了 14 亿人口的巨大基数和民以食为天的传统，中国的城市化是重要驱动因素，同时在此之中，信息管理也发挥出了其独一无二的作用。团购形式的大幅折扣以及信息的独特推荐算法是这一领域增长的最早驱动力。数据显示，2015～2020 年中国外卖产业规模和渗透率快速增长，2020 年中国在线外卖市场规模达到 6646.2 亿元，同比增长 15.0%。分析师认为，随着互联网渗透率的提升以及宅经济的快速发展，外卖在国民消费中的作用进一步凸显，国民对外卖的需求增长，外卖产业整体发展态势良好，且仍有巨大的增长潜力。

2. 应用概述

由于各方都付出大量的补贴赢取用户，市场对这些公司的估值越来越谨慎，其最大的担忧是顾客的黏性，也就是说顾客的购买决策可能主要是因为补贴幅度大，而不是服务质量。一旦补贴减少，他们可能会到别家消费。线下商户也担忧，当互联网公司成为服务预定领域的主要渠道，它们最终会减少甚至停止补贴，而商户只好自己面对那些已经习惯于人为低价的顾客。而提升顾客黏性的方法，是以用户信息管理、售后信息管理、菜品信息管理等多种信息管理为基础，不同的公司有其不同的方法战略。

腾讯在美团与大众点评合并上的持续介入和它在很多互联网领域的战略是一致的。由于微信拥有数亿名活跃用户，这意味着其拥有庞大的用户信息。腾讯的战略不是自己去运营，而是综合利用信息管理手段，从其他新兴科技公司获取少数股份或合作，让崛起的新势力与腾讯的社交平台之间形成依存关系。具体来说，餐饮评论网站的信息和腾讯微信平台形成完美搭配，因为餐饮具有社交属性，而中国用户更重视别人对餐馆的评论信息。微信用户在平台上讨论比较多的可能就是去哪里聚餐，去哪个网站订餐厅位子优惠更多，他们社交网络的朋友圈积极推送餐馆信息和评论，这一信息交换方式成为其独特的战略。

在美团和大众点评合并后，阿里巴巴从合并后公司退出。据媒体报道，阿里巴巴拥有相当于合并后公司 7%的股份；2016 年 1 月，阿里巴巴以折价出售了其在美团持有的多数股权，只留了一小部分，成了一名普通的财务投资者。但这并非意味着阿里巴巴退出了 O2O 餐饮服务领域。相反，阿里巴巴决定亲自上阵，将未来的战略重点放在其自有的在线信息化餐饮优惠公司口碑和在全国餐馆普遍使用的支付宝系统。更重要的是，阿里巴巴似乎将支付宝置于未来 O2O 业务的中心。在和团购应用的直接竞争中，支付宝也向顾客推送优惠券。其中的巧妙之处在于，消费者可以领取优惠券，而只有通过支付宝支付账单才能享受折扣，用户也容易习惯于只通过支付宝完成交易。同时在管理平台上完善其用户信息管理、菜品信息管理。在此过程中，支付宝也对用户的消费金额、消费时间等数据进行了信息采集，通过多种多样的信息管理提升用户黏性。2016 年第四季度外卖活跃用户的市场比率如图 9-9 所示。

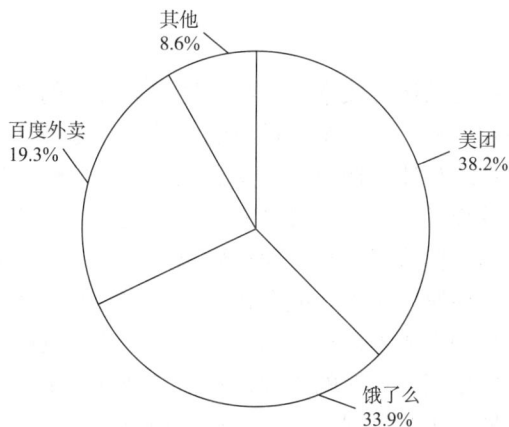

图 9-9 2016 年第四季度外卖活跃用户的市场比率
资料来源：艾媒咨询

3. 应用成果

外卖业务 O2O 所面临的盈利挑战是整个 O2O 行业降温的一个缩影，更多的小规模、缺少资金支持的 O2O 平台已经因为未能实现盈利而相继倒闭。美团的应对方法是跟随全球化的发展，坚持线上到线下的信息交流方式，进入三、四线城市，继续扩大用户数目和规模，结合信息化、城市化，成为遍布中国各地的外卖企业。更重要的是，美团在往餐饮的上下游深入，将实体经济与信息化相结合。在信息化的同时，美团也做好了对信息的管理。例如，在用户信息管理中，顾客的私人电话需通过转接的方式，商家与骑手不能在订单上得到顾客的电话；在菜品信息管理中，商家需对产品的用料分量、价格等进行详细的描述，方便顾客进行选择；在售后方面，顾客可以对骑手及商家进行评价、打赏、投诉等操作，在这极度信息化的基础上极大维护了消费者的权益。

9.5.2 数字交通：信息服务平台支持车辆动态管理

1. 应用背景

车辆动态信息管理系统是根据目前车辆管理的实际需求和特点，以实时管理和突发状况管理为两大基础应用，融合了先进的交通信息管理、移动应用管理、流程管理、数据挖掘与分析、计算机与控制、卫星定位、GPRS 移动通信、电子地图、网络通信、数据处理和互联网技术研发的信息综合管理系统。

系统基于路况信息实时动态，为用户提供车辆信息管理、驾驶员管理、位置管理、通信管理、跟踪管理、违章处理等综合信息管理与服务。先进的信息技术、通信技术、控制技术、传感技术、计算器技术和系统综合技术的有效集成和应用，使人、车、路之间的相互作用关系以新的方式呈现，从而实现实时、准确、高效、安全、节能的目标，同时提高车辆运输企业的调度与监控管理水平，降低交通运营成本，实现路况通畅，提高交通运营能力。

2. 应用概述

为了提升交通运输系统的运行效率，提高交通政府部门的管理水平和服务能力，为社会公众提供便捷、高效、畅达、安全、环保的交通运输服务和信息服务，数字交通服务平台便应运而生。该系统整体架构包括信息获取、信息传输、信息存储、信息处理和信息应用共五层，通过各级各类的信息管理来实现对交通动态的全过程把控。其中，信息获取层主要研发智能的车辆检测终端，通过磁场、超声等传感器检测车辆的占位、速度等信息；信息传输层主要研发实现智能车辆检测终端互联的物联网及其与移动通信网络的集成，实现检测信息的低成本传输；信息存储层主要研发用于海量车辆检测信息存储的实时数据库和面向数据高效存取的中间件；信息处理层主要研发用于交通信号灯控制、行车路径规划的规划与预测控制引擎；信息应用层主要研发交通管理、交通信息发布、行车导航等数字交通服务（图 9-10）。

同时，通过标清闯红灯抓拍系统，利用先进的光电技术采集路口的实时图像，对闯红灯车辆采用视频识别的方式，检测出车辆的闯红灯行为；利用高清检测的卡口抓拍系统，不需要外部触发源，就能完全利用摄像机采集的图像进行图像分析车辆运动的轨迹和位置，实现卡口系统的各项功能；利用视频、雷达技术实现移动设备抓拍卡口和超速车辆的功能。正是通过对全程路况的实时监控检测、对每辆车的行为跟踪，实现了对车辆动态管理的全过程、全方位把握，有助于避免交通堵塞，有效保障道路畅通。

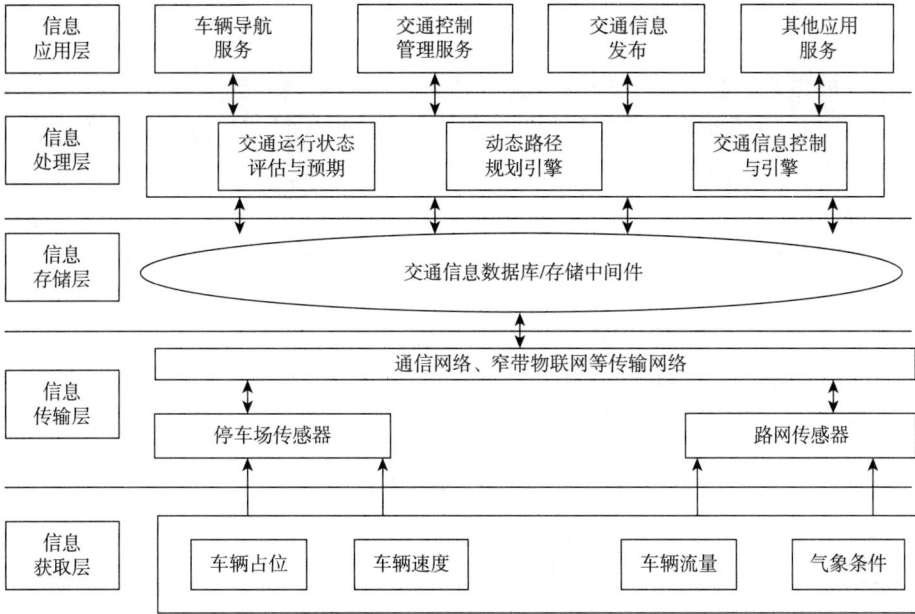

图 9-10　基于物联网的数字交通服务平台整体框架

3. 应用成果

车辆动态管理系统的应用可以显著提高道路效率，使交通堵塞减少约 60%，使短途运输效率提高近 70%，使现有道路网的通行能力提高 2~3 倍。车辆在数字交通体系内行驶，停车次数可以减少 30%，行车时间减少 30%~45%，使用效率能够提高 50% 以上，能大大提高路面及汽车的使用寿命。

此外，车辆动态管理技术降低了汽车能耗。中国的石油消耗量仅次于美国，居全球第二。2019 年，我国石油进口依存度达到 70.8%，交通运输业的汽车耗油占石油消费的比重接近 70%。通过车辆动态管理技术，平均车速的提高带来了燃料消耗量的减少和排出废气量的减少，汽车油耗也可由此降低 15%，既节约了资源，又提高了效率。

利用信息管理技术的车辆动态管理还可减少交通事故。通过全过程、多方位的监控，车辆动态管理技术将大大地提高交通道路管理水平，有效减少交通事故的发生，可使车辆安全事故率比现在降低 20%，每年因交通事故造成的死亡人数下降 30%~70%。

如何在利用信息为大众服务的同时把控好信息权限是事关用户隐私的重大命题。2021 年 7 月 4 日，"网信中国"微信公众号披露：根据举报，经检测核实，"滴滴出行"App 存在严重违法违规收集使用个人信息问题。国家互联网信息办公室依据《中华人民共和国网络安全法》相关规定，通知应用商店下架"滴滴出行"App，要求滴滴出行科技有限公司严格按照法律要求，参照国家有关标准，认真整改存在的问题，切实保障广大用户个人信息安全。有关信息安全的相关案例已于第 8 章做过简要介绍，在此不过多赘述，请读者自行参阅第 8 章相关内容。

9.5.3 案例点评

改革开放以来，伴随共享经济、数字经济的蓬勃发展，服务业发展迈入新阶段。2012~2018 年，服务业增加值年均提升 7.9%。2015 年，服务业占国内生产总值中的比重首次超过 50%，2019 年达到 53.9%，成为名副其实的国民经济第一大产业及经济增长主动力，特别是在服务业数字化方面基础良好，网购、外卖、移动支付、物流速度等，都曾引发外国人羡慕。新场景、新服务、新趋势，人们对服务行业的看法和要求正在改变。后疫情时代下，"信息管理+"服务业更迎来了第二次腾飞。可以说，"信息管理+"服务业发展模式将成为助推中国高质量发展的强劲引擎。但同时，如何在利用信息为大众服务的同时加强个人隐私的保护成为互联网时代越来越被重视的问题，这将带给人们期待，并将鞭策"信息管理+"服务业继续向前发展。

阅读材料 9.1   华为鸿蒙系统

华为鸿蒙系统是一款全新的面向全场景的分布式操作系统，其创造了一个超级虚拟终端互联的世界，将人、设备、场景有机地联系在一起，将消费者在全场景生活中接触的多种智能终端实现极速发现、极速连接、硬件互助、资源共享，用合适的设备提供场景体验。

随着 5G、物联网时代的到来，联网终端种类快速拓展、数量成倍增长，传统操作系统存在生态封闭、终端割裂、安全性欠缺等问题。对于物联网硬件厂商而言，由于没有统一的通信标准、接口，不同厂商的产品割裂，下游消费者需要下载大量 App，使用成本高且体验不佳。这也正是华为鸿蒙的目标与机遇。

2012 年鸿蒙在华为中央软件研究院内部提出来之后最开始的定位便是面向物联网的操作系统，首要目标是用一套系统弹性搭载在各种大大小小的物联网硬件设备上，实现各物联网设备的系统统一。虽然鸿蒙不是一款单纯的手机操作系统，但是手机依旧是实现万物互联最重要的一个拼图，所以华为用"1+8+N"的战略，以期全场景覆盖。从业务逻辑上来分析，手机也应该是各类物联网设备中优先级较高的一种设备，因为手机与人的交互频度是分钟级，高频交互决定了它的流量价值，可以给整个万物互联时代的"超级终端"提供更多的流量入口和更自然、更贴近于人的交互方式，因而手机始终是实现万物互联的最重要的一块拼图。

例如，在在线教育的场景下，学生用户可以通过手机接入在线教育 App，通过计算机键盘和手机触控屏操作输入，通过智慧屏和 AI 音箱观看教师讲解过程并与教师进行互动，鸿蒙系统将各种软硬件的优势整合到一起，提供一个高质量的在线教育方案。

在硬件生态链上，鸿蒙的意义更多体现在智能家居、智能座舱等方面。因为家电厂商现在都有很强的智能化需求，而它们普遍会面临"伪智能化"的窘境。如果采用传统安卓系统下各智能硬件在软件应用层的互联，其应用发现和连接成本非常高，而现在智能硬件接入分布式的鸿蒙系统后，用户可以通过下滑菜单栏的方式直接发现周围兼容鸿蒙系统的设备，使用外界设备就像使用本机手电筒一样便捷，用户使用智能硬件的操作步骤每简化一步，智能家居的用户数量、用户时长都会有质的提升。

当下，移动互联网时代已经走到顶点，全球智能手机出货量在 2016 年触顶后连续 4 年下滑，但是毫无疑问，人类社会的数字化进程还会继续发展，当前的共识是，下一步是万物互联的物联网时代的到来，如果有新的操作系统能够把握住万物互联的机遇，降低软硬件结合的门槛，那么就有可能培育出一系列基于边缘硬件的爆款创新应用，从而把握住未来十年、二十年的行业生态话语权。

鸿蒙是华为发力软件生态的支点，是软硬件双轮驱动的连接点，其微内核、分布式、生态共享的架构为实现万物互联的愿景所服务。鸿蒙生态的构建将使供应商和 HMS（Huawei Mobile Services，华为移动服务）开发者直接从中受益，并且间接利好华为大生态的其他合作伙伴。

阅读材料 9.2　京东品质溯源防伪联盟

京东全球购是全球首个在全链条采用区块链技术溯源的跨境电商平台。京东整合了提货、运输、仓储、清关和配送服务，打通了保税备货和跨境直邮两种形式的跨境电商供应链堵点，形成了跨境物流领域的全链条服务。整个过程实现信息共享、全程透明，从而打造了一个"新链路、高品质、全透明"的跨境生态服务体系。

区块链所具有的数据不可篡改和时间戳的存在性证明等特质可以很好地支持商品的溯源防伪。在京东区块链防伪追溯网络的支持下，每一件或每一批次的商品在生产环节就开始信息的采集，直至交付到消费者手中。每一条信息都拥有自己特有的区块链 ID 身份证，且每条信息的各个片段都附有各主体的数字签名和写入的时间戳。京东区块链防伪追溯平台将提供全链条数据的校验接口，供消费者查询和校验各节点组合而成的端到端的商品追溯信息。

商品在品牌商处"诞生"那一刻起，通过区块链技术，它的身份信息就会被记录下来，包括进入海外仓、出口报关、国际物流、进入保税仓或直邮至中国海关口岸报单清关、国内分拣、京东自有物流配送、消费者签收等一系列流程，每一个商品的"旅行记录"都变得更加透明，以杜绝"偷梁换柱"和"以次充好"等现象。京东区块链网络打通了品牌商到消费者的各信息采集环节，且区块链的数据签名和密码技术让全链路信息实现了防篡改、标准统一和高效率交换。正是因为全程追溯信息的实现，商品的真伪立辨，大大降低假货出现的风险。区块链技术的运用让用户能够更加安心购物，再加上极速的物流、完善的售后服务等，大大提升了用户满意度。

阅读材料 9.3　蚂蚁金服做茅台酒的区块链防伪溯源

蚂蚁金服总体的区块链策略是以联盟链为主，核心是打造实现一个有自主产权的金融级及经济级区块链底层平台。2017 年底，蚂蚁金服正式和贵州茅台进行合作，提供了关于国酒茅台的正品防伪溯源的基于区块链的服务系统。蚂蚁金服为茅台提供的区块链服务系统基于茅台酒瓶盖内 RFID 的防伪，包括新型设计的二维码、明码以及暗码、溯源码、纸张的设计，通过物理绑定技术和区块链技术的绑定，实现了区块链物理商品可信的溯源服务。

基于区块链技术，所有信息一经记录，任何人无权篡改。如果茅台想勘误，或者任何第三方想造假，要想被网络认可修改，需要对全网成员对应的设备进行一一更改。如果这个网络是全球网络，那么意味着要修改数十亿个成员的设备信息，可能性几乎为零。一瓶茅台酒"生活"在阳光下，让假货无所遁形。

思考练习题

1. 信息产业是什么？信息产业有什么特征？
2. 信息化是什么？信息化具有什么内涵？
3. 物联网的内涵是什么？它被分为哪三个层次？
4. 现今社会上对人工智能的褒贬不一，你有什么看法？
5. 你还了解哪些信息管理中的前沿技术，请简单举出一例做出说明。

参 考 文 献

布哈伊 N，萨利赫 I. 2020. 物联网发展与创新[M]. 刘卫星，王传双，方建华译. 北京：国防工业出版社.

陈次白，丁晟春，颜瑞武，等. 2008. 信息存储与检索技术[M]. 2 版. 北京：国防工业出版社.

陈平，王成东，孙宏斌. 2013. 管理信息系统[M]. 北京：北京理工大学出版社.

丁煌. 2013. 人际沟通学[M]. 武汉：武汉大学出版社.

杜栋. 2019. 信息管理学教程[M]. 北京：清华大学出版社.

杜根远，张火林. 2015. 信息技术概论[M]. 武汉：武汉大学出版社.

杜均. 2018. 区块链+：从全球 50 个案例看区块链的应用与未来[M]. 北京：机械工业出版社.

范渊. 2019. 数字经济时代的智慧城市与信息安全[M]. 北京：电子工业出版社.

高泽华，孙文生. 2020. 物联网——体系结构、协议标准与无线通信（RFID、NFC、LoRa、NB-IoT、WiFi、ZigBee 与 Bluetooth）[M]. 北京：清华大学出版社.

葛东旭. 2020. 数据挖掘原理与应用[M]. 北京：机械工业出版社.

顾娟. 2020. 区块链：技术驱动商业模式重构[M]. 北京：中国纺织出版社.

顾穗珊，刘姗姗. 2019. 信息安全管理体系构建与对策研究[J]. 情报科学，37（8）：108-113，151.

顾新建，顾复，代风，等. 2020. 知识管理：基于新一代信息技术的知识资源共享和协同创新[M]. 杭州：浙江大学出版社.

郝玉洁，吴立军，赵洋，等. 2013. 信息安全概论[M]. 北京：清华大学出版社.

何宝宏，黄伟. 2020. 云计算与信息安全通识[M]. 北京：机械工业出版社.

贺存乡. 2010. 信息与档案管理[M]. 杭州：浙江大学出版社.

胡沛，韩璞. 2018. 大数据技术及应用探究[M]. 成都：电子科技大学出版社.

华为区块链技术开发团队. 2019. 区块链技术及应用[M]. 北京：清华大学出版社.

黄梯云，李一军，叶强. 2019. 管理信息系统[M]. 北京：高等教育出版社.

金江军，郭英楼. 2018. 智慧城市：大数据、互联网时代的城市治理[M]. 北京：电子工业出版社.

卡马尔 R. 2019. 物联网导论[M]. 李涛，卢冶，董前琨译. 北京：机械工业出版社.

孔剑平. 2020. 产业区块链：行业解决方案与案例分析[M]. 北京：机械工业出版社.

李春杰，陆璐，李丹. 2012. 信息技术专题研究[M]. 长春：吉林大学出版社.

李杰. 2019. 工业人工智能[M]. 上海：上海交通大学出版社.

李兴国. 2007. 信息管理学[M]. 北京：高等教育出版社.

李绪葛，徐东林. 1991. 简明经济学百科辞典[M]. 北京：中国青年出版社.

李兆延. 2020. 云计算导论[M]. 北京：航空工业出版社.

凌征强，王佳，赵俊颜，等. 2015. 信息收集与处理[M]. 上海：上海交通大学出版社.

刘昌用，胡森森，钟廷勇，等. 2019. 区块链：密码共识原理、产业与应用[M]. 北京：电子工业出版社.

刘兰娟. 2007. 企业信息系统资源管理[M]. 上海：上海财经大学出版社.

陆芳，刘广，詹宏基，等. 2018. 数字化学习[M]. 广州：华南理工大学出版社.

吕佑龙，张洁. 2016. 基于大数据的智慧工厂技术框架[J]. 计算机集成制造系统，22（11）：2691-2697.

马费成，宋恩梅，赵一鸣. 2018. 信息管理学基础[M]. 3 版. 武汉：武汉大学出版社.

马文彦. 2017. 数字经济 2.0：发现传统产业和新兴业态的新机遇[M]. 北京：民主与建设出版社.

马小科. 2020. 数据挖掘基础及其应用[M]. 西安：西安电子科学技术大学出版社.

苗雪兰，刘瑞新. 2014. 数据库系统原理及应用教程[M]. 北京：机械工业出版社.

邱立新. 2020. 管理信息系统[M]. 北京：机械工业出版社.

任友理. 2019. 大数据技术与应用[M]. 西安：西北工业大学出版社.

苏力萍. 2012. 商业智能理论与应用实践[M]. 北京：中国科学技术出版社.

汤潇. 2019. 数字经济：影响未来的新技术、新模式、新产业[M]. 北京：人民邮电出版社.

涂红湘，戴庚先. 2003. 现代信息经纪学[M]. 长沙：湖南大学出版社.

万斯 A. 2016. 硅谷钢铁侠：埃隆·马斯克的冒险人生[M]. 周恒星译. 北京：中信出版社.

王世伟. 2016. 论大数据时代信息安全的新特点与新要求[J]. 图书情报工作，60（6）：5-14.

王晓敏，邝孔武. 2013. 信息系统分析与设计[M]. 北京：清华大学出版社.

王竹立. 2011. 新建构主义：网络时代的学习理论[J]. 远程教育杂志，29（2）：11-18.

魏磊，张聪，邬小亮. 2021. 云数据管理实战指南[M]. 北京：机械工业出版社.

谢新洲. 2003. 信息管理概论[M]. 北京：中央广播电视大学出版社.

杨波，陈禹，张媛. 2012.信息管理与信息系统概论[M]. 北京：中国人民大学出版社.

姚飘，张元. 2017. 基于新建构主义的"互联网＋"课堂教学模式探究[J]. 信息通信，（7）：286-287.

姚树春，周连生，张强，等. 2018. 大数据技术与应用[M]. 成都：西南交通大学出版社.

姚伟. 2020. 知识管理[M]. 北京：清华大学出版社.

叶明全，伍长荣. 2020. 数据库技术与应用[M]. 合肥：安徽大学出版社.

因曼 W H. 2000. 数据仓库[M]. 王志海，等译. 北京：机械工业出版社.

于清文，李振中. 1991. 简明信息词典[M]. 北京：经济科学出版社.

袁艺. 2016. 智慧城市的网络安全隐患及对策[J]. 中国信息安全，（7）：30-32.

张靖. 2020. 网络信息安全技术[M]. 北京：北京理工大学出版社.

张浪. 2019. 区块链+：商业模式革新与全行业应用实例[M]. 北京：中国经济出版社.

张萍. 2016. 教育信息技术应用教程[M]. 西安：陕西师范大学出版社.

张永忠，王乐. 2010. 信息检索与利用[M]. 上海：复旦大学出版社.

张宇超，徐恪. 2021. 云计算和边缘计算中的网络管理[M]. 北京：机械工业出版社.

张志娟. 2020. 管理信息系统[M]. 开封：河南大学出版社.

朱海波，辛海涛，刘湛清. 2019. 信息安全与技术[M]. 北京：清华大学出版社.

Abidi M H，Alkhalefah H，Umer U. 2022. Fuzzy harmony search based optimal control strategy for wireless cyber physical system with industry 4.0[J]. Journal of Intelligent Manufacturing，33（6）：1795-1812.

Ayensa-JimÉNez J，Doweidar M H，Sanz-Herrera J A，et al. 2021. Prediction and identification of physical systems by means of physically-guided neural networks with meaningful internal layers[J]. Computer Methods in Applied Mechanics and Engineering，381：113816.

Genda A，Fidlin A，Gendelman O V. 2021. On the escape of a resonantly excited couple of particles from a potential well[J]. Nonlinear Dynamics，104（3）：1-12.

Jokar M，Semperlotti F. 2021.Finite element network analysis：a machine learning based computational framework for the simulation of physical systems[J]. Computers and Structures，247：106484.